송지준교수의

논문통계의 이해와 적용

(SPSS와 AMOS를 활용)

21세기사

PREFACE

　저자의 첫 번째 통계 책인 "논문작성에 필요한 SPSS/AMOS 통계분석방법"을 2008년 초판(2015년 개정증보판) 출간한 후, 10여년 만에 "논문통계의 이해와 적용"이란 이름으로 새로운 통계 책을 집필하였다. 이전 책에 많은 관심을 보내주신 독자 분들에게 진심으로 감사의 말씀을 전한다. 이전 책은 통계를 너무 힘들어 하는 연구자들에게 SPSS와 AMOS라는 통계 프로그램을 다루는 것이 그리 어려운 것이 아니라는 것을 알리는데 목적을 두고 집필하였다. 쉽게 이해할 수 있도록 책을 구성한 덕에 많은 사랑을 받아왔고, 지금도 많은 독자들로부터 사랑을 받아오고 있다. 하지만 저자는 이전 책에서 각 분석방법에 대한 충분한 이론 설명을 하지 않았던 것에 대한 강한 아쉬움과 책임감을 항상 가지고 있었고, 이것이 본서를 집필하게 된 주된 동기로 작용하였다.

　통계학 전공자보다 비통계학 전공자가 통계를 더 많은 사용하는 오늘날의 아이로니컬한 연구 환경에서 통계학이 아닌 논문에 필요한 통계(이를 저자는 본서의 제목에서도 제시하였듯이 논문통계라 지칭한다)를 배운다는 것은 대학원생 또는 교수, 연구원들에게는 매우 유익한 학업이 될 것이다. 따라서 본서는 오늘날의 연구 환경에 부응하고자 다음과 같은 특징적 요소에 집중하여 집필하였다.

　첫째, 본서는 통계학이 아닌 논문통계학의 시각에서 집필을 하였다. 논문통계라 함은 본서의 내용에도 밝혀두었듯이 논리적인(또는 타당한) 논문작성에 요구되는 통계분석 과정이라 정의할 수 있다. 과학적인 논문은 연구자가 설정한 연구목적을 달성하기 위해 가설을 설정하고, 모집단을 대표할 수 있는 표본을 통하여 자료를 수집하고, 통계분석 결과를 근거로 결론을 작성하는 것이다. 이러한 일련의 과정에서 요구되는 과학적인 조사방법과 통계분석에 대한 설명이 논문통계의 주요 핵심내용이 된다. 따라서 본서는 이러한 논문통계와 관련한 내용을 충실히 담고 있어, 대학원생, 교수, 연구원들에게 매우 유익한 참고서가 될 것이라 확신한다.

둘째, **본서는 논문작성에 필요한 모든 것을 다루었다.** 여타 통계 책을 보면 통계부분만 다루는 것이 일반적이지만 본서는 통계분석 전 반드시 선행되어야 할 연구모형 설정 방법을 비롯하여 서론·이론적 배경·연구방법·결론 작성법 등도 본서에서 다루었다. 본서 한권으로 연구주제의 선정부터 통계분석에서 결론 작성까지 논문작성에 필요한 모든 내용을 완성할 수 있도록 하였다.

셋째, **본서는 논문통계의 초보자부터 숙련된 연구자까지 모두에게 필요한 책으로 구성하였다.** 본서는 단순히 통계패키지 프로그램 운용만을 설명한 책이 아니다. 각 분석마다 통계와 관련한 이론적 설명을 자세하게 하였다. 하지만 전문 통계학 책에서 다루는 내용과 형식으로 집필하지 않았음을 분명하게 밝혀둔다. 본서는 논문통계를 설명하는 책인 만큼 비통계학 전공자들이 통계적 이론을 충분히 이해할 수 있을 만큼 쉽게 집필하였다. 또한 각각의 분석마다 "논문통계의 이해와 적용"이라는 부분을 두었는데, 이는 논문통계 초보자를 위해 통계분석을 쉽게 따라 할 수 있도록 설명한 부분이다. 논문통계 초보자는 "논문통계의 이해와 적용" 부분을 먼저 학습할 것을 권유하고, 논문통계가 어느 정도 숙련된 연구자들이라면 본서가 집필되어 있는 그대로 학습하길 바란다.

넷째, **본서는 논문통계 초보자들을 위해 통계 분석결과 해석을 제공한다.** 논문통계를 많이 접해보지 않은 연구자들이 어려움을 겪는 것 중의 하나는 분석결과를 논문에서 어떻게 제시하고 해석을 할 것인가이다. 저자는 오랜 시간 강의를 통하여 논문통계 입문자들로부터 이러한 고충을 접해왔기에 본서에서는 이러한 문제를 해결할 수 있도록 각 분석결과 이후에 해석 매뉴얼을 제공하였다.

다섯째, **구조방정식모델분석은 새로운 process로 접근하여 설명하였다.** 제 6부에서는 인과관계연구에서 가장 파워풀(powerful)한 검정 결과를 제공하는 구조방정식모델분석(Structural Equation Modeling:SEM)에 대해 설명하였다. 구조방정식모델분석을 총체적으로 설명하기 위해서는 방대한 양의 내용이 필요하지만, 논문통계에서는 이 모든 내용을 다 알 필요는 없을 것이다. 따라서 본서에서는 그동안 출판된 구조방정식모델분석 관련 서적에서 찾아 볼 수 없는 process로 구조방정식모델 분석을 설명하였다. 즉, 논문통계적 시각에서 구조방정식모델 분석의 내용을 전달하는데 집중하였다. 6부는 구조방정식모델 분석을 10년 이상 강의한 경험과 학생들의 이해력 향상을 위해 수 없는 시행착오를 통해 축적된 저자의 지식을 바탕으로 심혈을 기울여 집필하였다.

최근에는 전공을 불문하고 통계분석을 하지 않은 논문을 찾아보기 힘들 정도로 논문통계가 대중화 되어 가고 있지만, 시중에는 전통적인 통계학 내용만을 설명하는 복잡한 서적 또는 통계 패키지 프로그램 운용방법만 설명한 너무 단순한 서적 등이 주류를 이루고 있는 실정이다. 이에 초보 연구자들을 위한 논문작성 메뉴얼과 통계분석에 꼭 필요한 이론과 실습을 설명하는 새로운 형식의 논문통계학 서적들이 많이 출판되어야 한다고 판단하고 본서를 집필하게 되었다. 저자는 이 책이 대학원생, 교수, 연구원들의 연구 활동에 작은 도움이 되었으면 하는 큰 희망을 가져본다. 또한 본서가 세상 밖으로 나올 수 있게 해 준 21세기 출판사 관계자 분들에게 감사의 인사를 전한다.

마지막으로 이 책의 출판을 함께 하고픈 사람들이 있다.

먼저, 이 책의 출판을 가장 자랑스럽게 생각할 그리운 부모님에게 이 책을 바친다. 그리고 나의 유일한 러닝메이트인 사랑하는 아내와 책을 집필하면서 여러 상황들로 인해 포기를 고민 할 때, 가장 강력한 동기부여로 본 저서를 완성시켜준 내 딸 근영이에게 항상 사랑한다는 말을 전한다.

2020년 10월 30일

송 지 준

CONTENTS

PART 2 논문통계학의 기초이론

CHAPTER 4 통계의 기본개념 — 71

CHAPTER 5 빈도분석과 그래프의 작성 — 77

PART 3   측정도구의 타당성과 신뢰성 검정

CHAPTER 11   측정   133

CHAPTER 12   탐색적 요인분석   143

PART 4　논문통계를 위한 인과관계연구

PART 6 구조방정식모델 분석의 이해

양적 논문(論文)의 작성

양적논문의 이해

1.1   표본의 이해

이 책을 읽고 있는 독자들은 수집한 데이터를 SPSS 또는 AMOS라는 통계프로그램을 이용하여 분석결과를 도출하기를 희망하고 있을 것이다. 여기서 수집한 데이터는 표본(sample)을 의미하고, 이를 통하여 모집단을 추정하는 것이 통계분석의 본질이다.

모집단이라 함은 연구대상의 전체를 말한다. 예를 들어, 우리나라 청소년을 대상으로 한 연구라면, 모집단은 우리나라 청소년 전체가 모집단이 된다. 하지만 현실적으로 모집단 전체를 대상으로 한 연구가 거의 불가능하다. 따라서 모집단 전체에서 표본을 추출하며, 이를 가지고 분석을 진행하게 된다.

이때 표본에 의해 도출된 계수 값들을 추정치(estimate)라고 하며, 이 값을 논문에 제시한다. 그렇다면 무엇을 추정하는가? 간단히 말해 모집단을 수(數)로 나타낸 모수를 추정한다.

결론적으로 통계분석을 실시한 논문은 수집한 표본에 의해 모수를 추정하는 값인 추정치(estimate)를 구하고, 그 결과를 논문에서 제시하는 것이다. 이는 <그림 1-1>과 같이 나타낼 수 있다.

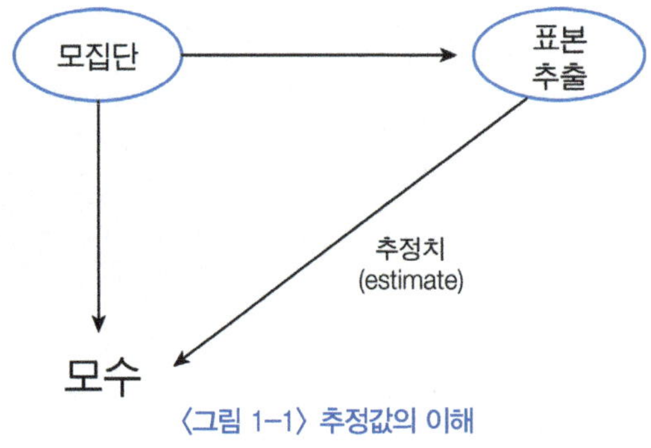

〈그림 1-1〉 추정값의 이해

통계분석의 결과 값인 추정치(estimate)는 연구자가 수집한 표본과 설정한 연구모델과의 관계에서 나온 값이다. 그렇기 때문에 선행연구에서는 A와 B 두 변수들 간에 유의한 영향관계가 있다하더라도 나의 연구에서는 그렇지 않을 수도 있다. 저자는 이러한 경우 연구자 자신이 분석을 잘못했다고 생각하는 사람들을 많이 만났다. 하지만 이는 분석을 잘못한 것이 아니다. **선행연구와 왜 다른 결과가 나타났는가는 대부분 표본의 특성에서 찾을 수 있다.**

실례로, 대부분의 연구에서는 청소년들의 학업스트레스는 우울증에 정(+)의 영향을 미치는 것으로 나타났지만, 어떤 연구자의 경우에는 청소년의 학업스트레스가 우울증과는 아무런 영향관계가 없는 것으로 나타날 수도 있다. 우연히 표본의 많은 부분이 성적이 하위권에 속하는 청소년들로 구성되었다면 가능한 일이다. 또한 유리천장(조직 내 여성들의 성차별)를 지각하면 직무만족도가 낮아지는 것이 이론이지만, 어떤 연구자는 유리천장이 오히려 직무만족도를 향상시키는 연구결과를 접한 적이 있다. 확인 한 결과, 유리천장은 여성들에게만 질문해야 함에도 불구하고, 표본이 남성과 여성 모두가 존재하였다. 이러한 경우들이 잘못된 표본추출의 대표적인 예이다. 저자는 이 외에도 잘못된 표본추출로 인해 왜곡된 연구결과가 도출된 경우를 많이 보았다. 더욱더 안타까운 것은 심사위원 교수님들이 표본연구에 대한 이해가 부족하여, 왜곡된 분석결과가 도출된 이유를 몰라 연구자만 고생하는 경우도 많이 보았다.

　통계분석을 실시한 대부분의 연구는 표본연구이다. 표본 연구에 대한 개념만 가지고 있다면 위에서 예로 든 경우처럼 왜곡된 분석결과는 발생하지 않을 것이다.

1.2　오차(error)의 이해

　앞에서 언급한 추정치(estimate)는 충분히 과학적인 방법을 통하여 추정된 결과물이어야 한다. 즉, 논리적 근거나 타당성 없이 그냥 추정 값을 도출해서는 안 된다. 연구과정 혹은 자료를 수집하는 과정에서 반드시 오차는 발생한다. 오차가 발생하지 않는 연구는 없다.

　사회과학 조사 중 가장 보편적으로 사용하는 설문조사의 예를 들어보자. 어떤 연구자가 노인 문제를 분석하기 위해 설문지를 작성하였는데, 글자크기는 10포인트, 전체 설문 문항 수는 100문항으로 하여 설문지를 작성하고 연구보조원들을 통해 노인들을 대상으로 설문조사를 실시하였다고 가정하자. 설문조사 과정 중에서 발생할 수 있는 오차가 얼마나 클 것인가를 예상할 수 있을 것이다. 노인 연구라면 글자크기는 15포인트 이상, 전체 문항 수는 가급적 적게 하여 조사하는 것이 오차를 최소화 시킬 수 있음에도 불구하고, 오차를 이해하지 못하면 이러한 조사 과정에서 실수를 범하게 된다. 연구자는 조사 과정 중에 발생하는 오차를 최소화할 수 있는 방법에 대해 항상 고민해야 한다.

　또한 조사과정에서 발생한 오차를 통계분석 과정에서 어떻게 처리할 것인가도 매우 중요한 과제이다. 예를 들어, 청소년의 학업스트레스(독립변수)와 우울증(종속변수) 간의 영향관계를 보기 위하여 A는 학업스트레스와 우울증 변수에서 오차가 큰 문항 혹은 설명력이 낮은 문항을 제거한 후 분석하여 추정치를 도출하였고, B는 오차를 제거하는 과정 없이 분석을 실시했다고 가정하자. 여러분은 A와 B 중 누가 더 정확한 추정치를 도출했다고 생각하는가? 당연히 A라고 생각하지 않는가? 같은 데이터와 연구모형을 가지고도 다른 연구결과가 나오는 것은 이와 같이 통계분석의 과정이 다르기 때문이다.

논문에서 이러한 오차들을 처리하는 과정은 "변수의 타당성 및 신뢰성 검정"을 통하여 변수들을 제거하는 과정을 거치게 된다. 많은 논문에서 이러한 과정을 통해 오차가 큰 변수(문항)들을 제거하는 반면, 많은 논문에서 오차가 큰 변수들을 제거하는 과정 없이 독립변수와 종속변수 간의 영향관계를 분석한다. 오차가 큰 변수들을 제거한 후 분석한 추정치(estimate)와 제거하지 않고 분석한 추정치(estimate)는 당연히 다른 수치로 나타날 것이다. 어떤 수치가 과학적인 방법을 통해 획득한 추정치라고 할 수 있을까?

논문은 누가 읽어보아도 논리적인 방법을 통하여 타당한 결과물을 도출해야 한다는 것에는 이견이 존재하지 않을 것이다. 따라서 연구자는 조사과정에서 발생하는 오차를 최소화하고, 통계분석과정에서 오차가 큰 문항을 처리하는 과정에 많은 관심을 가져야 한다.

1.3   논문통계의 이해

일반적으로 논문의 결론부분에 시사점을 제시한다. 이 시사점을 논의한 근거는 어디인가? 바로 통계분석결과에 근거하여 제시하게 된다. 과학적으로 추정하지 않은 추정 값을 근거로 시사점을 제시했다면, 그 논문은 많은 문제점을 가지고 있을 것이고, 심지어는 논문 자체가 잘못되었다고도 이야기 할 수 있을 것이다. 그 만큼 통계분석을 어떠한 과정을 통하여 실시하였는가는 매우 중요한 개념이다.

통계분석과정은 전공마다 상이할 수도 있고, 논문을 지도 혹은 심사하는 교수님마다 이견(異見)이 존재할 수도 있다. 저자의 생각에 어떤 부분은 이견이 존재할 수 없을 것 같아도, 때로는 (저자의 입장에서) 너무나 답답하지만 어쨌든 이견은 존재한다. 그렇기 때문에 논문 작성을 위해 통계를 배우는 연구자는 제대로 배워야 한다. 누구나 들어서 수긍할 수 있는 논리적 근거와 타당성이 있는 통계 분석하기 위해서는 통계가 아닌 논문통계로 접근해야 한다. 그러해야만 논문 심사자의 질문에 답변을 할 수 있다.

논문통계란 논리적인(또는 타당한) 논문작성에서 요구되는 통계분석 과정이라 할 수 있다. 좀 더 구체적으로 ① 연구의 목적을 달성하기 위한 가설을 설정한 후 ② 모집단을 대표할 수 있는 표본을 통하여 자료를 수집하고, ③ 정확한 통계분석을 실시한 결과를 근거로 결론을 작성하였다고 인정을 받아야 한다.

① 연구의 목적과 가설은 항상 일치가 되어야 한다. 논문에서 서론은 왜 이 연구를 하게 되었으며(문제의 제기), 본 연구는 무엇을 규명하기 위해 시작하게 되었는가(연구의 목적)를 명확하게 제시하는 곳이다. 논문통계 분석에 앞서 연구의 목적을 달성할 수 있도록 가설을 설정하고, 이 가설을 규명하기 위해 분석을 한다. 따라서 논문통계 실시 전에 논리적인 가설을 설정하는 것이 선행되어야 한다.

② 대부분의 양적 논문은 표본 연구를 실시하므로, 모집단을 대표할 수 있도록 표본을 추출해야 한다. 표본추출에 문제가 있을 경우, 통계분석 결과도 신뢰할 수 없게 된다. 따라서 모집단을 대표할 수 있는 표본의 추출은 정확한 논문통계 분석을 위해 필요하다.

③ 단순히 통계분석이라 함은 수집된 데이터를 이용하여 분석결과 도출과정의 타당성과 신뢰성에 대한 고민 없이 변수들 간의 영향관계를 분석하는 것이라면, 논문통계라 함은 수집된 데이터로 변수들이 가진 타당성 및 신뢰성을 조사하여 오차가 크다면 이를 제거하는 등의 과정을 거친 후에 도출된 분석결과를 이용하는 것이다. 다시 말해 타당성 및 신뢰성 분석 결과 등 일련의 논리적 통계 분석과정 모두를 논문에 제시한 후, 변수들 간의 통계분석 결과를 제시하는 것이 논문통계의 가장 핵심이 된다.

이렇듯 **논문통계는 통계와 타당한 연구방법을 합한 개념으로 단순히 가설에서 설정한 독립변수와 종속변수 간의 분석결과 만을 제시하는 것이 아니고, 최종 통계분석결과가 도출하게 된 일련의 과정 모두를 제시함으로써 신뢰성 높은 통계분석결과를 제시하는 것을 의미한다.**

앞에서 설명한 표본과 오차 그리고 논문통계에 대한 이해를 <표 1-1>과 같이 과학적인 논문과 비과학적 논문으로 구분하여 나타낼 수 있다.

〈표 1-1〉 과학적인 논문과 비과학적인 논문

구분		과학적인 논문	비과학적인 논문
데이터 수집 과정	표본추출	모집단을 대표할 수 있게 표본을 추출	모집단을 추정하는데 잘못된 표본으로 추출
	조사과정	오차를 최소화하기 위한 노력	오차에 대한 관심이 없음
통계 분석 과정	타당성	타당성 검정을 통해 오차가 큰 변수들을 제거	실시하지 않음
	신뢰성	신뢰성을 저해시키는 오차가 큰 변수들을 제거	실시하지 않음
추정치(estimate)		신뢰할 수 있는 추정치 도출	신뢰할 수 있는 추정치 도출 실패
평가		통계+연구방법이 잘 조화된 논문통계	통계만 있고 연구방법을 전혀 고려하지 않음

1.4 사회과학논문의 이해

연구자는 논문 심사자의 질문에 어떻게든 답변 할 수 있어야 한다. 이는 사회과학 논문의 기본이다. 당신의 전공이 무엇이던지 논문에서 통계분석을 하였다면, 이는 사회과학 학문의 성격을 접목한 논문이므로 심사자의 질문에 답할 수 있어야 한다.

그렇기 때문에 사회과학 학문의 성격을 알아야 될 것이다. 결론부터 말하자면 사회과학 논문은 방어(defence)에서 성장한 학문이다. 어떤 식으로든 심사자의 질문에 방어를 못한다면 논문의 신뢰성은 추락할 수밖에 없다. 여기서 좀 더 이해를 돕고자 사회과학학문의 발전배경에 대해서 살펴보자.

논문에 통계라는 새로운 패러다임을 도입하기 시작하면서 사회과학자들은 논문의 타당성확보에 많은 노력을 기울여 왔다. 이는 현재도 마찬가지이며, 사회과학논문의 영원한 숙제인 듯하다. 특히, 그중에서 내적타당성과 외적타당성 확보가 중요한 문제였다.

내적타당성을 확보하기 위해서는 종속변수의 변화가 순수하게 독립변수에 의해서 발생하였다는 것을 증명할 수 있어야 한다. 예를 들어, 어떤 신약을 개발하기 위해서 먼저 생쥐를 대상으로 임상실험을 한다고 가정해 보자. 100마리 생쥐에게 주사약을 주입하였더니 생쥐에게 어떠한 변화가 생겼다. 여기서 독립변수는 주사약이 되고, 종속변수는 생쥐의 변화가 된다. 이러한 연구는 누구나 보아도 생쥐의 변화는 독립변수인 주사약 때문에 일어났다는 것을 알 수 있다. 이는 내적타당성이 매우 높은 연구가 된다.

그런데 사회과학 분야는 어떠한가? 한번 생각해보자. 한 연구자가 노인의 우울증을 감소시키는 연구를 한다고 가정하자. 그래서 우울증 감소 프로그램을 개발하여, 우울증상이 있는 노인들에게 개발한 프로그램을 한 달간 실시하였다. 그 후 조사하였더니 우울증이 통계적 유의수준 하에서 감소한 것으로 나타나, 이 연구자는 조사 결과를 발표하였다. 그런데 이러한 질문을 받았다. 노인들의 우울증이 독립변수인 우울증 감소 프로그램 때문에 감소하였는지, 아니면 조사기간 중 연구자가 통제할 수 없는 어떠한 원인들(예를 들어, 조사기간 중 자식들의 지속적인 관심과 배려, 친구의 조언, 새로운 친구 혹은 배우자가 생김 등등)에 의해서 우울증이 감소했는지 어떻게 알 수 있느냐는 질문이다. 어떻게 답변해야 하겠는가? 앞에서 언급한 생쥐와는 완전히 다른 차원의 연구가 된다. 이렇듯 사회과학 학문은 연구자가 통제할 수 없는 수많은 변수들이 존재하는 상황에서 연구가 이루어진다. 어쨌든 질문에 답을 해야 한다. 이러한 질문들은 조금씩 사회과학 학문을 과학적으로 발전하게 만든다.

실례를 하나 들면, 논문에서 R^2을 제시하게 되는 것이다. 이는 독립변수가 종속변수를 설명하는 정도이다. 우울증 감소 프로그램의 R^2이 0.301이라면 개발된 우울증 감소프로그램이 우울증 감소에 30.1%의 역할을 했다는 것이다. 그렇다면 나머지인 69.9%는 오차, 즉 통제할 수 없었던 다른 어떤 원인에 의해서 일어났다는 것을 의미한다. 이렇듯 실제 독립변수의 설명력을 제시함으로써 방어(defence)를 하게 된다. 어쨌든 내적타당성 문제는 어느 정도 해결을 하였다.

이젠 외적타당성에 대해서 한번 생각해보자. **외적타당성은 반복 실험 했을 때 동일한 값이 나오면 외적타당성이 높다고 한다.** 앞에서 생쥐의 예를 들었다. 제대로 약(독립변수)을 개발했다면 100마리 생쥐에게는 유사한 혹은 동일한 반응(종속변수)이 나타날 것이며, 이후 사람들을 대상으로 임상실험을 거친 후 새로운 신약이 시중에서 판매하게 될 것이다. 외적타당성이 매우 높은 연구가 된다. 그러면 사회과학 분야는 어떠한가? 신뢰할 수 있는 측정도구를 가지고 어떠한 변수들 간의 관계를 조사하였다. 그런데 항상 같은 결과가 나오는 것이 아니다. 왜 그런가? 정답부터 말하자면 이는 앞에서 언급했던 우리의 논문은 표본연구이기 때문이다.

그런데 질문이 들어온다. 왜 선행연구와 다른 결과로 나타났는가? 어쨌든 질문에 답을 해야 한다. 사회과학자들은 이 문제를 해결하는데 아주 골머리를 앓았을 것으로 생각된다. 결국에는 답을 찾지 못한 것 같다. 그래서 탄생한 것이 논문에서 제일 끝부분, 연구의 한계점을 제시하게 된다. 연구의 한계점에 꼭 들어가는 내용은 무엇인가? 논문을 읽어보았다면 누구나 한번 쯤 본 적이 있는 내용이다. "본 연구는 표본연구이므로 연구결과를 일반화하는데 문제가 있을 수 있다"는 내용은 꼭 들어간다. 외적타당성은 결국 이것으로 해결하게 되면서, 연구의 한계점은 방어학문의 흔적이 되어 버렸다.

결론적으로 심사자로부터 질문을 받으면 어떤 식으로든 답변을 할 수 있어야 하지 않을까? 논문 투고 혹은 발표 전에 본인이 심사자가 되어 자신의 논문에 질문을 해보자. 그런데 본인이 작성한 논문에 자신이 답을 하지 못한다면 그 논문은 문제가 있다고 여겨야 할 것이다.

1.5 **학술논문의 이해**

누구나 심사자의 질문에 답을 잘하고 싶어 하고, 누구나 논리적이고 타당성이 높은 논문을 작성하고 싶어 한다. 그러기 위해서는 첫 번째로 다른 사람의 논문을 비판할 수 있어야 한다고 저자는 생각한다. 이는 소위 논문 critical이라 표현한다. 그런데 왜 다른 사람의 논문을 가지고 공부를 하라고 하지 않고 비판을 하라고 말하는가? 저자는 항상 수업시간에 이야기 한다. **학술논문=복불복** 이라고.

왜 복불복인가? 전공에 따라 약간의 차이가 있겠지만 대부분 학술논문은 3인 심사로 이루어진다. 즉, 학술논문은 익명의 3인에 의해 심사되어 지고, 최종 게재판정이 이루어진다는 것이다. 그런데 그 3인이 어떤 사람인가? 우리는 모른다. 통계를 전혀 모르는 사람인지, 잘 아는 사람인지, 그것도 제대로 아는 사람인지, 아니면 혼자서 대충 독학해서 여기저기서 아는 체하는 사람인지 알 수 없다. 물론 우수한 실력을 가진 교수님도 많이 계실 것이다. 어쨌든 우리는 누구로부터 심사를 받는지 모른다.

학술논문은 아주 공평하지 않는 곳이다. 어떤 사람은 대충 논문을 썼는데도 "수정 후 게재가"로 쉽게 논문이 통과되는 반면, 아주 열심히 논문을 쓴 사람은 계속 "수정 후 재심" 판정이 나올 가능성이 있는 곳이다. 이것이 학술논문이다. 심사자로 누구를 만나느냐에 따라 상황이 달라진다. 그래서 논문통계 부분이 잘못되었는데도 불구하고 게재된 논문은 부지기수(不知其數)이다. 많아도 너무 많다. 다른 사람의 논문을 가지고 공부하다가 본인의 연구도 잘못될 가능성이 크다. 게재된 학술논문을 너무 신뢰하면 독(毒)이 될 수 있음을 명심하자.

저자는 논문통계 수업시간에 항상 이야기 한다. **논문가지고 절대 공부하지 말고 그 논문을 비판하라**. 타인의 논문을 비판하게 되면 본인의 논문은 자연스럽게 논리적으로 쓰게 될 것이라 믿어 의심치 않는다.

학위/학술 논문의 계획

2.1 연구주제의 발견

논문은 석/박사과정에서 가장 중요한 부분이며, 석/박사 과정을 하는 근본적인 이유는 논문 작성에 필요한 지식을 습득하기 위함이라 해도 과언이 아니다. 최초 논문은 무엇에 관해 쓸까 생각하면서부터 시작한다. 이 부분은 연구 초보자에게 가장 시간적으로 오래 걸리며 힘이 드는 단계이다. 일반적으로 지도교수는 연구자가 정한 관심분야에서 주제를 선정하고, 올바르게 연구가 진행될 수 있도록 조언을 해주는 역할을 하지만 지도교수의 역할에 너무 큰 기대 혹은 의지를 하지 말아야 한다. 다만 논문 진행 중 주요사항에 대해서는 지도교수의 승인과 조언을 구해야만 한다.

2.1.1 논문 주제 선정의 일반적 방법

논문은 연구자가 주제를 선정하면서 시작한다. 하지만 연구 초보자의 입장에서는 주제를 선정하기가 만만치 않을 것이다. 일반적으로 연구자가 연구주제를 선정하는데 방법은 아래와 같다.

■ 연구주제를 선정하는 일반적 방법

1. 연구자는 사회현상 혹은 관심영역(전공) 속에서 연구주제를 발견.
2. 연구주제와 관련된 선행연구를 탐색하여 정독
3. 선행연구 탐색을 통해 연구주제 중복 여부를 확인하고, 주된 관심 변수에 영향을 미칠 선행변수 혹은 결과변수를 찾는다.

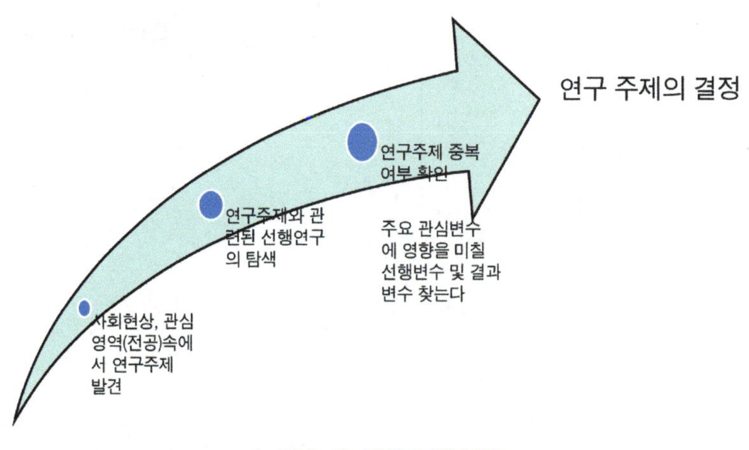

〈그림 2-1〉 연구주제의 결정

① 사회현상 및 관심영역(전공) 속에서 연구주제의 발견

평소에 관심이 있었던 주제가 무엇인지를 생각하고 해당 주제를 발견한다. 연구자의 관심 주제로 논문을 시작하면 연구전반이 즐겁고 연구결과에 대한 기대와 보람을 느낄 수 있다.

② 연구주제와 관련된 선행연구의 탐색

관심이 있는 연구주제를 가지고 이미 출간된 학위/학술 논문 등을 검색하여 이론적으로 검토한다. 비교적 많은 선행연구를 읽을 것을 권장한다. 많은 연구를 정독해야만 선행연구 조사 과정에서 다음과 같은 여러 가지 정보를 획득할 수 있다.

③ 연구주제 중복 확인, 선행 및 결과변수 선정

선행연구 탐색 과정에서 본인의 연구주제와 중복된 것이 있는 지 확인한다. 만약 중복된 것이 있다면 선행연구와 차별화 할 수 있는 방안으로 연구계획을 수립한다. 또한 탐색과정에서 주요 관심주제와 영향관계가 있는 선행변수와 결과변수를 선정할 수 있다.

2.1.2 전공별 연구주제의 발견의 예

일반적으로 연구주제를 선정할 때, 연구자가 처한 환경을 중심으로 주제를 선정하는 경우가 보편적이다. 직장생활과 대학원 과정을 병행하는 경우라면, 연구자의 직장생활 경험이 가장 좋은 연구주제가 될 수도 있다. 반면 직장인이 아닌 풀타임(full-time) 대학원생 같은 경우에는 본인의 관심 주제가 무엇인가를 학업과정에서 찾아야 할 것이다. 여기서는 전공별로 연구주제를 선정하는 과정을 예를 들어 간략하게 소개하였다. 정독한 후 본인의 연구주제 선정에 도움이 되길 바란다.

① 교육학/청소년학/아동학/상담심리학 등

A씨는 현재 상담소 직원이면서 석사과정에 재학중이다. 평소에 우울증에 고생하는 청소년들과 상담을 많이 해왔기에 청소년들의 우울증은 자살충동을 일으키는 등 매우 위험요소라는 것을 잘 알고 있었고, 이와 관련한 연구를 하고 싶었다. 그런데 어느 날 청소년들이 우울증을 극복하는 정도가 다르다는 것을 알게 되었고, 상담 및 선행연구 검토 등을 통해서 "부모와의 관계"가 주요 요소로 작용할 수도 있다는 것이 느껴졌다. 즉, 부모와의 관계가 좋은 학생은 우울증을 빨리 극복하고, 그렇지 않은 학생은 상대적으로 우울증 극복이 어려워 보였다. 이에 실제 연구를 통하여 이러한 현상을 규명해보고 싶은 욕구가 생겼다.

논제:청소년의 우울증상이 자살충동에 미치는 영향관계 (부모자녀관계의 조절효과를 중심으로)

② 교육학/청소년학/아동학/상담심리학 등

B씨는 현재 학교 선생님으로 재학 중이면서, 박사과정 중에 있다. 그는 학생들과 생활하면서 다음과 같은 사회현상을 보게 된다.

청소년들의 학업스트레스가 날이 갈수록 높아지고 있으며, 이로 인해 청소년들에게 부정적인 결과를 초래하고 있다는 것을 보게 된다. 그런데 청소년들의 기질에 따라 스트레스 대처전략이 다를 수도 있다는 것을 선행연구에서 발견하게 되었고, 뿐만 아니라 스트레스 대처전략에 따라 학교생활 만족도 역시 달라질 수 있을 것 같았다. 이에 청소년들의 기질에 따라 그들의 스트레스 대처전략에는 어떻게 작용하며, 또한 스트레스 대처전략에 따라 학교생활만족도에는 어떻게 작용하는지 실제 연구를 통해 규명해 보고 싶다는 생각을 하게 된다.

논제: 청소년들의 기질과 스트레스 대처전략이 학교생활 만족도에 미치는 영향

③ 사회복지학/간호학 등

C씨는 현재 사회복지학을 전공하는 대학원생이다. 그녀는 할아버지와 함께 살고 있는데, 평소 할아버지의 외로움을 누구보다 잘 알고 있다. 가끔식 노인들의 사회문제를 TV에서 보고 나면 은근히 할아버지가 신경 쓰이기 시작했다. 사회복지학을 전공하고 있는 터라 그녀는 할아버지를 위해서 노인문제에 대한 관련 자료들을 보면서 이 분야에 많은 관심을 가지게 되었고, 노인들의 사회문제에 대해 전문적으로 연구를 하고 싶다는 생각이 들어 관련 논문을 읽기 시작했다. 그녀는 대표적인 노인문제를 고독감, 자살생각으로 함축하고, 혼자 계신 할아버지에게 할머니가 살아계셨다면 저토록 외로웠을까라는 생각에 배우자유무를 조절변수로 두고 연구를 진행하고 싶어졌다.

논제: 노인의 고독감과 자살생각과의 관계에서 배우자유무의 조절효과

④ 사회복지학/간호학 등

C씨는 계속해서 노인문제에 대한 연구 활동을 활발히 하고 있다. 이번 연구에서는 고독한 노인들의 문제를 일자리가 없어서 발생하였다고 생각하고, 노인 일자리창출을 통해서 경제문제도 어느 정도 해결하고 삶의 질도 높이는 방안에 대해서 관심을 가지기 시작했다.

논제: 노인 일자리 참여자의 참여만족, 경제상태만족이 삶의 질에 미치는 영향

⑤ 경영학/체육학/군사학 등

D씨는 회사에 다니면서 대학원에 다니는 학생 겸 직장인이다. 회사와 학교를 병행 하다보니 매일 죽을 맛이다. 회사에서는 사장님의 괴팍한 성격 때문에 힘들고, 학교에 가면 교수님의 까다로운 성격을 맞추느라 힘들다. 평생을 "을"로 살아온 D씨는 정말 좋은 상사를 모시고 일을 했으면 좋겠다는 생각을 늘 하곤 했다. 특히 서비스기업인 D씨의 회사 매출은 날이 갈수록 안 좋아져 더욱 더 압박을 받고 있는 상황이 되었다. 그는 이러한 매출감소를 리더의 자격 미달로 생각하고 리더십 이론에 관심을 가지게 되었다.

논제: • 서비스기업의 리더십유형이 조직성과에 미치는 영향
　　• 변혁적 리더십이 직무성과에 미치는 영향(상사 신뢰의 조절효과를 중심으로)

2.2 연구주제를 선정한 이유(문제의 제기 또는 연구의 의의)

연구주제를 선정한 이유는 논문에서 문제의 제기 또는 연구의 의의에 해당한다. 연구주제를 선정하는데 가장 중요하게 고려해야 할 사항 중 하나는 그러한 연구주제를 선정하게 된 이유이다. 어떠한 주제이든 연구결과가 주는 의의 즉, 연구의 공헌도(기여도)가 있어야 한다. 나의 연구결과가 사회에 기여하는 바가 크기 위해서는 현재(또는 미래) 우리 사회에서 문제점이 되고 있는(또는 문제점이 될 수도 있는) 주제를 선정하고, 이의 해결방안을 모색한다면 연구의 기여도는 클 것이다. 여기서는 연구주제를 선정하고 이러한 주제를 선정하게 된 이유(문제의 제기)와 이러한 연구가 주는 의의에 대해 예를 들어 보았다.

예제 1　청소년의 우울증상이 자살충동에 미치는 영향관계 (부모자녀관계의 조절효과를 중심으로)

청소년들은 신체적, 심리적으로 가장 큰 변화를 겪는 시기이고, 자아정체감과 가치관을 형성해 나가는 과정에 있기 때문에 성인보다 주변 환경의 영향을 더 많이 받는다. 가정, 학교, 사회에서 생활하며 부딪히는 문제와 갈등을 원만하게 해결하지 못할 경우 청소년들은 스트레스, 우울부터 반항장애, 자살까지 심각한 심리적 부정반응을 경험하게 된다. 청소년통계자료에 따르면 청소년 사망원인 1위는 자살로 나타났고, 인구 10만 명당 자살자 수도 매년 증가하여 2001년 7.7명이던 것이 2014년 14명으로 나타나고 있다. 아울러 청소년 자살생각의 가장

위험한 요인은 우울증으로 조사되고 있다. 자살을 하고 싶은 주된 이유는 1위 부모님에게 받는 스트레스, 2위 가정불화 등 부모와 관련된 내용이 주를 이루고 있다. [문제의 제기]

　이에 본 연구는 청소년들의 우울증상이 실제 자살충동으로 연결되는지를 실증적으로 조사하고, 부모와 자녀간의 관계에 따라 두 변수간의 영향관계에는 조절효과가 작용하는지 조사하여 청소년 자살예방 프로그램개발을 위한 의미 있는 기초자료를 제공할 것이다. [연구의 의의]

예제 2   노인의 고독감, 무망감이 자살생각과의 관계에서 배우자유무의 조절효과

　우리나라는 60세 이상의 자살사망자가 5,051명으로 세계에서 가장 높은 수치를 보였으며, 75세이상 고연령에서의 자살사망사례는 OECD국가보다 약 8.3배 더 높은 것 으로 나타났다. 노인자살영향요인으로 우울, 스트레스, 노인의 학대 등과 같은 차원에서 주로 연구결과가 보고되고 있으나, 노인들의 가족구조의 형태, 고독감, 무망감과 자살과의 연관성을 검정한 연구는 그리 많지 않다. 고독감은 특별히 혼자 세상에 남겨져 있다는 느낌을 말하며, 무망감은 자신의 미래가 부정적일 것이라는 생각이다. 이러한 변수들이 직접적으로 노인들의 자살과의 연관성을 규명하고, 배우자의 유무에 따라 그 연관성이 어떻게 차이가 나타나는지를 조사해본다. [문제의 제기]

　이에 본 연구는 노인의 자살예방을 위해서는 대상자에 맞는 중재전략이 수립되어야 할 것이므로 개별적 차이에 맞는 정책수립과 가족의 역학에 대한 관점을 모색해 볼 수 있다는 점에서 의의가 있다. [연구의 의의]

예제 3   서비스기업에서의 리더십유형이 조직성과에 미치는 영향

　서비스기업들은 급변하는 경영환경의 변화와 점점 강화되는 고객만족 요구에 대응하기 위해 기존은 관료적 조직방식의 한계를 인식하고 새로운 인적자원관리 방안으로 조직구성원의 역량을 극대화할 수 있는데 주목하고 있다. 변화와 혁신의 시대에서는 리더의 역할이 그 무엇보다 중요하다. 이에 수많은 경쟁과 쇠퇴하는 세계경제 속에서 뛰어난 통찰력과 기술, 안정된 경영과 예측을 할 수 있는 리더의 역할과 능력이 중요하게 요구된다. 대표적인 리더의 유형을 보면, 거래적리더는 조직의 목표를 달성하기 위해 구성원들에게 동기를 부여하며, 변혁적리더는 구성원들의 욕구를 이해하고 그들의 목표성취를 격려한다. 이에 서비스 기업 종사자들에게 부합되는 리더의 유형을 발견하고, 조직에 적용시킨다면 매출증대에 큰 기여를 할 것으로 사료된다. [문제의 제기]

　본 연구에서는 서비스기업에서 리더의 유형에 따라 조직성과에는 어떠한 영향을 미치는 지를 연구함으로서 서비스기업 종사원들의 인적자원관리 방안에 대한 기본 프레임을 제공하고자 한다. [연구의 의의]

2.3　연구모형의 설정

　　일반적으로 논문작성 시 연구모형이 설정되면 연구의 50%가 끝났다고 할 정도로 연구모형 설정에는 많은 시간과 노력이 필요하다. 학위논문 경우 연구모형의 설정을 위해 지도교수님과 지속적인 상의가 필요한 만큼, 관심 주제와 관련한 충분한 이론을 검토하는 것이 가장 중요하다. 그럼에도 불구하고 연구모형 설정에는 많은 시행착오를 경험하게 될 가능성이 높다.

　　연구모형은 연구자가 어떤 연구를 할 것인가를 한눈에 알 수 있게 해주는 만큼, 논문에서는 연구모형을 제시해주는 것이 좋다. 가끔 연구모형을 제시하지 않는 논문을 볼 수 있는데, 이는 바람직하지 않는 논문 작성법이다.

　　또한 논문 제목은 연구모형과 일치가 되도록 작성해야 한다. 즉, 논문 제목만 보더라도 연구모형이 그려질 수 있도록 작성하는 것이 좋다. 앞에서 예로 든 논문 제목과 연구모형을 살펴보면, "청소년의 우울증상이 자살충동에 미치는 영향관계(부모자녀관계의 조절효과를 중심으로)"에서 논문 제목에서 제시한 3개 변수(우울, 자살충동, 부모자녀관계)를 가지고 연구모형을 그릴 수 있어야 한다. 즉, 논문 제목만 보더라도 연구모형이 그려 질 수 있도록 분명하게 작성한다.

　　앞에서 예를 들어 설명한 3개 논문의 연구모형을 그려보면 다음과 같이 나타난다.

1. 청소년의 우울증상이 자살충동에 미치는 영향관계(부모자녀관계의 조절효과를 중심으로)

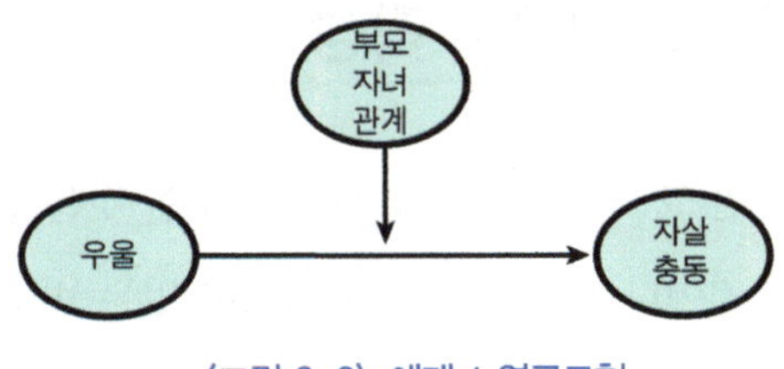

〈그림 2-2〉 예제 1 연구모형

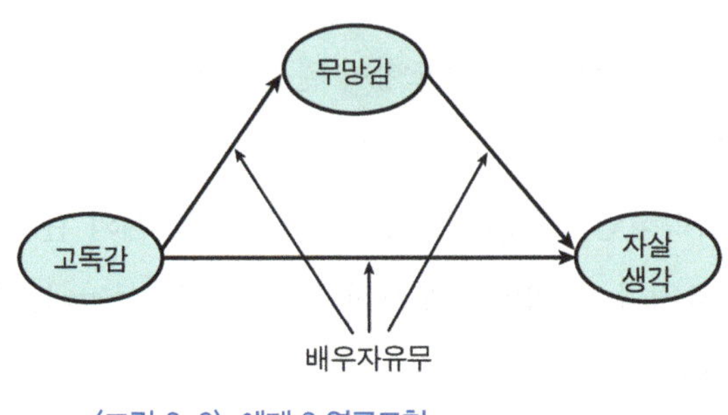

〈그림 2-3〉 예제 2 연구모형

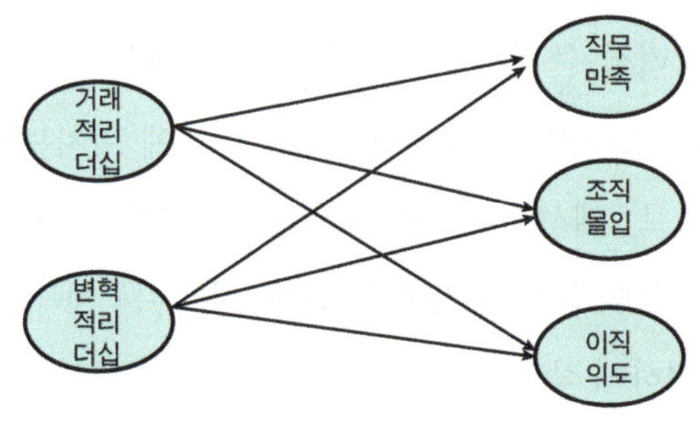

〈그림 2-4〉 예제 3 연구모형

<table>
<tr><td>2.4</td><td>측정도구의 선정 및 설문지 작성</td></tr>
</table>

연구모형이 설정되었다면 그 다음으로 연구자가 해야 할 것은 연구모형 검정에 필요한 변수(측정도구)들을 찾는 것이다. 연구모형에 제시되어 있는 변수들을 측정하기 위해서는 선행연구에서 개발되어진 측정도구를 탐색해야 한다. 각 변수들마다 개발되어진 측정도구들은 여러 개 존재할 수 있으므로 자세한 검토 후 본인의 연구에 맞는 측정도구를 선정하면 된다. 측정도구 선정이 마무리 되었다면 이를 가지고 설문지를 작성한다.

 예제 1   청소년의 우울증상이 자살충동에 미치는 영향관계(부모자녀관계의 조절효과를 중심으로)

이 연구에서는 논문 제목으로 보았을 때, 우울, 자살충동, 부모자녀관계 3개의 변수를 측정할 도구가 필요하다. 선행연구를 통해서 여러 측정도구를 검토한 후, 연구자가 본인의 연구의 성격에 맞는 것을 선택하면 된다. 예를 들어, 우울을 측정할 수 있는 여러 측정도구가 이미 개발되어 있는데, 그 중 연구자는 본인의 연구를 가장 적합하게 측정할 수 있는 도구를 선정하면 된다.

① Radloff(1977)가 개발하고, Chon & Lee(1992)가 번안한 한국판 Center for Epidemiologic Studies Depression Scale(CES-D). 이 도구는 20문항이며, 4점 척도로 우울정서 8문항, 긍정적정서 4문항(역점환산), 대인관계 6문항, 신체적저하 2문항 등 4개의 하위요인으로 구성되어있으며, 점수가 높을수록 우울 수준이 높음을 의미한다.

② Yesavage JA(1983)가 개발한 Geriatric Depression Scale을 우리말로 번안하여 Kee BS(1996)가 표준화한 한국판 노인 우울척도 단축형 도구. 이는 총 15개 문항으로 각 질문에 예, 아니오 로 응답하게끔 되어 있다. 예는 1점, 아니오는 0점으로 처리하며 점수가 높을수록 우울 정도가 높은 것을 의미한다.

연구자가 ①의 CES-D척도를 선택하였다면 아래 내용들을 설문지로 작성한다. 이와 동일하게 자살충동과 부모자녀관계를 측정할 수 있는 도구들을 선행연구에서 선택하여 설문지를 작성한다.

1. 평상시에는 아무렇지 않던 일들이 귀찮게 느껴졌다.
2. 입맛이 없었다.
3. 가족이나 친구들을 만나보고 이야기도 했지만 울적한 기분은 계속든다.
4. 나는 다른 사람만큼 기분이 좋았다.
5. 내가 하고 있는 일에 마음을 집중하기가 어려웠다.
6. 기분이 우울했다.
7. 하는 일마다 힘들게 느껴졌다.
8. 미래에 대해 희망적으로 느꼈다.
9. 내 인생은 실패작이라고 생각했다.
10. 무서움을 느꼈다.
11. 잠을 설쳤다.
12. 행복했다.

13. 평소보다 말을 적게 했다.
14. 외로움을 느꼈다.
15. 사람들이 불친절했다.
16. 인생이 즐거웠다.
17. 눈물이 난적이 있었다.
18. 슬픔을 느꼈다.
19. 사람들이 나를 싫어한다고 느꼈다.
20. 일을 제대로 진척시킬 수 없었다.

예제 2 　노인의 고독감, 무망감이 자살생각과의 관계에서 배우자유무의 조절효과

이 연구에서는 고독감, 무망감, 자살생각 변수를 측정할 수 있는 도구가 필요하다. 선행연구를 검토하면 고독감을 측정하는 도구들을 여러 개 존재한다는 것을 알 수 있다. 이 중 연구에 적합한 것을 선택하고 설문지를 작성하면 된다. 무망감과 자살생각 변수 역시 동일한 방법으로 설문지를 작성하면 된다. 배우자유무 변수는 설문지에서 "①있다, ②없다"로 측정하면 된다.

예제 3 　서비스기업에서의 리더십유형이 조직성과에 미치는 영향

리더십유형을 측정하는 도구들은 선행연구에서 여러 도구들이 개발되어 있는 것으로 나온다. 이 중 연구자는 리더십 유형을 거래적 리더십과 변혁적 리더십으로 선택하였다 (<그림 2-4> 예제 3 연구모형 참고). 경영학 전공에서 위 변수들을 측정할 수 있는 도구들은 선행연구자들에 의해 많이 개발되어있다. 연구자는 본인의 연구에 적합한 측정도구를 선정하고 다음과 같이 설문지를 작성하면 된다.

아래의 내용에 대하여 귀하께서는?	1 전혀 그렇지 않다	2 ←	3 보통	4 →	5 매우 그렇다
1. 우리 회사에서 나의 남은 직장생활을 할 수 있다면 행복할 것이다.	1	2	3	4	5
2. 나는 실제로 우리 회사의 문제를 나의 문제인 것처럼 느낀다.	1	2	3	4	5
3. 나는 우리 회사에 대하여 강한 소속감을 느낀다.	1	2	3	4	5
4. 우리 회사는 나에게 개인적으로 상당한 의미가 있다.	1	2	3	4	5
5. 내가 회사에 남아 있는 것은 내가 원해서이며 회사가 나를 필요로 하기 때문이다.	1	2	3	4	5
6. 내가 원한다 해도 지금 당장 회사를 떠나는 것은 나에게 있어서 매우 어려울 것 같다.	1	2	3	4	5
7. 내가 지금 회사를 떠나기로 결심한다면 나의 생활이 혼란스러워 질 것이다.	1	2	3	4	5
8. 회사를 떠나기로 선택하는 것이 나에게는 거의 불가능하다고 느낀다.	1	2	3	4	5
9. 내가 회사를 떠나지 않는 것은 그 동안 회사에 많은 노력을 들여왔기 때문이다.	1	2	3	4	5

학위/학술 논문의 작성

3.1 서론

3.1.1 서론 작성 시 유의할 사항들

서론은 논문의 얼굴의 이라고 할 만큼 독자들이 처음 접하는 부분이 서론이다. 서론은 독자들이 읽었을 때 무엇에 관한 연구인지 간단하고도 명료하게 제시하여야 한다. 논문에서 서론은 "문제의 제기", "연구의 필요성", "연구의 목적" 등으로 서술하며, 서론 작성과 관련한 내용들은 아래와 같다.

① 서론에서는 연구의 목적을 명확하고 구체적으로 제시해야 한다. 연구의 목적을 읽은 독자들이 본 연구를 왜 하는 가를 정확하게 파악할 수 있어야 한다.

② 서론에서 제시한 연구의 목적은 추후에 제시하게 될 연구가설과 결론내용과 일치해야 한다.

③ 서론에서는 이 연구가 왜 필요한지를 설득력 있게 설명해야 한다.

④ 연구가 이전 연구와 다른 차별성 또는 독창성을 부각시킬 수 있어야 한다. 비록 유사 연구가 이전 연구에 존재한다 할지라도 변수들의 측정 방법, 표본 대상, 분석방법 등 차별성을 부각시켜야 한다.

⑤ 서론은 주제와 관련한 사회 전반적 현황부터 출발하여 연구의 주제로 초점을 좁혀나가면서 작성해야 한다.

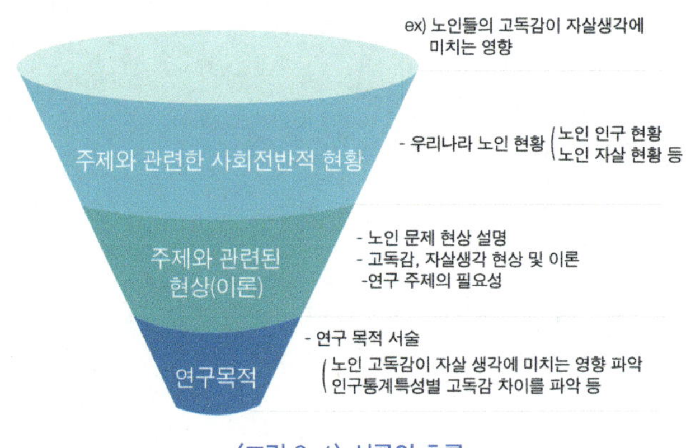

〈그림 3-1〉 서론의 흐름

3.1.2 연구목적의 명확한 제시

서론에서는 제시하는 연구의 목적은 분명하고 명확하게 제시해야 한다. 연구의 목적으로 이 연구에서 무엇을 할 것이며, 향후 연구의 목적을 달성하였을 때 어떠한 효과가 있을 것인가를 알 수 있다.

예를 들어 설명하면 다음과 같다. "서비스기업 종사원들의 자기효능감이 심리적계약위반, 조직후원인식, 이직의도에 미치는 영향"이라는 논문에서의 연구의 목적은 다음과 같이 제시할 수 있다.

- **제시 1** : 본 연구의 목적은 서비스기업 종사원들의 자기효능감과 심리적계약위반, 조직후원인식, 이직의도 간의 영향관계를 파악하여, 향후 효과적인 인적자원관리방안에 대한 시사점을 제시하는 것이다.
- **제시 2** : 본 연구의 목적은 첫째, 서비스 종사원들의 자기효능감이 심리적계약위반에 미치는 영향관계를 파악하고, 둘째, 자기효능감이 이직의도에 미치는 영향을 조사하고 셋째, 심리적 계약위반이 조직후원인식과 이직의도에 미치는 영향 관계를 파악하여 향후 효과적인 인적자원관리 방안에 대한 시사점을 제시하는데 두었다.

3.1.3 연구목적=가설=결론(논문의 뼈대)

연구의 목적을 제시한 후, 이를 달성하기 위한 가설을 설정한다. 그 후 가설검정을 위해 통계분석을 실시하고, 그 결과를 토대로 결론을 작성하게 된다. 따라서 논문에서 연구목적과 가설 그리고 결론은 삼위일체 되어야만 논리적인 전개가 된다.

① 연구목적과 가설은 일치

아래와 같은 연구목적을 설정하였다면, 이를 달성할 가설의 설정은 다음과 같다.

■ 연구목적

첫째, 서비스 종사원들의 자기효능감이 심리적계약위반에 미치는 영향관계를 파악하고 둘째, 자기효능감이 이직의도에 미치는 영향을 조사하고 셋째, 심리적 계약위반이 조직후원인식과 이직의도에 미치는 영향관계를 파악하는 것이다.

■ 가설

> 가설 1. 서비스기업 종사원들의 자기효능감은 심리적계약위반에 부(–)의 영향을 미칠 것이다.
> 가설 2. 서비스기업 종사원들의 자기효능감은 이직의도에 부(–)의 영향을 미칠 것이다.
> 가설 3. 서비스기업 종사원들의 심리적계약위반 지각은 조직후원인식에 부(–)의 영향을 미칠 것이다.
> 가설 4. 서비스기업 종사원들의 심리적계약위반 지각은 이직의도에 정(+)의 영향을 미칠 것이다.

② 가설 검정결과와 결론의 일치

가설 1을 검정한 결과, 자기효능감이 심리적계약위반에 통계적 유의수준하에서 유의한 영향을 미치는 것으로 나타났다면, 이에 대한 분석결과 해설과 이에 따른 연구의 시사점을 결론 부분에 서술해야 한다. 가설 2, 3, 4 역시 분석결과에 맞게 서술해야 한다.

③ 연구목적=가설=결론

서론에서 연구의 목적을 설정하고, 연구의 목적을 달성하기 위하여 본론에서 가설을 설정하고, 가설 검정 결과를 토대로 결론에서 시사점을 제시하는 삼위일체의 형태를 이루게 작성한다. 이를 도식화 하면 <그림 3-2>와 같다.

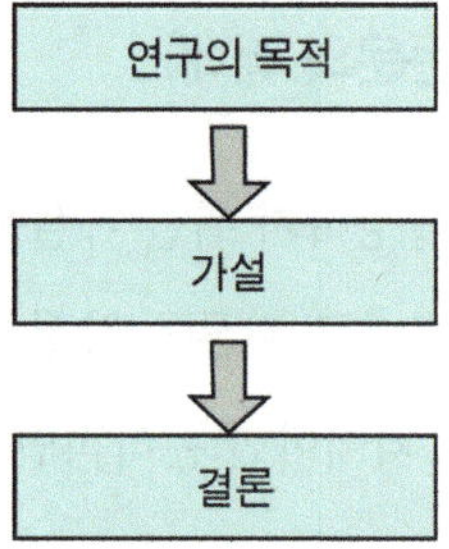

〈그림 3-2〉 연구의 흐름(논문의 삼위일체)

3.2　이론적 배경

3.2.1 이론적 배경의 주요내용

　　논문에서 이론적 배경은 본론에 해당하며, "가설도출배경", "이론적 배경", "선행연구의 검토" 등으로 표현한다. 여기서는 서론에서 제시한 연구의 목적을 달성하기 위해 검정할 변수들에 대한 이론적 설명 뿐 만 아니라 둘 이상의 변수들 간의 관계에 대한 이론 및 선행연구 결과도 제시해야 한다. 또한 제시한 이론을 근거로 가설을 설정 하여야 하며, 이 가설은 연구의 목적을 달성하기 위한 가설이어야 한다. 이론적 배경의 작성 방법에는 정형화된 틀이 있는 것은 아니지만, 연구목적을 달성하기 위한 논리적인 전개로 작성하는 것이 가장 중요하다.

　　서비스기업 종사원이 지각하는 고용불안정성이 거래, 관계 심리적계약위반과 조직몰입에 미치는 영향이라는 주제를 가지고 이론적 배경 작성 방법을 살펴보면 다음과 같이 나타날 수 있다.

■ 예제 논문 제목

> 　　서비스기업 종사원이 지각하는 고용불안정성이 거래,관계 심리적계약위반과 조직몰입에 미치는 영향 (고용형태의 조절효과를 중심으로)

　　이론적 배경 작성 이전에 서론 부분에서는 연구의 목적을 제시하였고, 이를 연구 모형으로 표현하면 <그림 3-3>과 같다. 이 연구 모형을 중심으로 가설을 설정하면 <표 3-1>과 같이 나타난다. 따라서 <표 3-1>의 가설을 도출하는 이론적 내용이 이론적 배경 주요 내용이 된다.

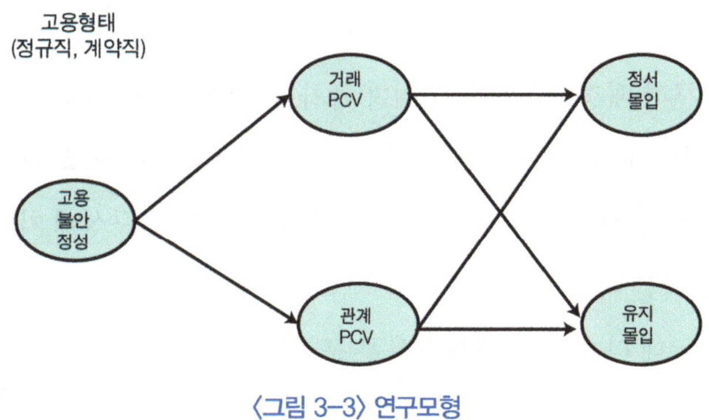

〈그림 3-3〉 연구모형

〈표 3-1〉 가설의 내용

구 분	내 용
가설1	고용불안정성은 거래PCV에 정(+)의 영향을 미칠 것이다.
가설2	고용불안정성은 관계PCV에 정(+)의 영향을 미칠 것이다.
가설3	거래PCV는 정서적몰입에 부(−)의 영향을 미칠 것이다.
가설4	거래PCV는 유지적몰입에 부(−)의 영향을 미칠 것이다.
가설5	관계PCV는 정서적몰입에 부(−)의 영향을 미칠 것이다.
가설6	관계PCV는 유지적몰입에 부(−)의 영향을 미칠 것이다.
가설7	고용불안정성, 거래, 관계 심리적계약위반, 정서적 몰입, 유지적 몰입 간의 관계에서 고용형태는 조절작용을 할 것이다.

3.2.2 이론적 배경의 목차 구성

이론적 배경을 작성하기 위해서는 논리적인 목차를 구성 하는 것이 중요하다. 목차 구성에는 정형화된 규칙이 없으나, 여기서는 〈그림 3-3〉의 연구모형으로 일반적인 목차 구성에 대해서 2가지 예를 들어 설명한다.

〈표 3-2〉 이론적 배경의 목차 구성

이론적 배경의 구성	
예제 1)	예제 2)
1. 고용불안정성과 심리적 계약위반과의 관계 2. 심리적 계약위반과 조직몰입과의 관계 3. 고용형태의 조절효과	1. 고용불안정성의 개념 및 선행연구 2. 심리적계약위반의 개념 및 선행연구 3. 조직몰입의 개념 및 선행연구 4. 고용불안정성과 심리적계약위반과의 관계 5. 심리적계약위반과 조직몰입과의 관계 6. 고용불안정성, 심리적계약위반, 조직몰입 간의 관계에서 고용형태의 조절효과

〈표 3-2〉는 이론적 배경을 작성하기 위한 목차 구성이다. 예제 1)의 경우에는 일반적으로 논문 분량에 제한이 있는 학술논문에서 볼 수 있는 목차 구성이고, 예제 2)는 논문 분량에 제한이 없는 학위논문에서 흔히 볼 수 있는 형태이다. 목차 구성에 차이가 있다 하더라도 제시하는 핵심적인 내용은 동일하다.

목차를 구성하는데 다음의 두 가지 내용은 포함되어야 한다.

① 연구에서 사용하는 변수들의 개념적 설명

② 연구모형에서 제안한 인과관계 경로에 해당하는 변수들 간이 이론적 검토

<표 3-2>를 보면, 연구에서 사용하는 변수들(고용불안정성, 심리적 계약위반, 조직몰입)의 개념적 설명의 경우 예제 2)는 목차에서 제시하고 설명한 반면 예제 1)의 경우에는 변수들 간의 이론적 검토를 설명하는 부분에 각 변수들의 개념적 설명을 포함하였다. 독자들은 어떠한 형태를 취하든 본인의 연구 상황에 맞는 목차구성을 하면 된다.

3.2.3 이론적 배경의 세부내용 작성 방법

이론적 배경에서 목차를 구성하였다면, 그 다음으로는 목차에 따른 세부내용을 작성해야 한다. 세부내용을 작성하는 구성은 일반적으로 다음과 같이 한다.

① 각 변수들의 학문적인 정의와 개념을 설명한다.

② 검정할 변수들 간의 관련 이론과 선행연구 결과를 제시한다.

③ 변수들 간의 검정을 위한 가설을 제시한다.

<표 3-2>에서 예제 1)를 가지고 이론적 배경의 세부내용을 작성하면 아래와 같이 제시할 수 있다.

1. **고용불안정성과 심리적 계약위반과의 관계**
   - 고용불안정성의 정의 및 개념 서술.
   - 심리적 계약위반 정의 및 개념 서술
   - 고용불안정성과 심리적 계약위반 변수 간의 관련된 이론 및 선행연구 결과 서술.
   - 가설설정
2. **심리적 계약위반과 조직몰입과의 관계**
   - 조직몰입의 학자들의 정의 및 개념 서술
   - 심리적 계약위반과 조직몰입 간의 관련된 이론 및 선행연구 결과 서술.
   - 가설설정
3. **고용형태의 조절효과**
   - 고용형태 개념 서술
   - 고용형태의 관련된 이론 및 선행연구 결과 서술.
   - 가설설정

이와 같이 이론적 배경의 주된 내용은 연구에서 사용하는 변수들에 대한 설명이 대부분 차지하며, 선행연구 결과들에 대한 설명이 꼭 있어야 한다. 또한 이론적 배경은 서론에서 제시한 연구목적이 달성할 수 있도록 내용을 구성하여야 하며, 이때 가설은 연구목적과 반드시 일치되어야 한다.

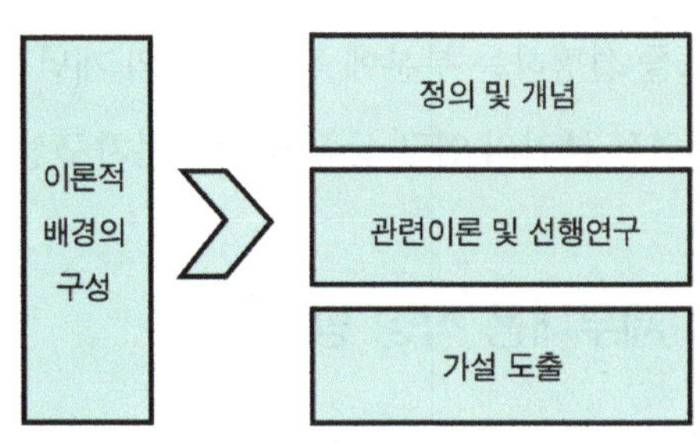

〈그림 3-4〉 이론적 배경의 구성

이론적 배경의 세부내용 제시 예 (심리적계약위반과 조직몰입과의 관계)

① 정의 및 개념

심리적 계약은 "조직과 구성원들 간의 상호교환에 대한 문서화되지 않은 기대로, 상호간의 의무에 대한 개인적인 믿음 또는 지각"이라 하였다. 심리적 계약위반은 조직이 심리적 계약으로 약속했던 정도와 이를 실행한 정도의 차이에 대해 조직구성원들이 지각하는 것을 의미한다. 또한 심리적 계약위반이란 강한 감정적 경험으로서 분노, 분개, 불공평 감정, 부당한 피해를 포함하는 개념으로, 이는 약속위반에 따른 정서적 반응이 형성되지 않았더라도 조직이 의무를 다하지 못했다고 종업원이 느끼기만 하면 심리적 계약위반을 지각하게 된다는 것이다. 심리적 계약위반은 거래 심리적계약과 관계 심리적 계약위반으로 분류한다.

조직몰입이란 "개인이 특정조직과 동일시하고 공헌하는 것에 대한 상대적인 강도"를 나타내는 것이다. 조직몰입은 조직 자체에 대한 개인의 감정을 반영하는 태도이며 조직구성원의 행동양식으로서 이직율, 조직시민행동, 결근율 및 다양한 작업행동 등을 결정하는 중요한 변수이다. 조직몰입은 감정적 몰입과 유지적 몰입으로 구분 될 수 있다. 감정적 몰입은 조직에 대하여 구성원이 느끼는 심리적 애착감으로 정의되며, 종업원들이 조직에 대하여 감정적으로 애착을 갖고 조직과의 일체감을 느끼는 것을 의미한다. 유지적 몰입은 조직과의 실제적인 상호작용에서 구성원이 이를 얼마나 선호하는가 또는 조직이 주는 보상으로 인하여 구성원이 조직과의 상호작용을 지속시키려는 행위를 보이는 성향으로 정의할 수 있다.

② 관련이론 및 선행연구

심리적 계약은 종업원의 태도와 행동에 영향을 미치는 강력한 결정요소로서, 조직과의 심리적 계약을 맺은 종업원은 직무요구를 넘어선 조직시민행동에 참가하고 조직에 대한 높은 몰입을 나타낸다. 그러나 심리적 계약은 조직이 조직 본연의 의무에 대한 종업원의 기대를 충족시키는데 실패하여 위반으로 지각하게 된다. 심리적 계약은 조직에 대한 구성원들의 심리적 애착을 만들어 내기 때문에, 심리적 계약의 위반은 구성원들의 조직에 대한 몰입을 감소시킬 수 있다. 특히 집단주의 문화가 강한 한국의 기업조직들은 구성원들에게 조직에 대한 일방적 충성심을 강조해 왔기에 조직에 의한 심리적 계약의 위반은 한국 직장인들의 조직에 대한 몰입에 보다 많은 부정적 영향을 미칠 수 있다.

ㅇㅇㅇ은 조직과 조직구성원들간의 심리적 계약의 위반은 직무에 대한 불만들이 증대시키고 조직에 대한 애착 및 신뢰의 감소, 배신감으로 조직의 효과성 및 유효성에 많은 영향을 준다고 하였다. 다운사이징과 관련한 연구에서 조직 구성원들은 동료의 해고에 대한 관찰만으로도 그들이 갖는 심리적 계약에 영향을 받는 것으로 나타난다. 즉 해고된 동료와의 계약위반인 조직의 해고행위가 대리 학습과 모델링을 통해 해고 생존자의 계약에 대한 믿음에 영향을 미치게 되어 생존자들의 조직몰입과 수행노력을 감소시키는 것으로 밝혀졌다. ㅇㅇㅇ은 7개 기업체 종사원을 대상으로 심리적 계약위반이 조직몰입도에 미치는 영향을 분석한 결과 유의한 영향을 미치는 것으로 나타났다.

따라서 다음과 같이 가설을 설정하고 실증적으로 어떠한 결과가 도출되는지 실증 분석하였다.

③ 가설 설정
가설 1. 서비스기업 종사원이 지각하는 거래 심리적계약위반은 정서적 몰입에 부(−)의 영향을 미칠 것이다.

가설 2. 서비스기업 종사원이 지각하는 거래 심리적계약위반은 유지적 몰입에 부(−)의 영향을 미칠 것이다.

가설 3. 서비스기업 종사원이 지각하는 관계 심리적계약위반은 정서적 몰입에 부(−)의 영향을 미칠 것이다.

가설 4. 서비스기업 종사원이 지각하는 관계 심리적계약위반은 유지적 몰입에 부(−)의 영향을 미칠 것이다.

3.3   연구의 방법

연구의 방법은 서론에서 제시한 **연구의 목적**과 이를 달성하기 위한 이론적 배경에서 **가설을 작성** 한 후 다음 단계에 제시하는 사항이다. 여기서 어떠한 방법을 통하여 연구의 목적을 달성할 것인가에 대해서 구체적으로 서술한다.

일반적으로 연구의 방법에서 제시되는 내용은 본 연구의 목적을 달성하기 위해 연구의 대상을 누구로 하였으며, 조사를 위한 변수(측정도구)들의 선정, 통계프로그램 선택, 통계분석방법의 소개 등이다. 연구의 방법은 가설 검정을 위한 방법론에 해당하는 것이므로, 설정한 가설을 적절하게 검정할 수 있도록 논리적인 방법으로 구성되어야 한다.

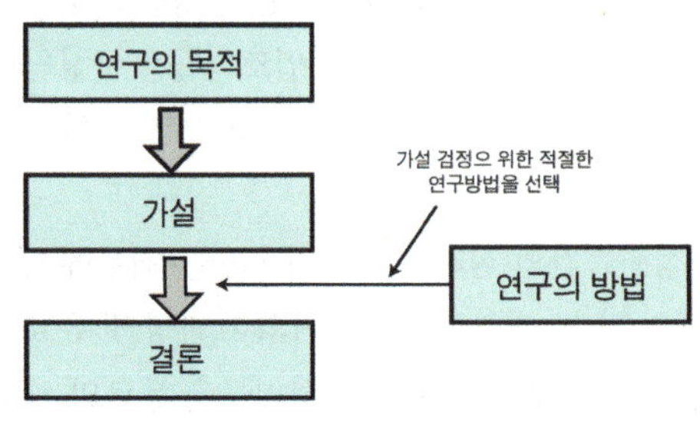

〈그림 3–5〉 연구의 흐름(연구의 방법)

3.3.1 연구의 대상

(1) 연구의 대상

모집단에서 표집을 통해 표본을 추출하게 된다. 이때 추출한 표본이 연구 대상이 되며, 모집단의 특성을 잘 반영할 수 있도록 적절하게 표본이 추출되어야 한다.

> **<잘못된 표본 추출의 예>**
>
> 조직 내에서 "유리천장" 지각이 조직성과에 미치는 영향을 조사하기 위해서 다음과 같은 가설을 설정하였다고 하자. (유리천장은 조직 내 보이지 않는 벽 즉, 성차별을 의미하며 여성에게 적용할 수 있는 변수이다)
>
> 가설) 조직 내에서 유리천장은 직무만족에 부(–)의 영향을 미칠 것이다.
>
> 위 가설을 검정하기 위하여 연구의 대상을 조직 내 근무하는 직장인들을 무작위 표본추출을 하였고, 그 결과 유리천장이 직무만족에 정(+)의 영향을 미치는 것으로 나타났다. 연구의 대상을 살펴보니, 여성이 40%, 남성 60%로 구성되어 있었다.

연구대상은 모집단에서 추출된 표본이다. 모집단을 대표하는 표본을 추출하는 것이 쉽지 않겠지만, 연구자는 추출한 표본이 모집단을 잘 설명할 수 있도록(모집단을 대표) 추출하는 것이 연구에서는 매우 중요하다는 사실을 항상 염두에 두어야 한다. 모집단을 대표할 수 있도록 추출된 표본이 모수를 추정할 때, 신뢰성이 높은 연구가 되기 때문이다.

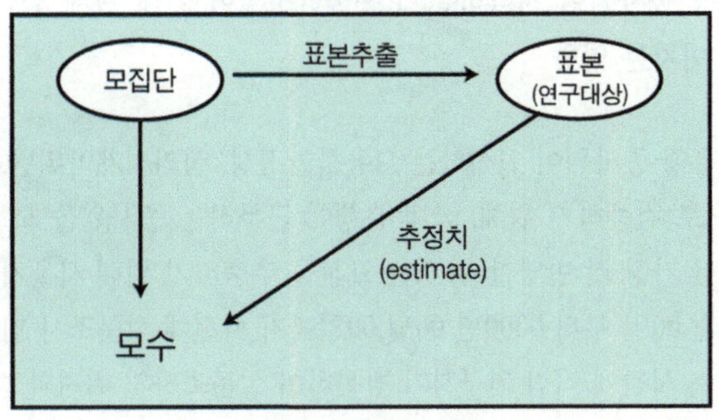

〈그림 3–6〉 표본의 추출

3.3.2 자료의 수집 및 분석방법

자료의 수집은 누구를 대상으로 언제부터 언제까지 설문지(기타자료)를 수집하였으며, 총 자료의 크기를 어느 정도 되는지를 제시한다. 즉, 표본추출을 어떻게 하였는가와 관련된 내용이다. 분석의 방법은 연구의 목적을 달성하기 위해 설정한 가설검정이 적절하게 분석할 수 있는 통계프로그램과 통계분석방법에 대한 내용을 서술한다.

논문에서 연구의 대상, 자료의 수집, 분석방법 제시의 예는 다음과 같다.

【논문제목】 독거노인의 고독감과 무망감이 자살위험에 미치는 영향

본 연구는 독거노인의 자살위험을 실증적으로 검증하기 위해 서울지역 독거노인을 대상으로 하였다. 구체적으로 65세 이상 독거노인 중 노인돌봄서비스를 지원받고 있으며, 본 연구의 내용을 이해할 수 있고 조사에 동참하기를 동의한 500명을 무작위로 표본추출을 하였다. 분석을 위한 자료수집은 0000년 00월 00일부터 두 달 동안 설문조사 교육을 이수한 조사원들이 구조화된 설문지를 활용하여 1:1면접방식으로 조사를 실시하였다. 면접방식으로 조사를 실시하였음에도 불구하고, 응답이 불성실하거나 무응답 설문 10부를 제외하고 490부를 실증분석에 이용하였다.

수집한 자료는 SPSS 프로그램을 활용하여, 표본의 일반적 특성을 위해 빈도분석을 이용하였고, 측정변수의 타당성과 신뢰성 확보를 위해 탐색적요인분석, 신뢰도분석을 실시하였다. 가설 검정을 위해서는 회귀분석과 조절효과, 매개효과 검정을 실시하였다.

【논문제목】 국내은행 종사원이 지각하는 고용불안정성이 거래,관계 심리적계약위반과 조직
몰입에 미치는 영향

본 연구는 국내은행 종사원이 인식하는 고용불안정성, 심리적계약위반, 조직몰입 간의 영향관계를 실증적으로 검증하기 위해, 국내 은행에 근무하는 종사원을 모집단으로 선정하였다. 모집단의 특성을 가장 잘 반영할 수 있는 표본을 추출하기 위해 서울지역 은행 50곳을 대상으로 0000년 00월 00일 부터 0000년 00월 00일까지 사전에 설문조사 협조를 구한 후 근무에 방해가 되지 않는 시간에 직접 연구자가 방문하여 설문조사의 취지와 방법을 간단히 설명을 한 후 설문조사에 동의를 한 직원에 한 해 조사를 실시하였다.

총 395부의 설문지를 회수하여 이중 불성실한 답변과 무응답 설문 30부를 제거하고 365부를 실증분석에 이용하였다.

실증분석은 AMOS 프로그램을 이용하여 확인적요인분석, 측정모델분석, 측정모델타당성검정, 제안모델분석을 실시하여 변수들 간의 구조적 관계를 파악하였다.

3.3.3 변수의 조작적 정의 및 측정도구의 선정

(1) 변수의 조작적 정의

이론적 배경에서 각 변수들에 대한 정의 및 개념에 대해서 이미 구체적으로 서술 하였다. 그럼에도 불구하고 연구의 방법에서도 이론적 배경에서 제시한 정의를 토대로 **본 연구에서 의미하는 해당 변수의 정의**를 조작적으로 정의하여 제시해도 된다.

(2) 측정도구의 선정

논문을 쓸 때 분석에 필요한 자료를 얻기 위해서는 연구대상의 속성을 측정하는 도구가 필요하다. 즉, 연구의 목적을 달성하기 위해 설정된 가설을 실증적으로 분석하기 위해서, 가설에서 제시된 변수들을 어떠한 측정도구를 이용하여 측정할 것인지를 제시하는 것이다. 이는 반드시 제시하여야 한다.

측정도구는 연구 목적에 맞게 선정되어야 하는데, 선행연구의 검토를 통해서 연구주제와 부합되는 측정도구를 선정한다. 주로 선행연구자에 의해 이미 개발된 측정도구를 이용하는 것이 보편적이며, 측정도구에 대한 자세한 정보를 제시해야 한다. 예를 들면, 전체 문항 수, 하위요인이 있다면 몇 개의 하위요인으로 구성되어 있다는 정보, 역채점 문항이 있다면 이에 대한 정보와 문항점수나 총점으로 계산되는 측정도구라면 높은 점수의 의미가 무엇인지 등을 자세히 제시해 준다. 또한 사용하는 측정도구 개발자의 이름과 개발연

도도 나타내어야 하고, 선정한 측도구를 어떤 척도(명목, 서열, 등간, 비율)로 개발되었는지도 제시해 준다.

마지막으로 연구목적에 맞는 측정도구가 없을 때는 측정도구를 개발해야 하는데, 이는 측정도구 개발 자체가 연구의 목적이 된다.

논문에서 변수의 조작적 정의 및 측정도구의 선정 제시 예

【논문제목】 국내은행 종사원이 지각하는 고용불안정성이 거래,관계 심리적계약위반과 조직몰입에 미치는 영향

1. 심리적 계약위반

본 연구에서의 심리적 계약위반이란 은행 종업원과 은행 조직사이의 상호관계에 있어 미실시되거나 미충족 된 의무에 대한 것으로, 조직이 약속된 의무를 충족시키지 못한 경우 은행 종업원이 인식하는 것으로 정의한다.

심리적 계약위반을 측정하기 위하여 Rousseau(1990)가 개발하고 Turnley & Feldman(1999)의 연구에서 사용한 9개 항목을 연구에 이용하였다. 구체적으로 거래 심리적계약위반은 ① 빠른 승진기회의 제공, ② 공정한 선발과 평가 및 승진관리, ③ 쾌적한 직무환경 조성, ④ 타 호텔과 비교시 경쟁력 있는 급여, ⑤ 노력과 성과에 비례한 급여 등의 내용을 포함하고, 관계 심리적계약위반은 ① 충분한 교육훈련, ② 장기적인 고용안정, ③ 종업원에게 경력개발 기회제공, ④ 종업원들 개인의 사적인 문제에 대해 회사가 지원 등의 내용을 포함한 9개 항목을 이용하여, 5점척도(1=전혀실망시키지않았다, 5=매우실망시켰다)로 측정하였다.

2. 고용불안정성

고용불안정성은 은행 조직 내에서 위협적인 상황으로 인해 자신의 직무가 없어질 수 있는 데도 불구하고, 그 위협을 억제하지 못하기 때문에 은행 종사원이 느끼는 무력감이라고 정의한다.

고용불안정성은 Johnson, Messe와 Crano(1984)가 개발한 8개 문항을 선정하였다. 구체적인 내용으로는 1: 나는 우리회사가 안정적이라고 생각한다, 2: 나의 뜻과 상관없이 나는 우리회사를 떠나야 할지 모른다, 3: 우리 회사는 강제 해고를 할 것이다, 4: 나는 언제 해고가 있을지 불안하다, 5: 나는 우리 회사의 고용안정성에 대해 만족하지 않는다, 6: 나는 해고에 대한 생각만 해도 겁이 난다, 7: 나는 해고의 가능성에 대해 걱정하고 있다, 8: 나는 가까운 장래에 회사에서 점점 더 해고의 가능성이 높아 질 것으로 생각한다 이다. 이를 5점척도(1=전혀그렇치않다, 5=매우그렇다)로 측정하였다.

3. 조직몰입

조직몰입은 은행 종사원의 조직에 대한 태도를 말하는 것이다. 조직몰입을 측정하기 위하여 Meyer와 Allen(1991)이 개발한 9개 문항을 이용하였다. 구체적으로 정서적 몰입은 ① 우리 호텔에서 남은 직장생활을 할 수 있다면 행복할 것이다, ② 나는 실제로 우리 호텔의 문제를 나의 문제인 것처럼 느낀다, ③ 나는 우리 호텔에 대하여 강한 소속감을 느낀다, ④ 우리 호텔은 나에게 개인적으로 상당한 의미가 있다 등의 내용을 포함하고, 유지적 몰입은 ① 내가 우리 호텔에 남아 있는 것은 내가 원하고 호텔이 나를 필요로 하기 때문이다, ② 내가 원한다해도 지금 당장 호텔을 그만두는 것은 나에게 있어 매우 어려울 것 같다, ③ 내가 지금 호텔을 그만두기로 결심한다면 나의 생활이 혼란스러워 질 것이다, ④ 호텔을 떠나기로 선택하는 것이 나에게는 거의 불가능하다고 느낀다, ⑤ 내가 우리 호텔을 떠나지 않는 것은 그동안 회사에 많은 노력을 들여왔기 때문이다 등의 내용을 포함한다. 이를 이용하여 5점척도(1=전혀그렇지않다, 5=매우그렇다)로 측정하였다.

3.3.4 연구의 모형의 제시

연구방법에서는 연구의 대상, 자료 수집 방법, 통계분석 방법 및 변수의 조작적 정의와 측정도구에 대한 정보 등 관련 내용을 자세하게 제시한 후, 연구의 모형을 보여준다. 연구모형을 제시하는 이유는 독자들에 하여금 분석하고자 하는 내용을 한눈에 알기 쉽게 표현하기 위함이다.

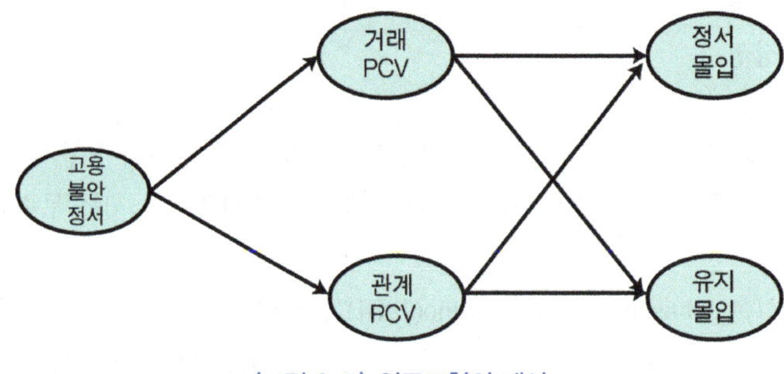

〈그림 3-7〉 연구모형의 제시

3.4 실증연구 분석결과

　연구자는 연구의 목적을 달성하기 위하여 가설을 설정하고, 이를 검정하기 위하여 적합한 연구방법을 통해 자료를 수집한 후 통계분석을 실시하고 그 결과를 제시한다.

　논문통계분석을 정의하자면 논리적인(또는 타당한) 논문작성에서 요구되는 통계분석 과정이라 할 수 있다. 논문에서 가장 중요한 요소 중 하나를 언급하자면 논문의 논리적인 흐름이라 할 수 있을 것이다. 연구의 목적=가설=결론(논문의 삼위일체)이 대표적인 예가 될 수 있다. 논문은 누가 읽어보아도 연구의 목적을 달성하기 위한 가설을 설정한 후 타당한 연구 방법을 통하여 자료를 수집하고, 이를 가지고 논문통계분석을 실시한 결과를 근거로 결론을 작성하였다고 인정을 받아야 한다.

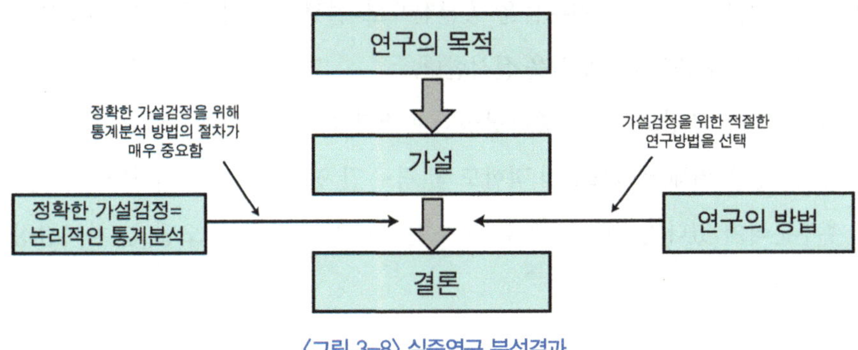

〈그림 3-8〉 실증연구 분석결과

　논문통계분석 방법 절차는 본서에서 설명하는 통계프로그램인 SPSS와 AMOS 프로그램을 중심으로 설명하면 다음과 같다.

　먼저, SPSS프로그램을 이용하여 논문을 작성할 때 논문통계분석 방법의 절차는 아래와 같다.

① 대부분의 양적 논문은 표본연구일 것이므로 "실증연구 분석결과"에서는 제일 먼저 표본의 특성부터 제시한다. 표본의 특성은 빈도분석을 통해 결과값을 도출할 수 있다.

② 가설검정을 위해 선정된 측정도구의 양호도를 검사한다. 즉, 연구의 표본에 측정도구를 적용시켰을 때 어느 정도 타당성을 확보하였는가를 제시한다. 이는 탐색적 요인분석과 신뢰도 분석을 실시한다.

③ 가설검정 전에 각 변수들 간에 어느 정도 관련성을 가지고 있는가를 조사하기 위해 상관관계분석을 실시한다.

④ 가설검정을 실시한다. 이는 가설검정의 성격에 따라 평균차이검정(t-test, ANOVA), 인과관계검정(회귀분석), 조절효과, 매개효과검정 등이 있다.

AMOS프로그램을 이용하여 논문을 작성할 때 논문통계분석 방법의 절차는 아래와 같다.

① 대부분의 논문은 표본연구이므로 "실증연구분석결과"에서는 제일 먼저 표본의 특성부터 제시한다. 이는 빈도분석을 실시한다.

② 각 개념적 변수들의 단일차원성 검정을 실시한다. 이를 위해 확인적 요인분석을 실시한다.

③ 연구에 사용하는 모든 변수들을 공분산으로 설정하여 단일차원성 검정을 실시한다. 이를 위해 측정모델분석을 실시한다.

④ 최종 선정된 측정모델의 집중타당성과 판별타당성 검정을 실시한다.

⑤ 가설검정을 위해 제안모델의 적합도 및 경로 간 영향관계를 분석한다.

⑥ 추후분석이 있다면, 매개효과 혹은 조절효과, 다집단분석, 모델 간 차이검정 등을 실시한다.

3.4.1 표본의 인구통계적 특성

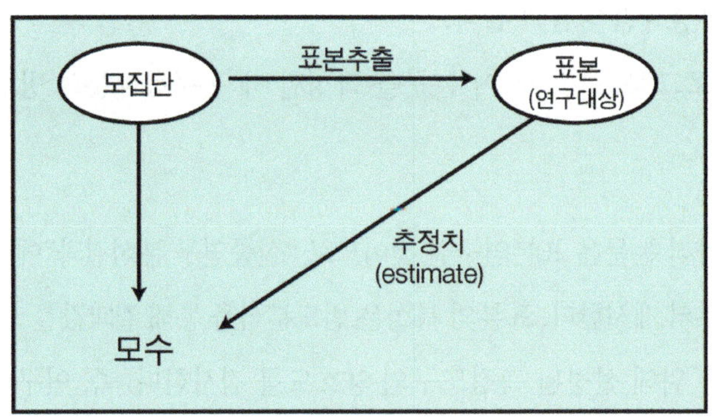

〈그림 3–9〉

　　일반적으로 논문은 표본연구로 진행하게 된다. 즉, 연구에서 선정하는 응답자의 경우에는 모집단에서 표집을 통해 추출한 표본(연구대상)을 가지고 분석을 하게 된다는 것이다. <그림 3-9>에서도 연구대상의 전체인 모집단에서 추출한 표본을 가지고 모수(parameter)를 추정하게 된다.

　　따라서 논문에서 통계 분석결과는 연구자가 수집한 표본에 의해서 나타난 결과인 만큼, 표본의 특성에 대해서 반드시 논문에 제시해야 한다. 이를 위해 빈도분석을 실시한다.

표본의 추출

　　정확한 표본추출은 논문작성 시 매우 중요한 과제이다. 나의 연구결과가 선행연구결과 다른 결과가 나타났다면, 제일 먼저 의심해야 할 부분은 표본의 특성이다. 예를 들어, 표본에서 연령이 20대 편중되어 추출되었다면 전 연령층을 대상으로 하여 연구결과를 해석하기에는 문제가 될 수 있다. 이럴 경우에는 20대를 중심으로 한 연구결과가 나타났다고 볼 수 있을 것이다. 다른 예로, 정규직과 계약직의 경우에도 정규직에 표본이 집중되어 있다면 해당 분석결과를 계약직에 적용하기에 문제가 있을 것이다. 표본이 어떠한 특정한 특성(성향)에 집중되어 추출되었다면 왜곡된 결과를 도출할 수 있으므로 주의를 기울려야 한다.

　　결론적으로 선행연구와 다른 연구결과가 나타났을 경우, 제일 먼저 살펴보아야 할 부분은 표본의 특성이 된다. 성별, 연령, 학력, 소득수준, 경우에 따라서는 직급, 근무경력 등등 연구에서 요구되는 인구통계적 특성을 관심을 가지고 살펴보아야 한다.

3.4.2 측정도구의 양호도 조사(타당성 및 신뢰성 검정)

(1) 측정도구의 타당성 및 신뢰성 검정을 하는 이유

　　측정도구는 최초 연구자에 의해 개발된 검정된 변수이다. 검정된 변수인 만큼 개발될 당시에는 모든 문항들의 오차는 크지 않았을 것이고, 설명력은 우수했을 것이다. 하지만 이 측정도구를 나의 표본에 적용하게 되면 모든 문항들의 설명력이 항상 우수하게 나타나는 것은 아니다. 따라서 타당성 및 신뢰성 검정을 통하여 오차가 많은 문항 혹은 설명력이 낮은 문항들을 찾아 제거하는 단계가 필요하다. 이러한 과정을 거쳐야만 나의 연구에서 사용하는 측정도구의 타당성과 신뢰성은 향상되고, 분석결과 역시 신뢰할 수 있게 된다. 이 단계는 매우 중요한 분석단계 중 하나이다.

(2) 측정도구의 타당성 검정

측정도구의 타당성 검정을 위해 사용하는 분석기법으로는 먼저, SPSS프로그램을 활용한 분석방법으로는 탐색적요인분석과 신뢰도 분석이 있고, AMOS프로그램을 활용한 분석방법으로는 확인적 요인분석 등이 있다.

① SPSS를 이용한 통계분석

- 타당성 검정을 위해 탐색적 요인분석을 실시한다. 측정도구가 이론에 맞게 적재되었는지 확인하고, 요인적재량 값으로 설명력이 충분한가를 파악한다.
- 신뢰성 검정을 위해 신뢰도 분석을 실시한다. Cronbach 알파값을 통하여 신뢰도를 저해하는 항목여부를 조사한다.

■ SPSS프로그램을 활용한 타당성 및 신뢰성 검정 예

논제: 독거노인의 고독감과 무망감이 자살위험에 미치는 영향

변수들 간 탐색적 요인분석과 신뢰성 검정을 실시한다.

- 고독감 변수의 탐색적 요인분석 및 신뢰성 검정 실시한 결과를 제시
- 무망감 변수의 탐색적 요인분석 및 신뢰성 검정 실시한 결과를 제시
- 자살위험 변수의 탐색적 요인분석 및 신뢰성 검정 실시한 결과를 제시

② AMOS를 이용한 통계분석

- 확인적요인분석을 통하여 단일차원성 검정을 실시한다. 적합도(model fit)와 SMC값, 잔차값 등을 통하여 잠재변수가 측정변수들을 잘 설명하는지 조사한다.

■ AMOS프로그램을 활용한 타당성 및 신뢰성 검정 예

논제: 국내은행 종사원이 지각하는 고용불안정성과 거래,관계 심리적계약위반, 조직몰입 간의 구조적 관계

변수들 간의 확인적요인분석 및 측정모델분석을 실시한다.

- 고용불안정성 변수의 확인적요인분석 결과 제시
- 심리적계약위반(거래,관계 심리적계약위반) 변수의 확인적요인분석 결과 제시
- 조직몰입 변수의 확인적요인분석 결과 제시

3.4.3 변수들 간의 관련성 검정(상관관계분석)

일반적으로 상관관계분석은 가설 검정(또는 연구문제) 전에 분석할 변수들 간의 관련성의 정도와 방향성을(+ 혹은 -) 파악하기 위해서 실시한다. 때로는 변수들 간의 관련성의 정도를 증명하는 것이 연구목적인 경우에는 상관관계분석 결과가 논문에서 최종 분석결과로 활용되기도 한다.

상관관계분석결과에서 변수들 간의 관련성의 절대치가 0.9이상의 값(또는 0.85이상)으로 나타나면 두 변수는 독립적이지 않을 가능성이 큰 것으로 본다. 즉, 두 변수는 같은 변수일 가능성이 크다는 것이다. 따라서 연구자는 상관관계분석 시 상관계수 값이 0.9(또는 0.85)이상의 값이 있는지에 관심을 가져야 한다. 만약, 나의 연구에서 어떤 두 변수의 상관계수 값이 이렇게 도출되었다면, 이는 두 변수가 나의 표본에서는 동일한 변수로 취급될 수 있다는 것을 의미하므로 추후 조치를 취해야 한다.

> -0.9이상: 상관관계가 아주 높다,　　　　　　-0.7~0.9미만: 상관관계가 높다,
> -0.4~0.7미만: 상관관계가 다소 높다,　　　　-0.2~0.4미만: 상관관계가 있으나 낮다,
> -0.2미만: 상관관계가 거의 없다

3.4.4 가설 검정

연구자들은 설정한 가설을 검정하기 위해서는 통계적 분석방법을 이용하기 때문에, 독립변수와 종속변수의 척도가 무엇인지를 사전에 알고 있어야 한다. 왜냐하면, 변수의 척도에 따라 분석방법이 달라지기 때문이다. 이는 논문 통계분석을 하기 위해서 가장 기본적으로 요구되는 지식인만큼, 연구자들은 이에 대한 정확한 개념을 숙지할 필요가 있다.

(1) 척도를 알아야 논문통계분석을 할 수 있다.

척도는 크게 4가지로 구분할 수 있다. 명목척도, 서열척도, 등간척도, 비율척도이다.

> 1. 명목척도
> 귀하의 성별은? ① 남자 ② 여자

> 2. 서열척도
> 다음 중 선호하는 운동종목을 순서대로 나열해보시오.
> ① 야구 ② 축구 ③ 배구 ④ 농구 ⑤ 탁구
>
> 3. 등간척도
> OOO에 대한 귀하의 의견은
> ①전혀그렇지않다 ②그렇지않다 ③보통 ④그렇다 ⑤매우그렇다
>
> 4. 비율척도
> 귀하의 나이는? _______________세

(2) 척도에 따른 분석방법 결정

연구자는 척도에 따라 분석방법이 달라질 수 있다는 것을 항상 염두에 두어야 한다. 연구자가 회귀분석을 하고 싶다고 해도 척도의 조건이 맞지 않는다면 할 수 없기 때문이다. 예를 들어, 연구자가 수집한 척도가 모두 명목척도라면 t-test, ANOVA, 회귀분석 등은 할 수 없다.

구체적인 통계분석에 따른 요구되는 척도는 <표 3-3>과 같다. 먼저, 빈도분석은 4가지 척도 모두 분석 가능하며, 요인분석과 신뢰도 분석의 경우에는 연속형 변수인 등간척도와 비율척도만 사용가능하다. 상관관계분석의 경우에는 척도의 구성이 등간 또는 비율척도일 경우에는 피어슨(Pearson) 상관관계 분석을 할 수 있고, 서열척도의 경우에는 스피어만(Spearman) 상관관계 분석을 실시할 수 있다.

회귀분석은 독립변수와 종속변수의 척도 구성에 따라 그 종류가 달라지는데, 독립변수와 종속변수 모두 연속형 변수인 등간 또는 비율척도일 경우에는 일반적인 의미의 회귀분석을 이용한다. 반면, 독립변수가 명목척도이고, 종속변수가 등간 또는 비율척도 일 경우에는 더미회귀분석을 이용하고, 독립변수가 등간 또는 비율척도이고 종속변수가 명목척도일 경우에는 로지스틱 회귀분석을 이용하면 된다.

평균차이검정인 t-test와 ANOVA분석일 경우에는 독립변수는 명목 또는 서열척도이고, 종속변수는 등간 또는 비율척도로 구성되어 있을 경우 사용이 가능하다.

독립변수와 종속변수 모두 비연속형 변수인 명목척도일 경우에는 χ^2(카이제곱)검정이 가능하다.

〈표 3-3〉 분석방법에 따라 요구되는 척도의 구성

분석방법	변수의 척도	분석방법	독립변수	종속변수
빈도분석	명목, 서열, 등간, 비율척도	회귀분석	등간, 비율	등간, 비율
		더미 회귀분석	명목척도	등간, 비율척도
요인분석	등간, 비율척도	로지스틱 회귀분석	등간, 비율	명목
신뢰도분석	등간, 비율척도	t-test	명목, 서열척도	등간, 비율척도
상관관계분석	– 명목, 등간, 비율 (피어슨 상관관계) – 서열척도 (스피어만 상관관계)	One-Way ANOVA	명목, 서열척도	등간, 비율척도
		교차분석 (카이제곱검정)	명목, 서열척도	명목, 서열척도

(3) 가설을 보면 분석방법을 알 수 있다

　가설의 설정은 분석방법에 맞게 설정하여야 한다. 예를 들어, 가설에서는 "~는 차이가 있을 것이다"라고 설정하고 회귀분석을 이용한다면 가설과 분석방법이 의미상 맞지 않게 된다. 따라서 평균차이검정인 t-test, ANOVA와 인과관계분석인 회귀분석의 가설 형태는 다르므로 연구자는 가설 설정 시 주의해야 한다.

① 평균차이검정 가설

> ➤ **가족의 유무**에 따라 노인의 **자살위험**에는 차이가 있을 것이다.
> - 있다, 없다
> - 등간척도
> - 명목척도
> - 2 집단
> - 위 가설을 검증하기 위해서는 t-test 를 실시하면 된다.

> ➤ **독거노인의 소득수준**에 따라 자살위험에는 차이가 있을 것이다.
> - 소득수준은 ① 100만원 이하 ② 100~200만원 ③ 201만원 이상 구성된 명목척도임.
> - 위 가설을 검증하기 위해서는 One-way ANOVA 분석을 실시하면 된다.

② 회귀분석 가설

> ➤ **독거노인의 <u>고독감</u>은 <u>자살위험</u>에 정(+)의 영향을 미칠 것이다.**
>   • 등간척도 • 등간척도
> ■ 위 가설을 검증하기 위해서는 단순회귀분석 을 실시하면 된다.

> ➤ **독거노인의 <u>고독감과 무망감</u>은 <u>자살위험</u>에 정(+)의 영향을 미칠 것이다.**
>   • 등간척도   • 등간척도
> ■ 위 가설을 검증하기 위해서는 다중회귀분석 을 실시하면 된다.

3.5 결론

 일반적으로 결론부분은 연구의 목적을 요약하여 언급한 후, 연구 목적을 달성하기 위한 통계분석 결과를 요약하여 제시한다. 그 후 통계 분석결과를 토대로 이론적/실무적 시사점을 자세하고 풍부하게 제안한다. 마지막으로 연구의 한계점을 제시한다.

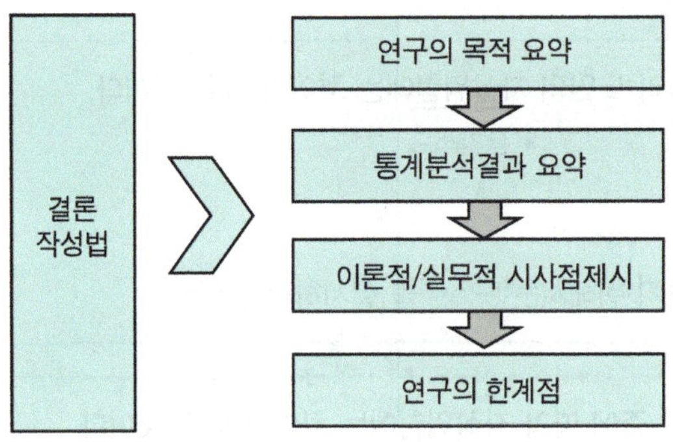

〈그림 3-10〉 결론 작성법

3.5.1 결론 작성 시 유의사항

결론 작성 시 다음과 같은 3가지 사항을 유념하고 작성해야 한다.

① 결론에서 제시하는 내용은 통계분석결과에 근거해서 작성해야 한다.

- 분석결과에 근거하지 않은 내용은 논문이 아니라 소설이 될 가능성이 높다.
- 분석결과를 토대로 이론적 시사점과 실무적 시사점을 풍부하게 제시한다.

② 연구의 목적과 결론의 내용은 일치해야 한다.

- 서론의 연구의 목적에 제시한 내용이 결론에서 일치하게 제시되어야 한다.
- **연구의 목적=가설=결론**은 논리적으로 일치해야 한다.

③ 연구의 한계점을 제시해야 한다.

- 사회과학 학문은 연구의 한계점이 존재할 수 밖에 없다. 이에 대해 언급해야 한다.

3.5.2 연구목적=가설=결론 제시 예

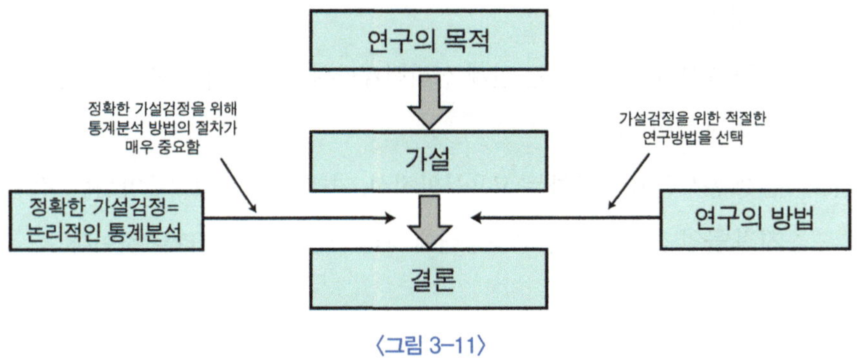

〈그림 3-11〉

(1) 연구의 목적

본 연구의 목적으로는 심리적 계약위반을 두 가지 하위차원으로 구분하여, 현재 우리 사회의 당면 문제점인 고용불안정성이 심리적 계약위반에 어떠한 영향을 미치는지를 파악하고, 심리적 계약위반이 결과변수인 정서적·유지적 조직몰입에 어떠한 영향을 미치는지를 구체적으로 살펴본다. 또한 고용형태에 따라 조절효과가 있는지를 분석하여 효과적인 인적자원관리 방안에 대한 시사점을 제공하는데 두었다.

구체적으로 다음과 같다. 첫째, 고용불안정성이 거래/관계 심리적계약위반에 어떠한 영향을 미치는 지를 파악하고 둘째, 거래, 관계 심리적계약위반이 정서적/유지적 몰입에 어떠한 영향을 미치는 지를 조사하고 셋째, 고용불안정성, 거래/관계 심리적계약위반, 정서적/유지적 몰입 간이 관계에서 고용형태의 조절효과를 조사하는 것이다.

(2) 연구의 목적＝가설

가설 1)　은행 종사원이 지각하는 고용불안정성은 거래 심리적계약위반에 정(+)의 영향을 미칠 것이다.

가설 2)　은행 종사원이 지각하는 고용불안정성은 관계 심리적계약위반에 정(+)의 영향을 미칠 것이다.

가설 3)　은행 종사원이 지각하는 거래 심리적계약위반은 정서적 몰입에 부(−)의 영향을 미칠 것이다.

가설 4)　은행 종사원이 지각하는 거래 심리적계약위반은 유지적 몰입에 부(−)의 영향을 미칠 것이다.

가설 5)　은행 종사원이 지각하는 관계 심리적계약위반은 정서적 몰입에 부(−)의 영향을 미칠 것이다.

가설 6)　은행 종사원이 지각하는 관계 심리적계약위반은 유지적 몰입에 부(−)의 영향을 미칠 것이다.

가설 7)　은행 종사원이 지각하는 고용불안정성, 거래/관계 심리적계약위반, 정서적/유지적 몰입 간의 관계는 고용형태에 따라 조절효과가 나타날 것이다.

(3) 결론

① 결론 부분은 앞에서 설정한 7개 가설의 검증결과를 중심으로 작성해서 연구의 목적＝가설＝결론의 흐름을 이룬다.

② 채택된 가설을 중심으로 이론적 시사점과 실무적 시사점을 풍부하게 제시 한다.

③ 시사점이 풍부한 논문이 진정한 학술적 가치가 있는 논문이 됨을 기억하자.

3.5.3 연구의 한계점 및 참고문헌 제시

(1) 연구의 한계점 제시

설문조사를 이용한 논문에서 연구의 한계점을 제시하는 이유는 표본의 특성상 외적 타당성 확보가 어렵기 때문이다. 외적타당성은 연구결과의 일반화 정도를 의미한다. 표본조사는 모집단에서 일부 표본을 추출하는 것이기 때문에 모집단은 동일하지만 표본이 다른 연구가 존재하게 되고, 이 때문에 상이한 연구결과를 나올 가능성을 배제할 수 없다. 설문조사 연구는 이러한 단점을 갖고 연구하게 되고, 연구의 한계점에 이와 관련한 내용을 언급해 주어야 한다.

또한 설문조사의 경우 대부분이 횡단연구이다. 횡단연구란 한 시점을 기준한 연구로서 시간의 흐름에 따라 나타나는 변화를 관찰할 수 없으며, 오직 현재의 상태만을 관찰한다. 종단연구는 똑같은 질문이 두 시점 이상의 시간에 대해서 반복해서 조사 관찰한다. 설문조사는 횡단연구의 단점을 갖고 연구하므로 이에 대한 한계점을 제시하는 것이 좋다.

연구의 한계점 제시 예

본 연구는 이상과 같은 이론적 실무적 기여에도 불구하고 다음과 같은 제약점이 있다는 것을 고려하여야 한다. 첫째, 연구에 사용된 자료가 종단적이 아니라 횡단적 자료를 사용하고 있다는 단점을 안고 있다. 둘째, 자료 수집은 서울, 대구, 부산 등지에 소재한 은행 50곳으로 국한되어 있어 연구결과의 일반화에 문제가 있다. 셋째, 동일한 응답자가 원인과 결과변수에 대한 모든 정보를 제시하였다는 측면에서 동일요인측정오류(common method variance)의 문제를 지니고 있어 실제변인 이상의 변인을 창출한 가능성을 배제할 수 없다.

향후의 연구에서는 보다 다양한 자료를 이용하여 외적타당성을 높일 수 있는 연구가 되어야 할 것이다.

---

(2) 참고문헌의 제시

연구자는 본문에 나오는 선행연구자들이 참고문헌에 수록 되어 있는지 항상 cross check 해야 한다. 본문에 없는 선행연구가 참고문헌에 있어도 되지만 본문에 있는 선행연구가 참고문헌에 없어서는 안 된다.

P A R T **2**

논문통계학의 기초이론

통계의 기본개념

4.1 기술통계와 추리통계

4.1.1 기술통계

기술통계(descriptive statistics)는 현상의 파악, 자료를 요약 및 정리할 때 주로 이용하는 통계기법으로, 자료에 대한 이해를 위해 도표, 그래프 또는 수치 등으로 나타낸다.

논문에서는 일반적으로 표본의 특성을 파악하기 위해 빈도분석을 실시하는데, 구체적으로 성별, 연령, 학력, 소득수준, 가족 수, 거주지 등의 빈도수와 퍼센트를 제시한다. 이외에도 연구에서 사용하는 변수들의 평균, 중앙값, 최빈값, 표준편차, 빈도분포, 그래프, 도표 등을 나타내기도 한다. 이러한 통계적 기법이 기술통계에 해당된다.

4.1.2 추리통계

추리통계(inferential statistics)는 표본의 이용하여 모집단의 특성을 추론할 때 사용하는 통계를 의미한다. 대부분의 양적 연구는 모집단 전체를 대상으로 한 연구를 하는 것은 사실상 불가능하며, 모집단에서 추출한 표본을 통하여 모집단의 특성을 추정하는 방법을 이용하게 된다. 이것을 추리통계라 한다.

예를 들어, 우리나라 직장인들의 직무스트레스를 조사한다면 모집단은 우리나라 직장인 전체가 된다. 모집단을 대상으로 연구를 한다면, 조사비용 뿐만 아니라 조사에 요구되는 긴 시간으로 인해 조사 기간 중 퇴직하는 사람도 있을 것이고, 새롭게 입사하는 신입사원도 있을 것이므로, 사실상 모집단을 대상으로 한 연구는 불가능할 것이다. 따라서 모집단에서 일부 직장인들을 추출하여 전체 직장인들의 직무스트레스를 추론하는 것이 합리적인 방법일 것이다.

논문에서 연구자가 설정한 가설은 대부분 추리통계로 검정한다.

4.2   표집의 방법

표집(sampling)은 모집단에서 표본을 추출하는 행위를 말한다. 표본은 모집단을 대표할 수 있도록 표집 되어야 한다. 표본이 모집단을 대표할 수 있도록 잘 표집되었다면 모집단의 특성을 추론하는데 오류를 범할 확률이 낮아지고, 반대로 모집단의 특성을 제대로 반영하지 못하도록 표본이 추출되었다면 모집단의 특성을 추론하는데 오류를 범할 확률이 그만큼 높아지게 된다.

따라서 양적 논문을 작성할 때 모집단의 특성을 대표할 수 있는 표본을 표집해야 하며, 연구 상황에 따라 적합한 표집의 방법을 선택해야 한다. 설문조사를 실시하는 논문에서 가장 많이 이용하는 표집방법으로는 비확률 표집의 편의표집(convenience sampling) 방법일 것이다. 이는 자료 수집이 용이하다는 장점이 있는 반면 표본이 편향 될 확률이 높다는 단점이 있다는 점을 기억해야 한다. 이는 이론과 다른 연구결과를 야기시키는 원인 중 하나이다.

4.2.1 확률표집

① 단순무작위표집(simple random sampling)

무작위표집은 모집단에 속한 모든 요소들이 표본으로 추출될 확률이 동일하고, 하나의 요소가 추출되는 사건이 다른 요소가 추출되는데 영향을 주지 않는 독립사건인 표집방법을 의미한다.

예를 들어, 5000명인 모집단에서 표본을 300명 무작위표집을 할 때, 모집단의 모든 사람들이 표본으로 추출될 확률은 모두가 동일하고, 한 사람이 표본에 추출된 사건이 다른 사람이 추출될 확률에 영향을 주지 않으면 된다.

② 층화표집(stratified sampling)

모집단을 여러 하위집단으로 구분하고, 각 하위집단에서 정해진 수만큼 무작위 표본 추출하는 방법이다. 하위집단으로 구분할 수 있는 기준은 성별, 연령, 소득수준 등 다양하게 존재하므로, 연구 상황에 맞게 하위집단을 구분하면 된다.

③ 군집표집(cluster sampling)

모집단을 군집이라는 많은 수의 집단으로 분류하고, 그 군집들 중 일부를 선택하고 그 군집에서만 표본을 추출하는 방법이다. 예를 들어, 직장인들을 대상으로 한 연구에서 몇 개 기업을 선정하고 그 기업에서 표본을 추출하는 방법이다. 이는 모집단의 구성원이 광범위한 지역에 분포되어 있을 경우에 적절한 방법이다.

④ 체계적 표집(systematic sampling)

이는 전체 사례에 번호를 부여하고, 일정한 표집간격에 따라 표집하는 방법이다. 예를 들어, 1,000명 직장인 중 100명을 표집 할 때 1,000 ÷ 100 = 10이므로 10번째 직장인을 차례로 표집하는 방식이다.

4.2.2 비확률표집

① 편의표집(convenience sampling)

연구자의 편리성에 의해 쉽게 접할 수 있는 구성원이나 우연히 선택되는 대상을 표집하는 방법이다. 편의표집을 하면 표본이 편향될 확률이 높아질 수 있다.

② 할당표집(quote sampling)

이는 표집대상자의 조건을 미리 정한 후, 이 조건에 맞는 표본의 수를 할당하고 표집하는 방법이다. 조건이라 함은 성별, 연령, 학력, 소득수준, 가족 수 등 다양하게 존재한다. 예를 들어, 전체 집단이 남성 70%, 여성 30%로 구성되어 있다면, 남성에서 70% 표집하고, 여성에서 30%를 표집 하는 것이다.

③ 판단표집(purpose sampling)

판단 표집은 연구자가 연구문제를 잘 알고 있다고 판단되는 구성원 혹은 연구목적에 적합하거나 특정 조건을 충족시키는 대상을 의도적으로 표집 하는 방법이다. 가계 대출의 문제점을 조사하기 위해서는 가계 대출 경험이 있는 사람만 표집하는 방법이 이에 해당한다.

4.3　모수와 통계량의 이해

4.3.1 모수와 통계량의 개념

　모수(母數, parameter)는 모집단의 특성을 의미하고, 통계량(統計量, statistic)은 표본의 특성을 말한다. 모수의 구체적인 값을 모수치라고 표현하고, 통계량의 구체적인 값은 통계치라고 한다. 모수치와 통계치 간에는 크고 작건 어느 정도의 차이가 발생하는데, 이는 표집오차 때문이다. 표본의 크기와 표집오차는 밀접한 관련성이 있다. 표본의 크기가 클수록 표집오차는 작아지고 통계치는 모수치는 점점 비슷해진다.

　또한 추리통계에서처럼 통계량이 모집단의 모수를 추정하기 위해 사용할 때는 추정치(estimate)라고 표현한다. 대표적으로 표본의 평균은 모집단 평균을 추정할 때 사용하므로 추정치에 해당한다.

　모수를 추정할 때 통계량은 모수보다 평균적으로 크지도 않고 작지도 않아야 한다. 이와 같이 모수를 추정할 때 편향되지 않은 통계량을 불편파추정치(unbiased statistic)라고 한다. 불편파추정치는 모집단에서 추출 가능한 모든 표본에서 구한 통계치의 평균인 기댓값이 모수와 같다. 통계량의 기댓값은 모집단에서 동일한 크기의 표본을 무수히 표집하여 구한 통계치를 평균한 값이다.

　한편, 모수를 추정할 때 편향된 통계량은 편파추정치(biased estimate)라고 하고, 이는 모수를 과대 또는 과소 추정한다.

4.3.2 모수와 통계량의 기호

　통계가 어려운 이유 중 하나는 생소한 기호들이 자주 등장한다는 것이다. 그리스 문자와 로마자 등이 자주 등장하는데, 이는 피할 수가 없고 넘어야 할 산으로 간주해야 한다. 여기서는 가장 많이 등장하는 기호만 서술할 것이므로, 이것만이라도 익숙하게 만들자.

　모수는 그리스문자로 표기하고, 통계량은 로마자로 표기한다. 대표적으로 평균, 표준편차, 분산, 상관계수의 모수와 통계량의 기호를 소개 하면 <표 4-1>과 같다.

〈표 4-1〉 모수와 통계량의 기호

구분	모수	통계량
평균	μ(mu)	$\overline{X}$
표준편차	σ(sigma)	s
분산	σ^2	s^2
상관계수	ρ(rho)	r

〈표 4-1〉 모수와 통계량의 기호

구분	모수	통계량
평균	μ(mu)	$\overline{X}$

빈도분석과 그래프의 작성

　우리는 흔히 TV에서 어떠한 현상 결과를 전달하기 위한 도표나 그림 등을 접한다. 예를 들어, 대통령 선거 시 지지율이나 정당 지지율을 그림이나 도표를 이용하여 알기 쉽게 시청자들에게 전달한다. 물론 연구논문이나 보고서에서도 시각적으로 알기 쉬운 도표나 그림을 제시한다. 특히 자료의 양이 많아질수록 자료를 요약하여 제시하는 것은 중요한 작업이다. 따라서 본 장에서는 빈도분포와 자료를 이용하여 그래프 작성하는 방법에 대해서 설명한다.

5.1　그래프의 이해

5.1.1 그래프의 기능

　우리는 수집된 데이터를 보았을 때, 그 데이터의 속성을 눈으로 파악하기란 불가능하다. 그렇기 때문에 어떠한 형태로 변환하여 눈으로 데이터의 속성을 파악할 수 있어야 한다. 이것이 그래프의 기능이다. 또한 그래프는 연구자가 수집한 데이터가 어떤 값을 중심으로 모이는 경향이 있는지 또는 어떻게 흩어져 있는지를 파악할 수 있을 뿐만 아니라 데이터 속에 존재하는 각 특성별 분포의 차이를 시각적으로 쉽게 볼 수 있다.

〈표 5-1〉 수학성적(n=100)

62	50	58	60	56	80	58	53	57	56
57	59	64	56	67	65	62	59	59	65
66	60	59	73	68	54	64	69	74	61
60	68	70	73	68	77	60	59	60	62
55	64	61	82	67	67	60	62	66	65
65	69	55	68	58	64	60	62	63	73
54	65	58	59	68	64	64	60	60	51
62	65	67	62	69	64	63	64	70	71
62	57	63	63	70	69	52	69	54	65
59	56	52	56	61	63	66	57	63	58

<표 5-1>은 100명 학생들의 수학성적을 나타낸 것이다. 그런데 이러한 표만 가지고는 자료의 의미를 파악하기는 불가능하다. 이 보다 더 많은 자료가 있을 경우에는 더욱더 파악하기 힘이 드는 것은 자명한 사실이다. 따라서 자료에서 어떠한 유익한 정보를 획득하기 위해서는 자료를 체계적으로 요약하고 조직화해야 한다.

즉, 100명의 학생들의 수학점수를 그래프로 표현했을 때 어떤 특정 점수를 향하여 모이는 경향이 있는지 또는 100명의 학생들의 점수가 얼마나 흩어져 있는지를 그래프로 표현할 수 있다. 또한 100명 중 남학생과 여학생들의 수학성적의 평균은 어떻게 차이가 있는지도 그래프로 표현한다면 누구나 한 눈에 그 의미를 알 수 있을 것이다.

따라서 자료를 어떻게 활용할 것인가에 따라 다양한 그래프 혹은 도표의 형태로 시각화 할 수 있다.

5.1.2 그래프의 기본적인 이해

연구자는 수집한 데이터를 알기 쉽게 제시하기 위해서, ①원 데이터(raw data)를 왜곡시키지 않고 ②누구나 쉽게 이해할 수 있고 ③가장 편안하고 아름답게 제시하여 알고자 하는 사실을 한눈에 빠르게 파악할 수 있도록 노력해야 한다. 그러기 위해서는 그래프로 표현하는 것이 가장 적합하다.

〈표 5-2〉 시간에 따른 강우량 변화

시간	강우량
오전 6시	15
오전 10시	25
오후 2시	30
오후 6시	25
저녁 10시	15
오전 2시	5

<표 5-2>의 시간에 따른 강우량 변화를 그래프로 그려보면 <그림 5-1>과 같이 나타날 수 있다.

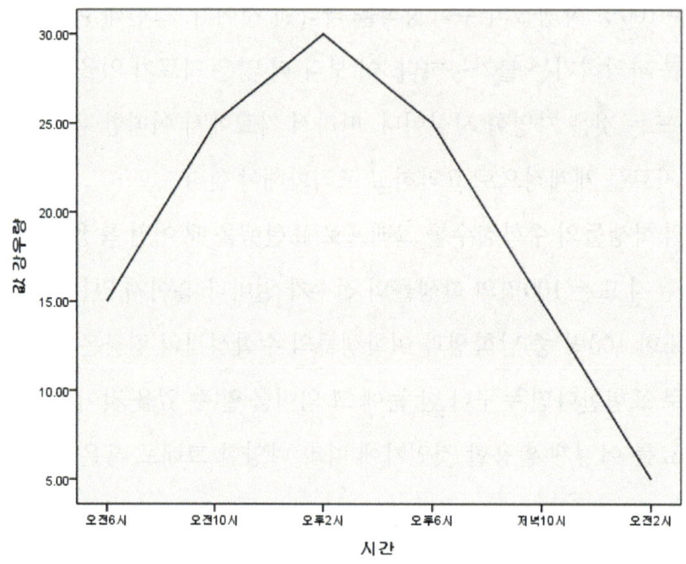

〈그림 5-1〉 시간에 따른 강우량변화

그래프는 일반적으로 독립변수는 X축, 종속변수는 Y축에 설정하고 작성한다. 위 표를 보면, 시간에 따른 강우량 변화량이므로 독립변수는 시간, 종속변수는 강우량 변화량이 된다. 따라서 X축에 시간을 Y축에 강우량 변화량을 투입하고 그리면 된다.

그래프 작성 시 X축과 Y축의 간격은 자료가 지니고 있는 속성을 효과적으로 표현하기 위한 간격으로 구분되어야 한다. <그림 5-1>에서 종속변수인 강우량 변화량의 범위를 현재 5에서 30으로 설정하였다. 이를 0에서 100으로 설정한다면 그래프의 모양이 위 그림처럼 고루 분포하지 않고, X축에 가까우면서 낮게 분포가 된다. 이는 시각적으로도 좋지 않을 뿐만 아니라 시간에 따른 강우량 변화량을 한눈에 알기 어렵게 만든다.

그래프 작성 시 X축과 Y축의 속성의 이름을 간결하고 명확하게 표현해야 하고, 반드시 그 이름을 그래프에 제시해야 한다. 만약 불분명한 표현으로 속성의 이름을 제시한다면 해당 정보를 이해하는데 혼동이 초래한다.

연구자들은 데이터의 속성을 효과적으로 표현하기 위해 다양한 종류의 그래프를 목적에 맞게 사용해야 한다. 그래프의 종류로는 막대 그래프, 파레토 도표, 파이 도표, 선 그래프, 히스토그램, 절선도표, 줄기-잎 그림, 상자도표, 시계열그래프, 누가백분율도표 등 수많은 종류의 그래프가 있다. 모든 그래프에 대해서 알 필요는 없으며, 본 장에서는 이 중 일반적으로 가장 많이 쓰이는 그래프에 대해서 설명한다.

5.2   빈도분포와 그래프

본 절에서는 변수의 속성이 비연속형변수일 경우와 연속형변수 일 경우의 빈도분포와 그래프 제시하는 방법과 묶음빈도분포와 그래프 작성방법에 대해서 간략히 설명한다.

5.2.1 비연속형 변수(범주형)의 빈도분포와 그래프

범주형 빈도분포는 명목척도 또는 서열척도들의 빈도분포를 말하며, 성별(남성, 여성). 종교(기독교, 천주교, 불교), 과목(영어, 수학)과 같은 자료를 의미한다. 범주형 빈도분포를 그래프로 표현하는데는 일반적으로 막대그래프가 가장 많이 활용된다.

〈표 5–3〉 학생별 빈도분포

학생명	성적
근영	90
철수	85
영희	80
소영	85

<표 5-3>을 데이터 입력 후 분석을 하면 <그림 5-2>와 같은 막대그래프가 나타난다.

SPSS에서 막대그래프를 작성하는 순서는 다음과 같다.

① 자료를 입력한 후, 그래프(G) → 레거시 대화상자(L) → 막대도표(B)
② 단순을 체크 하고, 도표에 표시할 데이터는 각 케이스의 값(I)을 체크한다.
③ 막대표시(B)에 성적를 투입하고, 범주설명에 변수(V)를 체크하고 학생명을 투입하고 확인을 누른다.

■ SPSS 결과

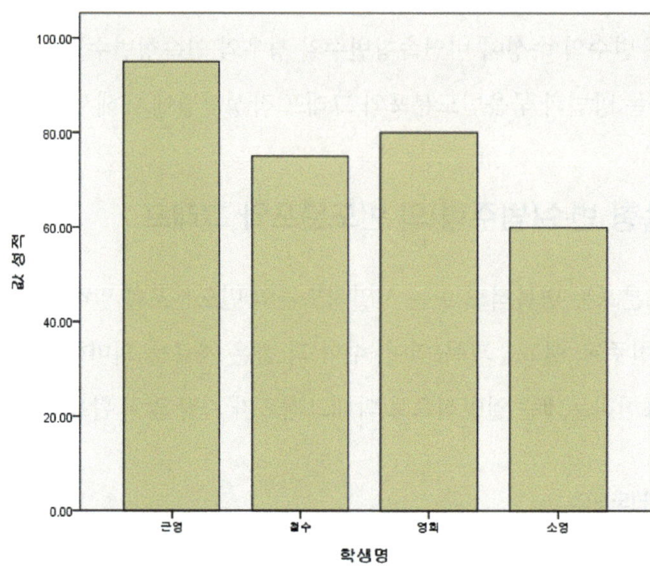

〈그림 5-2〉 학생별 성적 막대그래프

5.2.2 단순 빈도분포와 그래프

단순 빈도분포는 데이타의 빈도를 크기순으로 나타낸 것이다. 수집한 데이터로 빈도분석을 하는 가장 일반적인 형태의 빈도분포이다. 데이터의 빈도를 크기순으로 나타내는 방법은 SPSS프로그램에서 형식(F)에서 원하는 항목을 체크한 후 빈도분석 하면 된다. <표 5-1> 수학성적의 빈도분포를 SPSS프로그램에서 분석하면 다음과 같이 나타난다.

① 분석(A) → 기술통계량(E) → 빈도분석(F)을 클릭한다.
② 분석할 변수를 변수(V)로 이동시킨다.
③ 형식(F)를 선택한 후, 변수값 오름차순(A) 또는 변수값 내림차순(D)을 체크 하고 계속, 확인을 선택한다.

■ SPSS 결과

빈도분석을 통한 단순빈도분포를 분석한 결과, 아래와 같이 각 점수와 점수별 빈도 수, 퍼센트(%), 누적퍼센트(%)가 나타난다.

수학성적

		빈도	퍼센트	유효 퍼센트	누적퍼센트
유효	50	1	1.0	1.0	1.0
	51	1	1.0	1.0	2.0
	52	2	2.0	2.0	4.0
	53	1	1.0	1.0	5.0
	54	3	3.0	3.0	8.0
	55	2	2.0	2.0	10.0
	56	5	5.0	5.0	15.0
	57	4	4.0	4.0	19.0
	58	5	5.0	5.0	24.0
	59	7	7.0	7.0	31.0
	60	9	9.0	9.0	40.0
	61	3	3.0	3.0	43.0
	62	8	8.0	8.0	51.0
	63	6	6.0	6.0	57.0
	64	8	8.0	8.0	65.0
	65	7	7.0	7.0	72.0
	66	3	3.0	3.0	75.0
	67	4	4.0	4.0	79.0
	68	5	5.0	5.0	84.0
	69	5	5.0	5.0	89.0
	70	3	3.0	3.0	92.0
	71	1	1.0	1.0	93.0
	73	3	3.0	3.0	96.0
	74	1	1.0	1.0	97.0
	77	1	1.0	1.0	98.0
	80	1	1.0	1.0	99.0
	82	1	1.0	1.0	100.0
	합계	100	100.0	100.0	

단순빈도분포를 막대그래프로 제시하면 <그림 5-3>과 같다. 막대그래프의 모양은 점수의 범위가 너무 넓고, 각 점수에 나타난 빈도수가 많아 자료의 특성을 일목요연하게 파악하기 힘이 든다. 이럴 경우 묶음 빈도분포를 이용하면 문제를 해결할 수 있다.

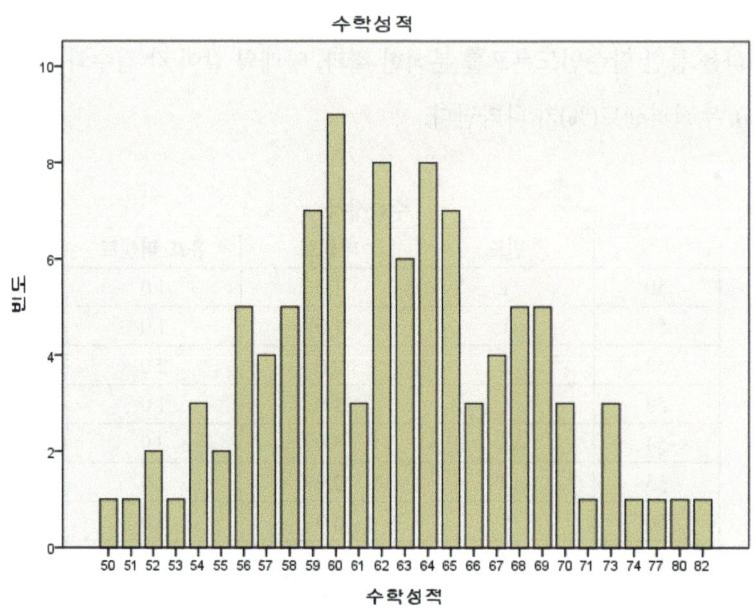

〈그림 5-3〉 수학성적 막대그래프

5.2.3 묶음 빈도분포와 그래프

묶음 빈도분포(grouped frequency distribution)는 연속형 변수로 구성된 데이터를 급간 (interval)으로 설정한 후 나타낸 빈도분포이다. 급간으로 설정하는 방법은 "급간설정방법"을 참고해주길 바란다. 연구자가 급간을 설정할 때 주의할 점은 데이터 최저값의 하한계보다 측정단위를 1단위 낮추어 급간값을 시작해야 한다. 그 이유는 모집단의 속성을 추정하기 위해 추출된 표본의 점수단위는 일반적으로 모집단의 점수 범위보다 크지 않다. 즉, 표본에서 획득한 점수 범위에서 하한계는 모집단 점수 범위의 하한계보다는 높고, 상한계는 모집단의 상한계보다 낮다. 따라서 표본의 범위를 모집단의 범위와 유사하게 만들기 위해서는 급간의 출발값을 최저 점수의 하한계보다 측정의 한 단위 낮은 값에서 시작하는 것이 좋다.

급간을 만들 때 참고해야 할 사항은 다음과 같다.

① 급간크기는 데이터의 범위를 구한 다음, 그 범위를 10과 20으로 각각 나눈다. 그 후 적당한 급간크기를 결정한다.

② 급간의 최저값을 1단위 낮추어 급간값을 시작한다.

③ 모든 급간의 간격은 동일해야 하고, 급간의 크기는 홀수로 해야 중간점을 빠르게 알
　수 있다.

④ 급간의 수가 너무 적으면 정보손실이 많아지고, 급간의 수가 너무 많으면 복잡해진
　다. 일반적으로 급간의 수는 10개 내외가 적당하다.

⑤ 특정 급간에 빈도수가 0이라 하더라도, 해당 급간은 포함시켜야 한다.

<표 5-1>의 데이터로 급간을 설정하는 방법을 구체적으로 설명하면 다음과 같다.

① 분석할 변수를 **변수(V)**로 이동시킨다.
② **분석(A) → 기술통계량(E) → 빈도분석(F) → 통계량(S)**을 클릭하고, **범위(A)**를 체크한다.

분석결과 범위는 32로 나타났다. 이를 10으로 나누면 3.2, 20으로 나누면 1.6이다. 급간
크기는 3이 적당하다. 또한 최저점수가 50점이므로, 이보다 1단위 낮은 49점부터 급간값
을 시작해야 한다.

■ SPSS 결과

SPSS 분석결과 범위는 32점으로 나타났고, 데이터 크기는 100으로 나타난다.

통계량

수학성적		
N	유효	100
	결측	0
범위		32.00

③ **변환(T) → 다른변수로코딩변경(R)**를 클릭한 후, 해당변수를 오른쪽으로 이동한다.
④ 출력변수에서 **이름(N)**을 기입하고, **바꾸기(H)**를 누른다.
⑤ **기존값 및 새로운 값(O)**을 선택한다.
⑥ **범위(N)**에서 숫자를 기입하고, 새로운 값에 **기준값(A)**을 기입하고, **추가(A)**를 선택한다.
　모든 범위를 다 적을 동안 이 과정을 반복한다.
⑦ **계속 → 확인**을 누른다.

위에서 ⑥번 **범위(N)**에서 급간크기는 3으로 하고, 시작점은 최저점수(50점)보다 1단위
낮은 49점으로 시작한다. <표 5-1> 수학점수를 가지고 **범위(N)**를 설정하면 <표 5-4>와 같

고, 각 범위에 해당하는 **기준값(A)**을 SPSS에서 기입한다. 그 후 분석하면 SPSS 데이터보기 창에는 새로운 변수(위 ④번 이름(N)에 입력한 변수명)가 생성된다. 이 변수를 가지고 묶음빈도분포 및 그래프를 작성하면 된다.

〈표 5-4〉 급간크기 설정 및 입력

범위(N)	기준값(A)
49-52	1
53-56	2
57-60	3
61-64	4
65-68	5
69-72	6
73-76	7
77-80	8
81-84	9

■ SPSS 결과

SPSS 데이터보기 창에서 새롭게 생성된 변수를 가지고 빈도분석을 하면 아래와 같은 결과가 나타난다. 이것은 **묶음빈도분포**이다. 급간의 크기는 9개로 적당하게 묶었으며, 급간의 빈도수가 0은 없는 것으로 보였다.

		빈도	퍼센트	유효 퍼센트	누적퍼센트
유효	81-84	1	1.0	1.0	1.0
	77-80	2	2.0	2.0	3.0
	73-76	4	4.0	4.0	7.0
	69-72	9	9.0	9.0	16.0
	65-68	19	19.0	19.0	35.0
	61-64	25	25.0	25.0	60.0
	57-60	25	25.0	25.0	85.0
	53-56	11	11.0	11.0	96.0
	49-52	4	4.0	4.0	100.0
	합계	100	100.0	100.0	

급간 설정 후 막대그래프를 그리면 <그림 5-4>와 같이 나타난다. 이는 <그림 5-3>의 단
순 빈도분포의 막대그래프와 비교하여 확실하게 요약되었다는 것을 알 수 있다.

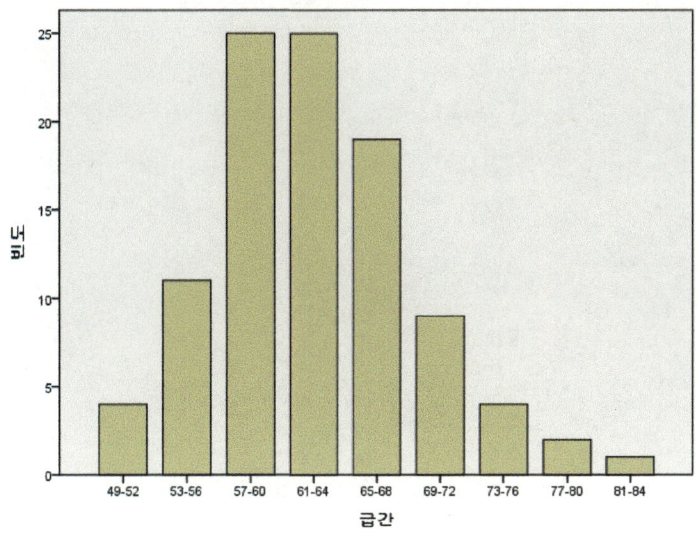

〈그림 5-4〉 묶음빈도분포의 막대그래프

중심경향값의 이해

논문에 필요한 데이터를 수집한 이후, 각 변수들의 그래프 형태의 특징을 통하여 원자료의 속성을 예측할 수 있다. 다시 말해, 그래프를 통하여 흩어진 많은 수들이 어떤 특정한 값으로 모이는 경향을 분석할 수 있고, 또한 각 값들이 어느 정도 흩어져 있는가를 파악할 수 있다. 이때 데이터의 모든 값들이 어떤 값을 중심으로 모여드는 경향을 중심경향값이라 한다.

중심경향값(혹은 대표치)이란 어떤 집단의 특성을 대표할 수 있는 하나의 수치를 의미하며, 흔히 최빈값(mode), 중앙치(median), 평균(mean)을 이용한다.

6.1　평균(mean)

논문에서 가장 흔하게 사용되는 것이 평균이다. 평균은 전체 사례수를 모든 더한 후 총 사례 수로 나눈 값을 말한다. 통계적 표기 방법은 모집단 평균을 그리스 문자 μ로, 표본 평균을 M 또는 $\overline{X}$ 등으로 표기 한다. 모집단과 표본의 평균을 구하는 공식은 아래와 같다.

- **모집단의 평균** : $\mu = \dfrac{1}{N}(X_1 + X_2 + X_3 + \cdots + X_n) = \dfrac{\sum X_i}{N}$

- **표본의 평균** : $\overline{X} = \dfrac{1}{n}(X_1 + X_2 + X_3 + \cdots + X_n) = \dfrac{\sum X_i}{n}$

논문 작성 시 평균의 의미는 다음과 같다. 예를 들어, 조직에서 종사원들이 지각하는 리더십은 어느 정도인지를 파악하기 위하여 총 7개 문항으로 질문을 하였다. 질문은 5점 척도(1점:전혀그렇지않다, 3점:보통, 5점:매우그렇다)로 하였을 경우, 평균이 3 점 이상이 나왔다면 "보통" 보다 높은 수준의 리더십을 지각하고 있다고 해석할 수 있을 것이다.

<표 6-1>의 경우, 1번과 4번 문항은 3점 이상 즉, 보통이상의 평균점수를 보였으며, 나머지 문항들은 보통이하의 평균점수를 보이고 있다.

<표 6-1> 평균점수

구분	등간척도					평균
1) 나의 상사는 내가 하고 있는 일에 상당히 만족 한다.	*1*	*2*	*3*	*4*	*5*	3.06
2) 나의 상사는 내가 느끼는 직무상의 문제와 욕구에 대해 잘 이해하고 있다.	*1*	*2*	*3*	*4*	*5*	2.98
3) 나의 상사는 나의 잠재적 가능성을 잘 알고 있다.	*1*	*2*	*3*	*4*	*5*	2.96
4) 나의 상사는 내가 업무수행 도중 문제가 생기면 그가 가진 모든 권한을 동원하여 나를 도와준다.	*1*	*2*	*3*	*4*	*5*	3.01
5) 나의 상사는 내가 그의 도움을 필요로 할 때 자기 희생을 감수 하더라도 나를 도와준다.	*1*	*2*	*3*	*4*	*5*	2.72
6) 나의 상사는 내가 어떠한 결정을 내리더라도 그것을 옹호해주고 정당화 시켜 줄만큼 나를 신뢰한다.	*1*	*2*	*3*	*4*	*5*	2.89
7) 나의 상사는 업무수행과 관련하여 나와 생각이 서로 잘 맞는다.	*1*	*2*	*3*	*4*	*5*	2.93

주) 1점:전혀그렇지않다, 2점:그렇지않다, 3점:보통, 4점:그렇다, 5점:매우그렇다

평균은 중앙값이나 최빈값보다도 가장 많이 활용되는 점수이다. 왜냐하면 동일한 검사를 동일한 대상을 통하여 반복 조사를 하여 도출한 평균값이 중앙값이나 최빈값보다 더 정확하기 때문이다. 따라서 모집단을 추론할 때는 평균이 활용도가 더 높다. 즉, 평균은 반복 조사 하였을 때 중앙값과 최빈값보다 더 정확하고, 표집오차(표본평균 $\overline{X}$와 모집단의 평균 μ의 차이)가 작기 때문에 추리통계에서 널리 사용되고 있다.

반면, 평균을 구하려면 연속형변수(등간척도, 비율척도) 이상이어야 하므로, 비연속형변수에서는 평균은 의미가 없게 된다. 논문에서 성별의 평균이 1.75가 나왔다면 이는 아무런 의미가 없는 수치이다. 또한 평균은 이상치의 영향을 받기 때문에 이상치가 존재하는 데이터에서는 평균이 정확하지 않을 수도 있고, 이러한 경우에는 중앙값이 최빈값이 오히려 더 적절할 수도 있다.

6.2   중앙값(median)

중앙값(median)이란 가장 작은 수부터 가장 큰 수까지 크기순으로 배열했을 때 중앙에 위치하는 값을 의미한다. 통계적 표기는 일반적으로 $\widehat{M}$, M_e, 또는 M_d로 표기한다.

예를 들어, 초등학생 5명의 수학 점수를 78, 80, 88, 91, 95 점수별로 나열했을 때, 중앙값은 초등학생 5명 중 가운데, 즉 세 번째 점수인 88점이 중앙값이 된다. 총 사례 수가 홀수 이면 크기순으로 나열한 후 중앙에 위치한 사례가 중앙값이 된다. 하지만 총 사례수가 짝수 인 경우, 크기순으로 나열했을 때 가운데 위치하는 수는 2개가 된다. 예를 들어, 위 점수에서 최고 점수를 받은 한 학생이 더 들어왔을 때 점수를 크기순으로 나열하면 78, 80, 88, 91, 95, 99이고, 이때 중앙값은 88과 91이 된다. 이런 경우에는 두 중앙값이 더한 후 2로 나누어준 값이 된다. 즉, 90점이 중앙값이 된다.

총 사례수가 짝수 개일 때 중앙값을 계산하는 공식은 다음과 같다.

$$\widehat{M} = \frac{Y_{n/2} + Y_{(n/2+1)}}{2}$$

n = 총 사례수

$Y_{n/2}$ = 총 사례 수의 1/2에 해당하는 수

$Y_{(n/2+1)}$ = 총 사례수의 1/2보다 1이 많은 사례 수

원자료의 순위가 변하지 않는다면 자료가 변화하여도 중앙값은 변함이 없다. 예를 들어, 초등학교 수학점수가 가장 높은 점수가 100점으로 변한다고 하여도 사례수가 짝수이든 홀수이든 중앙값에는 변화가 없다.

이와 같이 중앙값은 평균과 같이 점수의 크기에 영향을 받는 것이 아니라 사례수에 영향을 받기 때문에 편포된 자료에서 이용하는 것이 적합하다. 또한 중앙값은 이상치에 영향을 받지 않기 때문에 이상치가 존재한다면 평균보다 더 적합한 것이 된다. 예를 들어, 〔78, 80, 88, 91, 95〕 분포와 〔78, 80, 88, 91, 2020〕 분포에서 평균은 큰 차이를 보이지만, 중앙값은 모두 88이 된다.

6.3   최빈값(mode)

최빈값(mode)이란 사례수에서 가장 많은 분포를 갖는 점수를 말하며, 통계적 표기는 M_o로 표기한다. 예를 들어, 다음과 같은 점수가 있다고 가정해보자.

$$7, 7, 8, 4, 3, 5, 6, 7, 8, 1$$

위와 같은 자료에서 최빈값은 동일한 점수가 가장 많은 7이 된다. 최빈값은 항상 존재하는 것은 아니다. 종종 존재하지 않을 수도 있는데, 총 사례가 매우 적거나 또는 각기 다양한 값을 가질 때 이런 경우가 일어날 수도 있다. 앞에서 예를 든, 초등학생 5명의 수학점수인 78, 80, 88, 91, 95 인 경우에는 최빈값이 존재하지 않게 된다.

최빈값은 가장 빈도가 높은 수를 의미하므로, 새로운 사업을 하는 경우라면 해당 데이터에서 최빈값을 고려해야 한다. 사업을 할 때, 이용자의 평균 혹은 중앙값에 치중하면 낭패를 볼 수 있다.

정규분포를 이루는 데이터라면 최빈값은 1개 존재하지만, 분포에 따라서는 최빈값이 1개 이상 존재할 수도 있다. 최빈값이 1개인 분포를 단봉분포(uni-modal distribution), 최빈값이 2개인 분포를 양봉분포(bi-modal distribution)라고 한다. 양봉분포에서는 두 최빈값의 가지는 빈도수가 같을 수도 있고, 다를 수도 있다. 두 최빈값이 다를 때는 빈도가 많은 최빈값을 주최빈값(mojor mode), 빈도가 적은 최빈값을 부최빈값(minor mode)이라 한다.

최빈값은 명목척도 수준의 데이터에서 유용하게 사용된다. 명목척도에서는 평균이나 중앙값을 도출할 수 없기 때문이다. 반면 최빈값은 평균이나 중앙값에 비해 표집의 안정성이 낮고, 특히 사례수가 적을수록 안정성은 더욱 낮아진다.

최빈값은 논문 작성 시에 크게 중요한 값은 아니다. 단지 자료를 쉽게 파악하기 위한 단순한 보고서에서 주로 이용된다.

평균값은 통계에 가장 기본이 되는 수치이다. 하지만 이 값만으로 사물을 판단해서는 많은 오류가 발생할 수 있다. 예를 들어, 어느 기업의 평균 월급이 300만원이라고 가정할 때, 많은 사람들이 그 회사에 입사하게 되면 월 300만원 급여를 받을 수 있다는 생각을 하게 된다. 그러나 직원 9명 중 8명의 월급이 200만원이고 1명이 1,100만원이다 하더라도 평균 월급은 300만원이 된다. 따라서 그 회사에 일하게 되면 월급을 300만원 받을 수 있다는 생각은 잘못된 판단이 되는 것이다.

이러한 잘못된 판단을 막기 위해 평균값 대신 중앙값이나 최빈값을 알아야 한다. 위의 예에서 중앙값은 200만원이 되고, 최빈값 역시 200만원이 된다. 이렇듯 평균은 극단치에 영향을 받는 반면 중앙값과 최빈값은 극단치에 영향을 받지 않게 된다.

논문통계에서는 중앙값이나 최빈값은 크게 중요하게 취급되지 않는 경향이 있지만 그렇다고 해서 그 의미조차 모르면 곤란하다.

6.4   중심경향값과 분포의 형태

평균은 모든 사례 수 값의 총합을 사례 수로 나눈 값이 되고, 중앙값은 사례 수를 작은 수 부터 큰 수까지 배열할 때, 가장 중앙에 위치한 수의 값이고, 최빈값은 사례 수가 가장 많은 수의 값을 말한다. 성격이 다른 세 개의 중심경향값은 자료의 분포를 그려보았을 때, 한 점에 위치할 수도 있고 모두 다른 점에 위치할 수도 있다. 세 개의 중심경향값이 모두 한 점에 위치하는 것을 정규분포(normal distribution)라 한다. 현실 속에서는 평균=중앙값=최빈값의 형태는 거의 나타나지 않는다. 정규분포 역시 왜도와 첨도 값을 기준으로 어떤 범위 안에 왜도 및 첨도값이 속한다면 정규분포를 이룬다고 한다. 정규분포는 <그림 6-1>과 같다.

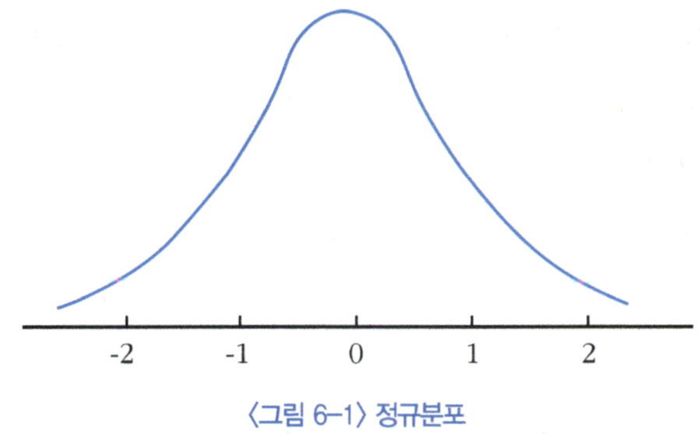

〈그림 6-1〉 정규분포

정규분포는 중심경향값이 같고, 좌우대칭이 되는 분포이다. 하지만 데이터가 항상 정규분포를 나타내는 것은 아닐 것이다. 예를 들어, 강남지역의 소득수준은 낮은 쪽보다는 높은 쪽에 많은 사람들이 밀집되어 있을 것이다. 이와 같이 한쪽으로 치우친 분포를 편포

(skewed distribution: 왜도)라 한다. 중심경향값이 어떻게 위치하고 있는가에 따라 편포는 부적편포(negatively skewed distribution)와 정적편포(positively skewed distribution)로 분류한다. 분포의 형태는 <그림 6-2>와 같이 꼬리가 긴 부분이 부호의 방향과 일치한다. 즉, 오른쪽 긴 꼬리는 정적편포, 왼쪽으로 긴 꼬리는 부적편포이다.

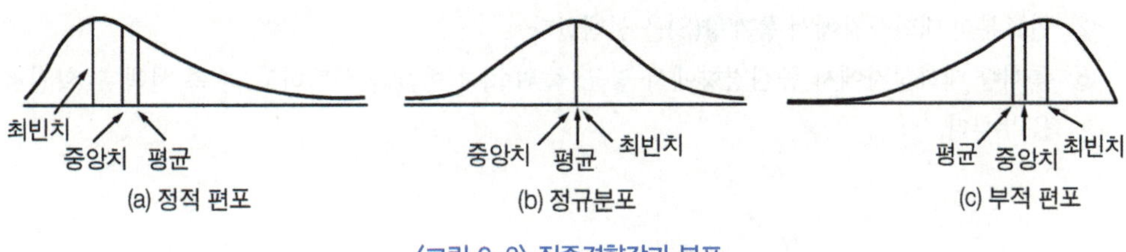

〈그림 6-2〉 집중경향값과 분포

정적분포는 낮은 점수가 많고 높은 점수가 적은 분포일 경우 나타나는 형태이다. 예를 들어, 시험문제가 어려울 경우 정적분포를 보이는 경향이 있다. 반면, 부적분포는 낮은 점수는 적고 높은 점수가 많은 분포이며, 시험문제가 쉬울 경우 나타나는 형태이다.

6.5   SPSS에서 중심경향값 및 분포도 구하기[논문통계의 이해와 적용]

〈표 6-2〉 수학 성적

62	50	58	60	56	80	58	53	57	56
57	59	64	56	67	65	62	59	59	65
66	60	59	73	68	54	64	69	74	61
60	68	70	73	68	77	60	59	60	62
55	64	61	82	67	67	60	62	66	65
65	69	55	68	58	64	60	62	63	73
54	65	58	59	68	64	64	60	60	51
62	65	67	62	69	64	63	64	70	71
62	57	63	63	70	69	52	69	54	65
59	56	52	56	61	63	66	57	63	58

6.5.1 중심경향값 SPSS 실행

SPSS를 활용한 집중경향값의 구하는 절차는 다음과 같다.

① 자료를 불러온 다음 분석(A) → 기술통계량(E) → 빈도분석(F)을 선택한다.
② 빈도분석 대화상자에서 통계량(S)을 선택한다.
③ 통계량 대화상자에서 중심경향에서 평균, 중위수, 최빈값을 선택하고, 계속 선택 후 확인
을 누른다.

6.5.2 중심경향값 SPSS 분석결과

통계량

수학성적

N	유효	100
	결측	0
평균		62.6900
중위수		62.0000
최빈값		60.00

수학성적

		빈도	퍼센트	유효 퍼센트	누적퍼센트
유효	50.00	1	1.0	1.0	1.0
	51.00	1	1.0	1.0	2.0
	52.00	2	2.0	2.0	4.0
	53.00	1	1.0	1.0	5.0
	54.00	3	3.0	3.0	8.0
	55.00	2	2.0	2.0	10.0
	56.00	5	5.0	5.0	15.0
	57.00	4	4.0	4.0	19.0
	58.00	5	5.0	5.0	24.0
	59.00	7	7.0	7.0	31.0
	60.00	9	9.0	9.0	40.0
	61.00	3	3.0	3.0	43.0
	62.00	8	8.0	8.0	51.0
	63.00	6	6.0	6.0	57.0
	64.00	8	8.0	8.0	65.0
	65.00	7	7.0	7.0	72.0
	66.00	3	3.0	3.0	75.0

수학성적

		빈도	퍼센트	유효 퍼센트	누적퍼센트
	67.00	4	4.0	4.0	79.0
	68.00	5	5.0	5.0	84.0
	69.00	5	5.0	5.0	89.0
	70.00	3	3.0	3.0	92.0
	71.00	1	1.0	1.0	93.0
	73.00	3	3.0	3.0	96.0
	74.00	1	1.0	1.0	97.0
	77.00	1	1.0	1.0	98.0
	80.00	1	1.0	1.0	99.0
	82.00	1	1.0	1.0	100.0
	합계	100	100.0	100.0	

6.5.3 분포도의 SPSS 실행 및 분석결과

<표 6-2>의 분포 형태를 분석하면 다음과 같이 나타난다.

① 자료를 불러온 다음 분석(A) → 기술통계량(E) → 빈도분석(F)을 선택한다.
② 도표를 선택한 후, 나타나는 대화상자에서 히스토그램과 히스토그램에 정규곡선 표시를 선택한다. 계속을 누른 후 확인을 선택하면 정규곡선이 표시된 히스토그램 그림이 나타난다.

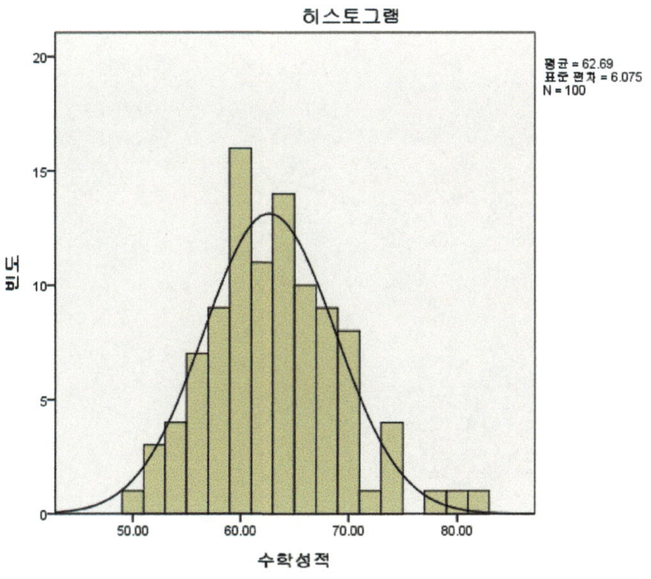

[논문통계의 이해와 적용]

"평균" 천재 수학자들의 결과물

저자는 논문통계 수업 중, 변수들의 평균값을 통해 인과관계를 검정할 때 가끔씩 학생들의 황당한 표정을 보는 경우가 있다. 어려운 수업을 열심히 따라 왔더니 결국에는 더하기와 나누기를 통해 도출된 평균값을 통해서 가설을 검정한다는 것이 왠지 허무하다고 생각을 하는 것 같았다.

평균값을 단순하게 덧셈과 나누기의 조합물로 생각하면 초등학생 수준에서 나온 결과치에 불과할 것이다. 하지만 평균값은 천재적인 수학자들의 시행착오 속에서 나온 최고의 결과물로 여겨져야 한다. 예를 들어, 이전제품 사용고객과 신제품 사용고객의 만족도에는 차이가 있는지를 파악할 때, 평균값과 중앙값 중 어느 것을 사용하는 것이 더 정확한 결론을 도출할 것 같은가? 단순히 현상파악이 목적이라면 데이터 분포에 따라 중앙값이 더 정확할 수 있을 것이다. 하지만 변수들 간의 인과관계 검정이 목적이라면 평균값이 더 정확하게 된다. 왜냐하면 이전제품 만족도와 신제품 만족도가 중심을 정확하게 포착하고 있든 말든 신제품이 이전제품보다 만족도 수준이 높아지는지 낮아지는지 판단만 할 수 있으면 되기 때문이다.

평균값은 천재수학자들이 원시 데이터의 불규칙성과 관계없이 수많은 데이터를 추출하여 반복하고, 그렇게 얻어진 수치(평균값)는 중심극한정리 이론에 기초하여 정규분포에 수렴된다는 것을 증명할 때도 이용한 값이다.

앞으로 논문통계 분석을 할 때, 평균값을 우습게 보면 안될 것이며, 천재 수학자들의 우수한 결과물로 여겨져야 한다.

CHAPTER 7

표준편차와 분산, 편차추정치와 불편파추정치, 자유도

7.1　표준편차와 분산

　　표준편차를 설명하기 위해서는 편차(deviation)를 먼저 이해해야 한다. 편차란 각 점수가 평균으로부터 떨어진 정도를 의미한다. 절대값을 기준으로 편차가 크면 그 값은 평균으로 멀리 떨어져 있는 것을 의미한다. 이러한 경우 오차가 크다고 말한다. 편차가 0이라는 것은 그 값이 평균과 동일하다. 따라서 편차는 다음과 같이 나타낼 수 있다. 통계학에서는 **표본의 편차를 d, 표준편차를 s, 모집단의 표준편차를 σ(sigma)**로 표기한다.

$$d = Y_i - \overline{Y} \qquad \text{(공식 7-1)}$$

　　예를 들어, 초등학교 1학년 학생의 5점 만점 검사에서 <표 7-1>과 같이 나타났다면, 평균은 4점이고 각각의 편차는 원점수에서 평균을 뺀 점수로 나타난다.

〈표 7-1〉 편차의 계산

구분	Y_i	$d = Y_i - \overline{Y}$
근영	5	+1
순희	4	0
철수	3	−1
영희	3	−1
길동	5	+1
합계	20	0

　　표준편차는 편차값의 평균을 일컫는다. 즉, 위 5명의 학생의 편차의 평균값이 표준편차가 된다. 따라서 표준편차의 공식은 편차들을 모두 합하여 총 사례 수로 나눈 것이 된다.

$$\overline{d}_i = \frac{\sum d_i}{n} = \frac{\sum (Y_i - \overline{Y})}{n} = 0 \quad \text{또는} \quad s_Y = \frac{\sum (Y_i - \overline{Y})}{n} = 0 \qquad \text{(공식 7-2)}$$

　　그런데 (공식 7-2)를 보면, 표준편차의 합이 0이 되었다. <표 7-1>의 자료를 보면, 표준편차가 0이 나올 수가 없다. 표준편차 0이라는 것은 모든 점수가 평균으로 떨어져 있지 않다는 것을 의미하고, 모든 점수가 동일할 때 나온다. 그런데 왜 이러한 값이 나타난 것 일까? 그 이유는 <표 7-1>에서와 같이 편차의 합은 항상 0이 되기 때문이다. 따라서 위 공식으로는 표준편차를 구할 수 없기 때문에 편차를 제곱하여 그 합을 총 사례수 만큼 나눈 값을 이용하게 된다. 이것을 분산(variance)이라 한다. 분산을 가지고 표준편차를 구하기 위해서는 분산에 $\sqrt{}$ 를 씌우면 표준편차 값이 된다.

$$s_Y = \sqrt{s_Y^2} = \sqrt{\frac{\sum (Y_i - \overline{Y})^2}{n}} \qquad \text{(공식 7-3)}$$

분산(변량이라고 함)은 표준편차를 제곱한 값이며, 또한 편차를 제곱하여 사례 수 만큼 나눈 값이기도 하다. **모집단의 분산은** σ^2, **표본의 분산은** s^2 으로 표기한다.

분산은 각 점수와 평균의 차이(편차)를 제곱한 값을 사례 수 만큼 나눈 것이므로 분산이 클수록 점수들이 평균과 멀어지고(오차가 크고), 분산이 작을수록 점수들이 평균과 가까워진다고(오차가 작다고) 할 수 있다. 분산을 공식으로 나타내면 (공식 7-4)와 같이 표현할 수 있다.

$$s^2{}_Y = \frac{\sum (Y - \overline{Y})^2}{n} \qquad \text{(공식 7-4)}$$

분산을 사례수로 나누는 이유

A반의 수학성적을 보기 위해 3명을 추출하였더니, 3점, 8점, 10점이 나왔다. B반의 경우에는 50명을 추출하였더니 25명은 8점, 25명은 6점이 나왔다. A반과 B반 모두 평균은 7점이 된다. 하지만 편차 제곱의 합의 경우에는 다른 값이 나타난다. 먼저, A반의 경우에는 편차가 –4, +1, +3이므로 이의 제곱합은 26이 된다. B반의 경우에는 25명의 편차는 +1, 25명은 –1이 되므로 이의 제곱합은 50이 된다. 그런데 A반의 편차는 +1~–4까지의 수치를 보인 반면, B반은 균일하게 –1 또는 +1인데도 불구하고 B반의 성적 불규칙성이 더 크다는 것은 논리에 맞지 않게 된다. 따라서 편차 제곱의 합을 사례수로 나누게 되는데, 이것이 분산이 된다.

위 성적을 사례수로 나누게 되면, A반의 분산은 8.67이 되고, B반의 분산은 1이 되어 B반의 오차가 훨씬 작다는 것을 알 수 있다.

〈표 7-2〉 분산, 표준편차의 계산

구분	원점수 Y_i	편차 $d = Y_i - \overline{Y}$	분산 $s^2{}_Y = \dfrac{\sum(Y - \overline{Y})^2}{n}$	표준편차 $s_Y = \sqrt{\dfrac{\sum(Y_i - \overline{Y})^2}{n}}$
근영	5	+1	1	
순희	4	0	0	
철수	3	−1	1	0.89
영희	3	−1	1	
길동	5	+1	1	
합계	20	0	0.80	

<표 7-2>는 5명 학생의 분산과 표준편차를 구한 값이다. 각 학생별 편차를 제곱하여 더한 후 사례수 나눈 값이 0.80이고, 이 값에 $\sqrt{}$ 를 한 값이 0.89이다. 즉, 5명학생의 평균에서 떨어져 있는 편차의 평균이 0.89인 것이다. 또한 0.89를 제곱하면 분산값인 0.80이 됨을 알 수 있다.

논문에서 표준편차로 해당 값(성별에서 남성 혹은 직무형태 정규직 등등)들이 평균을 중심으로 데이터의 흩어진 정도를 대략적으로 파악 할 수 있다.

7.2 SPSS에서 표준편차, 분산 구하기[논문통계의 이해와 적용]

① 분석(A) → 기술통계량(E) → 빈도분석(F)
② 통계량(S)를 선택한다.
③ 산포도에서 표준편차(T)와 분산(V)를 선택한다.

통계량		
N	유효	5
	결측	0
표준편차		1.00000
분산		1.000

■ SPSS 결과

<표 7-2>를 SPSS프로그램에서 분석한 결과, 표준편차는 1, 분산 1로 나타났다. 그런데 <표 7-2>보면, 표준편차는 0.8, 분산은 0.89로 실제 계산한 결과와 SPSS에서 분석한 결과는 다른 값이 나타났다. 실제 계산한 결과와 SPSS프로그램에서 분석한 결과가 다른 이유가 무엇일까? 그 이유를 알기 위해서는 편파추정치와 불편차추정치에 대한 이해가 있어야 한다.

7.3　편파추정치와 불편파추정치

모집단에서 무작위로 표집한 표본의 분산 s^2은 모집단 분산 σ^2에 대한 불편파추정치(unbiased estimate)이다. 불편파추정치는 모수보다 평균적으로 크지도 않고 작지도 않은 추정치를 말한다.

모집단에서 추출 가능한 모든 표본에서 구한 통계치의 평균인 기댓값이 모수와 같으면 불편파추정치로 간주한다. 따라서 모집단에서 크기 n의 표본을 반복적으로 표집하여 구한 분산의 평균은 모집단의 분산과 같다($s^2=\sigma^2$).

그런데 표본을 구할 때 분모를 $n-1$이 아니라 n으로 하면 모집단 분산과 달라지므로 표본의 분산을 모집단의 분산 추정치로 사용하려고 할 경우 분모를 $n-1$로 해야 한다.

앞에서 제시한 (공식 7-4)는 분모를 n으로 한 계산식이다. 이는 모집단의 분산을 과소추정하는 편파추정치(biased estimate)에 의한 계산식이다(공식 7-5 참고). 그러므로 모집단의 분산을 추정하기 위해서는 지금까지 분산을 사용하기 위하여 쓰이던 분산공식을 그대로 사용하면 안된다.

$$s^2{}_Y = \frac{\sum (Y-\overline{Y})^2}{n} \quad \text{☞ 편파추정치에 의한 계산법} \qquad \text{(공식 7-5)}$$

모집단의 분산을 추정하는 추리통계를 위하여서는 표본의 분산을 계산할 때 분모를 n으로 하지 않고 $(n-1)$로 한다. 그러므로 분산을 계산할 때, $\dfrac{\sum (Y-\overline{Y})^2}{(n-1)}$ 을 사용해야 한다. 이를 분산의 불편파추정치(unbiased estimates)라 한다(공식 7-6).

$$s^2{}_Y = \frac{\sum (Y - \overline{Y})^2}{n-1} \quad \text{☞ 불편파추정치에 의한 계산법} \qquad \text{(공식 7-6)}$$

현대통계학에서는 기술통계에서도 분산과 표준편차를 계산할 때 분산의 편차추정치를 사용하지 않고 불편파추정치를 사용하는 경우가 많다. 본 저서에서 활용하는 SPSS프로그램에서도 추리통계 뿐만 아니라 기술통계에서도 분산이나 표준편차를 계산할 때도 분모를 n 대신에 $(n-1)$로 계산한다.

논문통계에서는 사실상 불편파추정치가 그리 중요하지 않다는 것이 이 책의 입장이다. 일반적으로 논문에서는 특별한 경우를 제외하고는 표본의 크기는 대부분 30이상이기 때문이다.

논문에서 불편파추정치는 중요한가?

표본의 분산은 모집단 분산의 불편파추정치(unbiased estimate)이지만, 표본의 표준편차 s는 모집단 표준편차 σ의 불편파추정치가 아니다. 하지만 이 또한 사례 수가 매우 적지 않을 경우를 제외하면 무시해도 좋다. 즉, 표본의 표준편차 s를 모집단의 표준편차 σ의 추정치로 사용할 경우, 사례수가 적당히 크면 신경 쓰지 않아도 된다는 것이다.

사례수를 기준으로, s가 σ의 편파추정치는 $n = 6$일 때 약 5%($E(s) = .95\sigma$, E:기댓값), $n = 20$일 때는 약 1%($E(s) = .99\sigma$)이다. 대부분의 논문에서는 표본의 크기는 20이상이므로 편파추정치는 큰 신경 쓰지 않아도 될 것이다. 하지만 실험조사 등 표본의 크기가 작은 연구의 경우에는 편파추정치와 불편파추정치에 대한 이해가 요구된다.

<표 7-2>는 직접 계산하여 분산과 표준편차를 구한 결과값이다. 그 결과 분산은 0.80, 표준편차는 0.89로 나타났다. 하지만 SPSS프로그램에서 분석한 결과값은 분산은 1, 표준편차 1로 나타났다. 그 이유는 SPSS프로그램은 추리통계까지 분석하므로 분산/표준편차 계산에서 분모를 사례수 n으로 사용하지 않고, $(n-1)$로 사용하기 때문이다. 분산의 예를 들어, <표 7-2>는 $\frac{4}{5}$의 계산값이고, SPSS프로그램의 경우에는 $\frac{4}{4}$의 계산값이 되는 것이다.

7.4　자유도

자유도(degree of freedom)란 편차의 합이 0을 충족시키고, 즉 평균을 유지하면서, 자유스럽게 어떤 값도 가질 수 있는 사례 수를 말한다. 자유도는 매우 복잡하고 어려운 개념 중 하나인 만큼 자세하면 설명해 보겠다.

자유도의 개념을 비유적으로 설명하면, 9명으로 구성된 야구단을 만들 때, 각 포지션을 정한다고 가정해 보자. 9명 중 첫 번째 선수는 자유롭게 9개 포지션 중 선택할 수 있을 것이다. 두 번째 선수는 8개 포지션 중 선택이 가능하다. 이런 방법으로 계속하다보면 마지막 선수에게는 마지막 남은 포지션을 줘야 한다. 여기서 자유롭게 포지션을 선택할 수 있는 수 즉, 자유도는 8이 된다.

점수로 예를 들면, 4명의 점수가 3. 2. 6. 3, 7점인 표본의 크기가 5인 자료에서 자유도는 4이다. 5명의 표본에서 4명은 어떤 점수라도 가질 수 있지만 나머지 1명은 편차의 합이 0이 되게 하기 위하여서는 어떠한 값도 자유스럽게 가질 수 없다. 그러므로 위의 예에서 자유도는 4가 된다. 또 다른 예를 들면, 평균이 5점 일 경우 근영이는 6점, 영희는 5점이면, 철수는 4점이 되어야 하므로 자유도는 2가 된다. 즉, 자유도는 $n-1$개가 된다.

모집단에서 n명을 표집하여 모집단 평균(μ)을 추정할 때는 n개 점수가 임의의 값을 취할 수 있으므로 자유도는 n이다. 반면, 표본 평균에서 분산을 구할 때는 자유도는 $(n-1)$이 된다. 그 이유는 분산을 구하려면 표본의 평균이 필요하기 때문에 $(n-1)$개의 점수만이 임의의 값을 취할 수 있기 때문이다.

앞에서 구체적인 예를 들어 설명하였지만, 다시 환원하여 설명하면 4개 점수의 평균으로 편차점수 $d = X - \overline{X}$ 를 추정할 때 편차의 합은 항상 0이므로 3개 편차점수는 어떤 값이라도 자유롭게 취할 수 있지만, 네 번째 편차점수는 자동적으로 결정된다.

모집단 분산을 계산 할 때에도 자유도는 $(n-1)$이다. 왜냐하면 모집단 평균으로 모집단 분산을 계산해야 하지만, 사실상 모집단 평균을 알 수 없기 때문에 표본의 평균($\overline{X}$)이 모집단 평균과 같다고 보고 표본 평균을 이용한다. 이때 n개 중에서 모집단 분산에 대해 임의의 값을 취할 수 있는 점수의 수는 $(n-1)$이다.

아울러 모집단 분산을 계산할 때, n으로 나누어주면 실제 분산보다 과소추정되지만 $(n-1)$로 계산하면 실제 분산과 같은 불편파추정치가 되기 때문에 $(n-1)$로 계산한다.

이와 같이 추리통계를 위하여 사용되는 표본의 분산추정치는 분모를 $(n-1)$로 하여야 분산 혹은 표준편차의 불편파추정치를 얻게 된다. 모집단 분산의 불편파추정치를 위한 표본의 분산계산 공식의 분모 $(n-1)$을 자유도라 칭한다.

정규분포, 표준점수의 이해

정규분포(normal distribution)는 평균을 중심으로 좌우가 대칭인 종모양(bell- shaped)의 이론적인 분포를 의미한다. 대부분의 통계분석에서는 데이터가 정규분포를 이룬다는 가정 하에 출발하므로 정규분포를 정확하게 이해하는 것이 논문통계의 시작점이다.

키, 몸무게, 지능지수, 시험점수 등 연속적인 변수의 분포는 일반적으로 표본의 크기가 어느 정도 이상이 되면 정규분포를 이루는 것으로 알려져 있다. 따라서 본 장에서는 정규분포에 대한 기본적인 지식을 이해하고, 논문통계에서 어떻게 활용하고 분석하는지에 대해 설명하겠다.

8.1 정규분포 곡선의 이해

완전한 정규분포는 실제로 존재하지 않는 이론적인 분포이므로, 실제 연구자가 수집한 데이터는 정규분포의 조건을 완전하게 충족시킬 수는 없다. 하지만 수집한 데이터가 정규분포에 유사할 경우(일반적으로 논문에서는 왜도와 첨도 값으로 판단함), 데이터는 "정규분포를 이룬다"라고 해석 한다. 완전한 정규분포는 <그림 8-1>과 같다.

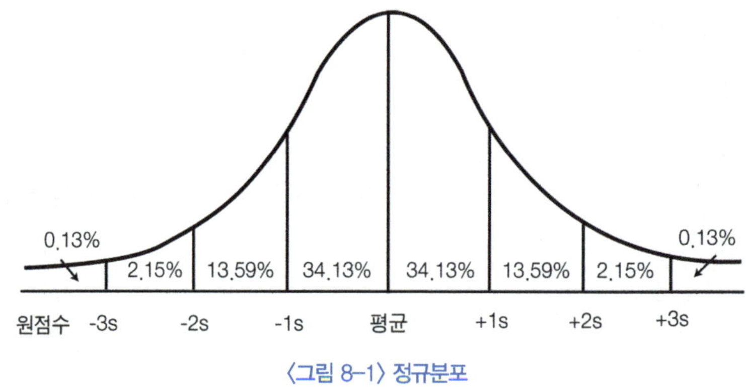

〈그림 8-1〉 정규분포

정규분포 곡선의 특징은 다음과 같이 서술할 수 있다.

첫째, 완전한 정규분포는 평균을 중심으로 완벽한 좌우 대칭을 이루기 때문에, 왼쪽과 오른쪽의 면적은 각 50%를 차지한다.

둘째, 완전한 정규분포는 집중경향값 즉, 평균, 중앙값, 최빈값이 동일하다.

셋째, 정규분포의 전체 면적은 1이며, 백분율로는 100%이다. 정규분포에서는 평균에 가까울수록 사례수가 많아지며, 좌·우로 갈수록 사례 수는 줄어든다. 정규분포에서는 평균과 ±1s 사이의 면적은 좌·우 각 34.13%, ±1s와 ±2s 사이의 면적은 각 13.59%, ±2s 와 ±3s 사이의 면적은 2.15%이다. 따라서 정규분포에서는 평균을 중심으로 ±1s의 범위에 전체 면적의 약 68%, ±2s의 범위에는 약 95%, ±3s의 범위에는 약 99.7%가 분포한다. 이를 확률로 나타내면 다음과 같다.

• 원점수가 평균을 기준으로 ±1 표준편차 이내에 존재할 확률	0.6826
• 원점수가 평균을 기준으로 ±2 표준편차 이내에 존재할 확률	0.9544
• 원점수가 평균을 기준으로 ±3 표준편차 이내에 존재할 확률	0.9974

넷째, 정규분포의 형태는 평균과 표준편차에 따라 결정된다. 평균과 표준편차의 값에 따라 다양한 정규분포의 형태가 존재한다. 정규분포에서 평균은 분포에서 중심에 해당하고, 표준편차는 분포가 어느 정도 퍼져 있는가를 결정한다.

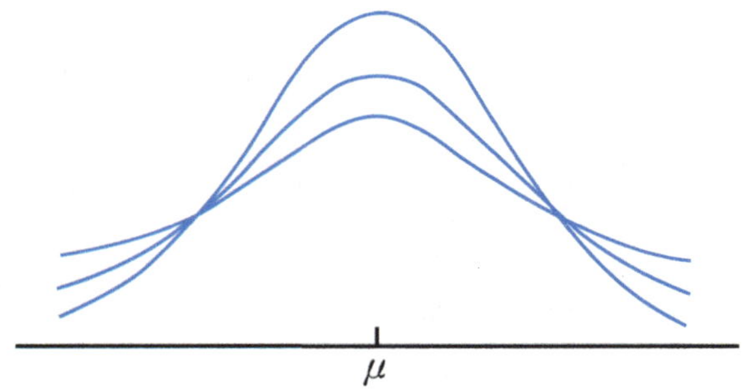

〈그림 8-2〉 평균이 같고 표준편차가 다른 정규분포

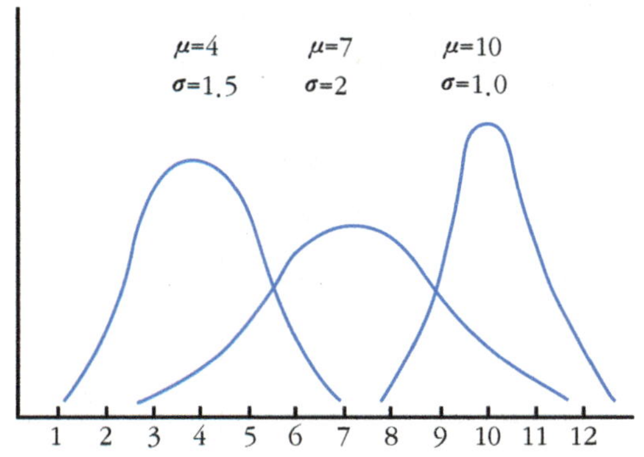

〈그림 8-3〉 평균과 표준편차가 다른 정규 분포

8.2   SPSS에서 정규분포 확인하기[논문통계의 이해와 적용]

완전한 정규분포는 단순히 이론적인 분포이며, 수집한 데이터가 정규분포에 유사할 경우 "정규분포를 이룬다"라고 해석 한다. 정규분포를 판단하는 기준으로 논문에서는 일반적으로 왜도와 첨도값을 가장 많이 사용한다. 왜도와 첨도값으로 정규분포를 판단하는 기준은 약간의 차이가 있을 수는 있으나, 이 책에서는 좀 보수적기준으로 왜도와 첨도 값 모두 절대치 2를 넘지 않으면 "정규분포를 이룬다"라고 해석한다.

6장에서 사용한 <표 6-2>의 수학성적 데이터(아래의 표)를 이용하여 정규성 검정을 실시하면 다음과 같다.

62	50	58	60	56	80	58	53	57	56
57	59	64	56	67	65	62	59	59	65
66	60	59	73	68	54	64	69	74	61
60	68	70	73	68	77	60	59	60	62
55	64	61	82	67	67	60	62	66	65
65	69	55	68	58	64	60	62	63	73
54	65	58	59	68	64	64	60	60	51
62	65	67	62	69	64	63	64	70	71
62	57	63	63	70	69	52	69	54	65
59	56	52	56	61	63	66	57	63	58

① 자료를 불러온 다음 **분석(A)** → **기술통계량(E)** → **빈도분석(F)**을 선택한다.
② 빈도분석 대화상자에서 해당 변수를 **변수(V)**로 이동한다.
③ **통계량(S)**을 클릭한 후, **왜도(W)**와 **첨도(K)**를 선택한 다음, 계속, 확인을 누른다.

통계량

수학성적

N	유효	100
	결측	0
왜도		.514
왜도의 표준오차		.241
첨도		.613
첨도의 표준오차		.478

■ SPSS 결과

　　정규분포를 확인하기 위하여 위 데이터의 왜도값과 첨도값을 확인한 결과, 왜도값은 0.514, 첨도값은 0.613으로 모두 절대치 2이하로 나타났다. 즉, 수학성적은 통계적으로 정규분포를 이루고 있다고 할 수 있다.

8.3　표준정규분포의 이해

　　앞에서 정규분포의 특성 중 평균과 표준편차에 의해 정규분포의 형태가 달라지는 것을 알았다. 여기서 표준정규분포는 다양한 정규분포를 표준화시킨 분포, 즉 평균이 0이고 표준편차(분산)가 1인 정규확률분포를 말한다. 이를 Z분포 또는 단위정규분포라 한다.

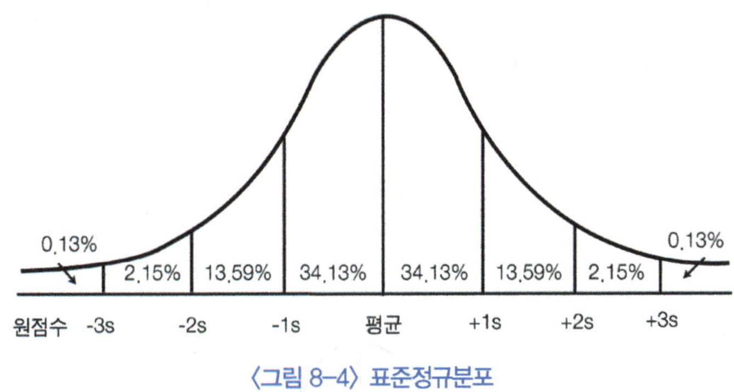

〈그림 8-4〉 표준정규분포

　　표준정규분포는 완전한 정규분포와 동일하고, 완전한 정규분포에서 평균을 중심으로 ±1 표준편차 이내에 존재할 확률은 68.26%라 하였다. 이를 표준정규분포에 대입하면 Z점수 0을 중심으로 ±1 사이에 전체 68.29%가 있다고 할 수 있다.

　　어떠한 데이터의 분포가 평균 μ과 표준편차 σ를 가지는 정규분포일 때, 이 분포를 평균이 0이고 표준편차가 1인 표준정규분포로 변환하여도 이 데이터의 분포는 정규분포를 이룬다고 할 수 있다. 이때의 점수를 표준점수(standeard score) 또는 Z점수라 한다. 〈그림 8-4〉와 같이 ±3 Z점수 안에서 모든 사례 수가 포함될 확률은 99.74%이다.

$$z점수 = \frac{X - \mu}{\sigma}$$

(공식 8-1)

8.4 Z점수

학점이 A$^+$이라는 것은 누구나 최우수 점수라는 것을 안다. 그 이유는 무엇일까? 대학생이라면 누구나 학점의 기준을 알기 때문이다. 또한 30점이 이상이면 중증우울증으로 판명되는 측정도구를 가지고 우울증 조사를 했더니 40점이 나왔다고 하자. 그렇다면 당연히 그 사람은 중증 우울증을 앓고 있는 것이다. 하지만 어떠한 기준점을 제시하고 있지 않는 만족도 측정도구를 가지고 35점이 나왔을 때, 이를 만족했는지 아닌지를 어떻게 해석할 수 있겠는가?

표준점수(또는 변환점수)는 점수가 평균에서 떨어진 정도인 편차를 표준편차 단위로 표시한 점수로, 점수의 상대적 위치를 판단할 수 있는 기준점을 제공하는 점수이다. 이를 Z점수라 한다.

Z점수는 편차를 표준편차 단위로 나타낸 것으로 점수의 상대적 위치를 알려준다. 원점수를 Z점수로 계산하는 공식은 (공식 8-2)와 같다.

$$z점수 = \frac{X - \overline{X}}{s} \qquad\qquad (공식\ 8\text{-}2)$$

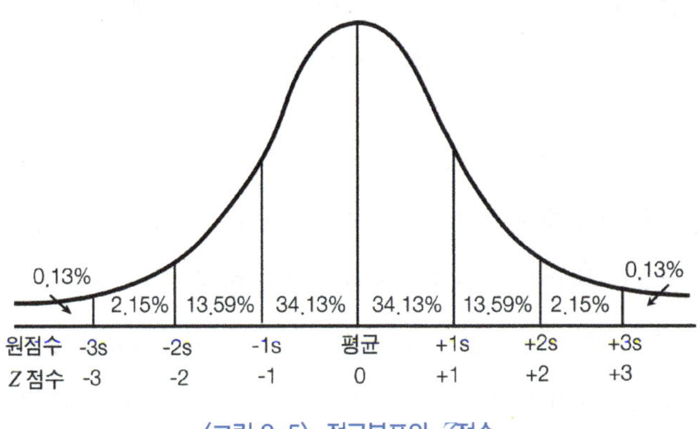

〈그림 8-5〉 정규분포와 Z점수

논문통계에 있어 Z점수의 가장 중요한 의미는 점수의 상대적 위치를 알려준다는 것이다. 구체적으로, Z점수가 음수(−)이면 평균보다 낮다는 것이고, 양수(+)이면 평균보다 높다는 것이며, Z점수가 0이면 평균과 같다는 의미이다. 결론적으로 Z점수가 +3에 가까우면 상대적 점수가 높고, -3에 가까우면 상대적 점수가 낮다.

논문 또는 보고서에서 Z점수는 다음과 같이 활용할 수 있다.

근영이의 국어점수는 85점, 영어점수는 90점이 나왔다. 이 점수만으로는 전체에서 근영이의 국어점수와 영어점수 중 상대적으로 어느 과목이 높은지 알 수 없다. 국어와 영어점수의 상대적 위치를 파악하기 위해서 평균과 표준편차가 필요하다. 국어의 평균은 70, 표준편차 5이고, 영어의 평균은 80, 표준편차 10이라 가정하자. 두 과목의 평균과 표준편차가 전혀 다르기 때문에 Z점수를 이용하여 상대적 위치를 파악하면 된다.

(국어)	$Z = \dfrac{85-70}{5} = +3$
(영어)	$Z = \dfrac{90-80}{10} = +1$

국어점수의 Z점수는 +3인데, 이 점수는 평균보다 3표준편차 높다는 것을 의미한다. 영어점수의 Z점수는 +1로 평균보다 1표준편차 높은 것을 알 수 있다. 결론적으로 전체에서 근영이는 국어점수가 영어점수보다 상대적으로 더 높은 점수를 받았다고 할 수 있다. 점수로만 보았을 때, 국어점수가 영어점수보다 낮게 나타났지만 전체에서 상대적인 점수를 비교하면 영어보다 국어를 더 잘했다고 할 수 있다.

8.5 SPSS에서 Z 점수 구하기[논문통계의 이해와 적용]

6장에서 사용한 <표 6-2>의 수학성적 데이터(아래의 표)를 이용하여 Z점수를 구하면 다음과 같다.

62	50	58	60	56	80	58	53	57	56
57	59	64	56	67	65	62	59	59	65
66	60	59	73	68	54	64	69	74	61
60	68	70	73	68	77	60	59	60	62
55	64	61	82	67	67	60	62	66	65
65	69	55	68	58	64	60	62	63	73
54	65	58	59	68	64	64	60	60	51

62	65	67	62	69	64	63	64	70	71
62	57	63	63	70	69	52	69	54	65
59	56	52	56	61	63	66	57	63	58

① 자료를 불러온 다음 **분석(A)** → **기술통계량(E)** → **기술통계(D)**를 선택한다.

② 기술통계 대화상자에서 해당 변수를 **변수(V)**로 이동한다.

③ **표준화된 값을 변수로 저장(Z)**을 클릭한 후, 확인을 누르면 데이타 화면에 Z점수가 나타
난다.

■ SPSS 결과

Z점수는 SPSS 결과창에서 보여지는 것이 아니며, 데이터 창 마지막 부분에 Z수학성
적(변수명)의 이름으로 새롭게 생성된다.

모집단분포와 표본분포, 표집분포의 이해

이장에서는 연구대상의 전체의 분포를 의미하는 모집단분포와 모집단을 대표하기 위해 추출된 표본들의 분포인 표본분포, 그리고 이론적 분포인 표집분포에 대한 개념을 설명한다. 표집분포의 경우에는 논문통계를 작성하는 분들에게는 매우 중요한 개념이므로 확실히 익히기를 부탁드린다.

9.1   모집단 분포

모집단(population)이란 연구의 대상의 전체를 의미한다. 만약, 서울지역 거주 노인들의 우울증 실태 조사를 한다고 가정해 보자. 모집단은 주민등록 상 서울지역에 거주하는 노인들 전체가 된다.

서울에 거주하는 전체 노인들의 우울증을 조사하여 그래프로 그린다면 평균 μ을 중심으로 표준편차인 σ만큼 흩어진 정규분포가 나타날 것이다. 물론 다른 연속적인 변수들의 (성인들의 키와 체중 등) 분포를 그려도 정규분포가 될 것이다.

하지만 서울 지역에 거주하는 노인들 전체를 대상으로 어떻게 조사를 할 수 있겠는가? 모집단을 대상으로 우울증을 조사하다 보면 많은 시간이 소요되어 중년이 노인이 될 수 있는 등 모집단이 변화될 수 있다.

9.2   표본분포

연구의 대상을 모집단으로 설정하고 연구를 한다는 것은 사실상 불가능하다. 그렇다면 모집단을 연구할 수 있는 방법이 무엇일까? 그것은 모집단을 대표하는 대상들을 추출하는 것이다. 이를 표본(sample)이라 한다. 표본은 모집단을 대표하는 추출된 대상의 집단을 의미한다. 서울 거주 노인들의 우울증 연구에서 무작위 추출된 300명은 표본 대상의 수이며, 이를 표본의 크기(sample size)라고 한다.

표본(서울 거주 노인 300명)에 의해서 모집단(서울 거주 노인 전체)의 속성을 파악할 수 있기 때문에 표본분포는 논문통계에서 매우 중요한 역할을 한다. 표본의 속성은 표본에서 나타난 평균 $\overline{Y}$와 표준편차 s로 표기하며, 이를 통계치(statistics) 또는 추정치

(estimate)라 한다. 예를 들어, 서울 거주 노인 300명의 우울증 검사 결과 평균이 17점 표준편차 1.2이었다면, 17점인 우울점수와 1.2의 표준편차는 통계치 또는 추정치가 된다.

모집단의 분포는 보통 정규분포를 이룬다고 하였다. 하지만 표본의 경우에는 항상 정규분포를 이루는 것은 아니다. 표본의 크기가 작으면 편포가 될 수도 있다.

9.3 표집분포

표집분포(sampling distribution)는 모집단에서 무작위로 표본을 반복 표집하여 구한 통계치로 이루어진 이론적인 확률분포 또는 가상적 분포라 한다. 가상적 분포라고도 하는 이유는 실제 행위를 통하여 분포를 그릴 수 없고 어떠한 가정 하에서 그려지기 때문에 명명한 것이다.

표집분포를 조금 더 구체적으로 설명하면, 표본의 크기가 n개인 표본을 모집단에서 무한히 반복 추출한 후, 무한개로 구성된 표본들의 평균들을 가지고 만들어진 분포이다. 즉, 모집단의 속성을 알기 위해서 n개의 첫 번째 표본을 추출하여 평균과 표준편차를 계산하면, $\overline{Y}_1$과 s_1을 얻을 수 있다. 동일한 방법으로 두 번째 표본을 추출하면, $\overline{Y}_2$과 s_2를 얻을 수 있다. 이를 k번 실시하면, k번째 표본의 평균과 표준편차는 $\overline{Y}_k$과 s_k가 된다. 따라서 모집단에서 무한히 추출한 표본들의 평균은 $\overline{Y}_1$, $\overline{Y}_2$, $\overline{Y}_3$, $\cdots$, $\overline{Y}_k$ 이고, 표준편차는 s_1, s_2, s_3, $\cdots$, s_k 가 된다. 따라서 표집분포의 속성인 평균은 각각의 표본분포 평균들의 평균이 되고, 표준편차는 표본분포 평균들의 표준편차가 된다.

모집단에서 크기 n개의 표본을 무한히 반복 표집하는 것은 현실적으로 불가능하여 실제로 표집분포를 구할 수 없다. 하지만 이론적으로 위와 같이 표본을 무한히 반복 표집할 때 표집분포의 특징을 도출할 수 있으며, 이를 다음과 같이 요약하였다.

① 표집분포의 평균은 모집단의 평균과 같다. 특정 표본 $\overline{X}$는 표집오차(sampling error)로 모집단 평균 μ와 다를 수 있을 것이다. 하지만 표본의 수를 k개로 무한히 늘리면 결국에는 표집분포의 평균은 모집단 평균에 가까워진다.

표집분포의 형태 역시 동일하다. 즉, 모집단의 분포형태가 어떠하든 표본의 크기가 충분히 크면 표집분포의 형태는 정규분포에 가까워진다. 일반적으로 표본크기가

30이상이면 표집분포의 형태는 정규분포를 이루는 것으로 알려져 있다.

② 모집단에서 k개의 표본을 표집 할 때는 k개만큼의 오차는 발생한다. 이를 표집오차(sampling error)라 한다. 표집오차는 어려운 개념이므로 좀 더 자세히 설명하겠다. 만약 모집단에서 완벽하게 표집이 이루어졌다면 표본의 평균과 모집단의 평균은 일치할 것이다. 그러나 완벽한 표집은 실제로 불가능하므로 표본의 평균과 모집단의 평균은 차이가 발생할 것이다. 첫 번째 표집부터 k번째 표집까지에서 얻은 평균과 k개의 표집을 통해 획득한 평균들의 분포인 표집분포에서의 평균 간의 오차 e_1, e_2, e_3, $\cdots$, e_k가 발생한다. 이는 표집 상에서 일어난 오류이며 표집오차라 한다. <그림 9-1>을 보면 가운데 점선이 표집분포의 평균($\overline{Y}_{\overline{Y}}$)이 되고, 첫 번째 표집의 평균($\overline{Y_1}$)과 k번째 표집의 평균($\overline{Y_k}$) 간의 차이는 e_1과 e_k 즉 표집오차가 된다. 결론적으로 표집의 오차는 표본의 평균과 모집단의 평균과의 차이를 의미한다.

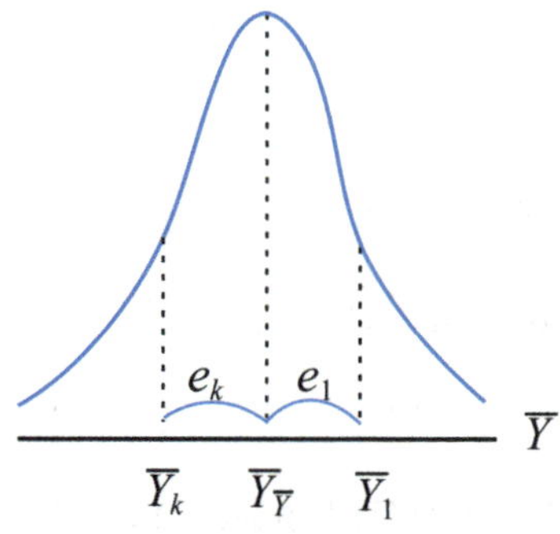

〈그림 9-1〉 표집분포와 표집오차

③ 표집분포의 표준편차는 표집오차의 표준편차와 동일하다. 표집분포의 표준편차라는 것은 k개의 표집을 통해 획득한 평균들의 분포인 표집분포에서, 평균에서 떨어진 정도인데 이는 표집오차의 표준편차와 동일한 값이 된다.

왜냐하면 k개의 표본들이 모집단의 평균 μ_Y와 같지 않을 때 모집단 평균과 표본의 평균은 표집오차로 e_1, e_2, e_3, $\cdots$, e_k개가 발생한다. <그림 9-1>를 참고하면, 표집분포의 표준편차는 표집오차의 표준편차와 동일하다는 것을 알 수 있다. 따라서 표집분포에서의 표준편차는 모집단분포 또는 표본분포에서의 표준편차와 전혀 다른 개념임을 알 수 있다. 통계에서는 표집분포의 표준편차를 표준오차(standard error)라 한다.

표준오차와 표준편차의 차이

수업을 하다보면 표준오차와 표준편차를 혼동하는 경우를 많이 보았다. 이 둘은 전혀 다른 개념이라는 것을 앞에서 언급하였다. 표본편차는 알고 있듯이 연구자가 수집한 표본에서 평균에서 떨어진 정도를 편차라 하고, 이러한 편차의 평균을 표준편차라 한다. 표본집단을 대상으로 한다면 표본 표준편차이고, 모집단을 대상으로 한다면 모 표준편차라 한다.

그렇다면 표준오차는 무엇일까? 논문을 작성할 때, 보통 모집단을 대상으로 연구하는 경우는 거의 드물다. 대부분 모집단에서 표본을 추출 하게 되는데, 랜덤하게 추출된 표본 집단이 모집단을 추정하기에 적절한지는 무엇으로 알 수 있을까? 그것이 표준오차를 통해 판단할 수 있다.

모집단의 평균을 추정하기 위해서는 표본의 평균을 구한다. 하지만 표본은 모집단의 크기보다 작을 수밖에 없고, 이에 표본의 평균과 모집단의 평균에는 차이가 발생할 것이다. 또한 어떤 표본이 추출되었는가에 따라 표본의 평균값이 달라지기도 한다. **"여러 번 추출된 표본평균"들 간의 "차이"가 어느 정도인지를 알려주는 것이 표준오차가 된다**. 다시 말해 "여러 번 추출된 표본평균"들은 앞에서 언급한 표집분포가 되고, "차이"는 표준편차가 된다. 표준오차는 표집분포의 표준편차가 되는 것이다.

표준오차가 작다는 것은 여러 번 뽑힌 표본 평균들 간의 차이가 작다는 것을 의미한다. 그러나 현실적으로 논문을 작성하면 표본 추출은 단 한번 이루어진다. 따라서 표본 평균도 하나이다. 표본 평균이 여러 개가 있어야 그 편차를 알 수 있을 텐데 사실상 그렇지 못하다. 하지만 이론적으로 표준오차는 표준편차를 표본의 수의 제곱근으로 나누어 줌으로써 계산이 가능하다.

$$표준오차 = \frac{S_x}{\sqrt{n}}$$

중심극한정리 이론

통계학에서는 표집 분포과 관련된 내용 중 중심극한정리 이론이라는 매우 중요한 개념이 있다. 이는 논문을 작성하는 연구자에게도 중요한 개념이므로 꼭 이해하기 바란다.

중심극한정리(central limit theorem) 이론은 모집단에서 표본을 반복 추출하면 표본 크기 n이 증가함에 따라 표본평균 $\overline{X}$ 의 표집분포는 정규분포에 가까워진다는 것이다.

모집단이 정규분포를 이룰 경우에는 표집분포 역시 정규분포를 이룬다. 그런데 모집단이 정규분포가 아닌 편포인 경우에도, 표본의 크기가 충분히 크면 표집분포는 정규분포에 가까워진다. 이때 충분한 표본의 크기는 일반적으로 30이상으로 알려져 있다.

9.4   SPSS에서 표준오차 구하기[논문통계의 이해와 적용]

여기서는 많은 사람들이 혼동하는 개념, 표준오차를 공식에 의한 계산과 SPSS를 활용한 도출과정을 설명한다. 6장에서 사용한 <표 6-2>를 활용하여 표준오차를 구해 보겠다.

〈표 6-2〉 6장에서 사용한 수학 점수

62	50	58	60	56	80	58	53	57	56
57	59	64	56	67	65	62	59	59	65
66	60	59	73	68	54	64	69	74	61
60	68	70	73	68	77	60	59	60	62
55	64	61	82	67	67	60	62	66	65
65	69	55	68	58	64	60	62	63	73
54	65	58	59	68	64	64	60	60	51
62	65	67	62	69	64	63	64	70	71
62	57	63	63	70	69	52	69	54	65
59	56	52	56	61	63	66	57	63	58

① 자료를 불러온 다음 분석(A) → 기술통계량(E) → 빈도분석(F)을 선택한다.
② 빈도분석 대화상자에서 통계량(S)을 선택한다.
③ 통계량 대화상자에서 산포도에서 표준편차(T)와 평균의 표준오차(E)를 선택하고, 계속 선택 후 확인을 누른다.

통계량

수학성적		
N	유효	100
	결측	0
평균의 표준오차		.60748
표준편차		6.07478

예제로 사용한 수학점수의 표준편차는 6.074이다. 표준오차의 공식은 표준편차를 사례 수의 제곱근으로 나누어주면 된다. 사례 수는 100이며, 이의 제곱근은 10이므로 6.074를 10으로 나누면 0.607이 된다.

$$표준오차 = \frac{S_x}{\sqrt{n}} = \frac{6.074}{\sqrt{100}} = 0.607$$

가설검정

어떠한 연구 상황이든 특별한 경우를 제외하고 모집단을 대상으로 연구하는 것은 사실상 불가능하다. 따라서 모집단에서 표본을 추출하여 이를 통하여 모집단에 대한 합리적 추론을 하여야 한다. 불완전한 정보에 근거해서 모집단에 관한 합리적 결정을 내리는 과정을 통계적 추론(statistical inference)이라 한다.

통계적 추론은 논문에서 "A는 B에 유의미한 영향을 미칠 것이다"라는 잠정적 진술 형태로 제시될 수 있다. 이러한 형태를 잠정적 진술형태를 가설이라고 한다.

모집단에 대한 정보는 연구자는 "모르는 사실"이다. 모르는 사실을 가설을 통해 판단해야 하는데, 이러한 판단은 맞을 수도 있고 틀릴 수도 있다. 연구자는 항상 어떠한 오류를 범할 수 있다는 것이다.

본 장에서는 가설에 대한 이해와 가설 검정에 필요한 기초개념, 연구자의 가설 판단의 오류인 1종 오류, 2종 오류에 대하여 설명한다.

10.1   가설의 이해

일반적으로 논문에서 설정하는 가설은 모집단에 대한 진술의 개념이다. 추리통계는 모집단에서 추출한 표본의 자료를 이용하여 모집단에 대한 가설의 진위를 검정하는 것이다. 따라서 우리가 연구에서 흔히 사용하는 가설검정이라는 말은 연구자가 수집한 표본으로 모집단에 대한 진술의 개념인 가설의 진위를 평가하는 절차를 의미한다.

가설은 영가설과 대립가설로 구분한다.

10.1.1 영가설(귀무가설)과 대립가설(연구가설)

가설은 연구자가 진리라고 생각하는 어떠한 잠정적 진술이다. 진술의 형태는 두 가지로 이루어진다. 영가설과 대립가설이다.

영가설(null hypothesis)은 연구자가 생각하는 진술을 부정하는 형태로 이루어진다. 연구자는 항상 잠정적 진술의 오판에 염두를 두어야 하는데, 연구자가 판단착오를 범할 때 검정 받는 잠정적 진술을 영가설이라 한다. 영가설은 H_0로 표기하며, 가설 검정에서 실제로 검정하는 가설이다. 논문에서 영가설은 보통 "A와 B는 차이가 없다", "A는 B에 영향을 미치지 않는다"로 진술된다. 그러므로 가설 검정이라 함은 영가설을 기각 한다 또는 기각하지 못한다는 결론을 이끌어 내는 과정이다. 연구자는 교육방법에 따라 성적에는 차이가 있을 것 같다는 잠정적으로 상상했다면, 이러한 잠정적 진술의 오판에 염두에 두면서 이를 부정하는 형태 즉, "교육방법에 따라 성적에는 차이가 없을 것이다"가 영가설이 된다.

반면, 대립가설(alternative hypothesis)은 영가설이 부정되었을 때, 진리로 남는 잠정적 진술이다. 이는 연구자가 주장한 내용이기 때문에 연구가설(research hypothesis)이라고 표현하기도 한다. 표기방법은 H_1으로 한다. 논문에서 대립가설은 보통 "A와 B는 차이가 있다", "A는 B에 영향을 미친다"로 진술된다. 대립가설은 영가설이 거짓으로 판명될 때, 즉 기각될 때 채택되는 가설이다. 연구자는 대립가설이 지지받기를 기대한다. 위의 예로 대립가설을 설정하면, 연구자의 잠정적 진술인 "교육방법에 따라 성적에는 차이가 있을 것이다"가 대립가설(연구가설)이 된다.

영가설과 대립가설의 또 다른 예를 들면, 재판에서 검사가 연구자일 경우 "죄가 있다"가 대립가설이고, 변호사가 연구자라면 "죄가 없다"가 대립가설이 될 것이다. 판사의 경우에는 어떠할 것인가? 무죄추정의 원칙에 입각하여 "피고는 무죄"를 영가설로 설정하고, 영가설의 기각시킬 수 있는 증거가 있다면 대립가설(피고는 유죄)이 채택시킬 것이다. 가설은 연구자의 입장에 따라 대립가설이 다를 수 있다.

10.1.2 영가설과 대립가설의 관계

가설검정은 연구자의 잠정적 진술인 대립가설과 연구자의 잠정적 진술의 오판에 염두에 두면서, 이를 부정하는 형태로 진술한 영가설을 기각시킴으로써 간접적으로 대립가설을 지지하는 것이다. 이와 같이 가설검정은 처음부터 대립가설을 검정하는 것이 아니라 영가설을 검정한다. 그 이유는 다음과 같다.

어떤 잠정적 진술의 참인가는 증명할 수 없지만, 거짓은 쉽게 증명이 되기 때문이다. 예를 들어 다음과 같은 가설이 있다고 하자.

교육방법에 따른 수학성적	
H_o	두 교육방법에 따라 수학성적에는 차이가 없다
H_1	두 교육방법에 따라 수학성적에는 차이가 있다.

만약, 대립가설을 증명한다고 하면 아무리 수학성적 차이가 있다 하더라도 이를 지지할 수 없다. 왜냐하면 여전히 차이가 없을 확률이 존재하기 때문이다. 하지만 영가설을 검정함으로써 단 한 명의 수학성적 차이가 있어도 영가설은 기각되고 대립가설은 지지가 되기 때문이다. 이렇듯 영가설의 거짓은 쉽게 증명할 수 있기 때문에 영가설을 검정하게 된다.

또한 영가설 검정의 또 다른 이유로 영가설 기각이 대립가설을 더 강력하게 지지하는 증거가 되기 때문이다. 연구자가 수집한 표본으로 대립가설이 채택되었다는 것은 단순히 연구자가 추출한 특정 표본에서 나타난 하나의 증거에 불과 하지만, 영가설이 기각되었다는 것은 대립가설이 채택되었다는 더 신뢰할 수 있는 증거가 될 수 있다. 즉, 대립가설은 절대로 증명되어 질 수 없고, 단지 영가설이 거짓이라는 반증으로만 대립가설은 지지될 수 있는 것이다. 예를 들어, "이 세상 모든 까마귀는 검다"라는 잠정적 진술이 틀렸다는 것을 검정하는데 검지 않은 한 마리의 까마귀(영가설)가 있어도 틀렸다는 것이 검정되지만, 대립가설을 기준으로 검정하려면 엄청난 수의 검은 까마귀를 관찰하여도 증명되었다고 할 수 없을 것이다.

한편, 논문에서는 가설검정이 어떻게 이루어질까? 논문에서 이루어지는 가설검정은 영가설이 완전히 틀렸기 때문에(흰 까마귀의 발견) 기각하는 것이 아니라, 영가설을 채택할 확률(흰 까마귀를 발견할 확률)이 낮기 때문에 기각한다.

10.1.3 논문에서 가설 검정의 이해

연구자는 수집한 표본으로 모집단을 추정하여, 설정한 가설의 지지 여부를 확인 할 것이다. 가설 지지는 영가설이 참일 확률이 낮으면 대립가설이 지지되고, 영가설이 참일 확률이 높으면 대립가설은 지지되지 않는다.

영가설이 기각되었다는 것은 대립가설의 지지 즉, 두 교육방법에 따라 수학점수에는 차이가 있다는 것이다. 이때 연구자들이 유의해야 할 점은 영가설이 기각되었다는 것은 대립가설이 지지 될 수 있는 강력한 증거이지만, 대립가설이 증명된 것이 아니라는 점을 명심해야 한다. 그 이유는 영가설이 기각 되었다 하더라도 두 교육방법에 의한 수학점수의 차이가 아니라 다른 이유에서 발생할 수 있는 개연성이 존재하기 때문이다. 예를 들면, 연구자의 표본 추출 상의 문제 혹은 응답자의 대표성 결여 등이 존재할 수 있기 때문이다.

그 반대의 경우, 영가설이 채택 되었을 때도 동일한 의미로 해석을 해야 한다. 영가설의 채택은 대립가설을 지지하는 증거가 부족하다는 것이다. 즉, 두 교육방법에 따라 수학점수가 차이가 있다고 결론 내릴 수 없는 것이다. 영가설의 채택이 영가설이 참이라고 이해해서는 안된다. 이것은 판사가 피고에게 유죄를 선고할 만한 상당한 증거가 없기 때문에 무죄를 선고하는 것과 동일하다. 영가설이 채택되었다는 것은 영가설이 참이어서 채택될 수도 있지만, 영가설이 거짓이지만 표본 추출 상 문제 혹은 연구방법 상의 오류 등으로 영가설의 거짓을 밝혀내지 못했기 때문에 참으로 판명될 수 있다는 사실을 알아야 한다.

많은 경우, 연구자들은 최종 분석결과인 가설검정 결과에만 관심을 가지고 논문을 서술하는 것을 많이 보았다. 설정한 대부분의 영가설이 기각되었다고 해서, 그 논문결과가 잘 나왔다고 할 수 있겠는가? 논문에서 설정한 가설검정 결과를 도출하는 과정이 오히려 더 중요하며 더 많은 관심을 가져야 할 것이다. 가설 검정 결과를 도출하는 과정에서 많은 오류를 범할 수 있기 때문이다. 따라서 논문에서는 가설검정 결과에만 집중하는 것이 아니라 가설 검정결과를 도출한 과정, 연구방법 및 통계분석방법 등 연구 설계에 더 많은 관심을 가지는 것이 중요하다.

10.2 가설 검정의 오류

	영가설이 참인 경우	영가설이 거짓인 경우
영가설 기각	제 1종 오류 α	정확한 결정 $1-\beta$ (검정력)
영가설 채택	정확한 결정 $1-\alpha$	제 2종 오류 β

연구자의 잘못된 판단 2가지 경우에서 발생한다. 영가설이 참인데 기각시키는 경우와 영가설이 거짓인데 채택 시키는 경우이다. 영가설이 참인데 기각 시키는 경우를 제1종 오류라 한다. 예를 들어, 피고가 무죄인데 유죄로 판단하는 판사(H_0=피고는 무죄이다)와 학습방법에 따라 성적에는 차이가 없는데 차이가 있는 것으로 해석하는 경우(H_0=학습방법

에 따라 성적에는 차이가 없다)가 제1종 오류에 해당된다.

한편, 제2종 오류는 실제 영가설이 거짓인데 영가설을 채택하는 오류를 말한다. 피고가 유죄인데 무죄를 선고하는 판사(H_o=피고는 무죄이다)와 학습방법에 따라 성적에는 차이가 있는데도 불구하고 없는 것으로 해석하는 경우(H_o=학습방법에 따라 성적에는 차이가 없다)가 제2종 오류에 속한다.

어떤 연구이든 완전하지 않은 표본에 의해 연구가 이루어지는 만큼 오류를 범할 확률은 항상 노출되어 있고, 영가설을 기각하든 영가설을 채택하든 그 결정이 완벽하다고 확신할 수 없다. 제1종 오류와 제2종 오류를 발생시키지 않으려면 연구자는 오류를 최소화하고 검정력을 최대화하는 연구를 꾸준히 시도해야 할 것이다.

10.3　가설검정 시 알아야 할 통계적 지식

10.3.1 기각역과 비기각역

기각역은 영가설(H_0)을 기각할 수 있는 표집분포의 영역을 의미한다. 표집분포는 가설검정에서 영가설 기각여부를 결정하는 이론적 확률분포로 Z분포, t분포, F분포, χ^2분포가 등이 있다. <그림 10-1>과 같이 기각역은 유의수준(α) 또는 임계치에 의해 결정되며, 표본에서 획득한 검정통계량 값 표집분포의 기각역에 속하면 영가설을 기각한다. 검정통계량은 Z검정, t검정, F검정, χ^2검정 등 추리통계방법을 이용해서 구한다.

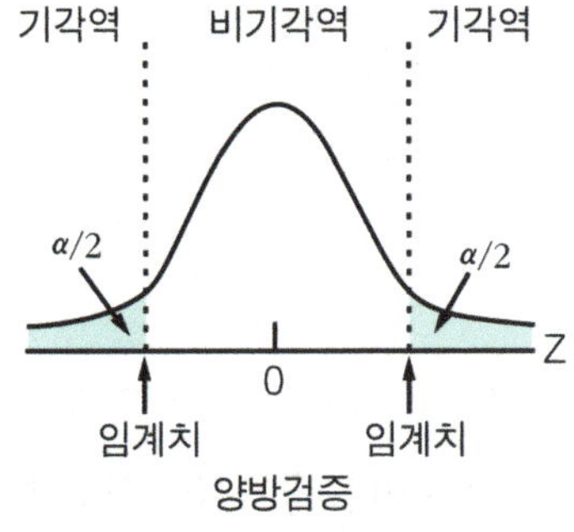

〈그림 10-1〉 가설검정의 기각역

비기각역은 영가설을 기각할 수 없는 표집분포의 영역으로 영가설의 채택역이라 한다. 표본에서 획득한 검정통계량 값이 표집분포의 비기각역에 해당되면 영가설을 채택한다. 기각역과 비기각역을 예를 들어 설명하는 다음과 같다.

H_o=학습방법에 따라 성적에는 차이가 없다 H_1=학습방법에 따라 성적에는 차이가 있다	
학습방법에 따라 성적에는 차이가 없다 ↓ 영가설 비기각역 (연구가설 기각역)	학습방법에 따라 성적에는 차이가 있다 ↓ 영가설 기각역 (연구가설 채택역)

10.3.2 임계치

임계치는 이론적 분포인 표집분포에서 기각역과 비기각역을 구분하는 검정통계량 값을 의미한다. 임계치는 표집분포의 종류 즉, Z분포, t분포, F분포, χ^2분포 등과 유의수준인 α, 자유도(df)에 따라 결정된다.

10.3.3 유의수준과 유의확률

유의수준(significant level)은 영가설이 참인데 기각시킬 확률 즉, 제1종 오류의 수준을 유의수준 이라하고 α로 표기한다. 이는 제1종 오류를 허용하는 수준이 된다. 연구자는 제1종 오류 발생을 최소화시키는 노력을 꾸준히 해야겠지만, 완벽하게 해결하는 것은 불가능하다.

일반적으로 논문에서 가설검정은 영가설 기각률을 유의수준의 기준으로 설정하고, 표본에서 구한 검정통계량 값 중 유의확률(p값)이 유의수준과 같거나 그보다 낮으면 영가설을 기각한다. 연구에서 유의수준은 보통 0.05 또는 0.01로 설정하는데, 만약 α=0.05일 때 학습방법에 따라 성적에 차이가 있다는 것은 모집단에서 영가설이 채택될 확률(H_o=학습방법에 따라 성적에는 차이가 없다)이 5% 이하라는 것을 의미한다.

한편, α=0.01로 설정하여 제1종 오류를 낮추는 경우도 있는데, 이는 주로 제1종 오류의 심각성이 중대할 때 주로 사용한다. 예를 들어, 사람의 생명을 다루는 분야(신약 개발 등)에서는 유의수준을 낮게 설정해야 한다. 하지만 유의수준을 낮은 수준에서 설정하면 영가설을 기각할 수 있는 확률(연구가설의 채택)이 낮아지지만, 제2종 오류(영가설이 거짓인데 채택할 확률 = 연구가설이 참인데 기각할 확률) β가 발생할 확률은 반대로 높아진다. α가 낮아지면 β가 커지고 그로인해 통계적 검정력 $1-\beta$는 낮아진다. 그러므로 특수한 경우를 제외하고, 유의수준 $\alpha = 0.05$로 하는 것이 통상적이다.

　연구자들 중 유의확률과 유의수준 개념을 혼동해 하는 경우가 많다. 유의수준은 앞에서 언급하였듯이 제1종 오류를 허용하는 수준이고, 유의확률(p값)은 관찰된 유의성 값을 의미한다. 예를 들면, "유의수준 $\alpha = 0.05$일 때, 유의확률(p)은 0.025로 나타났다"라고 표기한다.

　일반적으로 가설검정에서 p가 유의수준보다 낮거나 같으면 영가설을 기각하고, 반대로 유의수준보다 높은 p값을 보이면 영가설을 기각하지 않는다. 따라서 유의확률 p값은 낮을수록 영가설을 강하게 부정하는 것이 되고, p값이 크면 영가설을 부정할 수 없는 결과로 해석한다. 통계프로그램에서는 p값을 자동으로 계산해 준다. 이때 제공하는 p값은 양측검정에 해당되므로, 단측검정으로 제시할 때는 p값을 1/2해서 제시해야 한다.

　연구자는 논문에서 가설검정을 위한 p값 해석 시 몇 가지 오류를 범해서는 안된다. 예를 들어 유의확률이 p는 0.05라고 할 때, 연구가설의 정확도는 95%로 해석하거나 100회 반복연구에서 95회 같은 결과를 얻을 것이라고 해석해서는 안된다. p값은 영가설을 기각할 결정에 도움을 줄 뿐이다. 또한 유의수준($\alpha=0.05$)에서 어떠한 두 개의 결과를 비교할 때, p값이 더 낮은 수치를 보인다고 해서 독립변수가 종속변수에 더 큰 영향을 미친다고 해석해서는 안된다. 독립변수가 종속변수에 미치는 영향력의 크기는 효과의 크기로 비교한다.

유의확률 p값으로 가설검정 결과의 해석

$\alpha = 0.05$와 $\alpha = 0.01$에서 $p = 0.031$ 일 때, 가설검정 결과를 해석하면 다음과 같다.

① $\alpha = 0.05$ 일 때, p는 유의수준보다 큰 값이므로 영가설을 채택하고 연구가설은 기각한다.
② $\alpha = 0.01$ 일 때, p는 유의수준보다 작은 값이므로 영가설을 기각하고 연구가설은 채택한다.

10.4 유의확률 해석하기[논문통계의 이해와 적용]

오랫동안 논문통계 수업을 해오면서 학생들이 가장 이해를 못하는 부분 중 하나를 선택하라면 가설검정의 해석부분이었다. 그 이유는 많은 학생들이 영가설을 중심으로 설명하면 이해를 어려워하는 경향이 있었고, 연구자가 설정하는 연구가설(대립가설)을 중심으로 설명하면 쉽게 이해를 하는 경향이 있다는 것을 알게 되었다.

여기서는 10장에서 다루었던 내용이 이해가 힘든 독자들을 위해서 다른 각도에서 설명을 하겠다. 물론 앞에서 다루었던 내용을 이해한 독자라면 이 부분은 패스하면 되겠다.

앞에서 왜 영가설 검정을 해야 하는 이유에 대해서 설명하였다. 하지만 논문을 작성하는 연구자의 입장에서는 영가설은 설정하지 않은 가설로 여겨질 수도 있다. 즉, 연구자는 어떠한 사회현상을 보면서 가설을 설정하는 경우가 많은데, 예를 들어 "학습방법에 따라 수학성적에는 차이가 있을 것이다"라고 생각하고 이를 연구가설로 설정한다. 그 후에 연구가설과 반대되는 영가설(귀무가설)인 "학습방법에 따라 수학성적에는 차이가 없을 것이다"라고 설정하는 경우가 많다. 심지어는 영가설을 대립가설로 여기는 학생들도 보았다. 연구가설을 먼저 생각하고 영가설은 그의 반대 가설로 생각하기 때문이다. 그러면 10장의 내용을 이해하는데 혼동 되었을 것이다.

이러한 독자들을 위해 유의확률을 다음과 같이 간단히 해석해 보겠다.

0.05

H_0: 학습방법에 따라 성적에는 차이가 없을 것이다.

H_1: 학습방법에 따라 성적에는 차이가 있을 것이다.

어떤 연구자가 3가지 학습방법에 따라 학생들의 성적에는 차이가 있을 것 같다는 생각을 가지고 실제 분석을 통해서 이것을 증명하고자 한다. 먼저, 연구자가 생각한 잠정적 진술은 연구가설(H_1)이 되고, 연구가설은 항상 아래에 위치한다. 유의수준 $\alpha = 0.05$ 일 때, p값이 유의수준 0.05보다 작게 나오면 연구자가 설정한 연구가설(H_1)이 채택되고, 유의수준 0.05보다 높게 나오면 영가설(H_0)이 채택된다. 영가설(H_0)이 채택된다는 것은 다른 말로 연구가설(H_1)이 기각이라는 것이다. 따라서 p값이 유의수준 0.05보다 낮게 나오면 연구가설이 채택이고, 높게 나오면 연구가설은 기각이다.

10장 내용이 어렵게 느껴진다면 간단하게 생각하자. **유의수준 0.05를 기준으로, p값이 0.05보다 낮으면 가설(H_1)은 채택, 높으면 가설(H_1)은 기각이다.** 통계적 의미에서 가설 설명이 어려워 이해하기를 포기하는 것 보다, 비록 정확하지는 않지만 이렇게 이해한다면 논문을 작성하는데 큰 도움이 될 것이다.

P A R T **3**

측정도구의 타당성과
신뢰성 검정

연구모형 내 변수들 간의 인과관계를 파악하기 위해서는 각 변수들을 측정할 수 있어야 한다. 이를 위해 선행연구 검토를 통해 측정도구를 선정한 후, 타당성 및 신뢰성 검정을 실시한다. 만약 이론에 맞지 않은 문항이 존재하거나 오차가 큰 문항이 있다면 이 과정에서 제거한다. 이것이 제 3부에서 다룰 주된 내용이다.

측정도구에 대한 정확한 이해를 위해서는 측정(11장)이 무엇이며, 척도는 어떠한 형태가 있는지를 알아야 한다. 이에 대한 충분한 지식이 생겼다면, 측정도구에 대한 탐색적 요인분석(12장)과 신뢰성(13장) 검정을 실시한다.

탐색적 요인분석은 연구자가 인용한 측정도구가 수집한 표본에서도 이론에 부합하고, 설명력이 충분히 타당한 수준인지를 확인하기 위해 주로 이용하기 때문에 타당성 검정이라 표현한다. 신뢰성 검정은 일반적으로 내적일관성의 정도를 나타내는 Cronbach α값을 많이 이용한다.

타당성과 신뢰성 검정은 가설 검정 전에 거쳐야 할 단계로 인식하면 될 것이다. 전공에 따라 또는 연구자의 주관에 따라 타당성과 신뢰성 검정을 실시하지 않는 경우를 가끔 보았다. 그들의 주장은 이미 타당성과 신뢰성을 확보한 측정도구를 인용하였기 때문에 굳이 하지 않아도 된다는 것이다. 이 부분에서는 이견(異見)이 존재할 수도 있으나 보편적으로 타당성과 신뢰성 검정을 하지 않은 논문은 과학적인 추정을 하였다고 보기에 무리가 있다는 것이 저자의 생각이다.

제 3부의 내용은 제 4부에서 설명할 인과관계를 과학적으로 추정(분석)하기 위한 사전단계라 여기면 된다.

CHAPTER **11**

측정

11.1　측정이란?

　　우리는 일상생활 속에서 자연스럽게 측정을 하면서 살아간다. 어떤 커피 전문점의 커피가 아주 맛있다, 어떤 사람이 잘생겼다, 어떤 병원에서 진료를 잘 본다 등 우리도 모르는 사이에 일반적인 측정들을 하면서 살아가고 있다. 하지만 이러한 일상생활 속에서 하는 측정은 과학적인 측정이라 할 수 없다. 커피가 얼마만큼 맛이 있는지, 얼마만큼 잘 생겼는지, 얼마만큼 진료를 잘 보는지 개인의 주관에 따라 많이 달라지기 때문이다.

　　과학적인 측정을 이해하기 위해서는 측정이 무엇인가를 알아야 한다. 측정을 간단히 정의하면, 사물이나 사건 등에 숫자를 부여하는 것이라 할 수 있다. 즉, 커피가 얼마만큼 맛있는가를 측정하기 위해서 커피 맛의 정도에 숫자를 부여하는 것이다. 이와 동일하게, 얼마만큼 잘 생겼는지, 얼마나 진료를 잘 보는지를 측정하기 위하여 숫자를 부여하여 조사하는 것이 측정이다.

　　과학적인 측정은 측정하고자 하는 속성을 얼마나 객관적으로 측정하였는가에 달려있다. 예를 들어, 어떤 병원에서 진료를 잘 보는 것을 측정하고 싶어 [측정 1]과 [측정 2]와 같이 질문하였다고 가정하자. 누가보아도 조사 2로 측정하는 것이 조사 1보다 더 과학적인 측정이라는 것을 알 수 있다.

[측정 1]	[측정 2]
이 병원의 의사는 진료를 잘 본다.	이 병원의 의사는 환자의 병을 자세하게 질문한다.
이 병원의 간호사는 친절하다.	이 병원의 의사는 환자의 상태를 정확하게 파악하고 약을 처방한다.
	이 병원의 의사는 신뢰가 간다.
	이 병원의 의사는 환자의 상태를 정확하게 파악하고 있다.
	이 병원의 간호사는 전문적인 지식을 가지고 있다.

　　어떤 사람의 몸무게를 눈으로 측정한다면 비과학적 측정이지만, 저울로 측정한다면 과학적인 측정이 된다. 여기서 저울로 몸무게를 측정하는 것은 자연과학 분야에서의 측정이다. 자연과학 분야의 측정은 정확하게 이루어지며 절대 주관적이지 않다. 반면, 사회과학 분야에서의 측정은 주관성이 높기 때문에 사실상 완벽한 측정을 한다는 것을 불가능하며, 단지 좀 더 과학적이고 좀 더 정확하게 측정할 수 있도록 노력할 뿐이다. 따라서 사회과학 분야에서 최대한 과학적 측정이 이루어지기 위해서는 측정하고자 하는 개념을 어

떻게 조작화하여 객관적으로 측정할 것인가는 매우 중요한 문제이다.

일반적으로 논문을 작성할 때, 연구자들은 선행연구자가 이미 개발한 신뢰성이 높은 측정도구를 인용하여 조사를 한다. 이는 사회과학 분야에서 가장 보편적으로 사용하는 측정방법이다. 아울러 과학적인 측정을 위해 측정도구의 탐색적 요인분석(12장) 및 신뢰성(13장) 검정까지 실시한다. 비록 저울로 몸무게를 측정하는 자연과학 분야에서처럼 완벽한 측정은 불가능하더라도, 사회과학 연구자들은 과학적인 측정을 위한 끊임없는 노력을 시도해야 한다.

11.2 측정을 위한 척도의 이해

측정이란 사물이나 사건에 숫자를 부여하는 것이라 하였다. 커피가 맛있다 또는 맛이 없다 등 비과학적으로 측정하기보다는 숫자로서 커피 맛의 정도를 표시한다면, 보다 객관적이고 정확하게 측정을 할 수 있을 것이다. 결론적으로 측정하고자 하는 대상에 숫자를 부여함으로써 측정하고자 하는 대상의 상대적인 위치를 조사할 수 있고, 대상들의 일반적인 법칙을 도출하는 등의 좀 더 과학적인 측정이 될 수 있다.

척도란 무엇일까? 척도를 간단히 정의하면, 측정하고자 하는 대상에 부여하는 숫자들의 형태를 말한다. 척도는 숫자로 이루어져 있기 때문에 숫자가 가진 그 자체의 특성을 가지고 있다. 즉, 2는 1보다 크고, 3은 2보다 크다. 4는 2의 두 배이다. 이와 같이 가장 기본적인 숫자의 특성을 척도에서도 그대로 가지고 있다.

여기서는 척도의 형태에 대해서 알아보고, 척도의 형태에 따라 통계분석 기법의 차이가 무엇인지에 대해서 설명한다.

11.2.1 척도의 형태

척도의 형태는 각 척도들이 가지고 있는 특성에 따라 명목척도, 서열척도, 등간척도, 비율척도 등으로 구분 된다. 각 척도의 형태별 특성은 다음과 같다.

① 명목척도(nominal scale)

명목척도는 측정대상의 특성을 분류하거나 확인할 목적으로 숫자를 부여하는 경우이다. 이러한 숫자는 측정할 대상의 양적인 크기나 산술적인 계산을 할 수 없다. 즉, 산술평균 및 표준편차 값들은 의미가 없다.

대표적인 예로 성별을 들 수 있는데, ①남자 ②여자로 질문하였을 때 ①의 의미는 단지 남자 집단을 의미하고 ②는 여자 집단을 의미할 뿐이다. 이를 가지고 산술평균 및 표준편차를 이용한다는 것은 의미가 없고(성별의 평균이 1.7이라 했을 때 이것은 아무런 의미가 없다), 여자가 남자의 2배를 의미하는 것도 아니므로 숫자에는 강도 역시 없다. 명목척도의 평균은 최빈값을 이용한다.

명목척도로 얻어진 척도 값은 다른 척도와 비교하여 가장 적은 양의 정보를 제공하며, 통계분석도 역시 제한적으로 이루어진다. 일반적으로 직무형태(①정규직, ②계약직), 어떤 사항에 대한 유무에 관한 질문(①있다, ②없다), 직업의 구분(①농어업, ②전문직, ③생산직, ④제조업, ⑤기타) 등 다양한 질문이 가능하다.

명목척도 만을 가지고 할 수 있는 통계분석은 빈도분석, 교차분석, 이항분포검정 등이 있다.

명목척도의 예

1. 귀하의 성별은?
   ① 남   ② 여

2. 귀하는?
   ① 정규직 ② 계약직   ③ 인턴사원 ④ 기타_______________

3. 귀하의 직급은?
   ① 사원 ② 주임   ③ 대리   ④ 과장   ⑤ 차장   ⑥ 부장이상

4. 당신의 거주형태는?
   ① 부모님 중 한분만 함께 산다   ② 부모님 두 분과 함께 산다
   ③ 친구나 지인과 함께 산다   ④ 혼자산다

② 서열척도(ordinal scale)

서열척도는 측정대상 간의 순서관계를 밝혀주는 척도로 측정대상 간에 크고 작음이나 높고 낮음 등 순위를 부여해주는 척도이다. 일반적으로 논문에서는 선호도를 측정하는데 흔히 이용된다. 가장 좋아하는 운동종목을 순위별로 서술하거나, 선호하는 음식을 순서

대로 적을 때가 대표적인 예이다. 선호도 측정에 부여된 수치인 ①(1순위), ②(2순위), ③(3순위)의 의미는 ①은 ②보다 더 선호한다는 것을 의미하고, ②는 ③보다 더 선호됨을 의미한다. 또한 ①은 ③보다 더 선호됨을 의미한다. 하지만 어느 정도 선호를 하는지 선호의 정도는 알 수 없으며 순위만을 나타낸다. 또한 서열척도는 선호도를 측정하는 것 외에도, 단순히 측정대상의 순위(소득수준, 연령, 성적 등)를 측정하는데도 사용한다.

　서열척도는 정확하게 정량화하기 어려운 선호도나 사회계층 등의 측정에 주로 이용한다. 통계분석은 산술평균이나 표준편차 등과 같은 산술계산이 포함되는 분석은 의미가 없으며, 빈도분석, 서열상관관계(스피어만 상관관계분석), 서열 간의 차이분석 등을 할 수 있다. 서열척도의 평균은 중앙값을 이용한다.

서열척도의 예

1.　①야구, ②축구, ③농구, ④배구, ⑤탁구 중 가장 좋아하는 운동종목을 순서대로 나열해 보시오.
　　1순위(　　), 2순위(　　), 3순위(　　), 4순위(　　), 5순위(　　)

2.　귀하의 월소득은?
　　① 100만원미만　　② 100만원~199만원　　③ 200만원~299만원
　　④ 300만원~399만원　⑤ 400만원이상

3.　논문통계를 공부한 시간은?
　　① 6개월 이하　　② 6개월 ~ 1년　　③ 1-2년
　　④ 2-3년　　⑤ 3년 이상

③ 등간척도(interval scale)

　등간척도는 속성에 대한 순위의 간격을 동일하게 부여한 척도이다. 등간척도는 설문지에서 가장 많이 이용하는 척도이다. 등간척도를 이야기 할 때 흔히 절대영점의 존재유무에 대해서 언급한다. 등간척도에서는 다음에 다룰 비율척도와 달리 절대영점이 존재하지 않지만, 임의적인 원점은 존재한다. 하지만 임의적인 원점만으로 측정치간의 비율계산은 의미가 없다.

　등간척도는 만족도 조사, 의견조사 등 다양한 질문에 활용할 수 있는데 예를 들어, 귀하는 우리 식당 음식의 맛에 만족하셨습니까? 라는 질문에 다음과 같이 등간척도로 물어 볼 수 있다.

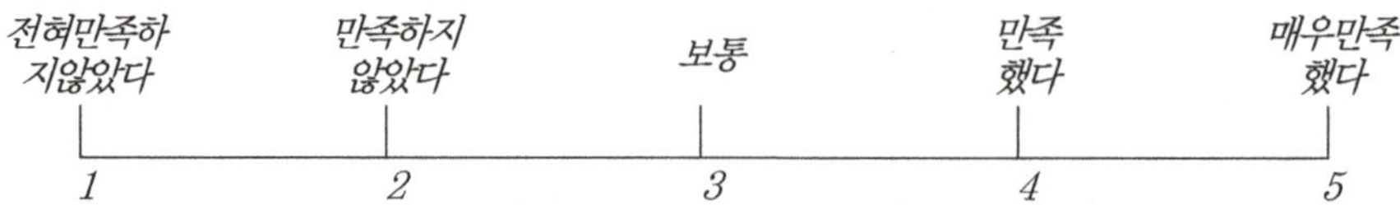

여기서 1~5점까지는 속성에 대한 순위이며, 그 간격은 동일하다. 또한 전혀만족하지않았다를 임의적인 0점으로 부여하고 매우만족했다를 4점으로 측정해도 된다. 하지만 이때 0점은 절대영점이 아니라는 것에 명심해야 한다. 등간척도는 흔히 Likert척도라고도 하며, 5점과 7점 척도를 가장 많이 이용한다.

등간척도로 수집한 자료는 범위의 계산, 산술평균 및 표준편차, 상관계수, 회귀계수 등 다각적인 통계분석 방법을 적용할 수 있다.

등간척도의 예

직장에서 당신이 느끼는 직속상사와의 관계	1 전혀 그렇지 않다	2 ←	3 보통	4 →	5 매우 그렇다
1) 나의 상사는 내가 하고 있는 일에 상당히 만족한다	1	2	3	4	5
2) 나의 상사는 내가 느끼는 직무상의 문제와 욕구에 대해 잘 이해하고 있다.	1	2	3	4	5
3) 나의 상사는 나의 잠재적 가능성을 잘 알고 있다.	1	2	3	4	5
4) 나의 상사는 내가 업무수행 도중 문제가 생기면 그가 가진 모든 권한을 동원하여 나를 도와준다	1	2	3	4	5
5) 나의 상사는 내가 그의 도움을 필요로 할 때 자기 희생을 감수 하더라도 나를 도와준다	1	2	3	4	5
6) 나의 상사는 내가 어떠한 결정을 내리더라도 그것을 옹호해주고 정당화 시켜 줄만큼 나를 신뢰한다.	1	2	3	4	5
7) 나의 상사는 업무수행과 관련하여 나와 생각이 서로 잘 맞는다.	1	2	3	4	5

④ 비율척도(ration scale)

비율척도는 등간척도의 특성에 추가적으로 비율계산이 가능한 척도이다. 비율계산이라 함은 절대영점이 존재한다는 의미이다. 예를 들어, 무게의 경우를 보면 무게가 존재하지 않은 0이 존재한다. 따라서 20kg은 10kg보다 2배 무겁다고 해석할 수 있으므로, 비율척도에서는 비율 계산이 가능하다.

논문에서 비율척도로 수집되는 예는 다양하며, 보통 소득수준, 생산량, 매출액, 광고횟수 등을 들 수 있다. 비율척도로 획득한 데이터는 모든 통계분석이 가능하다는 장점이 있다. 하지만 모든 속성을 비율척도로 적용할 수는 없다. 성별과 같은 속성은 비율척도로 수집이 불가능하고, 정당별 선호도 측정에서는 서열척도로 조사해야 가장 정확한 측정이 될 것이다.

비율척도의 예

1. 귀하의 연령은? _______________ 세

2. 귀 회사에서는 한달에 광고를 몇 회 하십니까? _______________ 회

3. 귀하의 월소득은 얼마입니까? _______________ 원

〈표 11-1〉 척도별 특성 정리

구분	평균	범주	순위	동일한 간격	절대영점
명목척도	최빈값	○	×	×	×
서열척도	중앙값	○	○	×	×
등간척도	산술평균	○	○	○	×
비율척도	산술평균 기하평균 조화평균	○	○	○	○

11.3 척도에 따른 통계분석방법

명목척도와 서열척도를 비연속형 변수 또는 폐쇄형 척도라 하고, 등간척도와 비율척도는 연속형 변수 또는 개방형 척도라 한다. 명목척도 보다는 서열척도가, 서열척도보다는 등간척도가, 등간척도 보다는 비율척도가 다각적인 차원에서 통계분석방법을 적용할 수 있다. 비연속형 변수와 연속형 변수 사이에 적용할 수 있는 통계분석 방법은 매우 큰 차이가 존재한다. 비연속형 변수인 명목척도와 서열척도는 극히 제한적인 분석방법을 적용할 수밖에 없으므로 연구자는 가급적 등간척도 이상의 척도로 조사해야만 여러 통계분석방법을 적용해 볼 수 있다.

〈표 11-2〉 척도별 통계분석방법

분석방법		척도의 형태
빈도분석		명목, 서열, 등간, 비율척도
탐색적 요인분석		등간척도, 비율척도
신뢰도분석		등간척도, 비율척도
상관관계분석		등간척도, 비율척도: 피어슨 상관관계 서열척도: 스피어만 상관관계 명목척도: 파이($\varnothing$)계수

분석방법		독립변수	종속변수
회귀분석	회귀분석	등간척도, 비율척도	등간척도, 비율척도
	더미 회귀분석	명목척도	등간척도, 비율척도
	로지스틱 회귀분석	등간척도, 비율척도	명목척도
평균차이검정	t-test	명목척도, 서열척도	등간척도, 비율척도
	One-Way ANOVA	명목척도, 서열척도	등간척도, 비율척도
교차분석 (카이스퀘어검정)		명목척도, 서열척도	명목척도, 서열척도

<표 11-2>는 척도별 통계분석방법이다. 빈도분석, 탐색적 요인분석, 신뢰도 분석, 상관관계분석은 통계분석 시 독립변수와 종속변수의 구분이 필요 없는 분석이고, 회귀분석, 평균차이검정과 교차분석 등은 독립변수와 종속변수의 투입이 필요한 분석이기 때문에 구분하여 정리하였다.

척도를 이해해야만 정확한 통계분석을 할 수 있는 만큼 연구자는 연구목적을 달성할 수 있는 통계분석을 연구계획 시 설정하고, 분석에 적용할 수 있는 척도로 구성된 데이터를 수집해야 한다. 저자는 연구 초보자들이 선택한 통계분석에 맞지 않는 척도를 가지고 분석하는 경우를 많이 보았다. 이 부분이 논문통계 입문자들에게 가장 빈번히 발생하는 실수인 것 같다. 이러한 실수를 범하지 않기 위해서는 <표 11-2>에 많은 관심을 가져야 한다.

① 빈도분석은 명목, 서열, 등간, 비율척도 모두 사용가능한 분석이다.

② 탐색적 요인분석은 등간척도와 비율척도 등 연속형 변수로 구성된 데이터만 분석이 가능 한다.

③ 신뢰도 분석에 필요한 척도는 등간척도와 비율척도 등 연속형 변수이다.

④ 상관관계 분석은 등간척도와 비율척도 등 연속형 변수 일 때는 피어슨 상관관계분석을 실시하고, 서열척도일 때는 스피어만 상관관계 분석을 실시한다. 명목척도 변수 간 상관관계 분석도 가능한데, 이는 파이($\varnothing$)계수를 이용한다. 하지만 파이계수와 피어슨 상관계수는 동일한 값이 나오므로, 명목척도 간 상관관계 분석 역시 피어슨 상관관계 분석을 이용하면 된다.

⑤ 회귀분석은 어떤 회귀분석을 이용하느냐에 따라 척도의 구성이 달라진다. 먼저, 가장 일반적인 형태의 회귀분석의 경우에는 독립변수와 종속변수 모두 연속형 변수 일 때 가능하다. 더미 회귀분석을 실시할 경우의 척도의 조건은, 독립변수는 명목척도로 구성되어야 하고 종속변수는 등간척도 또는 비율척도로 구성되어야 한다. 로지스틱 회귀분석의 경우에는 독립변수는 등간척도 또는 비율척도 구성되어야 하고, 종속변수는 명목척도로 구성되어야 한다.

⑥ 독립표본 t-test와 일원배치 분산분석(One-way ANOVA)은 독립변수는 명목척도 또는 서열척도이고, 종속변수는 연속형 변수인 등간척도 또는 비율척도로 구성되어야 한다.

⑦ 교차분석(χ^2)은 독립변수와 종속변수 모두 비연속형 변수인 명목척도와 서열척도로 구성되어야 한다.

탐색적 요인분석

　　사회과학 분야에서 연구 주제 대부분은 사회현상을 측정하는 것 일 것이다. 그런데 측정도구가 사회현상을 정확하게 측정할 수 있다면, 오차는 발생하지 않을 것이지만 이것은 단순히 이상적인 생각일 뿐 현실은 그렇지 않다. 조사 시에는 항상 오차가 발생하며, 연구자는 오차를 최소화하기 위한 노력을 기울여야 한다. 특히 사회과학 분야에서는 측정하고자 하는 현상을 정확하고 완벽하게 측정할 수 있는 도구 개발은 사실상 불가능하기 때문에 오차 관리가 절대적으로 중요시 되고 있다.

　　오차가 발생할 수 있는 일반적 상황은 다음과 같다.

① 측정 시점에 따라 오차가 크게 나타날 수 있다. 예를 들어, 측정 당시 응답자의 기분, 피로정도, 환경 등의 영향에 의해 발생할 수 있는 오차에는 영향을 미칠 수 있다.

② 측정도구 자체의 문제점이다. 측정도구 자체가 불완전하여 응답자들마다 조사내용을 다르게 인식하고 해석한다면 그에 따른 오차 역시 크게 나타날 것이다. 연구자는 타당성과 신뢰성이 높은 측정도구를 활용함으로써 이에 대한 문제점을 최소화할 수 있다.

③ 측정이 이루어지는 환경에 의해서도 오차는 크게 나타 날 수 있다. 기차역 또는 공항 등에서 설문조사가 이루어질 경우, 어수선한 주변 분위기와 바쁘게 움직이는 응답자들이 성의 있는 자세로 조사에 임하기에는 쉽지 않을 것이다.

　　오차가 발생할 수 있는 환경은 이 외에도 매우 다양하게 존재하므로, 연구자 항상 오차 관리에 관심을 가져야 한다. 오차는 크게 체계적 오차와 비체계적 오차로 구분된다. 체계적 오차는 측정 결과가 모두 높아지거나 또는 모두 낮아지는 등 일정한 방향으로 나타나는 것을 의미하며, 오차는 일정하거나 또는 한쪽으로 치우쳐 나타난다.

　　비체계적 오차는 무작위로 그 크기와 방향이 변화하며 나타나는 오차이며, 응답자의 측정 당시의 환경적 요인, 측정과정, 측정 수단, 측정하는 사람 등에 의해 일관성 없이 발생한다.

　　체계적 오차는 탐색적 요인분석과 관련되고, 비체계적 오차는 신뢰성 분석과 관련된다.

$$O_m(측정값) = T_s(실제값) + S_e(체계적 오차) + R_e(비체계적오차)$$

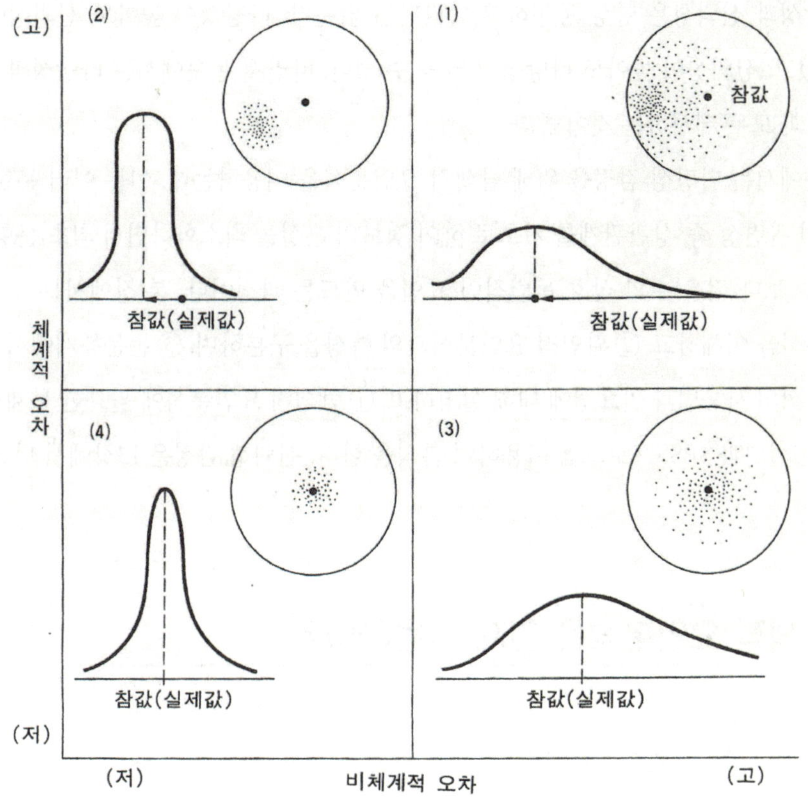

〈그림 12-1〉 타당성과 신뢰성의 이해

<그림 12-1>은 측정값과 확률 분포도를 이용하여 타당성과 신뢰성의 개념을 설명한 것이다.

(1)의 경우에는 측정값들이 참값에서 한 방향으로 일정하게 치우쳐 있다. 이는 체계적 오차가 크다는 것을 의미하고, 또한 측정값의 분산이 넓게 퍼져있어 비체계적 오차 역시 크게 나타난다. 결론적으로 타당성 및 신뢰성 모두 낮다고 할 수 있다.

(2)의 경우에는 측정값들의 분산은 적게 나타나지만 그 방향은 참값으로 한 방향으로 일정하게 치우쳐 있는 형태이다. 즉, 분산이 적게 나타나므로 신뢰성은 높고 타당성은 낮다고 할 수 있다.

(3)은 측정값들이 참값을 중심으로 분포되고 있어 타당성은 높지만, 그 분산들은 넓게 퍼져있어 신뢰성은 낮다.

(4)는 측정값들이 참값을 중심으로 잘 분포되어 있어 타당성은 높고, 그 분산 역시 넓게 퍼져있지 않은 형태이므로 신뢰성도 높은 이상적인 형태의 측정값이라 할 수 있다.

타당성과 신뢰성은 항상 동일하게 나타나지 않는다. 타당성이 높아도 신뢰성이 낮을 수도 있고, 신뢰성이 높아도 타당성이 낮을 수 있다. 따라서 논문에서는 타당성과 신뢰성 분석결과 모두 제시하는 것이 좋다.

논문에서는 타당성 검정을 위해 탐색적 요인분석을 이용하는데, 이는 여러 문항(변수)들 간의 관련성 즉, 상관관계를 기초로 하여 정보의 손실을 최소화하면서 최초 문항(변수)의 개수 보다 적은 수의 상호 독립적인 요인을 만드는 과정이다. 본 장에서는 ① 탐색적 요인분석을 이해하고, ② 확인적 요인분석과의 특성을 구분하며, ③ 논문통계에서 탐색적 요인분석의 사용법과 필요성에 대해 설명하고, ④ 탐색적 요인분석에 필요한 통계적 지식에 대한 설명과 SPSS프로그램 이용하여 분석을 한다. 신뢰성 검정은 13장에서 다룬다.

12.1 탐색적 요인분석은 언제 사용하나?

12.1.1 탐색적 요인분석이란?

탐색적 요인분석(Explore Factor Analysis)을 예를 들어 설명하면 다음과 같다. 어떤 회사에서 신입사원 채용을 위해 <표 12-1>과 같이 9가지 평가내용을 설정하고 채용을 할려고 한다. 그런데 지원자가 많아 인사 담당자가 9개 평가내용을 하나하나를 확인하고 점수를 비교하는 것이 복잡해지자 9개 평가내용 중 서로 간에 관련성이 있는 것들끼리 묶어 정보를 단순화 하고자 하였다. 이때 탐색적 요인분석을 사용할 수 있다. 분석결과 옷차림, 헤어스타일, 신장 은 외모로 이름을 명명하였고, 학력, 상식능력, 발표능력은 지적능력으로, 업무 성실성, 업무 이해력, 업무 추진능력은 업무능력으로 이름을 명명하였다. 인사 담당자는 탐색적 요인분석 이전에는 9개 정보를 비교하던 것을 이제부터는 3개 항목을 가지고 비교 분석하면 된다. 인사담당자 입장에서는 아주 희소식이 될 것이다.

〈표 12-1〉 탐색적 요인분석의 예

내용	점수		요인명	내용	점수
옷차림				옷차림	
헤어스타일			외모	헤어스타일	
신장				신장	
학력				학력	
상식능력			지적 능력	상식능력	
발표능력				발표능력	
업무 성실성				업무 성실성	
업무 이해력			업무 능력	업무 이해력	
업무 추진능력				업무 추진능력	

탐색적 요인분석은 여러 변수(문항)들 사이의 관련성을 기초로 하여 정보의 손실을 최소화하면서 변수의 개수보다 적은 수의 요인으로 자료 변동을 설명하는 다변량 분석기법 중 하나이다. 위 예에서는 이해의 편의를 위해 9개 항목으로 예를 들었지만, 만약 어떤 회사에서 구성원들의 직무만족도를 측정할 때 50개 문항을 사용하였다면, 50개 문항 모두를 가지고 직무만족도를 측정하는 것도 보다 요인분석 이후 공통의 성격을 가진 요인으로 구분하여 직무만족도를 측정하는 것이 더욱 효율적일 것이다.

탐색적 요인분석은 문항 간 상관관계가 높은 것끼리 동질적인 몇 개의 요인으로 만드는 것이기 때문에 다음과 같은 상황에서 일반적으로 사용한다.

① 자료의 양이 많아 정보의 요약이 필요한 경우. 탐색적 요인분석을 통해 여러 개의 문항(변수)들을 동질적인 몇 개의 요인으로 묶어서 문항들내에 존재하는 상호 독립적인 차원을 발견한다.

② 문항(변수)들 내에 존재하는 어떤 구조를 발견하려는 경우. 관련된 문항들이 묶여져 요인을 이루게 되는데, 이들 요인들은 서로 상호 독립적인 특성을 가지게 된다. 따라서 문항(변수)들의 특성을 밝히는데 탐색적 요인분석을 사용한다.

③ 요인으로 묶여지지 않는 중요도가 낮은 문항(변수)을 제거하려는 경우. 탐색적 요인분석을 통해 요인에 포함되지 않거나, 포함되더라도 설명력이 낮은 문항(변수)을 찾을 수 있으므로 불필요한 문항을 제거하는데 용이하다.

④ 논문에서 동일한 개념을 측정하는 변수들이 실제 같은 요인으로 묶여지는지를 확

인하려는 경우. 이미 개발된 측정도구를 이용하여 연구를 하는 경우, 해당 측정도구가 실제로 원척도와 동일하게 변수들의 특성이 구분되는지를 파악할 때 탐색적 요인분석을 이용한다. 논문에서는 이를 측정도구의 타당성 검정이라 한다.

⑤ 논문에서 요인분석을 통해 얻어진 정보를 가지고 추후분석(회귀분석, 상관분석, 판별분석 등)에 활용하려는 경우. 회귀분석이나 상관분석, 판별분석 등을 하는 경우 변수들의 수가 많으면 분석이 상당히 복잡해진다. 따라서 많은 수의 초기 변수들을 몇 개의 새로운 변수로 줄이면서도 원래의 정보를 최소화할 수 있도록 해주는 것이 탐색적 요인분석이다.

12.1.2 탐색적 요인분석과 확인적 요인분석

요인분석은 일반적으로 탐색적 요인분석(Explore Factor Analysis)과 확인적 요인분석(Confirmatory Factor Analysis)으로 구분할 수 있다. 탐색적 요인분석은 SPSS 프로그램에 의해 분석되는 통계기법이고, 확인적 요인분석은 AMOS 프로그램에 의해 분석되는 통계기법이다.

탐색적 요인분석은 이론이 정립되지 않은 문항들을 가지고 분석을 하기 때문에 요인에 대한 통제를 할 수 없을 뿐만 아니라 요인의 수가 몇 개인지, 어떤 문항들이 한 요인들로 묶이는지 등 요인에 대한 정보가 전혀 없다. 그렇기 때문에 새로운 측정도구의 개발처럼 연구문제(또는 가설)을 설정하기에 확실한 증거가 없을 때 사용하는 통계기법이다.

반면, 확인적 요인분석의 경우에는 탐색적 요인분석과 달리 선행연구자에 의해 측정하고자 하는 변수가 이미 개발되어 있기 때문에, 이에 대한 충분한 정보가 있을 때 사용하는 통계 기법이다.

예를 들면, <표 12-1>에서 최초 9개 문항에 대한 사전 정보(이론)가 전혀 없을 때에는 탐색적 요인분석을 하는데, 그 결과는 어떻게 요인이 구성되는지, 요인의 수가 몇 개인지 등 전혀 알 수 없다. 이러한 상황 속에서 탐색적 요인분석을 하여 외모(옷차림, 헤어스타일, 신장), 지적능력(학력, 상식능력, 발표능력), 업무능력(업무 성실성, 업무 이해력, 업무 추진능력) 등 3개의 요인으로 구분 되었고, 요인이름도 연구자가 명명하게 된다. 그런데 선행연구자에 의해 신입사원 채용조건 측정도구가 이미 개발이 되어 있다면 탐색적 요인분석이 아니라 확인적 요인분석을 하면 된다. 왜냐하면 분석하고자 하는 9개 문항에 대한 사전정보는 3개 요인으로 구분되어 있고, 각각의 요인별 구성문항들이 이미 설정되어 있기 때문이다.

탐색적 요인분석과 확인적 요인분석의 형태를 비교한 <그림 12-2>에서 보는 바와 같이 탐색적 요인분석은 어떤 요인에 어떤 문항들이 묶이는지를 분석 전까지 알 수 없지만, 확인적 요인분석은 이미 개발되어진 이론을 근거로 변수들을 지정해 놓고 분석을 한다는 것을 알 수 있다.

지금까지 설명한 탐색적 요인분석과 확인적 요인분석의 특성을 요약하면, 탐색적 요인분석은 SPSS 프로그램을 이용하고, 확인적 요인분석은 AMOS 프로그램을 이용한다. 또한 요인의 특성으로는 탐색적 요인분석은 분석 전까지 요인의 수를 모르기 때문에 어떤 항목이 어떤 요인에 묶이는 알 수 없다. 반면 확인적 요인분석은 분석 전에 요인의 수가 이미 지정되어 있으므로 어떤 항목이 어떤 요인이 속하는지가 정해져 있다. 이러한 특성들을 잘 참조하여 논문통계 분석에 활용하면 된다.

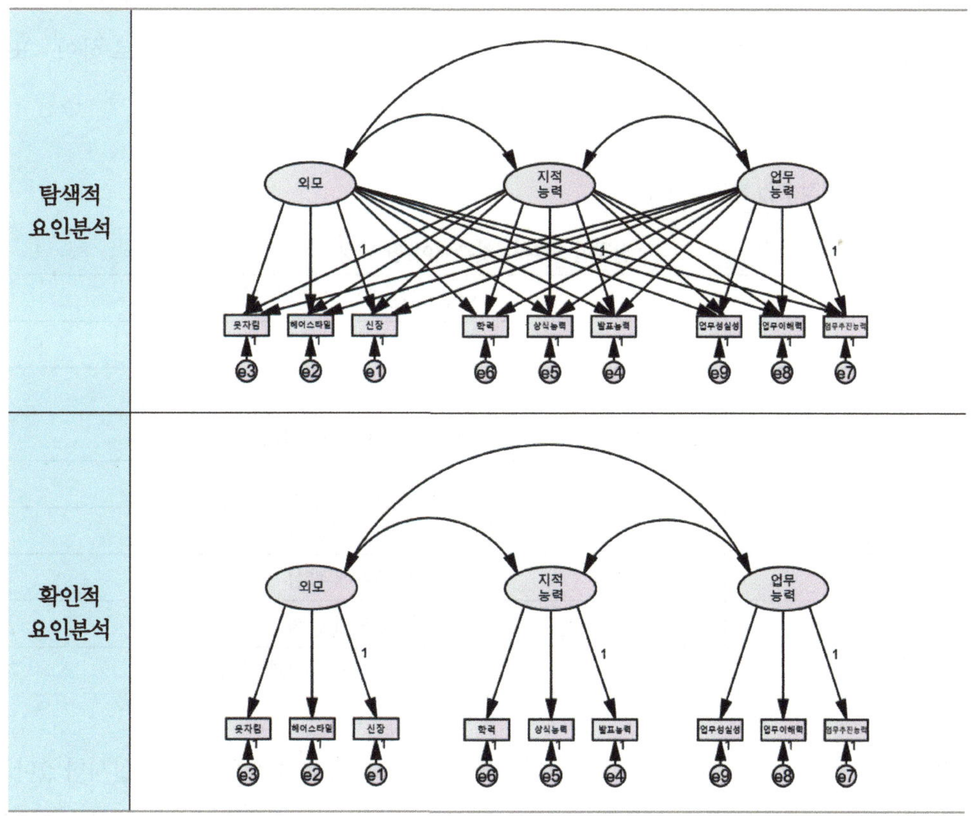

<그림 12-2> 탐색적 요인분석과 확인적 요인분석의 비교

12.1.3 논문에서의 탐색적 요인분석의 의미

논문에서는 탐색적 요인분석을 언제, 왜 사용하는 것일까? 이 질문에 대한 답은 그리 간단한 문제가 아니다. 학자별로 이견이 존재하고, 전공에 따라 탐색적 요인분석을 사용하기도 하고 사용하지 않는 경우도 있기 때문이다. 이러한 점을 감안해서 본 저서에서는 존재할 수 있는 이견들을 최소화할 수 있는 정도에서 설명을 하겠다.

먼저, 탐색적 요인분석은 논문에서 왜 사용하는가? 라는 질문에 답을 하면 이렇다.

크게 두 가지 경우에서 탐색적 요인분석을 이용하게 된다. ①측정도구를 새롭게 개발할 때와 ②이미 개발되어진 측정도구가 연구자가 수집한 표본에서도 타당성이 확보되는지를 검토할 때 사용한다. 좀 더 구체적으로 살펴보면 다음과 같다.

첫째, 새로운 측정도구를 개발할 때 탐색적 요인분석을 이용한다. 즉, 탐색적 요인분석은 새롭게 개발할 측정도구의 문항들 중 상관관계가 높은 문항들끼리 하나의 하위요인으로 묶을 경우에 이용한다는 것이다. 예를 들어, 어떤 조사자가 진정한 리더가 갖추어야 할 요인을 알아보기 위해 관련 이론과 연구자의 경험, 전문가 의견조사를 바탕으로 하여 <표 12-2>와 같이 9개의 문항들을 도출하였다고 가정해 보자.

〈표 12-2〉 탐색적 요인 분석의 이해

	진정한 리더가 갖추어야 할 내용
1	어떤 문제에 따른 결단력
2	어떤 문제에 대한 해결력
3	비전을 제시하는 능력
4	어떤 문제에 대한 책임성
5	직원 편의시설에 관심
6	빠른 미래변화에 대한 대처능력
7	직원 급여에 관심
8	직원 승진에 관심
9	미래에 대한 풍부한 지식과 경험

위의 내용을 가지고 설문조사 후 데이터를 수집하고, 탐색적 요인분석을 실시하였다. 그 결과 <표 12-3>과 같이 나타났다고 가정하자. 즉, 조사자는 리더가 갖추어야 할 요인으로 크게 세 가지로 분류할 수 있었다. 1) 어떤 문제에 대한 결단력, 어떤 문제에 대한 해결

력, 어떤 문제에 대한 책임성 등을 포함한 요인으로 문제해결력으로 명명하였다. 2) 직원 편의시설에 관심, 직원 급여에 관심, 직원 승진에 관심 등을 포함한 요인으로 직원 관심도라 명명하였다. 3) 비전을 제시하는 능력, 빠른 미래변화에 대한 대처능력, 미래에 대한 풍부한 지식과 경험 등의 내용을 포함한 요인으로 비전제시능력이라 명명하였다.

〈표 12–3〉 탐색적 요인 분석의 이해

진정한 리더가 갖추어야 할 내용		
요인1	문제 해결력	어떤 문제에 따른 결단력
		어떤 문제에 대한 해결력
		어떤 문제에 대한 책임성
요인2	직원 관심도	직원 편의시설에 관심
		직원 급여에 관심
		직원 승진에 관심
요인3	비전 제시 능력	비전을 제시하는 능력
		빠른 미래변화에 대한 대처능력
		미래에 대한 풍부한 지식과 경험

여기에서 알 수 있듯이 탐색적 요인분석은 분석하기 전까지 몇 개의 구성요인으로 분류가 되는지를 알 수가 없을 뿐만 아니라 어떠한 문항들끼리 묶이는 지도 알 수가 없다. 따라서 분석 이후에 연구자는 추출된 요인에 적합한 이름을 정하고 해석을 하면 된다. 결론적으로, 새로운 측정도구를 개발할 때 연구자가 이론과 연구자의 경험, 전문가 의견조사 등을 통해 추출한 전체 내용들의 구조적 특성을 파악할 때 탐색적 요인분석을 사용한다.

둘째, 탐색적 요인분석은 이미 개발되어진 측정도구를 연구자가 수집한 표본에 의해 잘 적용되는지를 검토할 때 사용한다. 예를 들어, 앞에서 언급한 진정한 리더가 갖추어야 할 요인이 선행연구자에 의해 개발되어진 측정도구이고 이를 인용하여 연구한다고 가정해보자. 사실 대부분의 논문에서는 이미 개발된 측정도구를 인용하는 것이 보편적이다. 연구자는 선행연구자에 의해 개발된 "진정한 리더가 갖추어야 할 요인" 9개 항목을 설문지 작성하고, 연구자가 선정한 표본에 의해 조사를 한 후 데이터화하여 분석을 실시할 것이다.

그런데 요인분석 결과 <표 12-4>와 같은 결과가 나타났다고 가정하자. "비전을 제시하는 능력" 문항은 원척도에서는 비전제시능력에 포함되어야 할 문항이지만, 나의 연구의 표본에서는 문제해결력을 설명하는 내용으로 잘못 포함되었다. 그렇다면 잘못 적재된 이 문항은 삭제를 해야 된다. 측정도구가 원척도와 다르게 분석이 되었을 경우에는 원척도와 동일한 구성이 될 수 있도록 삭제와 분석을 반복적으로 실시해야 한다.

뿐만 아니라 각 항목들의 설명력(요인적재량:factor analysis)도 검토해야 한다. 만약 어떤 항목의 설명력이 기준값보다 낮게 나왔다면, 해당 문항은 오차가 커서 타당성을 저해할 가능성이 큰 문항이므로 이 문항 역시 삭제를 해야 한다.

〈표 12-4〉 탐색적 요인 분석의 이해

진정한 리더가 갖추어야 할 내용	
요인1 (문제해결력)	어떤 문제에 따른 결단력
	어떤 문제에 대한 해결력
	어떤 문제에 대한 책임성
	비전을 제시하는 능력
요인2 (직원관심도)	직원 편의시설에 관심
	직원 급여에 관심
	직원 승진에 관심
요인3 (비전제시능력)	빠른 미래변화에 대한 대처능력
	미래에 대한 풍부한 지식과 경험

논문에서 탐색적 요인분석(EFA)의 필요성

실제 논문통계에서 사용하는 탐색적 요인분석은 측정도구 개발을 제외하면, 이미 개발되어진 측정도구를 연구자가 수집한 표본에 의해 잘 적용되는지를 검토할 때 사용한다. 의미상으로 보았을 때, 탐색적 요인분석이 아니라 확인적 요인분석에 가까울 수도 있다는 생각이 든다. 그래서 몇몇 학자들은 이러한 경우 확인적 요인분석의 성격을 가진 탐색적 요인분석이라고 표현하기도 한다. 물론 저자 역시 이러한 의견에 전적으로 동의한다.

또한 개발된 측정도구를 인용하여 사용할 경우, 해당 측정도구의 타당성은 선행연구자(측정도구 개발자)에 의해 확보된 것이므로 후속연구자들은 탐색적 요인분석을 할 필요가 없다고 주장하는 교수들도 존재한다. 그런데 이 부분에서 저자는 다른 입장을 고수하고 있다. 왜냐하면 논문작성 시 조사의 거의 대부분은 연구자가 수집한 표본에 의해서 모집단을 추정하는 방식으로 이루어지는 만큼 수집한 표본에서 인용할 측정도구의 타당성이 무조건 확보되었다고 보기 힘들기 때문이다. 논문에서 탐색적 요인분석이 필요없다고 주장하는 교수들은 표본연구의 특성을 잘못 이해했거나, 논문통계를 잘 모르는 일부 교수들의 주장이라는 것이 저자의 입장이다.

12.2   탐색적 요인분석 시 알아야 할 통계 이론

12.2.1 Bartlett의 구형성 검정

탐색적 요인분석은 변수들 간의 관련성이 높은 것 끼리 묶어주는 분석이기 때문에 상관계수를 살펴보아야 한다. 만약 모든 변수간의 상관계수가 전체적으로 낮으면 탐색적 요인분석에 적합하지 않은 것으로 본다. 그러나 어떤 변수들 간에는 높은 관련성을 어떤 변수들 간에는 낮은 관련성을 보인다면 탐색적 요인분석으로 적합하다고 생각하면 된다. 모든 변수들이 통계적 유의수준하에서 관련성이 없는 것이 나온다면 이를 단위행렬이라 한다. 즉, 단위행렬은 행렬에서 대각선이 1이고 나머지는 모두 0인 행렬을 의미한다. 만약 연구자가 수집한 데이터가 단위행렬이라면 탐색적 요인분석은 의미가 없게 된다.

연구에서 사용하는 데이터가 단위행렬인지 아닌지를 파악하기 위하여 Bartlett의 검정을 이용한다. Bartlett의 검정은 유의확률을 이용하여 파악하는데, 귀무가설은 "모상관행렬은 단위행렬이다"이며, 이를 기각시켜야 탐색적 요인분석으로 적합한 데이터가 된다.

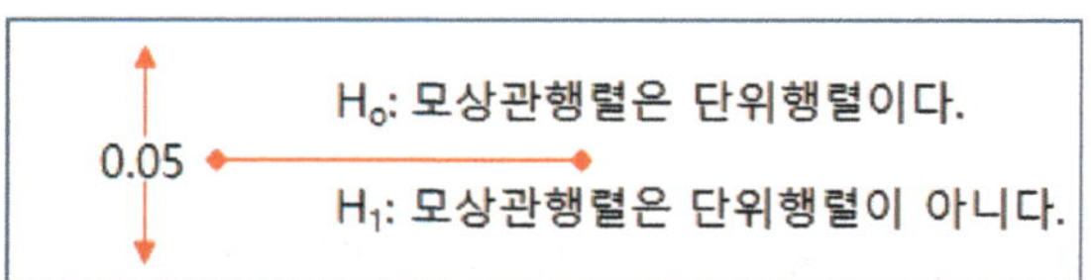

12.2.2 요인추출방법의 결정

요인추출의 목적은 요인의 수를 결정하는 것이며, 어떠한 추출방법으로 요인의 수를 결정할 것인가를 선택해야 한다. 요인추출 방법에는 여러 가지가 있으며, 일반적으로 주성분분석(Principle Component Analysis:PCA)을 많이 사용한다. 이외에도 최대우도법(Maximum Likelihood:ML), 일반최소제곱법(Generalized Least Square: GLS), 주요인분석(Principle factor analysis) 등이 있다.

이들 분석의 가장 큰 차이점은 측정결과 얻어진 자료에 나타난 분산구성요소 중 어떠한 분산을 분석의 기초로 활용하는가이다. 분산의 종류에는 다른 변수들과 함께 변화하는 공분산(Common variance), 변수자체에 의해서 일어나는 고유분산(Specific variance), 외생변수나 측정오류에 의해 발생하는 오차분산(Error variance) 등이 있다. 총분산이라 함은 "공분산+고유분산+오차분산"을 모두 포함하는 의미이다.

주성분분석은 정보의 손실을 최대한으로 줄이면서 수많은 변수들을 가능한 적은 수의 요인으로 줄이는데 목적이 있다. 자료의 분산 중에 공분산, 고유분산, 오차분산을 모두 분석에 이용한다. 공통요인분석(최대우도법)은 변수들 간에 존재하는 구조를 파악하는데 목적이 있으며, 분산 중에서 공분산만을 이용한다. 따라서 공통분산의 비중이 크고 오차분산이나 고유분산이 적을 때는 공통요인분석을 이용하는 것이 적절하고, 오차분산이나 고유분산이 크거나 또는 분산에 대한 정보가 없을 때는 주성분분석을 이용하는 것이 적절하다.

구분	주성분분석	공통요인분석(최대우도법)
목적	정보의 손실을 최소화 하면서 가능한 한 적은 수의 요인으로 줄임	변수들 간에 존재하는 구조를 파악
차이점	공분산, 고유분산, 오차분산 모두 활용	공분산만 이용
사용 기준	오차분산 또는 고유분산이 크거나, 이에 대한 정보가 없을 때 사용	공분산의 비중이 크고 오차분산이나 고유분산이 적을 때 사용

주성분분석과 공통요인분석, 어느 것을 선택해야 하나?

탐색적 요인분석 시 주성분분석과 공통요인분석 중 어느 방법으로 요인추출을 할 것인가를 결정해야 한다. 그런데 사실상 대부분의 연구자들은 이에 대해서 고민하지 않는다. 왜냐하면 대부분의 선행 논문에서 주성분분석을 활용하여 논문통계 분석을 했을 뿐만 아니라 SPSS 프로그램에서도 추출방법이 주성분분석으로 기본 설정되어 있어 별 다른 의심 없이 이용해 왔기 때문이다. 그런데 어떤 학자들은 주성분분석은 적절하지 않은 분석방법이며, 공통요인분석을 이용해야 한다고 주장하기도 한다.

비록 주성분분석과 공통요인분석 무엇을 사용할 것인가에 대한 논란은 여전히 존재하지만, 저자의 생각을 간단하게 정리하면 다음과 같다. 일반적으로 논문에서의 탐색적 요인분석의 성격은 "확인적 요인분석의 성격을 가진 탐색적 요인분석"이라는 데에 저자는 동의한다고 앞에서 언급하였다. 그렇듯이 논문에서 탐색적 요인분석은 변수(문항)들 간에 존재하는 구조를 파악하기 보다는 이미 알고 있는 구조를 재확인 하는 차원에 가깝다고 할 수 있고, 분석 전에 분산에 대한 정보가 없는 경우가 대부분이기 때문에 주성분분석이 더 적절한 방법일 수 있을 것이다. 반면, 새로운 측정도구를 개발할 때 사용하는 탐색적 요인분석은 변수들 간에 존재하는 구조를 파악하는 것이 목적이므로, 공통요인분석이 더 적절한 방법이 될 수 있을 것이다. 이것이 저자의 입장이다.

　　물론 이에 대한 논란이 있다는 것도 저자도 인정한다. 하지만 생각해보자. 아주 오래전부터 관습적으로 또는 필요에 의해서 주성분분석을 사용해서 분석한 헤아릴 수 없는 학위/학술 논문 모두가 잘못된 분석방법을 이용하여 분석하였다고 결론 내릴 수는 없지 않겠는가? 독자들도 한번 검토해보자. 탐색적 요인분석을 사용한 선행연구 대부분은 주성분분석으로 이루어졌다는 것을 알 수 있을 것이다. 어찌되었든, 본서에서는 주성분분석과 공통요인분석의 결과를 모두 비교하여 제시할 것이다.

12.2.3 요인의 회전방식

　　연구에서 사용하는 문항들이 여러 요인들에 대해 유사한 요인적재량을 보일 경우, 문항들이 어느 요인에 포함되는지를 구분하기 힘들다. 따라서 문항들의 요인적재량이 어느 특정요인에 높게 나타나도록 만들어 주어야 한다. 그 방법은 요인의 회전이다.

　　요인의 회전에 의해 분석결과는 알기 쉬워지는데, 그 이유는 본래의 각 문항들이 가능한 한 적은 수의 요인하고만 관련이 되도록 자동적으로 계산해주기 때문이다. 이러한 요인의 회전 방식에는 크게 두 가지로 구분할 수 있다. 직각회전과 사각회전이다.

　　요인 회전에 대한 자세한 계산방법은 선형 대수적인 설명이 필요하므로, 본서에서는 다루지 않을 것이다(사실 논문통계에서는 필요하지도 않다). 여기서 요인의 회전이 무엇인지 그림을 통해서 간단히 설명하겠다.

　　<그림 12-3>는 스포츠 5개 종목에 대해 두 가지 요인으로 파악할 때 가로는 제 1요인, 세로는 제 2요인과의 상관성의 강도를 표시한 것이다. 그림을 보면 제 1요인은 5개 종목 모두와 상관이 있는 것으로 해석이 되고, 제 2요인의 경우에는 야구, 축구, 농구는 정(+)의 상관, 유도와 태권도는 부(−)의 상관으로 나타난다. 그런데 스포츠 5개 종목이 두 요인에 중복적으로 상관하는 변수들이 많아 결국에는 5개 종목이 2개 요인으로 구분할 수가 없다는 것을 알 수 있다.

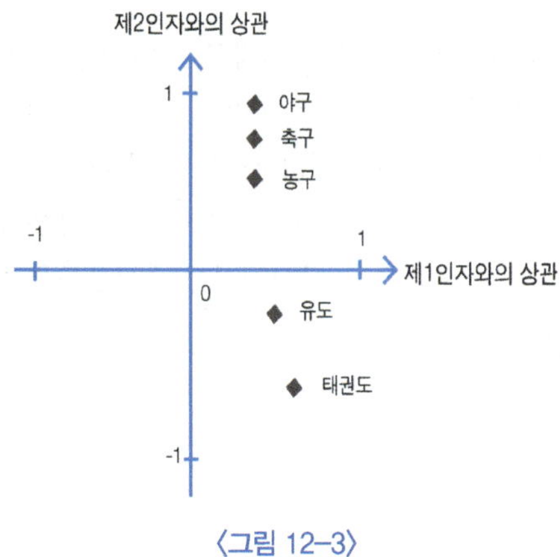

〈그림 12–3〉

　　여기서 요인의 회전이란 0을 중심으로 가로축과 세로축을 회전시키는 것을 의미한다. 〈그림 12-4〉은 0을 중심으로 직각으로 회전시킨 그림이다. 회전 시킨 이후에는 제 1요인은 유도와 태권도를 잘 설명하고, 제 2요인은 야구, 축구, 농구를 잘 설명하는 것으로 나타난다. 제 1요인은 격투기 종목이고, 제 2요인은 구기종목이라는 것을 쉽게 알 수 있다.

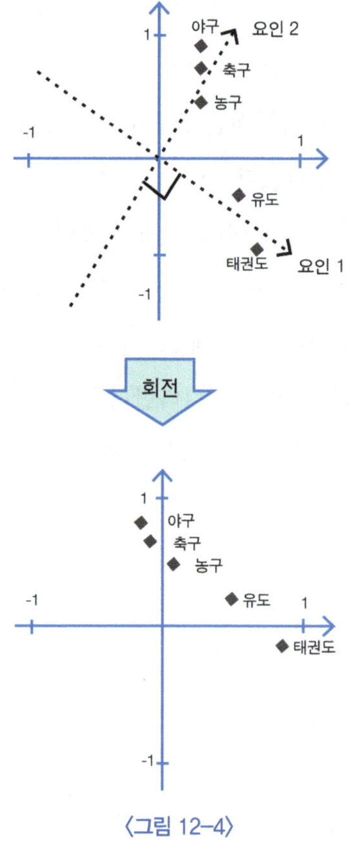

〈그림 12–4〉

① 직각회전

직각회전은 요인 축이 서로 직각을 이루도록 하여 요인을 추출하는 것이다. 그러므로 각 요인은 다른 요인들과의 상호 독립적이며, 상관관계는 '0'가 된다. 직각회전 방법에는 쿼터맥스(quartimax), 베리맥스(varimax), 이퀴맥스(equamax) 등이 있으며 가장 보편적으로 사용하는 방법은 베리맥스 회전법이다.

직각회전은 항상 요인간의 독립성이 유지되기 때문에 요인을 해석하는 것이 쉬운 반면, 실제 요인 간에는 상관이 존재하지만 상관을 없는 것으로 간주하고 분석한다는 점에서 비현실적이라는 비판이 있다.

직각회전을 사용하는 사람들은 논문에서 탐색적 요인분석 이후에 사용할 다중회귀분석 등에서 다중공선성이 발생하지 않기 위해서 사용하는 경우가 많다.

② 사각회전

사각회전은 요인 간에 상관관계를 인정하는 분석방법이다. 실제 사회현상을 연구하는 학문에서는 변수들 간에 완전히 독립적인 요인이 존재하는 경우가 매우 드물기 때문에 직각회전보다 사각회전이 더 유용한 회전 기법이 될 수 있다. 사각회전 방법에는 오블리민(Oblimin), 프로맥스(Promax) 방법이 있으며, 논문작성 시에는 오블리민 방식이 더 많이 선호된다.

사각회전은 안정적인 이론이 있을 때 주로 사용하는데 예를 들어, 요인분석 결과로 몇 개의 요인이 나타나고 어떤 변수가 어떤 요인에 적재될 것인지를 예측할 수 있다면, 직각의 회전축을 유지하지 않고서도 주어진 변수들을 명확하게 특정 요인에 반영할 수 있기 때문에 사각회전을 이용하는 것이다. 하지만 2차 분석을 위해 요인점수를 이용하고자 한다면 직각회전방법을 사용하여 요인점수들 간의 높은 상관을 사전에 예방할 수 있을 것이다.

논문에서 직각회전보다 사각회전을 사용할 것을 주장하는 학자들은 본래부터 현실에 존재하는 요인이 "서로 간에 상관이 없다"라는 가정은 너무 비현실적이라는 점을 강조한다.

사각회전을 그림을 표현하면 <그림 12-5>와 같이 나타난다.

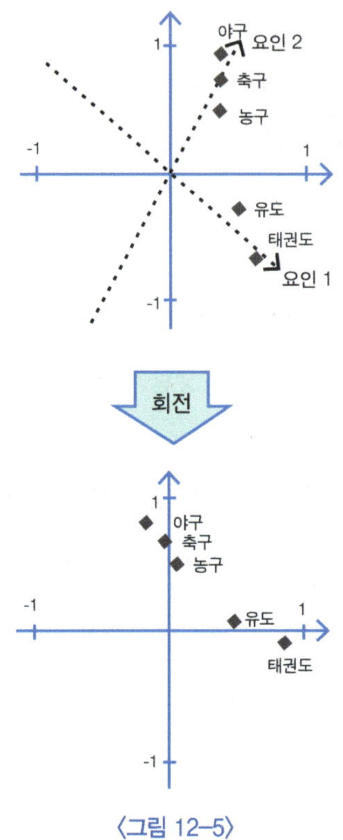

〈그림 12-5〉

직각회전과 사각회전, 어느 것을 선택해야 하나?

앞에서는 주성분분석과 공통요인분석에 대한 학자들의 이견(異見)에 대해 언급하였고, 여기서는 직각회전의 베리맥스(varimax) 회전법이냐 사각회전의 오블리민(Oblimin)방식이냐를 놓고 대립각을 세우는 학자들에 대해 언급한다.

실제 대다수의 학위/학술논문에서는 그냥 관습적으로 직각회전방법인 베리맥스(varimax) 회전법으로 분석을 한 것이 사실이다. 아마도 다중공선성과 같은 통계적 오류의 발생가능성을 줄이기 위해 관습적으로 이어진 모습이 아닐까 조심스럽게 생각해본다. 물론 일부 학자들은 논문 심사 시에 직각회전 방법은 잘못된 방법이고 사각회전방법으로 사용해야 한다고 강력하게 주장을 하고 있지만, 좀처럼 사각회전 방법으로 쓴 논문은 직각회전 방법에 비해 상대적으로 쉽게 발견하지 못한다. 어느 것이 맞는 방법일까? 저자는 둘 다 맞다고 본다. 단지 어느 것에 더 중요한 시각을 가지는 가의 차이라고 본다.

요인분석 이후 추후분석의 용이성에 시각을 둔다면 베리맥스 회전법, 이론적으로 요인들 간에는 상관이 반드시 존재해야 한다는데 사로잡혀 도저히 다른 사람의 의견을 수용할 수 없을 때는 사각회전 방법을 쓰면 된다.

　　이왕이면 논문 심사 시에 "직각회전 방법은 잘못된 방법이고, 사각회전 방법으로 다시 분석하시오!!"라는 표현보다 "직각회전 방법도 아주 유용한 방법이지만, 사각회전 방법이라는 것도 있으니 서로 간에 분석결과 비교해 보는 것이 어떻겠습니까?^^" 이렇게 말해보는 것은 어떨까?
　　결론적으로 직각회전이냐 사각회전이냐의 논쟁은 시각의 차이이지, 옳고 그름의 차이가 아니라는 것이 저자의 생각이다.

12.2.4 요인적재량(factor loading)

　　요인적재량은 각각의 문항들과 요인 간의 상관관계이며, 요인적재량이 클수록 그 요인을 잘 측정하는 문항이라고 할 수 있다. 요인적재량 크기에 대한 일반적인 기준은 보통 ±0.4이상이면 유의하다고 보지만, 논문에서는 ±0.5이상을 기준하는 경우가 많다.

　　논문에서 어떠한 문항이 어떤 요인에 속했지만, 요인적재량이 최소 0.4이상은 되어야 하며, 만약 0.4미만의 수치로 나타났다면 변수의 타당성 확보 차원에서 해당 문항 은 삭제하는 것이 바람직하다.

12.2.5 공통성(communality)

　　요인적재량이 요인에 대한 각 문항들의 가중치라면, 추출된 요인들에 의해 설명되는 각 문항들의 변량비율을 공통성이라 한다. 공통성은 각 문항에 대한 모든 요인적재량을 제곱하여 합한 것이 되고, 이는 추출된 요인들에 의해 설명되는 특정 문항의 변량이라고 할 수 있다. 구체적인 공통성의 계산식은 탐색적 요인분석의 실행에서 다룬다.

12.2.6 고유값(eigenvalue) 및 분산설명력

　　고유값은 요인에 대한 설명력을 의미한다. 즉, 고유값이 크다는 것은 해당 요인의 설명력이 높다는 것을 의미한다. 고유값의 계산식은 어떤 요인에 부하된 모든 문항의 요인적재량을 제곱하여 합한 값이다. 고유값을 해당 요인의 문항의 수로 나누어주면 분산설명력이 된다.

　　고유값이 1.0보다 작으면 해당 요인은 한 문항도 설명하지 못하는 요인이기 때문에 고유값의 기준은 1.0으로 한다(SPSS에서는 기본 설정으로 되어 있다).

고유값과 분산설명력의 계산식은 탐색적 요인분석의 실행에서 다룬다.

12.3 탐색적 요인분석의 실행[논문통계의 이해와 적용]

12.3.1 예제 데이터 소개

다음은 직장인들이 지각할 수 있는 조직공정성의 정도를 조사하기 위해 개발된 설문내용이다.

①전혀그렇지않다 ②그렇지않다 ③보통 ④그렇다 ⑤매우그렇다

구분		내 용	①	②	③	④	⑤
분배 공정	1	내가 쌓아 온 경험의 양에 비추어 볼 때, 내가 근무 하는 직장은 나에게 공정한 보상을 해 준다.					
	2	내가 업무에 기울인 노력의 양에 비추어 볼 때, 내가 근무 하는 직장은 나에게 공정한 보상을 해 준다.					
	3	내가 맡은 업무에서 받는 스트레스나 긴장에 비추어 볼 때, 직장에서는 나에게 공정한 보상을 해 준다.					
절차 공정	4	내가 근무하는 직장의 각종 의사결정은 편협 됨이 없이 공정하게 이루어진다.					
	5	내가 근무하는 직장은 의사결정에 앞서 모든 직원들에게 의견을 충분히 수렴 한다.					
	6	나의 상사는 직무관련 의사결정을 분명히 하기 위해 다양하게 자료를 수집 한다.					
	7	모든 직무관련 의사결정은 관련 직원들에게 일관 되게 적용 된다.					
	8	직장에서 직무 관련 의사결정에 대해 옳지 못하다고 직원들이 느낀다면 이의를 제기 할 수 있다.					
상호 작용 공정	9	나의 상사는 나의 의견을 존중 한다.					
	10	나의 상사는 나를 친절하고 인격적으로 대우 해 준다.					
	11	나의 상사는 피고용인으로서의 나의 권리를 존중해 준다.					
	12	나의 상사는 솔직한 자세로 나를 대한다.					

12.3.2 분석방법 및 절차

본 저서에서는 두 가지 분석방법을 이용하여 분석결과를 도출할 것이다.

1번 방법: 요인추출방법은 주성분분석, 요인의 회전은 직각회전(베리맥스 회전법)을 이용.
2번 방법: 요인추출방법은 최대우도, 요인의 회전은 사각회전(직접 오블리민 회전법)을 이용.

앞에서 요인추출방법과 요인회전 방법은 옳고 그름의 문제가 아니라는 저자의 생각을 밝혔다. 여기서 두 가지 분석방법에 따른 결과를 비교하는 것은 어떤 분석방법이 더 적절한가를 밝히려는 것은 아니며, 일부 독자들이 요인분석 시 주성분분석, 베리맥스 회전법을 선택하던 전통적 분석방법에서 탈피하여 요인분석에 대한 시야를 넓히려는 의도이다. 이 부분 오해 없기를 바란다.

탐색적요인분석 분석절차

① 자료를 불러온 다음 **분석(A)** → **차원감소(D)** → **요인분석(F)**을 선택한다.
② 요인분석 대화상자에서 분석할 문항들을 선택하여 **변수(V)**로 이동한다.
③ **기술통계(D)**를 선택한 후, **계수(C)**와 **KMO와 Bartlett의 구형성 검정(K)**을 선택하고, 계속을 누른다.
④ **요인추출(E)**을 선택한 후, **방법(M)**에서 **주성분**을 그대로 둔다.
   (2번 방법에서는 이 부분에서 **최대우도**로 변경한다)
   고유값 기준은 지정되어 있는 데로 1를 그대로 둔다.
   표시에서 **스크리도표(S)**를 선택한다. 계속을 누른다.
⑤ **요인회전(T)**을 선택한 후, **베리멕스(V)**을 선택하고, 표시에서 **적재값도표(L)**을 체크한다.
   (2번 방법에서는 이 부분에서 **직접 오블리민(O)**을 선택한다) 계속을 누른다.
⑥ **요인점수(S)**를 선택한 후, **변수로 저장(S)** 선택하고, 계속을 누른다.
⑦ **옵션(O)**을 선택한 후, **크기순정렬(S)**을 선택하고 계속을 누른다.
⑧ 확인을 누른다.

12.4 탐색적 요인분석 결과 해석

12.4.1 상관행렬

요인분석 시 **기술통계(D)**를 선택한 후, **계수(C)**를 클릭하여 도출되는 분석결과이다.

상관행렬

	분배 공정1	분배 공정2	분배 공정3	절차 공정4	절차 공정5	절차 공정6	절차 공정7	절차 공정8	상호 공정9	상호 공정10	상호 공정11	상호 공정12
분배공정1	1.000	.728	.688	.567	.432	.380	.455	.376	.373	.296	.329	.312
분배공정2	.728	1.000	.746	.567	.489	.352	.433	.418	.370	.274	.319	.318
분배공정3	.688	.746	1.000	.610	.500	.361	.443	.430	.393	.275	.260	.311
절차공정4	.567	.567	.610	1.000	.593	.466	.510	.506	.386	.273	.270	.364
절차공정5	.432	.489	.500	.593	1.000	.542	.588	.601	.403	.332	.389	.365
절차공정6	.380	.352	.361	.466	.542	1.000	.520	.506	.478	.483	.474	.429
절차공정7	.455	.433	.443	.510	.588	.520	1.000	.609	.440	.373	.369	.339
절차공정8	.376	.418	.430	.506	.601	.506	.609	1.000	.432	.360	.350	.366
상호공정9	.373	.370	.393	.386	.403	.478	.440	.432	1.000	.675	.647	.621
상호공정10	.296	.274	.275	.273	.332	.483	.373	.360	.675	1.000	.790	.669
상호공정11	.329	.319	.260	.270	.389	.474	.369	.350	.647	.790	1.000	.659
상호공정12	.312	.318	.311	.364	.365	.429	.339	.366	.621	.669	.659	1.000

■ 결과해석

　조직공정성 12개 문항 간 상관행렬이다. 요인분석을 위해서는 같은 개념에서는 서로 긴 관련성이 높고, 다른 개념 간에는 시로 긴 관련성이 낮아야 한다. 이렇게 변수들이 구성되면 요인분석이 잘 이루어질 것이다.

　위 결과에서도 분배공정끼리는 절차공정이나 상호공정과 비교하여 높은 관련성을 보이고 있고, 절차공정과 상호공정 역시 같은 개념에서는 상대적으로 높은 관련성을 나타낸다. 상관행렬보아도 요인분석하기에는 무리가 없는 행렬이라는 것을 짐작할 수 있다.

12.4.2 KMO와 Bartlett의 검정

기술통계(D)를 선택한 후, **KMO와 Bartlett의 구형성 검정(K)**을 선택하여 도출되는 분석 결과이다.

KMO와 Bartlett의 검정

표준형성 적절성의 Kaiser–Meyer–Olkin 측도.		.907
Bartlett의 구형성 검정	근사 카이제곱	2862.040
	자유도	66
	유의확률	.000

■ 결과해석

KMO(Kaiser-Meyer-Olkin)와 Bartlett의 검정은 수집한 데이터가 요인분석에 적합한지를 검정하는 것이다. KMO값은 표본적합도(변수의 숫자와 케이스 숫자의 적절성)를 나타내는 지표로서 보통 사회과학에서는 0.5이상이면 데이터는 요인분석에 적합하다고 판단한다. 분석결과 0.907로 나타나 요인분석에 매우 적합한 것으로 나타났다.

Bartlett의 검정은 변수(문항)들 간의 상관행렬이 단위행렬(Identity Matrix)인지 아닌지를 검정한다. "귀무가설은 모상관행렬은 단위행렬이다", "연구가설은 모상관행렬은 단위행렬이 아니다"이다. 분석결과 유의확률(p값)이 0.000으로 귀무가설은 기각되어, 본 데이터는 요인분석하기에 적합하다고 할 수 있다.

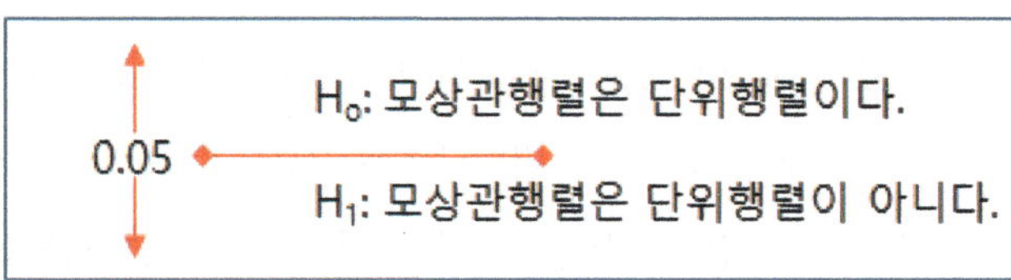

〈Bartlett의 구형성 검정가설〉

12.4.3 공통성(Communality)

<table>
<tr><td colspan="3" align="center">공통성</td><td colspan="4" align="center">성분행렬[a]</td></tr>
<tr><td></td><td>초기</td><td>추출</td><td></td><td colspan="3" align="center">성분</td></tr>
<tr><td></td><td></td><td></td><td></td><td>1</td><td>2</td><td>3</td></tr>
<tr><td>분배공정1</td><td>1.000</td><td>.781</td><td></td><td></td><td></td><td></td></tr>
<tr><td>분배공정2</td><td>1.000</td><td>.819</td><td>절차공정5</td><td>.739</td><td>−.191</td><td>−.351</td></tr>
<tr><td>분배공정3</td><td>1.000</td><td>.803</td><td>상호공정9</td><td>.731</td><td>.392</td><td>.112</td></tr>
<tr><td>절차공정4</td><td>1.000</td><td>.657</td><td>절차공정4</td><td>.724</td><td>−.358</td><td>−.056</td></tr>
<tr><td>절차공정5</td><td>1.000</td><td>.706</td><td>절차공정7</td><td>.719</td><td>−.132</td><td>−.383</td></tr>
<tr><td>절차공정6</td><td>1.000</td><td>.615</td><td>분배공정3</td><td>.712</td><td>−.450</td><td>.305</td></tr>
<tr><td>절차공정7</td><td>1.000</td><td>.681</td><td>분배공정2</td><td>.711</td><td>−.430</td><td>.359</td></tr>
<tr><td>절차공정8</td><td>1.000</td><td>.706</td><td>절차공정6</td><td>.706</td><td>.111</td><td>−.323</td></tr>
<tr><td>상호공정9</td><td>1.000</td><td>.701</td><td>절차공정8</td><td>.703</td><td>−.109</td><td>−.446</td></tr>
<tr><td>상호공정10</td><td>1.000</td><td>.831</td><td>분배공정1</td><td>.701</td><td>−.391</td><td>.368</td></tr>
<tr><td>상호공정11</td><td>1.000</td><td>.808</td><td>상호공정11</td><td>.684</td><td>.563</td><td>.148</td></tr>
<tr><td>상호공정12</td><td>1.000</td><td>.704</td><td>상호공정10</td><td>.677</td><td>.595</td><td>.137</td></tr>
<tr><td colspan="3">추출 방법: 주성분 분석.</td><td>상호공정12</td><td>.672</td><td>.474</td><td>.164</td></tr>
</table>

요인추출 방법: 주성분 분석.
a. 추출된 3 성분

■ 결과해석

공통성은 각 변수(문항)가 요인들에 의해 설명되는 비율을 말한다. 이에 대한 자세한 설명을 위해 다음에 설명할 성분행렬을 미리 살펴보겠다. 위에서 분배공정1의 공통성 추출값은 0.781이다. 이는 분배공정1이라는 변수(문항)가 요인1, 요인2, 요인3에 의해 설명되는 양을 의미하며, 즉, 분배공정1은 전체요인에 의해 78.1%를 설명한다는 의미이다. 요인1, 요인2, 요인3은 성분행렬에서 성분의 1, 2, 3에 해당하는 수치를 의미 한다.

이의 계산은 요인과 변수와의 상관관계 제곱의 합에 의해 구해진다.

$$\text{분배공정}1 = (.701)^2 + (-.391)^2 + (.368)^2$$

공통성을 보면 요인들에 의해 각 변수(문항)들이 얼마나 설명되고 있는가를 알 수 있다. 위의 경우 가장 낮은 공통성을 가진 절차공정6의 값이 0.615이므로 12개 변수 모두 3개 요인에 의해 잘 설명되고 있다고 해석하면 된다.

만약 공통성의 수치가 0.5이하이면 해당 변수(문항)는 요인에 의해 설명이 잘되지 않는 것으로 보고 삭제를 할 수 있다.

12.4.4 설명된 총분산

탐색적 요인분석 결과 설명된 총분산의 표는 아래와 같이 나타난다. 이의 효율적인 설명을 위해 ①고유값과 분산 ②요인의 회전으로 구분하여 설명을 한다.

설명된 총분산

성분	초기 고유값			추출 제곱합 적재값			회전 제곱합 적재값		
	합계	% 분산	% 누적	합계	% 분산	% 누적	합계	% 분산	% 누적
1	6.000	50.003	50.003	6.000	50.003	50.003	3.137	26.144	26.144
2	1.795	14.962	64.965	1.795	14.962	64.965	2.842	23.686	49.830
3	1.014	8.454	73.419	1.014	8.454	73.419	2.831	23.589	73.419
4	.503	4.192	77.611						
5	.495	4.122	81.733						
6	.412	3.429	85.162						
7	.389	3.244	88.406						
8	.363	3.026	91.433						
9	.318	2.652	94.085						
10	.283	2.360	96.445						
11	.238	1.987	98.432						
12	.188	1.568	100.000						

추출 방법: 주성분 분석.

(1) 고유값과 분산

■ 결과해석

설명된 총분산에서 고유값과 분산에 대한 설명은 다음과 같다.

위 표에서 성분을 보면 12까지 있는데, 이는 조직공정성의 12개 문항을 요인분석 했을 때, 최대 12개 요인까지 나타날 수 있다는 의미이다. 그런데 요인분석의 목적은 변수들의 수를 줄여 정보를 요약하는데 있으므로, 고유값을 기준으로 하여 요인을 추출하게 된다. 고유값의 기준은 1이상이 되는 요인들만 추출하게 된다.(탐색적 요인분석 절차에서 **요인추출(E)**선택 후 고유값 기준은 지정되어 있는 데로 1를 그대로 둔다라고 언급하였다)

고유값의 수치는 초기 고유값, 추출 제곱합 적재값, 회전 제곱합 적재값에서 합계이며, 초기 고유값 합계에서 1이상인 3개 요인만 추출하여 추출제곱합 적재값에 나타난다. 고유값이란 그 요인이 설명하는 분산의 양을 나타내므로 이 값이 큰 요인이 중요한 요인이 된다. 또한 요인(성분)의 고유값 합계는 요인분석에 사용된 변수(문항)의 수와 같다.

$$모든\ 요인의\ 고유값\ 합계 = 변수의\ 수$$
$$(6.000 + 1.795 + 1.014 + .503 + .495 + .412 + .389 + .363 + .318 + .283 + .238 + .188) = 12$$

추출 제곱합 적재값에서는 고유값 1이상의 요인들만 추출된 결과이다. 여기서 합계는 고유값이고, 분산은 설명력을 의미한다. 즉, 요인 1의 고유값은 6.000이고 설명력은 50.003%이다. 여기서 분산은 고유값에서 변수의 수 만큼 나눈 값이다.

$$분산 = \frac{고유값}{변수의\ 수}$$
$$50.003\% = \frac{6.000}{12},\ 14.962\% = \frac{1.795}{12},\ 8.454\% = \frac{1.014}{12}$$

그렇다면 고유값은 어떻게 계산되어 나온 수치일까? 요인에 속한 각 변수(문항)들의 적재값을 제곱하여 더한 수치이다. 예를 들어, 추출 제곱합 적재값에서 1번 요인의 고유값은 6.000이다. 이의 계산식은 다음과 같이 앞의 공통성에서 제시한 성분행렬에서 1번 요인에 속한 변수들의 적재량을 모두 제곱하여 더하면 된다.

1번 요인의 고유값

$$6.000 = (.739)^2 + (.731)^2 + (.724)^2 + (.719)^2 + (.712)^2 + (.711)^2 + (.706)^2 + (.703)^2 +$$
$$(.701)^2 + (.684)^2 + (.677)^2 + (.672)^2$$

(2) 회전 제곱합 적재값

■ 결과해석

추출 제곱합 적재값에서 1번 요인의 고유값은 6.000, 분산 50.003%로 2번 요인과 3번 요인과 비교했을 때 상대적으로 매우 높은 수치로 나타난다. 즉, 회전시키기 전에는 12개 문항이 1번 요인에 집중적으로 높은 설명력이 보이고 있다는 것을 알 수 있다.(이 부분은 그림 12-2와 12-3을 참고) 따라서 요인의 회전(베리맥스)을 통해 각 요인별로 보다 명확하게 구분시킬 필요가 있다. 그 결과가 회전 제곱합 적재값이다.

회전 제곱합 적재값에서 1번 요인의 고유값은 3.137, 분산은 26.144%이고 2번 요인은 고유값 2.842 분산 23.686%, 3번 요인은 고유값 2.831 분산 23.589%로 나타났다. 회전시키기 전과 비교해 보았을 때, 확실하게 요인별로 명확하게 구분되었다.

추출 제곱합 적재값과 회전 제곱합 적재값의 누적 설명력은 73.419%로 동일하지만, 요인별로 설명력은 다르다는 것을 알 수 있다.

또한 분배적공정성, 절차적공정성, 상호작용공정성이 1번 요인, 2번 요인, 3번 요인 중 어디에 해당하는지는 뒤에 나오는 회전된 성분행렬에서 알 수 있게 된다.

12.4.5 고유값 스크리 도표

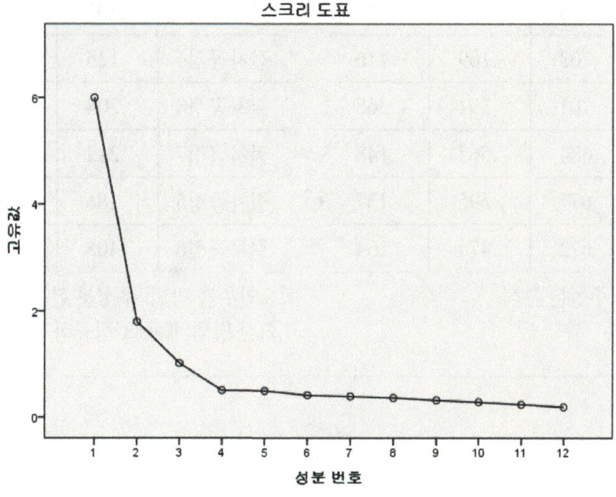

■ 결과해석

스크리 도표는 고유값의 변화를 보여주는 것으로, 이미 "설명된 총분산" 해석 시 고유값 1이상을 기준으로 3개 요인으로 추출되었다고 언급한 바 있다. 이 부분을 도표로 나타낸 것이 스크리 도표이다.

가로축은 요인수를 의미하고, 세로축은 고유값을 나타내고 있다. 스크리 도표를 보면 가로축의 요인 4부터 도표의 꺾이는 부분이 완만함을 보이고 있다. 세로축을 기준으로 요인 4보다 조금 위의 부분이 세로축의 고유값 1이 되고, 고유값 1이하는 요인으로서 인정받지 못하므로 요인의 개수는 3개가 적당하다 하겠다.

12.4.6 성분행렬과 회전된 성분행렬

(1) 주성분분석과 직각회전(베리멕스)을 이용한 분석결과

성분행렬[a]	성분			회전된 성분행렬[a]	성분		
	1	2	3		1	2	3
절차공정5	.739	−.191	−.351	상호공정10	.887	.094	.191
상호공정9	.731	.392	.112	상호공정11	.869	.123	.193
절차공정4	.724	−.358	−.056	상호공정12	.797	.180	.189
절차공정7	.719	−.132	−.383	상호공정9	.754	.233	.280
분배공정3	.712	−.450	.305	분배공정2	.171	.860	.224
분배공정2	.711	−.430	.359	분배공정3	.142	.842	.271
절차공정6	.706	.111	−.323	분배공정1	.197	.837	.204
절차공정8	.703	−.109	−.446	절차공정4	.125	.588	.543
분배공정1	.701	−.391	.368	절차공정8	.204	.203	.789
상호공정11	.684	.563	.148	절차공정7	.212	.262	.753
상호공정10	.677	.595	.137	절차공정5	.186	.327	.752
상호공정12	.672	.474	.164	절차공정6	.408	.141	.654

요인추출 방법: 주성분 분석.
a. 추출된 3 성분

요인추출 방법: 주성분 분석.
회전 방법: Kaiser 정규화가 있는 베리멕스.[a]

■ **결과해석**

앞의 결과는 탐색적 요인분석 시 요인추출 방법은 주성분분석, 요인회전 방법은 직각회전인 베리멕스 회전법을 이용하여 나타난 결과이다. 성분행렬은 회전시키기 전의 요인적재량을 보여주고 있고, 회전된 성분행렬은 베리멕스 회전 이후의 요인적재량을 보여주고 있다.

성분행렬 표를 설명하면, 12개 변수(문항) 모두가 1번 요인에 집중적으로 높은 설명력을 보이고 있을 뿐만 아니라 하나의 변수(문항)가 3개 요인에 걸쳐 어느 정도 설명하고 있다는 것을 알 수 있다. 예를 들어, 분배공정1은 1번 요인에 0.701, 2번 요인에 -0.391, 3번 요인에 0.368만큼 설명하고 있고, 상호공정11의 경우에도 1번 요인에 0.684, 2번 요인에 0.563, 3번 요인에 0.148만큼 설명하고 있다.

그런데 회전 후의 요인적재량을 보면, 12개 변수가 하나에 요인에 집중적으로 설명하고 있는 모습도 아니며, 성분행렬과 비교하여 하나의 변수(문항)가 3개 요인에 걸쳐 분명한 차이가 있도록 설명하고 있는 모습을 띠고 있다. 회전 후의 분배공정1은 1번 요인에 0.197, 2번 요인에 0.837, 3번 요인에 0.204만큼 설명하고 있고, 상호공정11의 경우에도 1번 요인에 0.869, 2번 요인에 0.123, 3번 요인에 0.193만큼 설명하고 있는데 이는 분명한 차이가 있는 것이다.

논문에서는 성분행렬은 의미가 없고, 회전된 성분행렬만 가지고 해석을 하면 된다. 먼저, 상호공정10번은 1번 요인 0.887, 2번 요인 0.094, 3번 요인 0.191 만큼 설명한다는 것은 상호공정 10번은 가장 높은 설명력을 보인 1번 요인에 속한다는 것을 의미한다. 이와 동일하게 모든 변수(문항)들을 해석하면, 1번 요인은 상호공정10, 상호공정11, 상호공정12, 상호공정9번을 포함하며, 선행연구와 동일하게 상호작용공정성이라 명명하였다. 2번 요인은 분배공정2, 분배공정3, 분배공정1, 절차공정4번을 포함하며, 선행연구와 다르게 절차공정4번이 함께 포함되었다. 3번 요인은 절차공정8, 절차공정7, 절차공정5, 절차공정6을 포함하며, 선행연구와 동일하게 절차적공정성이 명명하였다.

선행연구와 다르게 요인분석이 이루어진 2번 요인에서 절차공정4번을 제거하고 재분석을 실시해야 한다. 그 결과는 다음과 같이 나타난다.

<table>
<tr><td colspan="4" align="center">성분행렬[a]</td><td colspan="4" align="center">회전된 성분행렬[a]</td></tr>
<tr><td></td><td colspan="3" align="center">성분</td><td></td><td colspan="3" align="center">성분</td></tr>
<tr><td></td><td>1</td><td>2</td><td>3</td><td></td><td>1</td><td>2</td><td>3</td></tr>
<tr><td>상호공정9</td><td>.753</td><td>−.348</td><td>.115</td><td>상호공정10</td><td>.884</td><td>.199</td><td>.094</td></tr>
<tr><td>절차공정5</td><td>.724</td><td>.223</td><td>−.360</td><td>상호공정11</td><td>.864</td><td>.204</td><td>.127</td></tr>
<tr><td>상호공정11</td><td>.720</td><td>−.512</td><td>.152</td><td>상호공정12</td><td>.805</td><td>.183</td><td>.168</td></tr>
<tr><td>절차공정7</td><td>.715</td><td>.179</td><td>−.396</td><td>상호공정9</td><td>.753</td><td>.285</td><td>.230</td></tr>
<tr><td>상호공정10</td><td>.712</td><td>−.549</td><td>.143</td><td>절차공정8</td><td>.194</td><td>.800</td><td>.204</td></tr>
<tr><td>절차공정6</td><td>.710</td><td>−.077</td><td>−.326</td><td>절차공정7</td><td>.200</td><td>.768</td><td>.265</td></tr>
<tr><td>절차공정8</td><td>.698</td><td>.149</td><td>−.457</td><td>절차공정5</td><td>.183</td><td>.754</td><td>.319</td></tr>
<tr><td>분배공정2</td><td>.694</td><td>.491</td><td>.340</td><td>절차공정6</td><td>.405</td><td>.659</td><td>.137</td></tr>
<tr><td>상호공정12</td><td>.693</td><td>−.446</td><td>.175</td><td>분배공정2</td><td>.163</td><td>.243</td><td>.868</td></tr>
<tr><td>분배공정3</td><td>.689</td><td>.500</td><td>.289</td><td>분배공정3</td><td>.139</td><td>.281</td><td>.843</td></tr>
<tr><td>분배공정1</td><td>.684</td><td>.448</td><td>.351</td><td>분배공정1</td><td>.192</td><td>.219</td><td>.841</td></tr>
</table>

요인추출 방법: 주성분 분석.
a. 추출된 3 성분

요인추출 방법: 주성분 분석.
회전 방법: Kaiser 정규화가 있는 베리멕스.[a]

절차공정4번을 제거한 후의 회전된 성분행렬을 보면, 1번 요인은 상호작용공정성을 의미하고, 2번 요인은 절차적공정성을 의미한다. 마지막으로 3번 요인은 선행연구와 동일하게 분배공정1, 분배공정2, 분배공정3을 포함하고 있고, 분배적공정성이라 명명한다.

또한 마지막으로 확인해야 할 중요한 수치는 요인적재량이다. 앞에서 1번 요인, 2번 요인, 3번 요인에 포함되는 각 변수(문항)들의 설명력이 요인적재량에 해당된다. 이 수치는 설명한데로 최소한 0.4이상이 되어야 하며, 만약 이 수치가 되지 않은 변수(문항)가 있다면 타당성 확보 차원에서 삭제를 해주어야 한다.

설명된 총분산

성분	초기 고유값			추출 제곱합 적재값			회전 제곱합 적재값		
	합계	% 분산	% 누적	합계	% 분산	% 누적	합계	% 분산	% 누적
1	5.524	50.221	50.221	5.524	50.221	50.221	3.099	28.174	28.174
2	1.684	15.312	65.533	1.684	15.312	65.533	2.613	23.754	51.927
3	1.012	9.201	74.735	1.012	9.201	74.735	2.509	22.807	74.735
4	.502	4.564	79.298						
5	.446	4.054	83.353						
6	.397	3.608	86.960						
7	.363	3.304	90.264						
8	.355	3.227	93.491						
9	.284	2.581	96.072						
10	.244	2.215	98.287						
11	.188	1.713	100.000						
12									

추출 방법: 주성분 분석.

위의 표 **설명된 총분산**은 절차공정4번 삭제한 후 새로이 도출된 설명된 총분산으로, 논문에서는 위의 표의 설명된 총분산을 기입한다. 앞에서 제시한 "12.3.4에서 설명된 총분산"과는 분석결과가 다르다.

여기서 성분에서 1번은 상호작용공정성, 2번은 절차적공정성, 3번은 분배적공정성이라는 것이 회전된 성분행렬에서 밝혀졌다. 또한 1번인 상호작용공정성의 고유값은 3.099, 분산은 28.174%이다. 2번인 절차적공정성의 고유값 2.613, 분산 23.754%이다. 마지막 3번인 분배적공정성의 고유값은 2.509, 분산 22.807%로 나타났다.

대부분의 논문에서는 이미 개발된 측정도구를 인용하여 사용하는데, 위에서 설명한데로 측정도구의 이론과 동일한 결과가 나올 때까지 삭제와 분석을 반복적으로 실시한다. 요인적재량 수치 역시 최소한 0.4이상이 되는지 항상 관심 있게 확인하여야 한다.

(2) 최대우도법과 사각회전(오블리민)을 이용한 분석결과

요인행렬[a]				패턴 행렬[a]			
	성분				성분		
	1	2	3		1	2	3
상호공정9	.723	.286	−.019	절차공정8	.796	.001	.044
상호공정10	.718	.538	−.099	절차공정5	.760	.030	−.074
상호공정11	.717	.488	−.099	절차공정7	.725	−.023	−.028
분배공정2	.704	.463	.244	절차공정6	.575	−.252	.056
분배공정3	.692	.467	.168	절차공정4	.488	.075	−.392
분배공정1	.683	.400	.224	상호공정10	−.040	.935	.031
절차공정5	.678	.193	.364	상호공정11	−.029	.887	−.007
상호공정12	.670	.352	−.057	상호공정12	.045	.710	−.053
절차공정4	.663	.344	.151	상호공정9	.129	.653	−.090
절차공정7	.656	.131	.353	분배공정2	−.034	.035	.886
절차공정6	.652	−.067	.278	분배공정3	.071	.014	.810
절차공정8	.639	.118	.409	분배공정1	−.025	.075	.808

요인추출 방법: 최대 우도.
a. 추출된 3 요인 4의 반복계산이 요구됩니다.

요인추출 방법: 최대 우도.
회전 방법: Kaiser 정규화가 있는 오블리민.
a. 8 반복계산에서 요인회전이 수렴되었습니다.

■ 결과해석

위 결과는 탐색적 요인분석 시 요인추출 방법은 최대우도법, 요인회전 방법은 사각회전인 오블리민 회전법을 이용하여 분석한 결과이다. 요인행렬은 회전시키기 전의 요인부하량을 보여주고 있고, 패턴행렬은 오블리민 회전 이후의 요인적재량을 보여 주고 있다.

논문에서는 패턴행렬 결과를 해석하면 된다. 1번 요인은 절차공정8, 절차공정5, 절차공정7, 절차공정6, 절차공정4번이고, 2번 요인은 상호공정10, 상호공정11, 상호공정12, 상호공정9번이며, 3번 요인은 분배공정2, 분배공정3, 분배공정1로 나타났다. 모두 이론과 동일하게 요인분석이 이루어졌음을 알 수 있다. 또한 요인적재량 역시 최소0.4이상의 수치를 보이고 있다. 앞에서와 다르게 문항 삭제 없이 원하는 결과를 도출하였다.

앞에서 사용한 주성분분석보다 최대우도법을 이용했을 때의 결과가 더 좋게 나타났다. 이러한 결과만을 가지고 주성분분석보다 최대우도법을 이용하는 것이 더 좋은 결과를 얻을 수 있는 것으로 착각하여서는 안 된다. 이와 관련한 설명은 앞에서 충분히 언급하였으므로 여기서는 생략한다.

12.4.7 회전공간의 성분 도표

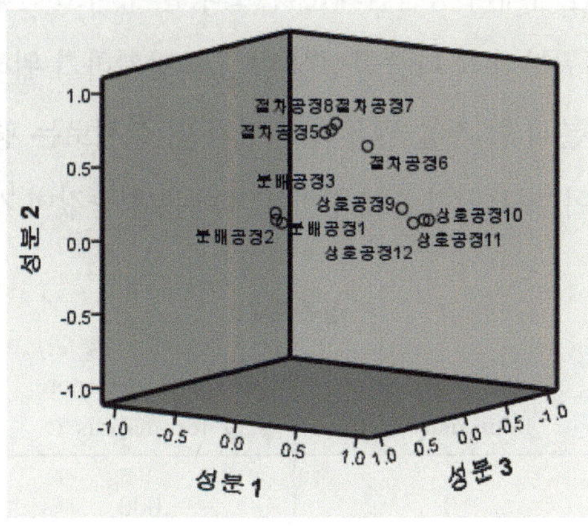

회전공간의 성분 도표

위 도표는 **요인회전(T)**에서 **적재값도표(L)**을 체크하고 분석하면 나타난다. 이는 3개의 요인에 의해 구성된 3차원 공간에서 변수(문항)들의 위치를 보여주는 도표이다. 분배공정, 절차공정, 상호공정 3개 요인이 각기 다른 위치를 점유하고 있다는 것을 알 수 있다.

12.4.8 요인점수

FAC1_1	FAC2_1	FAC3_1
.35844	1.22006	-.46987
-.61928	.52406	.43711
.92010	1.24574	-.01729
-1.50553	-.63447	.91064
-1.53001	.14711	.32807
.60844	-1.17649	-1.91626
1.03213	1.41364	-1.41838
-1.18922	-.60794	-.76899
-.91566	-.29063	-.85578
-.13296	.29232	.95087
2.27827	.61270	.73966
2.59866	-.85318	-1.91741
-2.49799	-.59361	-1.42663
-.98783	-.83378	.08317
-1.00110	-1.34188	-.68926
-1.70431	.04155	-.12452
-.23539	.06936	.53341

요인점수(S)를 선택한 후, **변수로 저장(S)**을 클릭하고 분석을 하면, 데이터 편집기 창에 앞과 같이 새로운 3개의 변수가 추가된다. 많은 책에서 요인분석 이후 회귀분석 할 때, 이 3개의 변수를 독립변수로 투입하고 종속변수와의 영향관계를 파악하라고 제시하고 있다. 그러나 저자는 이와 의견을 조금 달리 하고 있다. 왜냐하면 새로이 생성된 3개의 변수를 상관관계분석을 하면 아래의 상관관계분석 표와 같이 서로 간의 관련성이 0으로 나타난다. 일부 학자들은 회귀분석 시 다중공선성 발생을 방지하기 위해서 새로이 생성된 3개의 변수를 가지고 회귀분석 할 것을 권유하고 있지만, 실제로는 평균값을 이용하여 회귀분석 하는 것이 일반적이다. 모집단을 추정하는데 에는 평균값이 가장 정확하다.

상관계수

	REGR factor score 1 for analysis 1	REGR factor score 2 for analysis 1	REGR factor score 3 for analysis 1
REGR factor score 1 for analysis 1	1	.000	.000
REGR factor score 2 for analysis 1	.000	1	.000
REGR factor score 3 for analysis 1	.000	.000	1

요인점수와 평균의 상관관계분석결과 비교

탐색적 요인분석 이후 새로이 생성되는 요인점수를 이용하여 회귀분석을 하기 보다는 변수계산을 통하여 평균값을 만들어 사용할 것을 권유한다. 평균값을 만드는 방법은 SPSS프로그램 메뉴에서 **변환(T) ➡ 변수계산(C)** 통하여 할 수 있다.

변수계산 이후에는 데이터 편집기 창에 아래의 그림과 같이 새로운 3개의 변수가 추가된다. 이 변수가 평균값이며, 이를 상관관계분석 하면 변수들 간에는 0.01 유의수준에서 유의미한 관련성이 있는 것으로 나타난다. 앞에서 요인점수를 이용하여 나타난 변수들 간의 관련성이 비현실적 수치인 0으로 나타났었다. 따라서 요인점수보다는 평균값을 이용하여 논문통계 분석을 하자.

분배공정	절차공정	상호작용
2.67	3.50	3.50
3.00	3.00	2.75
3.00	3.75	4.00
3.00	2.00	2.00
2.67	2.50	2.00
1.00	1.50	3.00
2.00	3.50	4.00
1.67	1.75	2.00
1.67	2.00	2.25
3.33	3.00	3.25
3.67	3.75	5.00
1.33	2.25	4.50
1.00	1.25	1.00
2.33	1.75	2.25
1.67	1.25	2.00
2.33	2.25	1.75

상관계수

	분배공정	절차공정	상호작용
분배공정	1	.573[**]	.406[**]
절차공정	.573[**]	1	.557[**]
상호작용	.406[**]	.557[**]	1

[**]. 상관계수는 0.01 수준(양쪽)에서 유의합니다.

12.5 탐색적 요인분석 결과의 제시(논문통계의 이해와 적용)

그동안 탐색적 요인분석에 대하여 설명을 하였다. 그런데 논문통계를 하는 연구자 입장에서는 그 내용이 많다고 느낄 수밖에 없다. 12장에서 다루었던 많은 내용들 중에서 실제 논문에서 제시하는 내용은 어느 정도일까? 여기서는 탐색적 요인분석 결과를 일반적으로 논문에서는 어떻게 제시하는지 그 방법을 소개하겠다.

여기서는 요인추출방법으로 주성분분석, 회전방법으로 베리맥스 회전법으로 언급하였다. 연구자의 상황에 맞게 이 부분은 수정하면 될 것이다.

본 연구의 측정변수는 척도 순화과정을 통하여 일부항목을 제거하였다. 먼저, 타당도 검증하기 위하여 탐색적 요인분석을 실시하였다. 모든 측정변수는 구성요인을 추출하기 위해서 주성분 분석(principle component analysis)을 사용하였으며, 요인 적재치의 단순화를 위하여 직교회전방식(varimax)을 채택하였다.

데이터가 요인분석에 적합한지를 파악하기 위하여 KMO(Kaiser Meyer Olkin)측도와 Bartlett의 구형성 검정을 실시하였다. KMO값은 0.6이상이면 연구자가 수집한 표본데이터가 요인분석에 적합하다 또한 요인분석을 위한 변수들의 선정이 좋다라고 해석한다. Bartlett의 구형성 검정은 변수간의 상관행렬이 단위행렬이 아니라는 것을 검증해야 하는데, 단위행렬은 대각선이 1이고 나머지는 모두 0인 행렬로서 변수들 간의 관련성이 없다는 것을 의미한다. 요인분석은 기본적으로 어느 문항들 간에는 높은 상관관계가 있어야 하고, 어느 문항들 간에는 낮은 상관관계가 있어야 요인분석으로서 적합하게 되는데, 연구자가 수집한 문항들이 모두 단위행렬이라면 요인분석을 실시할 수 없게 된다.

요인적재치는 각 변수와 요인간의 상관관계의 정도를 나타낸다. 그러므로 각 변수들은 요인적재치가 가장 높은 요인에 속하게 된다. 또한 고유값은 특정 요인에 적재된 모든 변수의 적재량을 제곱하여 합한 값을 말하는 것으로, 특정 요인에 관련된 표준화된 분산(standardized variance)을 가리킨다. 공통성의 경우에는 각 문항의 분산이 추출된 요인들에 의해 잘 설명된다고 한다. 일반적으로 사회과학 분야에서 요인과 문항의 선택기준은 고유값(eigen value)은 1.0 이상, 공통성은 0.5이상, 요인적재치는 0.4이상이면 유의한 변수로 간주하며 0.5가 넘으면 아주 중요한 변수로 본다. 따라서 본 연구에서는 이들의 기준에 따라 고유값이 1.0 이상, 공통성은 0.5이상, 요인적재치가 0.5 이상을 기준으로 하였다.

<표 12-5>는 조직공정성을 측정한 변수의 타당성 검정결과이다. 총 12문항 중 공통성 0.5이하, 요인적재량 0.5이하 등 기준 값에 미달되는 문항은 나타나지 않았으나, 이론과 다르게 적재된 문항이 1개 문항이 나타나 이를 삭제하고, 최종 11개 문항을 분석에 이용하였다.

요인분석을 위한 변수들의 선정과 요인모형으로서 적합한지를 파악한 결과, KMO는 0.907, Bartlett의 구형성 검정 유의확률은 .000으로서 모두 요인분석에 적합한 것으로 나타났다. 또한 설명된 누적 총 분산은 74.735%의 수치를 보였다.

〈표 12-5〉 타당성 검정결과

항목	요인분석			공통성
	상호작용 공정성	절차적 공정성	분배적 공정성	
상호공정10	.884			.831
상호공정11	.864			.808
상호공정12	.805			.704
상호공정9	.753			.701
절차공정8		.800		.706
절차공정7		.768		.681
절차공정5		.754		.706
절차공정6		.659		.615
분배공정2			.868	.819
분배공정3			.843	.803
분배공정1			.841	.781
고유값	3.099	2.613	2.509	-
분산설명력(%)	28.174	23.754	22.807	-
누적설명력(%)	28.174	51.927	74.735	-
통계량	KMO(Kaiser-Meyer-Olkin)측도=0.907 Bartlett의 구형성 검정=.000			

CHAPTER **13**

신뢰성 분석

신뢰성(Reliability)은 동일한 개념에 대해서 반복적인 측정을 했을 때 나타나는 측정값들의 분산을 의미한다. 분산이 크다면 신뢰성은 낮고, 그렇지 않다면 높게 나타난다. 예를 들어, 어떤 사람이 동일한 체중계에서 오전과 오후 체중의 차이가 크다면 이 체중계의 신뢰성은 낮다고 할 수 있다.

본 장에서는 신뢰성에 대한 전반적인 개념과 실제 논문에서는 어떻게 적용되어 사용하는지 SPSS프로그램을 통해 설명한다.

13.1 신뢰성 측정 방법

신뢰성 측정방법에는 재측정 신뢰도(test-retest reliability) 복수양식법, 반분 신뢰도(split-half reliability), 내적일관성 등이 있다.

① 재검사법은 동일한 상황에서 동일한 대상으로 동일한 측정도구로 시간을 다르게 하여 두 번 측정하여 결과를 비교하는 신뢰도 분석 방법이다. 동일한 측정도구를 두 번 적용한다는 점에서 첫 번째 측정이 두 번째 측정에 영향을 미칠 수 있는 단점이 있다. 또한 두 번 이루어지는 조사기간 중에 조사대상자에게 발생할 수 있는 어떤 변화(외생변수)가 있을 수 있는데, 측정결과가 조사대상자의 변화에 의한 것인지 측정도구 자체의 신뢰도에 의한 것인지 구분이 힘들다는 단점이 있다.

② 복수양식법은 동일한 표본에 최대한 비슷한 두 가지 형태이 측정도구를 적용하여 신뢰도를 측정하는 방법이다. 하지만 두 개의 비슷한 측정도구를 동일한 현상을 측정하기 위해 개발하는 것 자체가 어려울 뿐만 아니라 신뢰도가 낮게 나타났다면 그 이유가 원 측정도구의 신뢰도가 낮은 것인지 비슷한 두 개의 측정도구의 문제인지 알 수 없다는 단점이 있다.

③ 반분법은 측정도구를 임의로 반을 나눈 후, 두 개의 측정도구 간 신뢰도를 측정하는 방법이다. 즉, 조사대상에 조사항목의 반을 가지고 조사하고, 다른 조사항목 반을 동일한 대상에 조사하는 방식이다. 두 부분의 측정결과의 상관관계를 계산함으로써 신뢰도를 측정하는데, 어떤 특정 항목의 신뢰도를 파악할 수 없다는 단점이 있다.

④ 내적일관성은 일반적으로 논문에서 가장 널리 사용하는 신뢰도 검정방법이다. 이는 동일한 개념을 측정하기 위해 여러 개의 항목을 이용할 경우, 신뢰도를 저해시키는 항목을 제외시킴으로써 신뢰도를 향상시키는 방법으로 Cronbach's α(alpha)계수를 이용한다. Cronbach's α의 계산식은 (공식 13-1)과 같다.

$$\alpha = \frac{N}{N-1}\left(1 - \frac{\sum_{i=1}^{n}\sigma_i^2}{\sigma_t^2}\right) \qquad \text{(공식 13-1)}$$

N = 문항수
σ_i^2 = 각 문항의 분산
σ_t^2 = 총분산

위 공식에서 총점 분산과 각 문항의 분산의 비를 이용하여 Cronbach's α가 계산된다. 항목 내의 분산이 커져서 전체 신뢰도를 저해시키는 항목을 삭제시켜 신뢰도가 높은 측정항목을 선별하게 되는 방법이다. 일반적으로 **Cronbach's α 계수가 0.6이상이면 수용 가능한 신뢰수준이라 해석한다**. 이는 절대적인 기준값은 아니다.

신뢰도 수준이 매우 낮게 나타났을 경우에는 어떠한 조치를 취해주어야 하는데, 대표적으로 모호한 의미의 측정항목을 제거하거나, 측정항목 수를 늘리거나, 사전에 신뢰도가 검정된 측정항목을 이용하는 등의 방법이 있다.

하지만 논문통계 분석 시 신뢰도 계수 값을 확인 한 후 신뢰도 수준이 낮다고 해서, 측정항목 수를 늘려서 재조사하거나 신뢰도가 검정된 측정항목을 이용하여 재조사 한다면 막대한 시간과 비용이 들 것이다. 따라서 데이터 수집 전에 신뢰도를 높이는 방법에 대해서 많은 관심을 가지고, 문제가 될 수 있는 부분은 조사 전에 해결하는 연구 습관을 가져야 한다.

13.2 신뢰성을 향상시키는 방법

신뢰성은 앞에서 비체계적 오차와 관련된 것이라 하였다. 따라서 신뢰성을 향상시킬 수 있는 첫 번째 조건은 비체계적 오차를 줄이는 것이 될 것이다. 비체계적 오차는 크게 3가지 경우 ①측정도구 ②측정대상 ③측정상황에서 발생하므로 이와 관련한 오차가 발생하지 않도록 항상 관심을 가져야 한다.

① 측정도구 관련 신뢰성 향상

조사 전에 응답자 마다 해석을 달리 할 것 같은 모호한 문항은 제거한다. 이러한 모호한 문항은 응답자마다 서로 다른 해석을 하게 되고 결국 비체계적 오차를 크게 만드는 역할을 한다. 한 예로 설문 문항의 답변이 (1)좋다 (2)아주좋다 (3)매우좋다로 되어 있다면, 아주좋다와 매우좋다의 구분이 어려워져 오차를 크게 만들 수 있다는 것을 명심해야 한다.

또한 연구자가 선행연구에서 신뢰도가 우수한 측정도구를 선정하여 이용한다면 오차를 최소화 시킬 수 있는 또 다른 방법이 될 수 있다. 측정항목의 문항수도 신뢰도와 관련되는데, 하나의 개념을 측정하는데 측정항목이 적은 것보다 많다면 신뢰도를 향상시키는 데 도움이 될 수 있다. 노인들의 우울증을 측정하는데 5문항으로 측정하는 것보다 20문항으로 측정하면 신뢰도는 더 높아질 것이다. 이는 하나의 개념을 측정하는 문항이 많으면 측정값들의 평균치는 실제값에 가까워지는데, 이것은 표본의 수가 많으면 많을수록 측정값들이 평균을 중심으로 정규분포를 이루게 되는 원리로 설명할 수 있다.

② 측정대상 관련 신뢰성 향상

면접조사 시 면접자들의 일관되지 않은 조사 태도는 오차를 크게 야기 시킬 수 있다. 그러므로 조사 전에 면접자들을 대상으로 조사 시 일관된 태도에 대한 교육시키는 것이 중요하다. 면접자들의 우호적 또는 비우호적 태도는 조사결과에 영향을 미칠 수 있기 때문이다.

조사대상자가 응답하기에 너무 어려운 질문이나 전혀 관심이 없는 질문이 많을수록 오차를 크게 만들 수 있다. 예를 들어, 노인들을 대상으로 신기술(IT관련 등) 관련 사용경험을 질문한다면 응답 자체가 무의미할 수도 있고, 오차 역시 높아질 수 있다. 연구자는 연구의 성격에 맞지 않는 조사대상자(표본)를 피해야만 오차를 줄일 수 있다.

③ 측정상황 관련 신뢰성 향상

연구대상에 적합한 연구 상황을 설계해야만 오차를 줄일 수 있다. 노인들 대상인 설문조사에서 글자크기 10포인트 정도로 작게 한다든지 또는 전체 설문문항수가 많다면 노인들이 응답하기에 무리가 있을 수 있다. 그러므로 노인들 대상 연구에서는 글자크기도 넉넉히 하고, 전체 설문문항 수도 최소화해야 한다.

13.3 신뢰성 분석의 실행[논문통계의 이해와 적용]

13.3.1 예제 데이타 소개

다음은 직장인들이 상사의 리더십에서 중요하다고 생각하는 것이 무엇인지를 파악하기 위해 작성한 설문내용이다.

①전혀중요하지않다 ②중요하지않다 ③보통 ④중요하다 ⑤매우중요하다					
내 용	①	②	③	④	⑤
비전을 제시하는 능력(X1)					
빠른 미래변화에 대한 대처능력(X2)					
미래에 대한 풍부한 지식과 경험(X3)					
직원의 복지 및 급여 및 승진에 대한 관심정도(X4)					
어떤 문제에 대한 결단력/해결력(X5)					

다음의 데이터 표는 직장인 30명에게 설문내용을 조사한 결과이다. 이 데이터를 이용하여 신뢰성 분석을 실시한다.

No.	X1	X2	X3	X4	X5	No.	X1	X2	X3	X4	X5
1	3	3	4	3	4	16	1	1	1	1	1
2	3	4	3	4	3	17	2	3	3	2	3
3	4	4	3	4	4	18	2	2	2	2	2
4	3	2	3	2	3	19	2	2	3	3	3
5	2	2	2	3	2	20	4	4	4	4	4
6	3	3	3	1	1	21	2	1	2	3	1
7	3	3	3	4	4	22	3	3	2	2	1
8	2	3	2	3	2	23	3	3	3	3	2
9	4	2	4	1	1	24	2	3	3	3	3
10	3	2	3	2	2	25	3	3	2	2	2
11	4	4	4	4	4	26	2	2	3	3	2
12	3	2	3	2	4	27	1	2	2	2	2
13	3	3	3	3	3	28	4	4	4	3	3
14	3	2	2	3	2	29	2	2	2	2	3
15	3	3	3	2	2	30	3	3	3	3	3

13.3.2 분석방법 및 절차

신뢰성 분석절차

① 분석(A) → 척도(A) → 신뢰도분석(R)을 선택한다.

② 신뢰도분석 대화상자에서 분석할 문항들을 선택하여 항목(I)로 이동한다.

③ 통계량(S)를 선택한 후, 기술통계량에서 항목(I), 척도(S), 항목제거시척도(A)를 클릭한다. 요약값에서 평균(M), 분산(V), 공분산(E), 상관관계(R)를 선택한다. 항목내에서 상관관계(R), 공분산(E)를 클릭하고, 분산분석표에서 F-검정(F)을 선택한다. 마지막으로 Hotelling의 T제곱(G)을 선택한다. 계속을 누른다.

④ 확인을 누른다.

13.3.3 탐색적 요인분석 결과 해석

(1) 신뢰도 통계량

신뢰도 통계량

Cronbach의 알파	Cronbach's Alpha Based on Standardized Items	항목 수
.848	.852	5

■ 결과해석

Cronbach's α는 0.848로 나타났다. 이 값은 Cronbach α 모형에 의해서 X1, X2, X3, X4, X5를 하나의 스케일로 신뢰성 검사를 실시한 결과 값이다. 일반적으로 Cronbach α 계수가 0.6이상이면 신뢰성을 수용할 정도로 높다 라고 하고, 그 이하이면 신뢰성의 수준이 낮다 라고 해석한다. 신뢰성은 "있다", "없다"의 개념이 아니라 "높다", "낮다"의 개념으로 해석을 해야 한다.

Cronbach's Alpha Based on Standardized Items는 0.852로 나타났다. 이는 표준화된 각 변수들로 신뢰성 분석을 했을 경우 크론바하 알파값이다. 만약, 각 문항들의 척도가 큰 분산을 가졌다면, 이 수치를 이용하는 것이 좋다.

(2) 기술통계량

항목 통계량

	평균	표준편차	N
X1	2.73	.828	30
X2	2.67	.844	30
X3	2.80	.761	30
X4	2.63	.890	30
X5	2.53	1.008	30

■ 결과해석

각 항목들의 평균과 표준편차, 표본의 수가 제시되어 있다. X3의 평균은 2.80으로 가장 높고, 표준편차는 X5가 1.008로 가장 크게 나타나 있다.

항목간 공분산 행렬

	X1	X2	X3	X4	X5
X1	.685	.460	.462	.244	.320
X2	.460	.713	.379	.425	.460
X3	.462	.379	.579	.234	.421
X4	.244	.425	.234	.792	.582
X5	.320	.460	.421	.582	1.016

항목간 상관행렬

	X1	X2	X3	X4	X5
X1	1.000	.658	.733	.331	.383
X2	.658	1.000	.590	.566	.540
X3	.733	.590	1.000	.346	.548
X4	.331	.566	.346	1.000	.648
X5	.383	.540	.548	.648	1.000

■ 결과해석

5개 항목들 간의 공분산행렬 및 상관행렬 표이다. X1과 X3 간에 상관관계가 가장 높고 (0.733), X1과 X4 간의 상관관계가 가장 낮게 나타났다(0.331).

(3) 요약항목 통계량

요약 항목 통계량

	평균	최소값	최대값	범위	최대값 / 최소값	분산	항목 수
항목 평균	2.673	2.533	2.800	.267	1.105	.010	5
항목 분산	.757	.579	1.016	.437	1.754	.027	5
항목간 공분산	.399	.234	.582	.347	2.480	.011	5
항목간상관관계	.534	.331	.733	.403	2.217	.018	5

■ 결과해석

이 표에서는 분석한 변수들의 평균, 분산, 공분산, 상관관계 수치들의 평균, 최소값, 최대값, 범위, 최대값과 최소값의 비율, 분산 등의 값이 제시되어 있다. 구체적인 내용은 다음과 같다.

- **항목평균**: X1~X5 각 변수들의 평균의 평균, 평균값 중 최소값과 최대값, 평균의 범위, 최대평균과 최소평균의 비율, 평균의 분산 값을 보여준다.
- **항목분산**: X1~X5 각 변수들의 분산의 평균, 분산값 중 최소값과 최대값, 분산의 범위, 최대분산과 최소분산의 비율, 분산의 분산 값을 보여준다.
- **항목간 공분산**: X1~X5 각 변수들간의 공분산의 평균, 공분산 중 최소값과 최대값, 공분산의 범위, 최대공분산과 최소공분산의 비율, 공분산의 분산값을 보여준다.
- **항목간 상관관계**: X1~X5 각 변수들간의 상관계수의 평균, 상관계수 중 최소값과 최대값, 상관계수의 범위, 최대상관계수와 최소상관계수의 비율, 상관계수의 분산값을 보여준다.

(4) 항목 총계 통계량

항목 총계 통계량

	항목이 삭제된 경우 척도 평균	항목이 삭제된 경우 척도 분산	수정된 항목—전체 상관관계	제곱 다중 상관관계	항목이 삭제된 경우 Cronbach 알파
X1	10.63	8.102	.630	.630	.823
X2	10.70	7.597	.741	.586	.794
X3	10.57	8.185	.687	.631	.811
X4	10.73	7.995	.590	.503	.834
X5	10.83	7.178	.660	.554	.819

척도 통계량

평균	분산	표준편차	항목 수
13.37	11.757	3.429	5

■ **결과해석**

이 표에서는 분석한 변수들 중 하나의 변수를 제외했을 때 나타나는 평균, 분산, 상관관계, R^2, Cronbach α 값을 보여준다.

- **항목이 삭제된 경우 척도 평균**: 이는 각 해당하는 항목을 분석에서 제외했을 때, 나머지 변수들로 구성된 스케일의 평균을 의미한다. 예를 들어, X1을 제외했을 때 척도의 평균은 13.37에서 10.63으로 바뀐다는 것을 의미한다. 척도 통계량의 평균은 앞에서 제시한 기술통계량의 평균값을 모두 합한 값이다.

- **항목이 삭제된 경우 척도 분산**: 이는 각 해당하는 항목을 분석에서 제외했을 때, 나머지 변수들의 구성된 스케일의 분산을 의미한다. 예를 들어, X3을 제외한 스케일의 분산은 11.757에서 8.185로 바뀌며 그 수치는 가장 큰 것으로 나타난다.

- **수정된 항목-전체 상관관계**: 이는 각 해당하는 항목과 그 항목을 제외한 나머지 변 수로 구성된 스케일과의 상관계수를 의미한다. 예를 들면, X2와 X1, X3, 4X, X5로 구성된 스케일과의 상관계수는 0.741이며 가장 높은 수치이다.

- **제곱다중상관관계**: 이는 각 해당하는 항목을 제외하고 나머지 변수들로 구성된 스케일이 전체 분산에서 설명하는 정도를 나타낸다. 예를 들어, X1을 독립변수로 하고 나머지 X2, X3, X4, X5를 종속변수로 하는 회귀식이 가지는 설명력이다. 회귀분석에서 R^2과 동일한 의미이다.

- **항목이 삭제된 경우 Cronbach 알파**: 이는 각 해당하는 항목을 제외했을 때의 Cronbach α 값이다. 예를 들어, 원래 신뢰도 값은 0.848(앞의 신뢰도 통계량 참고)인데, X1을 삭제하였을 때 Cronbach α는 0.823이 된다는 의미이다. 신뢰도 척도인 Cronbach α는 높은 값일수록 오차가 적다는 좋은 의미이므로, 그 변수를 제외함으로써 Cronbach α값이 낮아지는 경우에는 그 변수를 제외하면 안된다. 위 경우에는 X1, X2, X3, X4, X5 모두 원래의 신뢰도 값인 0.848보다 낮아지므로 신뢰도를 저해시키는 문항은 없다. **논문통계에서는 원래 신뢰도 값과 항목이 삭제된 경우 Cronbach α값만 제시하면 충분하다.**

(5) Hotelling T제곱 검정

Hotelling T 제곱 검정

Hotelling의 T 제곱.	F	df1	df2	유의확률
3.281	.735	4	26	.576

■ 결과해석

Hotelling T제곱 검정은 변수 간 평균의 동일 여부를 검정하는 것으로 "귀무가설은 변수간의 평균은 같다"이고, "대립가설은 변수간의 평균은 다르다"이다. F값은 0.735, 유의확률은 0.576으로 귀무가설이 채택된다.

13.4　신뢰성 분석결과의 제시

> 　그동안 신뢰성 분석에 대하여 설명을 하였는데 논문통계를 하는 연구자 입장에서는 그 내용이 많을 수밖에 없다. 또한 이 모든 것을 논문에 다 제시할 필요도 없다. 여기서 다루었던 많은 내용들 중에서 실제 논문에서 제시하는 내용은 어느 정도일까? 실제로는 매우 간단하다.
>
> 　여기서 한 가지 주의할 점은 탐색적 요인분석은 모든 문항들을 한 번에 변수 투입하여 분석을 하는 반면, 신뢰도 분석은 하위요인별로 신뢰도분석을 해야 한다.
>
> 　【일반적으로 논문에서는 탐색적 요인분석과 신뢰도 분석 결과는 하나의 표로 제시하므로, 여기서는 제 12장 탐색적 요인분석의 예제를 가지고 신뢰도 분석결과 제시방법에 대해 설명한다】

　신뢰도를 검증하기 위한 방법으로는 재측정 신뢰도(test-retest method), 복수양식법(multiple forms technique), 반분신뢰도(split-half reliability), 내적일관성 등 여러 가지 방법이 있으나, 본 연구에서는 내적일관성을 측정하는 Cronbach α값을 사용하였다. 또한 변수의 신뢰도를 확보하기 위해서 문항 제거시 알파값(alpha if item deleted)을 이용하였다. 이는 사회과학 분야에서는 일반적으로 0.6이상이면 신뢰도가 있다고 해석한다.

　분석결과, 각 변수별 Cronbach α는 상호작용공정성 0.892, 절차적 공정성 0.836, 분배적 공정성 0.884로 나타났고, 모든 하위요인에서 신뢰도를 저해시키는 문항은 나타나지 않았다.

항목	요인분석				신뢰도 분석	
	상호작용 공정성	절차적 공정성	분배적 공정성	공통성	항목제거시 척도	Cronbach α
상호공정10	.884			.831	.842	0.892
상호공정11	.864			.808	.849	
상호공정12	.805			.704	.877	
상호공정9	.753			.701	.875	
절차공정8		.800		.706	.785	0.836
절차공정7		.768		.681	.786	
절차공정5		.754		.706	.782	
절차공정6		.659		.615	.817	

항목	요인분석				신뢰도 분석	
	상호작용 공정성	절차적 공정성	분배적 공정성	공통성	항목제거시 척도	Cronbach α
분배공정2			.868	.819	.813	0.884
분배공정3			.843	.803	.843	
분배공정1			.841	.781	.852	
고유값	3.099	2.613	2.509	–	–	–
분산설명력(%)	28.174	23.754	22.807	–	–	–
누적설명력(%)	28.174	51.927	74.735	–	–	–
통계량	KMO(Kaiser−Meyer−Olkin)측도=0.907 Bartlett의 구형성 검정=.000					

타당성 및 신뢰성 검정 이후 평균값 만들기

타당성과 신뢰성 검정을 마쳤다면, 이 과정에서 삭제된 문항을 제외하고 남아 있는 문항들을 가지고 평균값이 생성되도록 변수계산을 한다. 삭제한 문항들은 오차가 크거나 이론과 맞지 않게 적재된 문항들로 구성되어 있으므로, 이것의 삭제는 과학적인 추정값(estimate)을 도출하는데 도움이 된다. 최종적으로 변수계산을 통해 생성된 새로운 변수를 가지고 추후에 분석할 상관관계분석, 회귀분석, 평균차이검정 등을 한다.

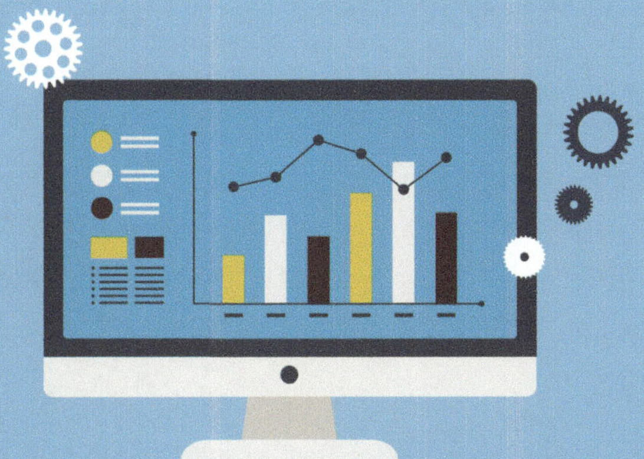

P A R T **4**

논문통계를 위한 인과관계연구

상관관계 분석

본서에서는 논문통계에서 가장 보편적으로 많이 이용하는 피어슨 상관관계분석을 집중적으로 다루고, 이외 다른 상관관계분석으로 편 상관분석과 스피어만(Spearman) 등위 상관관계분석, 양류상관관계분석, ∅ 계수 등에 대해서 간략히 설명한다.

14.1 상관관계 분석의 개요

상관(相關)이란 한자 의미 그대로 서로 간의 관계를 의미한다. 사회현상에서는 하나의 변수가 홀로 존재하기 보다는 하나의 변수와 다른 변수와의 관계 혹은 영향을 미치는 정도 등을 파악하게 된다. 따라서 상관(correlation)이란 통계적 의미로 언급하면 두 변수의 관련성이다.

상관관계 분석은 변수들 간의 관련성의 정도를 파악하기 위해 실시하는 분석이다. 한 변수가 다른 변수들과의 관련성이 통계적으로 의미가 있는지, 있다면 어느 정도 있는지를 파악할 때 사용하는 통계분석이다. 일반적으로 논문에서는 상관관계 분석 자체가 가설 검정을 위해 사용되는 경우는 드물고, 연구자가 설정한 가설 검정 전에 변수들 간의 관련성의 정도와 방향성을 파악할 때 주로 이용한다.

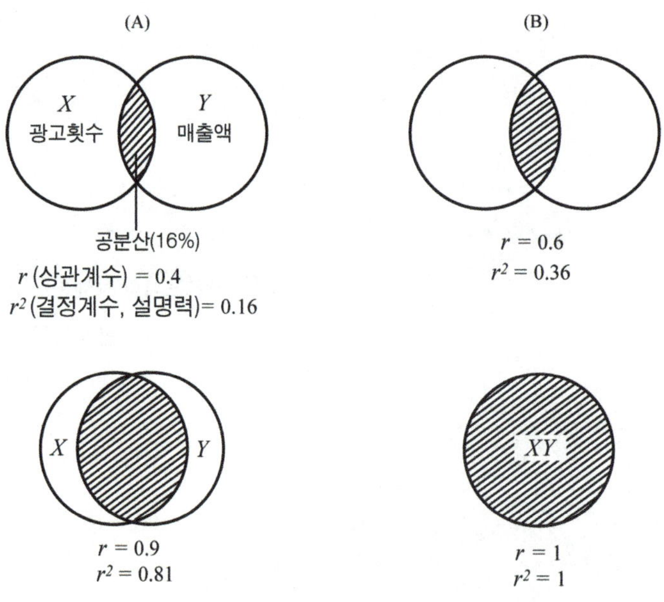

〈그림 14-1〉 공분산과 상관계수

변수들 간의 관련성의 정도는 분산의 개념이다. 예를 들면, 기업들의 광고 횟수와 매출액 사이의 관련성이 있는지 본다면, 광고 횟수의 분산 중에서 매출액과 같이 변화하는 분산이 어느 정도 되느냐가 관련성의 정도이며 상관계수가 된다.

<그림 14-1>과 같이 공분산이 크면 클수록 변수들 간이 관련성은 높아지게 된다. 공통부분이 완전히 일치하면 상관계수 r=1이 되는데, 이때 두 변수는 동일한 변수임을 의미한다. 일반적으로 두 변수의 상관계수치가 0.85이상으로 나타나면, 두 변수는 서로 독립적이지 않을 가능성이 높다고 인식해야 한다.

이 부분은 논문통계를 하는 연구자들에게 매우 중요한 내용이다. 만약, 두 변수의 관련성이 0.85이상이 나타났고, 이 두 변수는 추후에 회귀분석의 독립변수로 투입될 변수라면 다중공선성(회귀분석 참고) 발생가능성이 매우 높아진다. 따라서 상관관계 분석 시 단순히 관련성의 정도만을 파악하기 보다는 추후 분석에 사용될 변수들 간의 관련성을 유심히 살펴보고, 사전에 오류 발생가능성을 검토하는 습관을 가져야 한다.

상관관계 분석은 <그림 14-2>와 같이 두 변수 간의 상관관계를 파악하는 단순상관관계 분석(simple correlation)과 두 변수 이상의 변수들 간의 상관관계를 파악하는 다중상관관계 분석(multiple correlation), 마지막으로 두 변수에 영향을 미치는 제 3의 변수를 통제한 상태에서 두 변수들 간의 상관관계를 파악하는 편 상관관계 분석(partial correlation)이 있다.

다중상관계수 값은 다중회귀분석에 의해서 산출되어지므로 이는 회귀분석에서 다루고, 여기서는 단순상관관계 분석과 편 상관관계 분석에 대해서 설명한다.

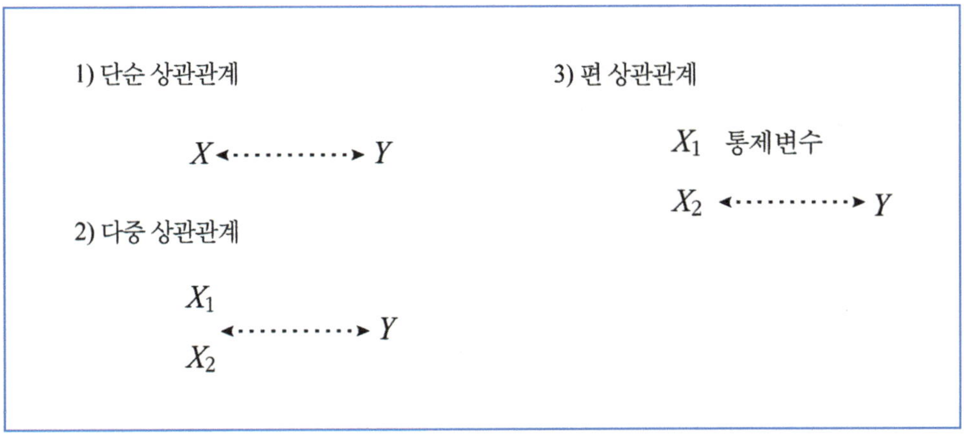

〈그림 14-2〉 상관관계 분석의 종류

14.2　산포도

14.2.1 산포도의 의미

산포도(scatter plot)는 두 변수 간의 관련성의 정도를 파악하기 위하여 두 변수 값을 나타내는 점을 도표에 나타낸 것을 의미한다. 좀 더 자세하게 언급하면, 두 변수의 관계를 보기 위해 한 변수는 X축에, 다른 변수는 Y축에 설정하고 각 변수의 값을 나타내는 곳을 점으로 표현하여 두 변수 간의 관계를 파악할 수 있는 도표를 산포도라 한다. 피어슨 상관관계 분석의 경우, 선형성을 기본 가정으로 하고 있으므로, 두 변수들 간 선형성은 산포도를 이용하면 쉽게 파악할 수 있다.

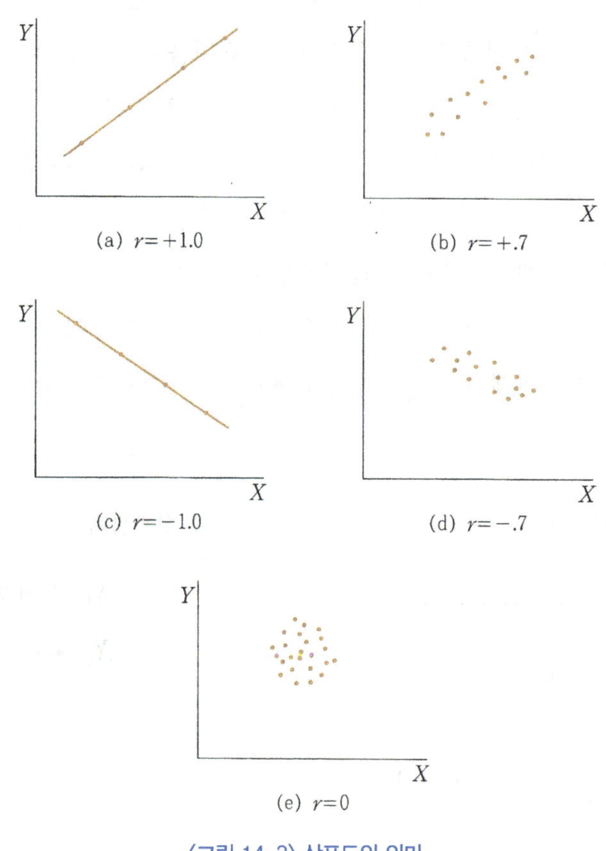

〈그림 14-3〉 산포도의 의미

산포도는 〈그림 14-3〉과 같이 크게 5가지 종류의 형태로 나타낼 수 있다.

(a)는 한 변수가 증가할 때 다른 변수는 정확하게 규칙적으로 증가함을 알 수 있다. 이 때 상관계수는 1.0이 된다. 실제 사회현상을 파악하는 논문에서는 보기 힘이 드는 현상이다. (b)는 X가 증가할 때 Y도 증가하는 정(+)의 관련성을 보이고 있으며, 상관계수는 0.7의 값을 나타내고 있다. (c)는 한 변수가 증가할 때 다른 변수는 정확하게 규칙적으로 감소하는 형태를 띠고 있다. 즉, X와 Y는 완벽하게 부(−)의 관련성이 있고 상관계수는 −1이 된다. (d)는 X가 증가할 때 Y는 감소하는 부(−)의 관련성을 보이고 있으며, 상관계수는 −0.7의 값을 보인다. 마지막으로 (e)는 X가 증가할 때 Y는 증가하기도 하고 감소하기도 한다. 따라서 한 변수에 의하여 다른 변수 값을 예측할 수 없는 경우이고, 상관계수는 0이 된다.

14.2.2 산포도의 실행

산포도 실행절차

① 그래프(G) → 레거시대화상자(L) → 산점도/점도표(S)을 선택한다.
② 단순산점도를 선택하고, 정의를 누른다.
③ X-축과 Y-축에 변수를 투입하고, 확인을 누른다.

〈표 14−1〉 산포도 실행 예제

기업번호	월 광고 횟수	월 매출액 (단위: 만원)
1	5	10000
2	3	5000
3	3	5000
4	5	15000
5	5	10000
6	4	10000
7	4	10000
8	6	20000
9	3	7000
10	7	25000

<표 14-1>은 10개 기업을 대상으로 조사한 월 광고횟수와 월 매출액이다. 두 변수 간에는 어떠한 관련성이 있는지 산포도를 통해 파악해 본 결과 아래의 <그림 14-4>와 같이 나타났다. 산포도에서 보듯이 월 광고횟수와 월 매출액에는 정(+)의 관련성이 있다는 것을 알 수 있고, 점들을 대표하는 직선을 그었을 때 두 변수 간에는 **선형성을 만족**시킨다는 것을 알 수 있다.

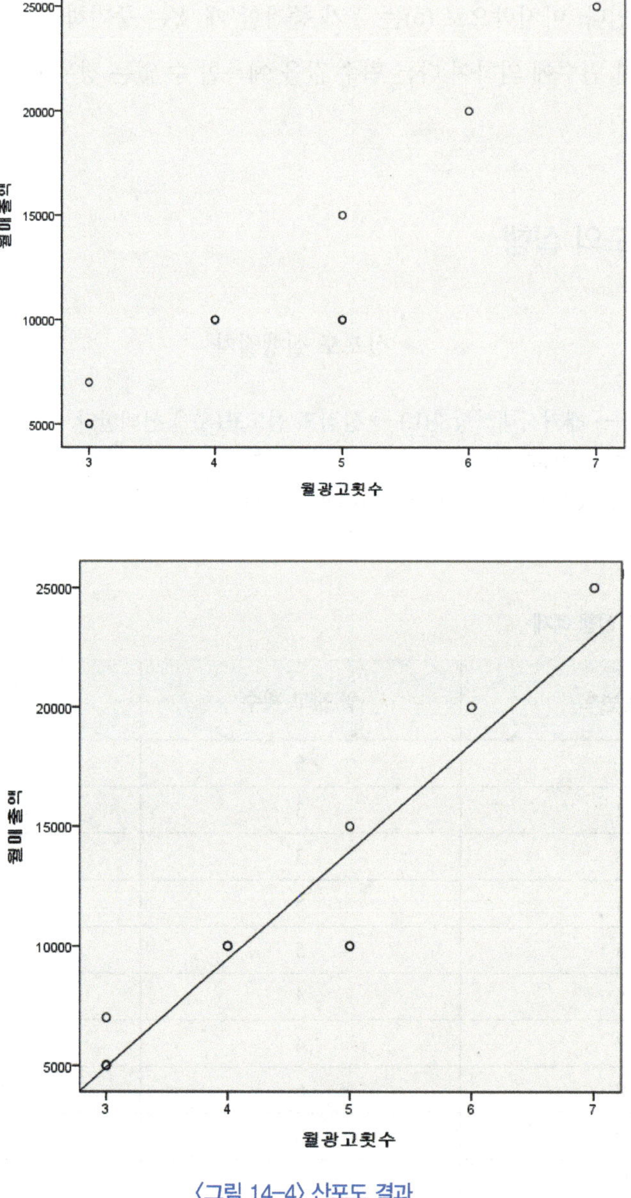

〈그림 14-4〉 산포도 결과

14.3 공분산

공분산(covariance)은 두 변수가 동시에 변화하는 정도를 말한다. 앞에서 산포도를 통하여 한 변수와 다른 변수 간의 방향과 관련 정도를 눈으로 쉽게 파악하였다. 산포도를 이용해서는 한 변수가 얼마만큼 변할 때 다른 변수는 얼마만큼 변화하는지 그 양을 알 수 없다. 따라서 공분산을 통하여 두 변수가 동시에 변화하는 양을 계산해야 한다.

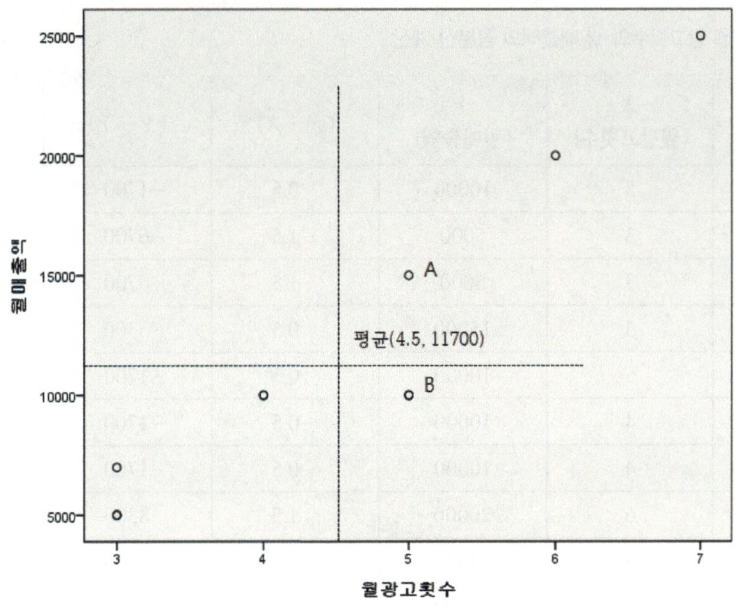

〈그림 14–5〉 평균점과 편차

<그림 14-5>는 <표 14-1>의 산포도에서 평균을 나타낸 그림이다. 월 광고횟수의 평균은 4.5회이고, 월 매출액의 평균은 11,700만원으로 나타난다. 각 변수의 평균점을 중심으로 각 기업들의 월 광고횟수가 얼마 증가(감소)되었을 때, 월 매출액이 어느 정도 증가(감소)하고 있는 가를 알 수 있다. A기업은 월 광고횟수를 평균보다 약 0.5회 더 하였고, 월 매출액 역시 평균보다 더 증가하였다는 것을 알 수 있다. 반면 B기업은 월 광고횟수는 평균보다 약 0.5회 정도 더 하였지만, 월 매출액은 평균보다 더 낮아진 것을 알 수 있다.

공분산은 X변수가 변할 때 Y변수가 동시에 얼마나 변하는 가를 나타내는 것이므로, 공분산을 계산할 때는 X변수의 편차와 Y변수의 편차를 곱해야 한다. 공분산의 계산은 X변수의 편차와 Y변수의 편차를 구하여 곱한 후, 총 사례 수를 통하여 더한 후에 모든

사례 수로 나눈 값을 말한다.(공식 14-1)

　모수치에 의한 공분산의 통계 기호는 σ_{XY}이고, 표본의 통계치 기호는 s_{XY}로 표시하기도 하고, $cov(X, Y)$로도 표현한다.

$$s_{XY} = \frac{\sum(X_i - \overline{X})(Y_i - \overline{Y})}{n} \qquad \text{(공식 14-1)}$$

〈표 14-2〉 월 광고횟수와 월 매출액의 공분산 계산

기업 번호	X (월광고횟수)	Y (월매출액)	$(X-\overline{X})$	$(Y-\overline{Y})$	$(X-\overline{X})$ $(Y-\overline{Y})$
1	5	10000	0.5	−1700	−850
2	3	5000	−1.5	−6700	10050
3	3	5000	−1.5	−6700	10050
4	5	15000	0.5	3300	1650
5	5	10000	0.5	−1700	−850
6	4	10000	−0.5	−1700	850
7	4	10000	−0.5	−1700	850
8	6	20000	1.5	8300	12450
9	3	7000	−1.5	−4700	7050
10	7	25000	2.5	13300	33250
합계	45	117000	0	0	74500
평균	4.5	11700	0	0	7450

　〈표 14-2〉의 공분산을 계산하면 다음과 같다. 두 변수의 편차를 곱하기하여 합한 값은 74,500이고, 이를 사례수 10으로 나누면 된다. 이 공분산 값은 계속해서 상관관계 분석의 기본모형에서 다시 언급할 것이다.

$$s_{XY} = \frac{74,500}{10} = 7,450$$

14.4 상관관계 분석

14.4.1 상관계수의 특징

여기서 다루는 상관관계 분석은 Peason's 상관관계 분석을 의미한다. **일반적으로 논문에서 상관관계 분석이라 함은 대부분 피어슨 상관관계 분석을 의미한다.** 피어슨 상관계수의 특징은 다음과 같다.

① 두 변수 모두 연속형 변수(등간척도, 비율척도)이어야 한다. 만약, 두 변수 중 하나라도 비연속형 변수가 있다면 다른 상관계수 값을 이용해야 한다. 이에 대해서는 뒤에 나올 기타 상관계수에서 다시 다룰 것이다.

② 두 변수 간에는 선형성을 만족해야 한다. 선형성(linearity)은 X 변수가 증가할 때, Y 변수도 지속적으로 증가 또는 감소하는 형태를 말한다. 피어슨 상관관계 분석은 등간척도 또는 비율척도 일 경우에 실시하므로, 일반적으로 선형성의 조건을 잘 만족하는 편이다.

③ 두 변수에 일정한 값을 규칙적으로 가감승제(加減乘除)하여도 상관계수는 변하지 않는다는 것이다. 여기서는 실제 상관계수에 가감승제 하여도 변하지 않는지 앞의 예제 데이터를 가지고 실제 계산해 본다.

<표 14-3>에서 X 변수인 월 광고횟수에는 일정하게 3회를 더해주고, Y 변수인 월 매출액에는 1000만원을 더해주어서 공분산을 계산해 보면, 공분산은 원점수와 동일하게 7450으로 나타난다. 즉, 두 변수 또는 한 변수에 특정한 수를 더해도 공분산의 양은 변하지 않는 다는 것을 알 수 있다. 공분산의 양이 변하지 않는 다는 것은 상관계수도 변하지 않는다는 것이다. 상식적으로 생각해도 월 광고횟수를 일률적으로 3회 더 추가하면 평균이 더 커질 것이고, 다시 이것의 편차를 계산하면 3회 추가하기 전과 동일한 편차 값과 공분산 값이 나온다는 것을 알 수 있다.

〈표 14-3〉 가감에 의한 공분산 계산

기업 번호	원점수		가감점수		$(X-\overline{X})$	$(Y-\overline{Y})$	$(X-\overline{X})(Y-\overline{Y})$
	X (월광고횟수)	Y (월매출액)	$X+3$	$Y+1000$			
1	5	10000	8	11000	0.5	−1700	−850
2	3	5000	6	6000	−1.5	−6700	10050
3	3	5000	6	6000	−1.5	−6700	10050
4	5	15000	8	16000	0.5	3300	1650
5	5	10000	8	11000	0.5	−1700	−850
6	4	10000	7	11000	−0.5	−1700	850
7	4	10000	7	11000	−0.5	−1700	850
8	6	20000	9	21000	1.5	8300	12450
9	3	7000	6	8000	−1.5	−4700	7050
10	7	25000	10	26000	2.5	13300	33250
합계	45	117000	75	127000	0	0	74500
평균	4.5	11700	7.5	12700	0	0	7450

곱하거나 나누어주면 공분산 값은 어떻게 될까? <표 14-4>에서 같이 X변수의 편차가 10배 커지고 Y변수의 편차 역시 10배 커지게 되고, 이에 공분산은 100배 커지게 된다. 원점수의 공분산은 <표 14-2>에서 보는 바와 같이 7,450인데, 승제에 의한 공분산의 값은 745,000으로 다르게 나타났다.

상관계수 값은 한 변수 또는 두 변수 모두에 일률적으로 특정한 수를 가감승제 하여도 변하지 않는데, 공분산은 승제 부분에서 다르게 변한다는 것을 알 수 있다. **이로써 상관계수는 공분산에 의해서만 결정되지 않는다는 것이 증명되었다.**

〈표 14-4〉 승제에 의한 공분산 계산

기업 번호	원점수		승제점수		$(X-\overline{X})$	$(Y-\overline{Y})$	$(X-\overline{X})(Y-\overline{Y})$
	X (월광고횟수)	Y (월매출액)	$X\times10$	$Y\times10$			
1	5	10000	50	100000	5	−17000	−85000
2	3	5000	30	50000	−15	−67000	1005000
3	3	5000	30	50000	−15	−67000	1005000
4	5	15000	50	150000	5	33000	165000
5	5	10000	50	100000	5	−17000	−85000
6	4	10000	40	100000	−5	−17000	85000
7	4	10000	40	100000	−5	−17000	85000
8	6	20000	60	200000	15	83000	1245000
9	3	7000	30	70000	−15	−47000	705000
10	7	25000	70	250000	25	133000	3325000
합계	45	117000	450	1170000	0	0	7450000
평균	4.5	11700	45	117000	0	0	745000

14.4.2 상관계수의 계산

공분산은 두 변수에 어떤 수를 가감했을 경우에는 변하지 않으나, 승제 했을 때는 공분산은 변화한다. 상관계수를 공분산만을 고려하여 추정하게 되면, 상관계수의 범위는 무한대로 존재하게 될 것이다. 앞의 예에서도 공분산은 745,000으로 나타났다.

이에 1896년 Karl Pearson은 상관계수를 계산하기 위해서는 공분산을 표준화 시켜주는 것이 필요하다는 것을 깨닫고, 공분산을 각 변수의 표준편차의 곱으로 나누어 주었다. 그 공식은 〈공식 14-2〉와 같고, 이를 모집단 상관계수라고 한다. 통계적 기호는 ρ(rho)라 표시한다.

$$\rho_{XY} = \frac{\sigma_{XY}}{\sigma_x \times \sigma_y}$$

σ_{XY}: 변수 X와 Y의 모집단 공분산
σ_x: 변수 X의 모집단 표준편차
σ_y: 변수 Y의 모집단 표준편차

〈공식 14-2〉 모집단의 상관계수

대부분의 논문통계는 표본을 통해서 모집단을 추정하게 되고, 상관관계 분석 역시 모집단의 상관계수 ρ는 표본을 통해서 추정하게 된다. 따라서 표본을 통한 상관계수인 r (sample correlation)의 공식을 살펴볼 필요가 있다. (공식 14-3)은 일반적으로 사용하는 표본 상관계수인 r의 공식이다.

$$r_{XY} = \frac{s_{XY}}{s_X \times s_Y}$$

s_{XY} : 변수 X와 Y의 표본공분산

s_X : 변수 X의 표본 표준편차

s_Y : 변수 Y의 표본 표준편차

(공식 14-3) 표본의 상관계수

이제 상관계수 계산식의 원리를 이해하였으므로, <표 14-2>의 예제를 가지고 실제 상관계수를 계산해보자. 상관계수를 계산하기 위해서는 두 변수의 공분산이 분자에 두 변수의 각 표준편차가 분모에 필요하다. 공분산 값은 7,450으로 이미 계산되어 있으므로, X변수와 Y변수의 표준편차를 계산하자. 표준편차의 자세한 계산 방법은 제 7장을 참고하면 된다.

〈표 14-5〉 상관계수의 계산

기업 번호	X (월광고횟수)	Y (월매출액)	$(X-\overline{X})$	$(Y-\overline{Y})$	$(X-\overline{X})(Y-\overline{Y})$	$(X-\overline{X})^2$	$(Y-\overline{Y})^2$
1	5	10000	0.5	-1700	-850	0.25	2890000
2	3	5000	-1.5	-6700	10050	2.25	44890000
3	3	5000	-1.5	-6700	10050	2.25	44890000
4	5	15000	0.5	3300	1650	0.25	10890000
5	5	10000	0.5	-1700	-850	0.25	2890000
6	4	10000	-0.5	-1700	850	0.25	2890000
7	4	10000	-0.5	-1700	850	0.25	2890000
8	6	20000	1.5	8300	12450	2.25	68890000
9	3	7000	-1.5	-4700	7050	2.25	22090000
10	7	25000	2.5	13300	33250	6.25	176890000
합계	45	117000	0	0	74500	16.50	380100000
평균	4.5	11700	0	0	7450	1.65	38010000

<표 14-5>를 보면, X변수의 분산은 1.65이고, Y변수의 분산은 38,010,000로 나타났다. 두 변수의 표준편차는 $\sqrt{분산}$ 로 계산하면 된다. X변수의 표준편차는 $\sqrt{1.65} = 1.284$이고, Y변수의 표준편차는 $\sqrt{38010000} = 6165.225$이다. 따라서 상관계수 계산식은 다음과 같다.

$$r_{XY} = \frac{7450}{(1.284)(6165.225)} = 0.941$$

불편파추정치

<표 14-5>의 분산 값(X=1.65, Y=38,010,000)은 편차를 제곱하여 모두 더한 값을 사례 수(n=10)로 나눈 값이다. 이는 편차추정치에 의한 계산법이다. SPSS에서는 기본적으로 불편차추정치로 계산하므로, 사례 수 n=9로 나누어 주어야 한다. 또한 공분산 역시 사례 수를 9로 나누어 줘서 계산하게 된다. 불편파추정치에 의한 계산식은 아래와 같으며, 분모와 분자 모두 9로 나누어주었으므로 그 결과값은 동일하다. 비록, 동일한 값일지라도 SPSS에서는 모든 계산식이 불편파추정치에 의해 이루어지므로, 정확한 계산 원리는 알고 있는 것이 좋다.

$$r_{XY} = \frac{8,277.777}{(1.354)(6498.717)} = 0.941$$

(불편파추정치에 대한 자세한 설명은 제 7장을 참고하기 바란다)

14.5 상관관계분석의 실시[논문통계의 이해와 적용]

14.5.1 (피어슨)상관계수의 해석

상관계수 r은 두 변수 사이의 선형관계를 나타내는 지표이다. r은 $-1 \leqq r \leqq +1$ 사이의 값을 가지고, -값은 두 변수는 역의 상관관계를, +값은 두 변수는 정의 상관관계를 가진다는 것을 의미한다.

상관계수 r의 통계적 해석은 다음과 같다. 상관계수가 0.7이상이면 매우 강한 상관관계, 0.4~0.7은 상당한 상관관계, 0.2~0.4는 약한 상관관계, 0.0~0.2는 상관관계가 없거나 무시해도 되는 수준이라 해석한다.

0.7~1.0 : 매우 강한 상관관계
0.4~0.7 : 상당한 상관관계
0.2~0.4 : 약한 상관관계
0.0~0.2 : 상관관계 없거나 무시해도 되는 수준

　논문에서 상관계수를 가지고 해석의 오류를 범하는 경우를 가끔 본다. 상관계수는 인과관계 연구에서 나온 수치가 아니기 때문에 원인과 결과로 해석하면 안 된다. 예를 들어 광고의 횟수와 매출액은 관련성이 있을 것으로 예상한다면, 이는 광고의 횟수와 매출액 사이의 정(+)의 상관관계가 존재한다는 것이지 인과관계가 존재한다는 의미는 아니다. 인과관계 해석은 광고의 횟수를 늘리면 매출액은 증가한다고 해석하는데, 이렇게 해석을 하고 싶다면 변수들 간의 이론적 지식을 토대로 하여 인과관계 분석(회귀분석)을 실시해야 할 것이다.

　상관관계 해석은 광고의 횟수를 늘려 매출액이 증가했는지, 매출액이 증가하여 광고의 횟수를 늘렸는지 알 수 없는 상황이기 때문에, 단순하게 두 변수 간의 상관계수 수치로 관련성의 정도만을 해석하면 된다.

　논문에서 상관계수가 가지는 또 다른 중요한 의미가 있다. 그것은 관련성의 정도이다. 만약 두 변수들 간의 관련성의 정도가 0.85이상일 경우에는 이 두 변수는 서로 독립적이지 않을 가능성이 높다는 것이다. 서로 독립적이지 않을 가능성이 높은 두 변수가 회귀분석에서 독립변수로 투입되어 분석할 경우, 다중공선성 문제가 발생할 가능성이 높아진다. 따라서 가설 검정 이전 단계인 상관관계 분석결과에서 두 변수의 상관계수가 0.85이상의 수치가 나타났고, 이 두 변수가 회귀분석에서 독립변수로 투입될 변수들이라면 연구자는 0.85이상의 높은 상관관계의 문제를 해결해야 할 것이다. 이러한 문제의 해결법으로는 0.85이상의 높은 관련성이 보이는 두 변수를 하나의 변수로 합치거나, 두 변수 중 하나의 변수를 삭제함으로써 높은 관련성의 문제를 해결할 수 있다.

　하지만 이는 단순히 통계적 의미에서의 해결책이다. 실제 논문 발표 시에는 이론에 근거하지 않고 두 변수를 합치거나 또는 삭제할 경우에는 심사자들로부터 인정받지 못할 가능성이 높다. 결국에는 근본적인 해결책으로 표본을 더 수집하여 재분석하라는 최악의 상황을 맞이할 수도 있다. 이렇듯 상관관계분석의 계수 값은 논문에서 자칫 심각한 문제를 초래할 수 있으므로, 연구자는 항상 관심을 가지고 관련성의 정도를 살펴보아야 한다.

14.5.2 상관관계분석의 실행

상관관계 분석의 실행절차

① **분석(A) → 상관분석(C) → 이변량상관계수(B)**을 선택한다.
② 분석할 변수를 선택하고, **변수(V)**로 투입한다.
③ 기본적으로 상관계수에는 **Peason**이 체크되어 있고, 유의성은 양쪽검정이며, 유의한 상관
　　계수 별표시에도 체크가 되어있다.
④ 확인을 누른다.

상관계수

		월광고횟수	월매출액
	Pearson 상관계수	1	.941[**]
월광고횟수	유의확률 (양쪽)		.000
	N	10	10
	Pearson 상관계수	.941[**]	1
월매출액	유의확률 (양쪽)	.000	
	N	10	10

[**]. 상관계수는 0.01 수준(양쪽)에서 유의합니다.

■ 결과해석

　월 광고횟수와 월 매출액 간 상관계수 $r=.941$의 수치를 보인다. 그리고 이 수치는 통계적 유의수준하에서 유의미한 것으로 나타났다. 유의확률은 양쪽 검정을 실시하였다는 것을 보여주고, 표본의 크기는 10임을 알 수 있다.

14.6   편 상관관계 분석[논문통계의 이해와 적용]

14.6.1 편 상관관계 분석이란?

편 상관관계 분석은 두 변수간의 관계를 분석한다는 점은 앞에서 다룬 피어슨 상관관계 분석과 동일하다. 하지만 두 변수에 영향을 미치는 제 3의 변수를 통제하고 분석한다는 점에서 매우 큰 차이가 있다.

예를 들어, 앞에서 예에서 월 광고횟수와 월 매출액 간에는 높은 상관관계가 있다는 것을 확인하였다. 그런데 월 광고횟수 이외에 기업의 월 매출액과 관련성이 있는 다른 변수로 종업원 수가 있을 수 있다. 종업원 수와 월 매출액 간에도 높은 관련성이 있을 수 있기 때문이다. 따라서 종업원 수를 통제한 상황에서 월 광고횟수와 월 매출액 간의 관련성을 보는 것이 편 상관관계 분석이 된다.

〈표 14–6〉 편 상관관계분석 예제

기업번호	월 광고 횟수	월 매출액 (단위: 만원)	종업원 수
1	5	10000	40
2	3	5000	20
3	3	5000	25
4	5	15000	55
5	5	10000	60
6	4	10000	30
7	4	10000	35
8	6	20000	50
9	3	7000	20
10	7	25000	60

14.6.2 편 상관관계분석의 실행

편 상관관계 분석의 실행절차

① 분석(A) → 상관분석(C) → 편상관계수(R)을 선택한다.
② 분석할 변수를 선택하고, 변수(V)로 투입한다.
③ 통제할 변수를 제어변수(C)로 투입한다.
③ 기본적으로 유의성 검정에는 양쪽(T)과 관측 유의수준 출력(D)에 체크가 되어있다.
④ 확인을 누른다.

상관

통제변수			월광고횟수	월매출액
종업원수	월 광고횟수	상관	1.000	.875
		유의수준(양측)	.	.002
		df	0	7
	월 매출액	상관	.875	1.000
		유의수준(양측)	.002	.
		df	7	0

■ 결과해석

　종업원 수를 통제변수로 투입한 후, 월 광고횟수와 월 매출액 간의 상관계수는 0.875로 나타났다. 이는 통제변수를 사용하기 전 0.941에서 관련성이 약간 낮아졌다는 것을 알 수 있다.

　아래의 표는 종업원 수를 통제변수로 사용하지 않고, 상관관계분석을 실시한 결과이다. 월 광고횟수와 월 매출액은 앞에서의 분석했듯이 0.941로 나타났고, 월 광고횟수와 종업원 수는 0.891, 월 매출액과 종업원 수는 0.773의 상관계수 값을 보였다.

상관계수

		월광고횟수	월매출액	종업원수
월광고횟수	Pearson 상관계수	1	.941[**]	.891[**]
	유의확률 (양쪽)		.000	.001
	N	10	10	10
월매출액	Pearson 상관계수	.941[**]	1	.773[**]
	유의확률 (양쪽)	.000		.009
	N	10	10	10
종업원수	Pearson 상관계수	.891[**]	.773[**]	1
	유의확률 (양쪽)	.001	.009	
	N	10	10	10

**. 상관계수는 0.01 수준(양쪽)에서 유의합니다.

14.7 기타 상관계수의 이용

피어슨의 상관계수는 앞에서도 언급하였듯이, 두 변수 모두 연속형 변수이고, 선형성을 만족할 때 사용이 가능하다고 하였다. 그런데 두 변수가 연속형 변수가 아닐 때는 선형성을 만족시키기 어렵다. 만약 두 변수가 비연속형 변수인 서열척도일 경우에는 스피어만 상관관계 분석을 이용해야 한다. 또한 한 변수는 명목척도이고, 다른 변수는 등간척도 또는 비율척도 일 경우에는 양류상관계수 값을 이용해야 한다. 마지막으로 두 변수 모두 명목척도로 구성되어 있을 경우에는 $\varnothing$ 계수를 이용하면 된다.

14.7.1 스피어만 등위상관계수

두 변수 모두 비연속형 변수인 서열척도일 경우에는, 연속형 변수인 등간척도나 비율척도처럼 등간성을 유지하지 못할 뿐만 아니라 선형성을 만족시키기 어렵기 때문에, 피어슨 상관계수를 이용하지 못하고 스피어만 등위상관계수를 이용해야 한다. 스피어만 등위상관관계 분석은 두 변수 모두 비연속형 변수인 서열척도 일 경우에 사용한다.

등위상관계수의 표현은 모수치일 경우에는 ρ_s, 표본의 통계치일 경우에는 r_s로 표기한다. 등위상관계수의 분석방법은 상관계수에서 Spearman에 체크만 해주면 되고, 나머지 절차는 피어슨 상관관계 분석과 모두 동일하다.

스피어만 상관관계 분석의 실행절차

① 분석(A) → 상관분석(C) → 이변량상관계수(B)을 선택한다.
② 분석할 변수를 선택하고, 변수(V)로 투입한다.
③ 상관계수에서 Spearman을 체크한다. 유의성은 양쪽검정이며, 유의한 상관계수 별표시에 도 체크가 되어있다.
④ 확인을 누른다.

14.7.2 양류 상관계수

양류 상관계수는 한 변수가 이분화 된 명목척도이고 다른 변수는 연속형 변수일 경우, 두 변수 간 상관관계를 파악할 때 사용하는 상관계수이다.

<표 14-7>과 같이 직무형태와 직무만족도 간 관련성을 추정할 때 사용한다. 직무형태는 정규직과 계약직으로 명확하게 이분되는 명목척도이고, 직무만족도는 등간척도로 구성된 변수이다. 따라서 두 변수 간 상관계수를 파악할 때는 양류 상관계수를 이용하면 된다.

양류상관계수를 구하는 공식은 존재하지만, 그 공식에 의해 계산하면 피어슨 상관계수 값과 동일하게 나타난다. 따라서 SPSS 프로그램에서도 양류 상관계수를 구하는 곳을 따라 설정하지 않았으므로, 피어슨 상관계수 분석방법과 동일하게 사용하면 된다.

양류상관계수 값 = 피어슨 상관계수 값

〈표 14-7〉 양류상관계수의 예

직무형태	직무만족도
1	2
2	4
1	3
2	5
2	4
1	3
2	4
1	2
2	4
1	1

직무형태: ①계약직, ②정규직
직무만족도: ①전혀만족하지않는다 ②만족하지않는다 ③보통 ④만족한다 ⑤매우만족한다

14.7.3 ∅(파이) 계수

∅(파이) 계수는 두 변수 모두 이분화 된 명목척도 일 경우 사용하는 상관계수 값이다. 예를 들어, <표 14-8>과 같이 직무형태와 성별 간 관련성을 추정할 때 사용한다. 직무형태는 정규직과 계약직으로 이분화 된 변수이고, 성별은 남성과 여성으로 이분화 된 변수이다. 계약직 5명 중 4명이 여성이고, 정규직은 5명 모두 남성이다. 직무형태와 성별 간에는 어떠한 관련성이 존재할 것으로 생각된다. 이때 ∅ 계수를 구하는 공식을 이용하여 계수 값을 파악하면 된다. 그런데 ∅ 계수 역시 그 공식에 의해 계산하면 피어슨 상관계수 값과 동일하게 나타난다. 따라서 SPSS 프로그램에서도 ∅ 계수를 분석하는 곳은 없으며, 피어슨 상관계수 분석방법과 동일하게 사용하면 된다.

∅ 계수 값 = 피어슨 상관계수 값

〈표 14-8〉 ∅ 계수의 예

직무형태	성별
1	2
2	1
1	2
2	1
2	1
1	2
2	1
1	1
2	1
1	2

직무형태: ①계약직, ②정규직
성별: ①남자, ②여자

회귀분석 기초이론

15.1   회귀분석의 의미

회귀의 의미는 원래로 돌아간다는 뜻으로, 정확하게 모집단의 평균값으로 돌아간다는 것을 의미이다. 피어슨(Pearson)의 스승이자, 진화론을 주장한 다윈(C. Darwin)의 사촌인 Francis Galton(갈톤)은 유전 연구과정에서 지능이 높은 부모에게서 태어난 자식들은 대체로 지능이 높지만 부모보다는 지능이 낮은 경향이 있고, 반대로 지능이 낮은 부모의 자식들은 대체로 지능이 낮지만 부모보다는 지능이 높은 경향이 있다는 것을 알게 되었다. 또한 아버지의 키가 작을 때 아들의 키는 아버지보다 커지는 경향이 있고, 반대로 아버지 키가 클 때 아들의 키는 아버지보다 작아지는 경향이 있다는 것도 발견하였다. 그는 이를 회귀(回歸)하고 명명하였다. 정확하게는 자녀들의 지능과 키는 모집단 평균을 향해 회귀했다는 의미이고, 이를 근거로 회귀분석이 탄생하게 된다.

회귀분석으로 알 수 있는 정보는 독립변수와 종속변수 간에 상관관계 크기와 유의도를 알 수 있고, 독립변수가 변화할 때 종속변수가 얼마만큼 변화하는지 영향관계도 알 수 있다.

회귀분석을 간단히 정의하면, 독립변수를 조작했을 때 종속변수의 변화를 예측하고자 할 때 사용한다. 예를 들어, 기업에서는 광고횟수를 통하여 매출액을 예측하고, 리더십의 유형별로 종사원의 성과를 예측한다.

예측은 14장에서 다룬 상관관계와 관련이 깊다. 상관관계가 높다는 것은 한 변수가 높으면(낮으면) 다른 변수도 높아진(낮아진)다는 것을 의미하기 때문이다. 하지만 상관관계의 크기로 예측의 정도를 파악할 수는 있으나, X의 특정점수에 대응하는 Y의 점수를 직접 예측 할 수는 없다. 이를 위해서는 회귀분석을 이용해야 한다.

회귀분석에서 조작하는 변수를 독립변수라 하고, 알고자 하는 변수를 종속변수라 한다. 일반적으로 회귀분석에서는 독립변수를 X로 표시하고, 종속변수를 Y로 표시하며, 산포도에서는 독립변수를 횡축에 표기하고, 종속변수를 종축에 표기한다.

한 개의 독립변수가 한 개의 종속변수를 예측하면 단순회귀분석, 두 개 이상의 독립변수가 한 개의 종속변수를 예측하면 다중회귀분석이라 한다. 20장에서는 단순 및 다중회귀분석에 대해서 알아본다.

15.2   회귀선의 이해

<그림 15-1>에서 (a)는 두 변수 값을 도표로 나타낸 산포도(scatter plot)이다. 산포도에 대한 설명은 제 19장 상관관계 분석에서 하였다. 상관계수가 1.0일 때 산포도에 나타난 점을 연결하면 자연적으로 직선이 그려질 것이다. 하지만 현실 속에서 데이터를 수집하였는데 상관계수가 1.0이 나오는 경우는 불가능하므로, 산포도에 나타난 모든 점들을 대표할 수 있는 직선을 그려야 한다. 이 직선이 회귀선(regression line)이며, <그림 15-1>의 (b)에 나타나 있다.

회귀선은 X와 Y의 평균인 $\bar{X}$와 $\bar{Y}$를 지나고 다른 모든 점을 적절히 대표할 수 있도록 그려져 있다. 회귀선이라 하는 이유는 산포도에 있는 모든 점들이 직선 쪽으로 회귀한다 하여 명명하였다.

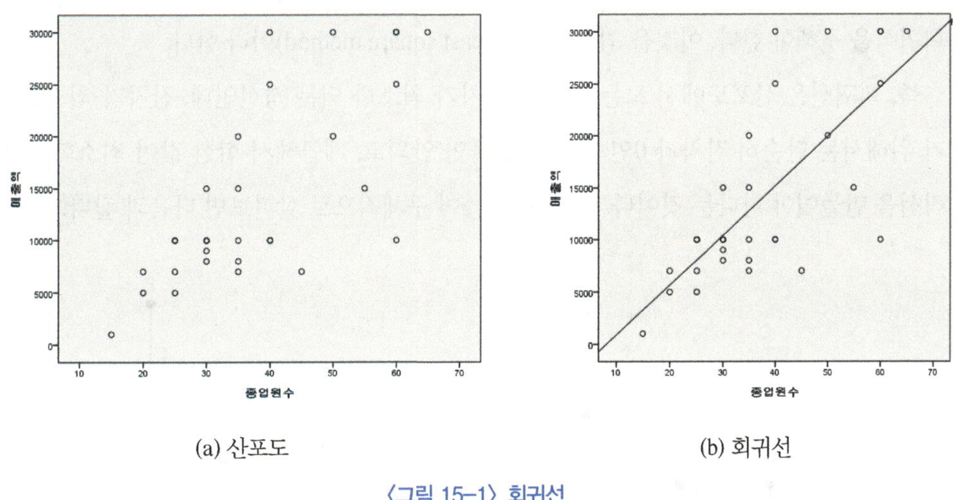

(a) 산포도   (b) 회귀선

〈그림 15-1〉 회귀선

15.3   회귀선 추정방법

<그림 15-1> (b)의 회귀선은 어떻게 그려진 것 일까? 그 기본원리는 X값에 따라 Y값이 흩어져 있을 때, 그 Y값과 기대되는 값인 $\hat{Y}$값과의 차이를 가장 작게 하여야 한다. 이를 수식으로 나타내면, $\sum(Y-\hat{Y})$값을 최소화 한다는 것이다. <그림 15-2>를 보면, 이를 잔차라 한다. 결국 모든 점들과 직선 간의 잔차를 최소화 하는 회귀선을 만들어야 한다.

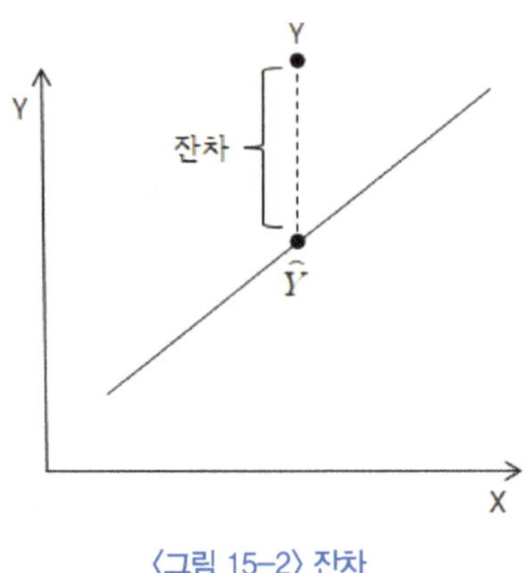

〈그림 15-2〉 잔차

그러나 $\sum(Y-\hat{Y})$값은 항상 0이 된다. 표준편차를 계산할 때, 편차를 이용하면 항상 0이 나오므로, 편차를 제곱하여 사례 수로 나눈 분산을 구한 뒤 이에 제곱근을 사용한다고 하였다. 이 원리와 동일하게, $\sum(Y-\hat{Y})$는 0이 되므로 $\sum(Y-\hat{Y})^2$의 값을 최소화하는 회귀식을 구해야 한다. 이것을 최소제곱법(least square method)이라 한다.

즉, 회귀선은 산포도에서 모든 점들의 잔차가 최소화 되는 직선인데, 잔차가 최소화되기 위해서는 단순히 잔차가 0인 직선을 만들면 안되고, 제곱해서 합한 값이 최소화 되는 직선을 만들어야 한다는 것이다. 이를 예를 들어 구체적으로 살펴보면 다음과 같다.

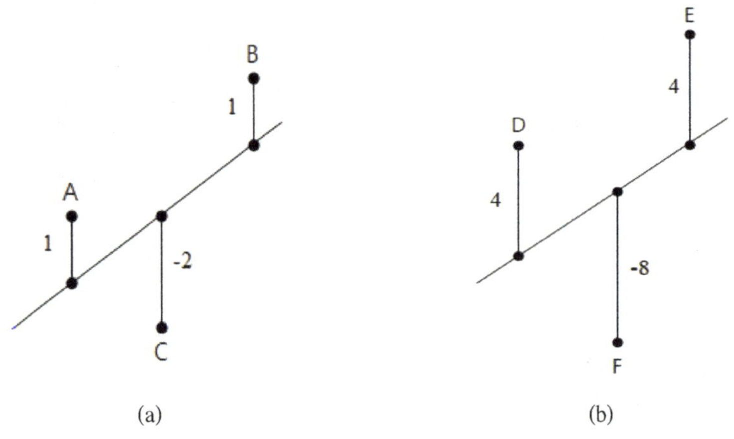

〈그림 15-3〉 회귀선 추정방법(최소제곱법)

<그림 15-3>의 (a) 그림에서 회귀선을 중심으로 3개의 점(A, B, C)이 떨어진 거리가 잔차이다. 3개점의 잔차는 A점은 +1, B점은 +1, C점은 -2이다. 이의 잔차의 합은 0이 된다. 그런데 (b) 그림에서도 회귀선을 중심으로 3개의 점(D, E, F)의 잔차를 보면, D점은 +4, E

점은 +4, F점은 −8이다. 이 역시 잔차의 합은 0이 된다.

　누구나 그림(b)의 잔차가 더 크기 때문에 그림(a)가 더 잘 평가된 회귀선임을 알 수 있는데도 불구하고, 잔차의 합을 통한 계산은 그림(a)와 그림(b) 모두 잔차를 0을 만들어 버린다. 따라서 다른 방법으로 회귀선을 추정해야 하는데, 이것이 최소제곱법이다. 즉, 잔차의 합이 아니라 잔차의 제곱합으로 회귀선을 추정하게 된다. 그 결과 그림(a)의 잔차 제곱합은 6이고, 그림(b)의 잔차 제곱합은 96으로 그림(b)의 잔차가 더 크고, 그림(a)가 상대적으로 잘 평가된 회귀선으로 나타난다.

$$\text{그림(a)의 잔차의 제곱합} = (1)^2 + (1)^2 + (-2)^2 = 6$$
$$\text{그림(b)의 잔차의 제곱합} = (4)^2 + (4)^2 + (-8)^2 = 96$$

　즉, 회귀선은 예측된 직선상의 값과 실제 값 간 잔차의 제곱합이 최소화 되는 직선이라 할 수 있으며, 이는 변수 X의 특정 값에 대응되는 변수 Y의 값을 예측하기 위한 직선으로 설명할 수 있다.

15.4　회귀식의 이해

　회귀식은 앞에서 설명한 회귀선을 방정식으로 표현한 것으로, X와 Y의 관계를 기술한 것이다. 회귀선은 직선이므로 중학교 때 배운 일차함수가 기초가 되며 (공식 15-1)과 같이 나타낸다.

$$\hat{Y} = b_0 + b_1 X$$

$\hat{Y}$: 예측된 종속변수
b_0 : 절편　　　　　　　　　　　　　　　　　(공식 15-1) 단순회귀공식
b_1 : 기울기

　회귀선은 절편(b_0)과 기울기(b_1)에 따라 결정되며, 이는 최소제곱법 원리에 기초하여 오차를 최소화 한다. 여기서는 <표 15-1>를 가지고 회귀식에 필요한 기울기와 절편의 계산에 대한 자세한 설명으로 회귀식에 대한 이해를 높일 수 있도록 한다.

먼저, <표 15-1>에 대한 설명을 하면 변수 X는 수학 수업만족도, 변수 Y는 수학성적으로 설정하였다. $(X - \overline{X})$는 변수 X의 편차이고, $(Y - \overline{Y})$는 변수 Y의 편차이다.

$(X - \overline{X})^2$는 변수 X의 분산이고, $(Y - \overline{Y})^2$는 변수 Y의 분산이다. 분산 값의 평균은 합계를 사례 수(n=10)로 나눈 값이며, 불편파추정치는 합계를 사례 수에서 1을 뺀 n-1로 나눈 값이다. $(X - \overline{X})(Y - \overline{Y})$값은 공분산을 의미하고, 이것 역시 평균은 합계를 사례 수(n=10)로 나눈 값이며, 불편파추정치는 합계를 사례 수에서 1을 뺀 n-1로 나눈 값이다. SPSS프로그램은 불편차추정치에 의한 계산법을 이용하기 때문에, 여기서도 불편파추정치에 의한 값을 이용하여 계산한다. 표준편차는 $\sqrt{분산}$ 이므로, X의 표준편차는 $\sqrt{1.60}$ =1.265, Y의 표준편차는 $\sqrt{97.60}$ =9.879이다.

〈표 15-1〉 회귀분석 예제

구분	수업만족도 (X)	수학성적 (Y)	$(X - \overline{X})$	$(Y - \overline{Y})$	$(X - \overline{X})^2$	$(Y - \overline{Y})^2$	$(X - \overline{X})(Y - \overline{Y})$
1	4	82	1.4	10.4	1.96	108.16	14.56
2	1	68	−1.6	−3.6	2.56	12.96	5.76
3	3	70	0.4	−1.6	0.16	2.56	−0.64
4	3	73	0.4	1.4	0.16	1.96	0.56
5	2	56	−0.6	−15.6	0.36	243.36	9.36
6	5	90	2.4	18.4	5.76	338.56	44.16
7	3	77	0.4	5.4	0.16	29.16	2.16
8	1	60	−1.6	−11.6	2.56	134.56	18.56
9	2	69	−0.6	−2.6	0.36	6.76	1.56
10	2	71	−0.6	−0.6	0.36	0.36	0.36
합계	26	716	0	0	14.40	878.40	96.40
평균	2.60	71.6	0	0	1.44	87.84	9.64
분산 (불편차추정치)	−	−	−	−	1.60	97.60	10.711
표준편차	−	−	−	−	1.265	9.879	−

15.4.1 회귀계수(b_1)

회귀계수(regression coefficient)는 기울기를 의미하며, 변수 X가 한 단위 변화할 때, 예측된 $\hat{Y}$가 변화되는 정도를 나타낸다. 회귀계수의 공식은 (공식 15-2)와 같이, 변수 Y의 표준편차에서 변수 X의 표준편차를 나눈 값을 두 변수의 상관계수로 곱한 값이 기울기 즉, 회귀계수가 된다.

$$b_1 = r \frac{s_Y}{s_X} \qquad \text{(공식 15-2) 회귀계수(기울기) 공식}$$

회귀계수 값을 구하기 위해서, 먼저 상관계수 값을 계산한다. 상관계수를 구하는 공식 (공식 14-3)을 참고하여 그 값을 대입하면 0.857로 나타나고, 이를 회귀계수 계산식에 대입하고 두 변수의 표준편차를 이용하여 계산하면 6.694의 수치를 보였다.

$$r_{XY} = \frac{s_{XY}}{s_X \times s_Y} = \frac{10.711}{(1.265)(9.879)} = 0.857$$

$$b_1 = r \frac{s_Y}{s_X} = 0.857 \left(\frac{9.879}{1.265} \right) = 6.694$$

회귀계수(기울기)의 의미는 X가 한 단위 변할 때, Y가 변하는 정도이다. 즉, 6.694의 의미는 X가 한 단위 변할 때, Y가 변하는 수치이다. 수학 수업만족도가 한 단위증가할 때, 수학성적은 6.694만큼 높아진다는 것이다.

회귀계수는 두 변수의 상관계수와 표준편차에 의해서 계산된다고 하였다. 만약 두 변수의 상관계수가 1.0인 완벽한 상관관계를 보인다면, 모든 점들이 회귀선상에 있으므로 회귀계수는 두 변수의 표준편차(s_Y/s_X)로 추정할 수 있다. 하지만 이는 논문을 작성하는 현실 속에서 발생하기 불가능하며, 모든 점들은 회귀선을 중심으로 항상 흩어져 있으므로 두 변수의 기울기는 상관계수를 고려해야 한다. 회귀계수(b_1)의 방향성은 상관계수(r)의 방향과 동일하게 나타난다.

또한 회귀계수는 상관계수만으로 추정할 수가 없고, 변수 X와 Y의 표준편차에 영향을 받는다. 왜냐하면, 측정단위 달라지면 표준편차 역시 달라지기 때문이다. 예를 들어, 수학성적을 100점으로 하느냐, 10점 만점으로 하느냐에 따라 표준편차는 달라진다. 그래서 회귀계수 b_1을 비표준화된 회귀계수(unstandardized regression weight)라 한다. b_1은 두 변수의 척도에 영향을 받으므로 절대치 기준 1이 넘을 수가 있다. 절대치 1이 넘을 수 있다는 것은 변수 X가 두 개 이상일 때, 두 변수를 비교할 수 없다는 것을 의미한다. 이는 비표준화된 회귀계수를 표준화된 회귀계수로 변환하면 비교할 수 있다.

표준화된 회귀계수(standardized regression weight)

표준화된 회귀계수(β)는 변수 X와 Y를 각 평균이 0, 표준편차가 1인 표준정규분포가 되도록 변환시킨 회귀계수를 의미한다. 비표준화 회귀계수(b)는 변수 X와 변수 Y의 측정단위에 영향을 받지만 표준화된 회귀계수는 측정단위의 영향을 받지 않는 회귀계수이다. 표준화된 회귀계수의 의미는 변수 X가 1 표준편차 바뀔 때, 변수 $\hat{Y}$가 몇 표준편차로 바뀌는 가를 나타낸다. 예를 들어, 표준화된 회귀계수가 0.5이면 X가 1 표준편차 바뀔 때 $\hat{Y}$은 0.5 표준편차 바뀐다는 의미이다. 독립변수(X)가 두 개 이상일 때, X_1이 X_2보다 표준화된 회귀계수 값이 더 크다면, 종속변수에 더 큰 영향을 미친다고 해석할 수 있다. 독립변수가 하나 일 경우에는 표준화 회귀계수 값은 상관계수(r)가 동일한 값이다. 또한 Z는 평균을 0, 표준편차를 1로 바꾼 점수를 의미하며, 계산 공식은 아래와 같이 편차를 표준편차 단위로 나타낸 것이다.

$$\text{표준화된 회귀계수 공식 } Z_{\hat{Y}} = rZ_X \qquad\qquad z\text{점수공식 } \frac{X - \overline{X}}{s}$$

$Z_{\hat{Y}}$은 예측된 $\hat{Y}$을 Z점수로 표기한 것이고, Z_X는 X를 Z점수로 표기한 것이고, r은 변수 X와 변수 Y의 상관계수를 의미한다. 그러므로 표준화 회귀계수는 X가 1 표준편차 변화하면 $\hat{Y}$은 r만큼 변화한다.

앞에 예에서 표준화된 회귀계수 값은 상관계수 값인 0.857이다. 이의 표준화 회귀식은 $Z_{\hat{Y}} = 0.857Z_X$이다. 이는 X가 1표준편차 변할 때 $\hat{Y}$이 0.857편차 변한다는 것을 의미한다.

논문에서 표준화된 회귀계수 값은 단순 회귀분석보다 다중 회귀분석에서 더 중요하게 해석되어진다.

15.4.2 절편(b_0)

회귀계수(기울기)를 구했다면, 절편 b_0를 계산해야 한다. 회귀선은 반드시 $\overline{X}$의 평균과 $\overline{Y}$의 평균을 지나야 한다. 회귀식에 $\overline{X}$의 평균과 $\overline{Y}$의 평균을 대입하면 절편 값을 계산할 수 있다.

$$\overline{Y} = b_0 + b_1 \overline{X}$$
$$b_0 = \overline{Y} - b_1 \overline{X}$$

(공식 15-3) 절편 공식

절편은 X값이 0일 때, $\hat{Y}$의 값으로 상수(intercept)로 표현하기도 한다. (공식 15-3)에 대입하면 다음과 같은 수치로 나타난다.

$$b_0 = 71.6 - (6.694)(2.60) = 54.194$$

15.4.3 회귀식

회귀계수(기울기)와 절편(상수) 값을 구했으므로, 회귀식(공식 15-1)에 대입시켜 보자.

$$\hat{Y} = b_0 + b_1 X \ (회귀식)$$
$$\hat{Y} = 54.194 + (6.694)X$$

위 회귀식을 해석하면 다음과 같다. 먼저 절편은 54.194인데, 이는 수학 수업만족도(X)가 0일 때 예측된 수학 성적($\hat{Y}$) 점수를 의미 한다. 물론, 수학 수업만족도(X)는 5점 등간 척도로 측정 되었으므로 실제 0의 값은 존재하는 값이 아니며, 회귀식을 통해서 추정한 값이다. 또한 앞에서 설명하였듯이, 기울기 b_1은 X가 한 단위 증가할 때, Y가 6.694 만큼 증가한다는 것이다.

절편과 기울기로 회귀식을 완성하고 나면, X의 점수에 대하여 $\hat{Y}$를 예측할 수 있다. 위 회귀식에서 수학 수업만족도가 1점인 학생이 받을 수 있다고 예측되는 수학성적은 60.888점($\hat{Y} = 54.194 + 6.694$)이 되고, 수학 수업만족도가 5점인 학생이 받을 수 있다고 예측되는 수학성적은 87.664점($\hat{Y} = 54.194 + 33.470$)이다.

15.4.4 회귀식 계산절차 요약

앞에서 설명한 회귀식을 구하는 절차를 요약 설명하면 아래와 같이 5단계로 구분할 수 있다.

회귀식 계산 절차

① 독립변수와 종속변수 간의 산포도를 그려 선형성을 확인한다.
② 독립변수 X와 종속변수 Y의 평균, 표준편차 그리고 상관계수를 계산한다.
③ 회귀식의 회귀계수를 계산한다.
④ 회귀식의 절편을 계산한다.
⑤ 계산한 값들을 회귀식에 대입한다.

① 독립변수와 종속변수 간의 산포도를 그려 선형성 확인한다.

산포도 실행절차

① 그래프(G) → 레거시대화상자(L) → 산점도/점도표(S)을 선택한다.
② 단순산점도를 선택하고, 정의를 클릭한다.
③ X-축(X)과 Y-축(Y)에 변수를 투입한다.
④ 확인을 누른다.
⑤ SPSS output창에 나타난 그래프를 더블클릭하면, 도표편집기가 나타난다. 여기서 전체적 합선추가를 클릭하면 회귀선이 그려진다.

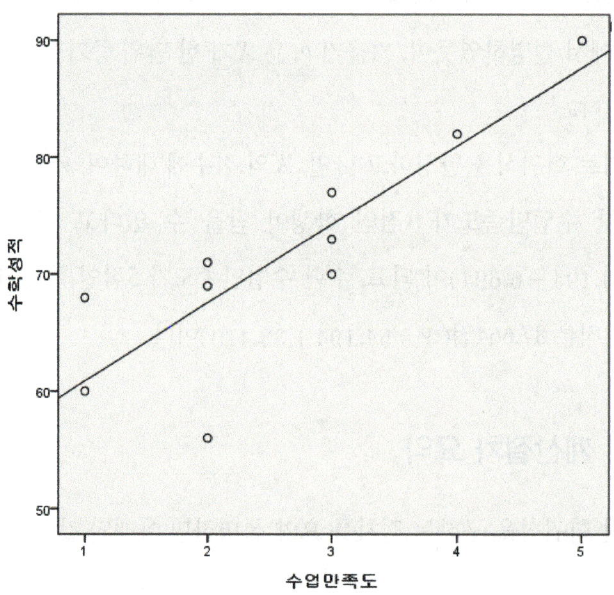

【수학 수업만족도와 수학성적의 산포도와 회귀선 추정결과】

② **독립변수 X와 종속변수 Y의 평균, 표준편차 그리고 상관계수를 계산한다.**

<표 15-1> 회귀분석 예제처럼 미리 계산해 두면 편리하다. 계산결과 다음과 같다.

$\overline{X}$=2.60, $\overline{Y}$=71.6, s_X=1.265, s_Y=9.879, r_{XY}=0.857

③ **회귀식의 회귀계수를 계산한다.**

회귀계수(기울기)를 구하는 공식에 상관계수 값과 각 변수의 표준편차 값을 대입하여 회귀계수를 계산한다.

$$b_1 = r\frac{s_Y}{s_X} = .857\left(\frac{9.879}{1.265}\right) = 6.694$$

④ **회귀식의 절편을 계산한다.**

회귀식의 절편 공식에 각 변수와 평균과 회귀계수(기울기) 값을 대입하여 계산 한다.

$$b_0 = \overline{Y} - b_1\overline{X}$$
$$b_0 = 71.6 - (6.694)(2.60) = 54.194$$

⑤ **회귀식에 계산된 회귀계수와 절편 값을 대입한다.**

$$\hat{Y} = b_0 + b_1 X \text{ (회귀식)}$$
$$\hat{Y} = 54.194 + (6.694)X$$

위 회귀식으로 수학 수업만족도가 가장 높으면(5점), 수학성적은 87.664점을 받을 것으로 예측되고, 수학 수업만족도가 가장 낮으면(1점), 수학성적은 60.888점을 받을 것으로 예측할 수 있다.

■ SPSS 분석결과

계수^a

모형		비표준화 계수		표준화 계수	t	유의확률
		B	표준오차	베타		
1	(상수)	54.194	4.073		13.306	.000
	수업만족도	6.694	1.422	.857	4.707	.002

a. 종속변수: 수학성적

SPSS 분석결과 상수의 비표준화 계수값은 절편값이 되고, 독립변수의 비표준화 계수값은 회귀계수값이 된다. 계산한 결과와 동일하게 절편은 54.194, 회귀계수는 6.694로 나타난다.

15.5   결정계수(R^2)

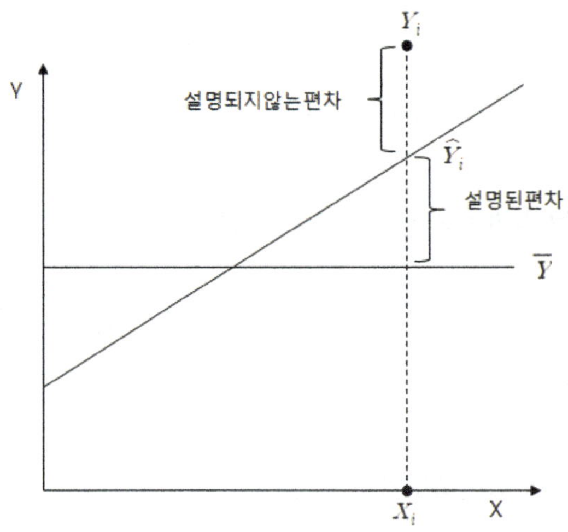

〈그림 15-4〉 설명된 편차와 설명되지 않는 편차

15.5.1 설명된 편차와 설명되지 않은 편차

〈그림 15-4〉에서 실제로 조사된 Y_i와 X변수에 따라 예측된 변수 $\hat{Y}_i$ 값에는 상관관계가 완벽하지 않을 때는 차이가 난다. 실제로 조사된 Y_i은 다음과 같이 세 부분으로 나누

어져 있고, 이를 공식으로 나타내면 (공식 15-4)와 같다.

$$Y_i = \overline{Y} + (\hat{Y}_i - \overline{Y}) + (Y_i - \hat{Y}_i)$$

(공식 15-4) Y_i 계산식

공식을 살펴보면, 실제로 조사된 Y_i는 Y변수를 대표하는 평균($\overline{Y}$)과 회귀식에 의해 예측되는 Y값($\hat{Y}_i$)과 Y 평균값($\overline{Y}$) 간의 차이, 그리고 실제로 조사된 Y_i에서 회귀식에 의해 예측되는 Y값($\hat{Y}_i$) 간의 차이로 구성되어 있다.

여기서 $\overline{Y}$을 상수로 간주하고 실제로 조사된 Y_i에서 이를 빼면 다음과 같이 공식이 나오고, 이를 총편차라 한다.

$$(Y_i - \overline{Y}) = (\hat{Y}_i - \overline{Y}) + (Y_i - \hat{Y}_i)$$

(공식 15-5) 총편차 계산식

① 설명된 편차

총편차(total deviation)는 (공식 15-5)와 같이 변수 X_i값일 때, 얻을 수 있는 예측값 $\hat{Y}_i$에서 Y값의 평균을 뺀 값($\hat{Y}_i - \overline{Y}$)이 첫 번째 요소이다. 이는 X_i변수에서 각기 다른 Y_i값을 가졌다 하더라도 회귀선에 의해 예측되는 $\hat{Y}_i$값은 같다. 따라서 X값이 같을 때는 ($\hat{Y}_i - \overline{Y}$)값은 항상 같게 나타나며, 이 값은 회귀선에 의해 결정(회귀선에 의해 설명됨)되었다고 해서 설명된 편차(explained deviation)라고 한다.

② 설명되지 않은 편차

반면, 총편차 공식에서 두 번째 요소인 ($Y_i - \hat{Y}_i$)값은 X_i값이 같더라도 다르게 나타날 수 있다. 왜냐하면 X_i값일 때 회귀선에 의해 예측되는 $\hat{Y}_i$값은 같지만 각 개인이 측정한 Y_i값은 다르기 때문이다. 이 부분은 개인차 또는 측정상의 오차 등에 의하여 발생한 것이지, 회귀선에 의해서 결정된 것이 아닌 것(회귀선에 의해 설명이 안됨)으로 보고 설명되지 않은 편차(unexplained deviation)라 한다.

결론적으로, X값이 같을 때 항상 같은 값은 설명된 편차, X값이 같을 때 다른 값이 나오는 것은 설명되지 않은 편차이다. 총편차는 이 둘의 편차를 합한 것을 의미한다.

총편차= 설명된 편차 + 설명되지 않은 편차

③ 총편차의 계산

앞에서 설명한 총편차, 설명된 편차, 설명되지 않은 편차의 계산식을 정리하면 다음과 같다.

총편차	$d_T = Y_i - \overline{Y}$	
설명된 편차	$d_{\mathrm{EXP}} = \widehat{Y}_i - \overline{Y}$	(공식 15-6) 계산식
설명되지 않은 편차	$d_{UNEXP} = Y_i - \widehat{Y}_i$	

〈표 15-2〉 총편차, 설명된 편차, 설명되지 않은 편차의 계산

구분	수업만족도 (X)	수학성적 (Y_i)	예측된 Y값 $\widehat{Y}$	총편차 $Y_i - \overline{Y}$	설명된편차 $\widehat{Y}_i - \overline{Y}$	설명되지 않은 편차 $Y_i - \widehat{Y}_i$
1	4	82	80.970	10.4	9.37	1.03
2	1	68	60.888	−3.6	−10.712	7.112
3	3	70	74.276	−1.6	2.676	−4.276
4	3	73	74.276	1.4	2.676	−1.276
5	2	56	67.582	−15.6	−4.018	−11.582
6	5	90	87.664	18.4	16.064	2.336
7	3	77	74.276	5.4	2.676	2.724
8	1	60	60.888	−11.6	−10.712	−.888
9	2	69	67.582	−2.6	−4.018	1.418
10	2	71	67.580	−.6	−4.020	3.420
회귀식	$\widehat{Y} = 54.194 + (6.694)X$					
$\overline{Y}$	71.6					

<표 15-2>는 회귀분석 예제 데이터를 가지고 총편차, 설명된 편차, 설명되지 않은 편차 값을 계산한 결과이다. 그런데 총편차의 합도 0, 설명된 편차의 합도 0, 설명되지 않은 편차의 합도 0으로 나온다. 0으로 나온 편차의 합은 아무런 의미도 가지지 못한다. 그렇다면 이것을 어떻게 이용하여야 할까? 여러분들은 표준편차 계산방법을 기억할 것이다. 편차

값은 항상 0이 나오기 때문에 편차를 제곱하여 모두 합한 값을 사례수로 나눈 분산 값을 가지고 표준편차를 계산한다고 하였다. 이와 동일하게 총편차, 설명된 편차, 설명되지 않은 편차 모두 합한 값이 0이므로, 이를 제곱하여 합한 값(설명된 편차의 제곱합과 설명되지 않은 편차의 제곱합)을 통계적 분석에 사용한다.

15.5.2 설명된 편차의 제곱합과 설명되지 않은 편차의 제곱합

총편차, 설명된 편차, 설명되지 않은 편차 모두 합한 값이 0이므로 이를 제곱해서 사용해야 하는데, 이를 총 변화량, 설명된 변화량, 설명되지 않은 변화량이라 한다.

총 변화량은 총편차 제곱합(sum of squares of total deviation: SS_T)이라고도 하고, Y변수의 총편차를 계산하기 위한 $(Y_i - \overline{Y})$ 공식에 제곱한 뒤 모든 사례 수를 더해 주면 된다. 총편차 제곱합 공식은 (공식 15-7)과 같다.

$$SS_T = \sum (Y_i - \overline{Y})^2 \qquad \text{(공식 15-7) 총편차 제곱합 계산식}$$

앞에서 총편차는 설명된 편차와 설명되지 않은 편차로 구성되어 있다고 하였다. 설명된 편차의 제곱합(sum of squares of explained deviation: SS_E)의 공식과 설명되지 않은 편차의 제곱합(sum of squares of unexplained deviation: SS_U)의 공식은 다음과 같다. (일반적으로 설명된 편차의 제곱합은 설명된 변화량이라 하고, 설명되지 않은 편차의 제곱합은 설명되지 않은 변화량이라 표현한다)

$$SS_E = \sum (\hat{Y}_i - \overline{Y})^2 \qquad \text{(공식 15-8) 설명된 편차의 제곱합 계산식} \\ \text{(설명된 변화량)}$$

$$SS_U = \sum (Y_i - \hat{Y}_i)^2 \qquad \text{(공식 15-9) 설명되지 않은 편차의 제곱합 계산식} \\ \text{(설명되지 않은 변화량)}$$

총편차 제곱합, 설명된 편차의 제곱합, 설명되지 않은 편차의 제곱합의 공식을 이해하였다면, 실제 예제를 가지고 이를 계산해보자.

〈표 15-3〉 총편차 제곱합. 설명된 편차의 제곱합, 설명되지 않은 편차의 제곱합

구분	총편차 $Y_i - \overline{Y}$	설명된편차 $\widehat{Y}_i - \overline{Y}$	설명되지 않은 편차 $Y_i - \widehat{Y}_i$	총편차 제곱합 $\sum(Y_i - \overline{Y})^2$	설명된 편차 제곱합 $\sum(\widehat{Y}_i - \overline{Y})^2$	설명되지 않은 편차 제곱합 $\sum(Y_i - \widehat{Y}_i)^2$
1	10.4	9.37	1.03	108.16	87.8	1.06
2	−3.6	−10.712	7.112	12.96	114.75	50.58
3	−1.6	2.676	−4.276	2.56	7.16	18.28
4	1.4	2.676	−1.276	1.96	7.16	1.63
5	−15.6	−4.018	−11.582	243.36	16.14	134.14
6	18.4	16.064	2.336	338.56	258.05	5.46
7	5.4	2.676	2.724	29.16	7.16	7.42
8	−11.6	−10.712	−.888	134.56	114.75	0.79
9	−2.6	−4.018	1.418	6.76	16.14	2.01
10	−.6	−4.018	3.418	0.36	16.16	11.7
합계	0	0	0	878.40	645.27	233.07

회귀분석 결과에서는 총변화량과 설명된 변화량, 설명되지 않은 변화량은 분산분석표에서 제시되며, 이 값을 이용하여 F값을 계산하고 회귀식이 통계적으로 유의한지 여부를 판단한다.

■ SPSS 분석결과

분산분석[b]

모형	제곱합	자유도	평균 제곱	F	유의확률
회귀 모형 (설명된변화량)	645.344	1	645.344	22.152	.002[a]
잔차 (설명되지않은변화량)	233.056	8	29.132		
합계	878.400	9			

a. 예측값: (상수), 수업만족도
b. 종속변수: 수학성적

SPSS에서 회귀분석 한 결과에서 나오는 분산분석표이다. 여기서 **회귀모형은 설명된 변화량**을 의미하고, **잔차는 설명되지 않은 변화량**을 의미한다. 〈표 15-3〉의 설명된 편차 제

곱합(설명된 변화량)이 645.27로 소숫점 이하 자리가 다르게 나온 것은 소숫점 셋째자리에서 반올림한 값에 의해 발생한 차이이므로 무시해도 된다. 설명된 변화량(회귀모형)값인 645.344를 자유도 1로 나눈 값이 평균제곱 값 645.344이고, 설명되지 않은 변화량(잔차)값인 233.056을 자유도 8로 나눈 값이 평균제곱 값 29.132이다. 두 평균제곱 값으로 F값을 계산한다.

$$\text{F값} = \frac{\text{회귀모형의 평균제곱값}(MSR)}{\text{잔차의 평균제곱값}(MSE)} = \frac{645.344}{29.132} = 22.152$$

계산식에 의하면, 설명되지 않은 변화량의 제곱평균 값(means square error:MSE 잔차제곱평균)이 작을수록 또는 설명된 변화량의 제곱평균 값(means square regression:MSR 회귀제곱평균)이 클수록 좋은 결과임을 직감할 수 있다. F값에 의해 유의확률이 계산되며, 0.002로 나타났다. 이것으로 **"회귀식은 통계적으로 유의하다"**라고 해석한다.

15.5.3 결정계수(R^2)

지금까지 총편차, 설명된 편차, 설명되지 않은 편차와 이를 제곱하여 합한 총편차 제곱합, 설명된 편차 제곱합, 설명되지 않은 편차 제곱합에 대해서 알아보았다.

총편차 제곱합은 총 변화량이라고도 표현하며, 설명된 편차 제곱합은 설명된 변화량으로, 설명되지 않은 편차 제곱합은 설명되지 않은 변화량으로 표현한다. 편차를 제곱하여 모두 합하여 사례수로 나눈 분산을 설명력이라 표현하는 것과 유사하다.

두 변수의 상관계수가 1일 경우, X변수는 Y변수를 완벽하게 예측한다는 것을 의미한다. 이는 앞에서 학습한 총 변화량에 대입하여 생각해보면, Y변수의 총 변화량은 X변수가 완벽하게 설명한다는 것을 의미한다. 즉, 상관계수가 1이면 총 변화량은 설명된 변화량만 존재하게 되고, 상관계수가 0이면 설명되지 않은 변화량만 존재하게 된다. 그러나 상관계수가 1 또는 0이라는 것은 논문에서는 거의 존재하지 않으며, 일반적인 형태의 상관계수 값은 총 변화량 중 설명된 변화량이 차지하는 부분과 설명되지 않은 변화량이 차지하는 부분이 항상 같이 존재하게 된다.

결정계수(R^2)는 총 변화량에서 설명된 변화량이 차지하는 비율이다. 이는 회귀분석에서 매우 중요한 개념이므로 많은 관심을 가져야 한다. 그 공식은 (공식 15-10)과 같다.

$$R^2 = \frac{\text{설명된변화량(설명된편차제곱합)}}{\text{총변화량(총편차제곱합)}} = \frac{SS_E}{SS_T} = \frac{\sum(\widehat{Y_i} - \overline{Y})}{\sum(Y_i - \overline{Y})^2} \qquad \text{(공식 15-10)}$$
결정계수 공식

<표 15-3>의 계산 결과를 R^2공식에 대입하면, $\frac{645.27}{878.40} = 0.735$로 나타났다. 이것은 수학성적($Y$)의 총 변화량 중 73.5%는 수학 수업만족도(X)가 설명한다는 의미이다.

결정계수(R^2)인 0.735의 제곱근을 계산하면 0.857이 된다. 이는 수학 수업만족도와 수학성적 간의 상관계수 값이다. 즉, 두 변수 간 상관계수를 제곱하면 결정계수(R^2)가 된다. 회귀분석 결과에서는 상관계수(r)와 결정계수(R^2) 결과 아래와 같이 모두를 제시해 준다.

■ SPSS 분석결과

모형 요약

모형	R	R 제곱	수정된 R 제곱	추정값의 표준오차
1	.857[a]	.735	.702	5.397

a. 예측값: (상수), 수업만족도

위 표는 SPSS에서 제시되는 R^2값으로 앞에서 계산한 결과와 동일하다. 수정된 R^2은 R^2를 자유도로 조정한 값이다. 추정값의 표준오차는 5.397로 나타났으며, 그 의미는 다음에서 설명한다.

R^2의 크기

논문통계 강의 시 가장 많이 받는 질문 중 하나가 R^2이 어느 정도 되어야 하느냐이다. 결론적으로 말하면 R^2의 크기에 대한 절대적인 기준값은 없다. 신뢰도분석에서 Cronbach α값이 0.6이상이면 수용가능하다고 해석하는 것 처럼 R^2의 기준값이 있으면 좋을 텐데 사실상 그렇지 못하다.

앞에서 설명을 위해 이용한 예제를 보면, 수학 수업만족도가 수학성적을 설명하는 정도는 73.5%로 나타났다. 이는 본 저서에서 설명의 편의를 위해 만들어진 데이터이기 가능한 것이다. 실제로 데이터를 수집하였다면, 위와 같은 R^2값은 사실상 불가능할 것이다.

왜냐하면, 수학성적에 영향을 줄 수 있는 요인들은 한두 가지가 아닐 것이고, 이 모든 요인들을 독립변수로 설정하였을 때 R^2값이 100%가 되며, 수학 수업만족도 하나만 보았다면 R^2

값은 그리 크지 않을 것이기 때문이다. 특히 사회과학 분야에서는 심리적 지표들을 변수로 많이 이용하는데, 이러한 변수들의 R^2값은 더 낮을 수밖에 없다. 공학 또는 이학 분야에서처럼 R^2값이 크게 나타나지 않는 것은 어찌 보면 당연하다. 그렇다고 R^2값이 크면 좋지만 낮아도 사회과학 분야이니깐 신경 쓰지 말 것을 종용할 수도 없다.

따라서 저자는 이러한 질문에 대한 답변으로 Cohen(1988)이 언급한 기준값을 참고할 것을 수업시간에 많이 인용한다. 그의 의하면 사회과학 분야에서는 독립변수가 종속변수를 13% 정도 설명하면, 독립변수는 의미가 있다고 해석하였으므로 그가 언급한 13%를 참고는 하되 절대적 기준으로 삼지 말 것을 권유한다. 어찌되었든 R^2값이 낮으면 그만큼 오차가 크다는 것을 의미하므로, 논문통계에서는 R^2에 대한 많은 관심을 가져야 한다.

15.6 추정의 표준오차

독립변수(X_i)와 종속변수(Y_i)간의 상관계수(r) 또는 결정계수(r^2)는 두 변수의 회귀 적합 정도를 알려준다. 회귀 적합도는 독립변수(X_i)가 종속변수(Y_i)를 정확하게 예측하는 정도이며, 결정계수(r^2)가 높을수록 회귀 적합도는 높고, 반대로 낮을수록 회귀 적합도는 낮아진다. 결정계수(r^2)가 ±1일 때, 산포도에서 모든 점들은 회귀선에 위치하게 되므로 완벽한 회귀 적합도를 보이게 된다. **결정계수(r^2)와 함께 회귀 적합도를 나타내는 지표로 예측오차 값이 있다.**

예측오차는 실제 Y값과 예측된 $\hat{Y}$값의 차이($Y - \hat{Y}$), 다시 말해 특정 X값에서 Y를 예측할 때 나타나는 오차를 의미한다. 만약 $r^2 = \pm 1$이면, Y값은 모두 회귀선에 위치하게 되므로 예측오차는 0이 된다. 반대로 r^2이 매우 낮다면, 대부분의 Y값이 회귀선 밖에 존재하게 되므로 예측오차값은 커지게 된다. 회귀분석에서는 예측오차를 추정의 표준오차값으로 제시한다.

추정의 표준오차($s_{Y \cdot X}$)는 (공식 15-11)과 같이 두 가지 계산식에 의해 도출될 수 있다.

$$① \; s_{Y \cdot X} = \sqrt{\frac{\sum (Y - \hat{Y})^2}{n-2}}$$

$$② \; s_{Y \cdot X} = s_Y \sqrt{(1 - r^2)\left(\frac{n-1}{n-2}\right)}$$

(공식 15-11) 추정의 표준오차 공식

첫 번째 공식은 <표 15-3>에서 설명되지 않은 편차제곱합(설명되지 않은 변화량)에서 (사례수-2)로 나누어 계산한다. 분모가 $n-2$가 되는 이유는 X와 Y의 평균을 구할 때 각 하나씩 2개의 자유가 상실되기 때문이다. 계산식에서 알 수 있듯이 설명되지 않은 변화량을 사례수로 나누어주기 때문에 설명되지 않은 변화량이 작을수록 추정의 표준오차는 작아진다.

$$추정의\ 표준오차 = \sqrt{\frac{233.07}{8}} = 5.398$$

두 번째 공식은 추정의 표준오차가 결정계수(r^2)와 관련되어 있음을 쉽게 알 수 있다. r^2값이 크다면 $(1-r^2)$값은 작아져서 추정의 표준오차값도 작아질 것이고, 반대로 r^2값이 작다면 $(1-r^2)$값은 커져서 추정의 표준오차값도 커진다는 것을 알 수 있다. 또한 사례수가 커지면 $\frac{(n-1)}{(n-2)} \doteqdot 1$이 되기 때문에, 충분한 표본일 때의 추정의 표준오차값은 종속변수의 표준편차에 $\sqrt{(1-r^2)}$를 곱하면 된다. <표 15-1>에서 종속변수의 표준편차(s_Y)는 9.879이고, r^2은 0.735이므로 이를 공식에 대입하면 다음과 같다.

$$추정의\ 표준오차 = 9.879 \times \sqrt{(1-0.735)\frac{9}{8}} = 5.395$$

■ SPSS 분석결과

모형 요약

모형	R	R 제곱	수정된 R 제곱	추정값의 표준오차
1	.857[a]	.735	.702	5.397

a. 예측값: (상수), 수업만족도

위 표는 SPSS 분석결과에서 추정의 표준오차값을 보여준다. 앞에서 계산한 값과 동일하다(소수점 셋째자리가 다른 것은 반올림 등과 관련되므로 무시한다).

추정값의 표준오차가 회귀 적합도를 나타내는 지표라고 하였다. 이를 좀 더 구체적으로 설명하면 다음과 같다. 표준편차는 평균을 중심으로 한 점수의 분산도이고, 추정의 표준오차는 회귀선을 중심으로 한 Y 점수의 분산도이다. X_i의 값에 대응하는 Y_i값은 이론적으로 무수히 존재하게 된다. Y_i값들의 평균은 회귀선 위에 위치하므로, 회귀선은 특정한 X_i에 존재하는 Y_i값들의 평균을 연결한 선이다. 추정의 표준오차는 특정한 X_i값에 대응하는 Y_i점수로 이루어진 분포의 표준편차로 이해하면 된다.

15.7　회귀계수의 표준오차

표준편차와 표준오차

　표준편차와 표준오차에 대해 많은 사람들이 혼동하는 경향이 있어, 그 개념을 정리해 보겠다. 표준편차는 앞에서도 몇 차례 설명하였듯이 원점수에서 평균의 차이인 편차의 평균을 의미한다. 즉, 한 집단의 숫자들이 평균을 중심으로 퍼진 정도이다. 이의 계산은 편차의 합이 0이므로, 편차를 제곱한 분산을 사례수로 나눈 후, 이를 제곱근해서 구한다. 표본에서 표준편차를 구하면 표본 표준편차라 하고, 모집단을 대상으로 한다면 모 표본편차라 한다.

　표준오차는 무엇일까? 일반적으로 모집단의 크기는 매우 크기 때문에 모집단을 대상으로 연구를 하는 경우는 극히 드물다. 그래서 연구자들은 모집단에서 랜덤하게 추출한 표본 집단들로 모집단을 추정하게 된다. 그렇다면 연구자 추출한 표본 집단들이 모집단을 추정하기에 적절한지는 어떻게 알 수 있을까? 바로 그것이 표준오차이다.

　표본의 평균값으로 모집단의 모평균을 추정하게 되는데, 표본의 크기는 모집단의 크기보다 당연히 적기 때문에 표본의 평균과 모집단의 평균은 정확하게 일치하지 않게 된다. 이때 여러 번 추출한 표본들에서 계산된 평균들의 편차, 즉 **표본평균들의 표준편차가 표준오차가 된다**. 하지만 논문에서는 일반적으로 표본을 단 한번 추출하기 때문에 표본평균도 하나가 나오므로 표준오차를 계산할 수 없다고 생각할 수 있으나, 표준편차를 사례수의 제곱근으로 나누어 줌으로써 구할 수 있다.

$$\text{표준오차}_x = \frac{s_x}{\sqrt{n}}$$

독립변수가 종속변수에 정(+) 또는 부(−)의 영향을 미치는 것은 기울기와 표준오차에 의해서 결정되며, 통계적 수치인 t값에 의해 영향관계 유무를 판단한다. t값은 산포도에서 작성된 회귀선의 기울기 정도와, 회귀선과 실제점수(Y_i)간의 차이에 의해서 계산된다. 95% 신뢰수준에서 판단할 때, t값이 ±1.96이상이면 독립변수는 종속변수에 영향을 미친다고 해석한다. t값의 계산식은 아래와 같이 회귀계수에서 표준오차를 나누어 주면 된다.

$$t = \frac{회귀계수(기울기)}{표준오차}$$

회귀계수 앞에서 설명하였으므로, 여기서는 표준오차에 대해서 알아보자. 회귀분석에서 표준오차는 상수의 표준오차 값과 회귀계수의 표준오차 값 등 2개의 표준오차 값이 제시된다.

본 예제의 회귀식은 $\hat{Y} = 54.194 + (6.694)X$와 같으며, 상수항의 추정치 54.194에 대한 표준오차와 회귀계수의 추정치 6.694에 대한 표준오차는 다음과 같은 공식으로 계산한다.

$$\sqrt{\left(\frac{1}{n} + \frac{(\overline{X})^2}{\sum_{i=1}^{n}(X_i - \overline{X})^2} \right) \times MSE} \qquad \text{(공식 15-12) 상수의 표준오차 공식}$$

$$\sqrt{\frac{MSE}{\sum_{i=1}^{n}(X_i - \overline{X})^2}} \qquad \text{(공식 15-13) 회귀계수의 표준오차 공식}$$

표준오차의 계산식인 만큼 설명되지 않은 변화량의 평균제곱 값인 MSE(잔차제곱평균)과 관련되었을 거라고 짐작할 수 있다. SPSS 분석결과 분산분석(p.230)에서 MSE(잔차의 평균제곱)는 29.132이다. X의 평균과 X의 분산의 합계는 <표 15-1>에 나타나 있다. 먼저, 상수의 표준오차값을 계산하면, 4.071이다.

$$\sqrt{\left(\frac{1}{10} + \frac{6.76}{14.40} \right) \times 29.132} = 4.073$$

회귀계수에 대한 표준오차를 계산하면, 1.422로 나타난다.

$$\sqrt{\left(\frac{29.132}{14.40} \right)} = 1.422$$

■ SPSS 분석결과

계수[a]

모형		비표준화 계수		표준화 계수	t	유의확률
		B	표준오차	베타		
1	(상수)	54.194	4.073		13.306	.000
	수업만족도	6.694	1.422	.857	4.707	.002

a. 종속변수: 수학성적

SPSS에서 분석한 결과, 상수의 표준오차값은 4.073, 독립변수의 표준오차는 1.422로 계산한 값과 동일하게 나타났다.

15.8　회귀분석의 기본 가정

산포도에서는 X_i의 특정 값에 대응하는 Y_i의 값들을 점으로 표시하였는데, 이 점과 회귀선과의 차이가 잔차 이다. 모집단에서는 오차라 하고, 표본에서는 잔차라 하는데, 논문의 경우 대부분이 표본이므로 잔차라는 표현을 훨씬 많이 쓰게 된다.

회귀분석을 위해서는 잔차들이 다음의 조건을 만족해야 한다는 것이 회귀분석의 기본 가정이다.

① 잔차의 선형성(linearity): 독립변수와 종속변수는 상호간에 선형관계가 있어야 한다.

② 잔차의 독립성: 잔차들은 서로 관계가 있으면 안 되고 독립적이어야 한다는 것이다. 이를 자기상관(autocorrelation)이라 한다.

③ 잔차의 정규성(normality): 잔차항이 정규분포를 이루어야 한다.

④ 잔차의 등분산성(homoscedasticity): 독립변수 X_i에 대한 Y_i값들의 잔차 분포는 정규분포를 이루어야 한다.

15.8.1 잔차의 선형성

<그림 15-5>는 <그림 15-1>를 가져온 것이다. (a)산포도에서 회귀선을 추정하면 직선 관계인 (b) 그림이 나타나는데, 이를 선형관계가 있다고 표현한다. 회귀선과 점들 간의 차이를 잔차라 표현하므로, 잔차가 선형관계를 이루는 것이 회귀분석을 위한 기본가정이다. 정확하게 선형회귀분석이라 표현한다. 만약 잔차가 선형성을 이루지 않는 다면 비선형 회귀분석을 실시해야 한다.

SPSS에서 선형성을 확인하는 방법은 **4) 회귀식 계산절차 요약**을 참고하기 바란다.

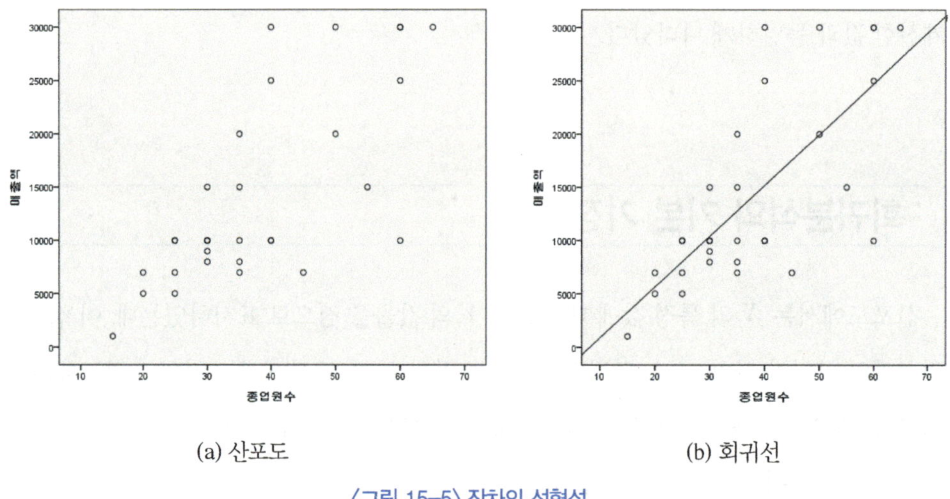

(a) 산포도　　　　　　　　(b) 회귀선

〈그림 15-5〉 잔차의 선형성

15.8.2 잔차의 독립성

잔차의 독립성이란 어떤 X_i에 대한 Y_i의 값은 다른 X_i에 대한 Y_i값에 영향을 받지 않는다는 가정이다. 구체적으로 언급하면, X_1에 대한 Y값들과 X_2에 대한 Y값들은 상호간에 상관이 없어야 한다는 것이다.

일반적으로 설문조사와 같은 횡단연구에서는 잔차 간 독립성 여부에는 크게 신경쓰지 않지만, 종단연구에서는 Y값들 간에 상관이 존재하는 경우가 많으므로 잔차의 독립성 여부를 확인할 필요가 있다.

횡단/종단 연구 모두 잔차 간에는 필연적으로 상관이 존재하므로, 논문통계에서는 잔차 간 상관을 0으로 기준하면 안되고 통계적 수치를 기준으로 판단해야 할 것이다.

여기서는 잔차 독립성을 판단하는 기준으로 두 가지 방법을 소개한다. 첫 번째는 자기상관계수를 이용하여 판단하는 방법과 두 번째는 Durbin-Watson 지수를 이용하여 판단하는 방법이다.

① 자기상관계수

<표 15-1> 회귀분석 예제에서 종속변수인 수학성적의 자기상관 존재유무를 분석해보겠다.

자기상관계수

① **분석(A)** → **예측(T)** → **자기상관(A)**을 선택한다.
② 분석할 변수를 선택하여 **변수(V)**로 투입한다.
③ 확인을 누른다.

자기상관

계열:수학성적

시차	자기상관	표준오차	Box-Ljung 통계량		
			값	자유도	유의확률
1	−.312	.274	1.301	1	.254
2	−.314	.258	2.779	2	.249
3	.203	.242	3.488	3	.322
4	−.255	.224	4.787	4	.310
5	.223	.204	5.984	5	.308
6	.115	.183	6.383	6	.382
7	−.126	.158	7.014	7	.427
8	−.028	.129	7.062	8	.530

■ 분석결과

위 결과표를 해석하면, 자기상관은 Box-Ljung 통계량의 유의확률로 해석하면 된다. 모든 유의확률이 0.05보다 높은 값을 보이므로 자기상관은 존재하지 않는다.

또한 아래의 자기상관함수(ACF) 그래프로도 자기상관이 존재하는지 확인이 가능하다. 그래프에서 위와 아래에 있는 실선이 신뢰구간이 되고, 막대그래프는 자기상관함수로서 이것이 위와 아래 실선을 벗어나지 않으면 자기상관은 존재하지 않는 것이다. 그래 프에서도 분명하게 자기상관은 존재하지 않는 것으로 나타난다.

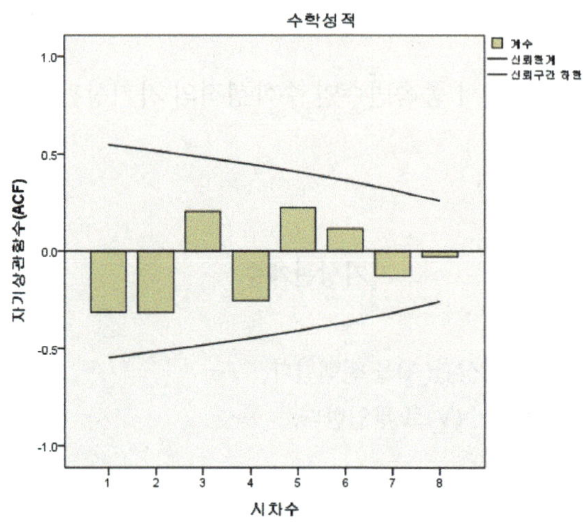

자기상관계수를 통해 잔차의 독립성을 검정하는 경우는 일반적으로 시계열자료와 같은 종단자료에서 많이 활용하며, 설문조사와 같은 횡단자료의 경우에는 Dubin-Watson값을 일반적으로 많이 이용한다.

② Durbin-Watson 검정

자기상관 존재 유무를 파악하기 위한 두 번째 방법으로 Durbin-Watson 검정이 있다. 이 값을 얻기 위해서는 회귀분석을 실시해야 한다.

Durbin-Watson 검정

① 분석(A) → 회귀분석(R) → 선형(L)을 선택한다.
② 통계량(S)을 클릭한 후, 잔차에서 Durbin-Watson(U)을 체크한다.
③ 계속을 선택하고 확인을 누른다.

모형 요약[b]

모형	R	R 제곱	수정된 R 제곱	추정값의 표준오차	Durbin-Watson
1	.857[a]	.735	.702	5.397	2.137

a. 예측값: (상수), 수업만족도
b. 종속변수: 수학성적

■ 분석결과

위 결과표를 해석하면, Durbin-Watson값이 2.137로 나타난다. Durbin- Watson값을 해석하는 일반적인 기준은 아래와 같으며, 이를 기준하였을 때 Durbin-Watson값이 2.137이므로 자기상관은 존재하지 않고 잔차는 독립적인 것을 알 수 있다.

기 준	판 단
1.8< Durbin−Watson<2.2	자기상관 존재안함
1.4< Durbin−Watson<1.8 2.2< Durbin−Watson<2.6	불확실함
Durbin−Watson<1.4 **Durbin−Watson>2.6**	자기상관 존재함

15.8.3 잔차의 정규성

회귀분석의 기본조건 중 하나로 잔차가 정규분포를 이루어야 한다는 것이다. 독립변수 X_i에 대해 $\hat{Y}_i$은 하나이지만, Y_i은 많이 존재한다. 잔차의 정규성이란 연구자가 수집한 데이터가 정규분포를 이루어야 한다는 의미가 아니라, <그림 15-6>과 같이 독립변수 X_i 각각에서 정규분포를 이루어야 한다는 것이다.

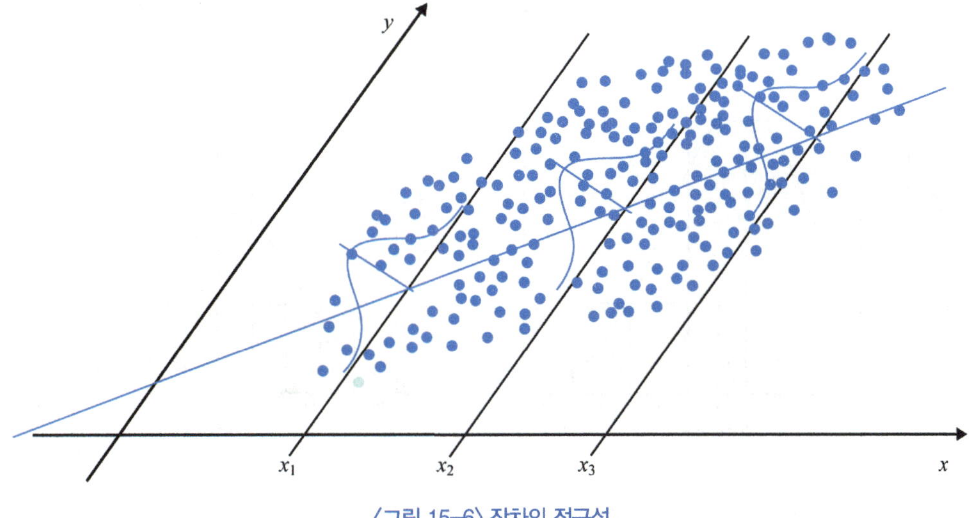

〈그림 15–6〉 잔차의 정규성

잔차의 정규성 검정을 설명하기 전에 데이터의 정규성 검정에 대해서 간략히 설명하겠다. 정규성 검정 방법에는 다음과 같이 세 가지가 있다. ①첨도와 왜도값을 통한 정규성 검정 ②P-P도표를 통한 정규성 검정 ③Shapiro-Wilk와 Kolmogorov -Smirnov 검정이다.

① 첨도와 왜도값을 통한 정규성 검정

잔차의 정규성 검정을 위한 첫 번째 방법으로 첨도와 왜도값을 통한 방법이 있다. 이 방법은 제 8장에서 자세히 설명하였으므로, 자세한 분석방법은 여기서 생략한다. 분석결과는 아래와 같이, 왜도와 첨도값 모두 절대치 2를 넘지 않아 정규분포를 이루는 것으로 나타났다.

통계량

		수업만족도	수학성적
N	유효	10	10
	결측	0	0
왜도		.544	.301
왜도의 표준오차		.687	.687
첨도		−.026	.351
첨도의 표준오차		1.334	1.334

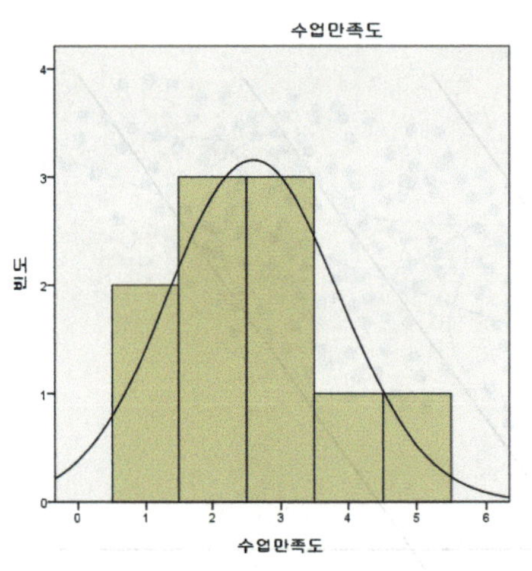

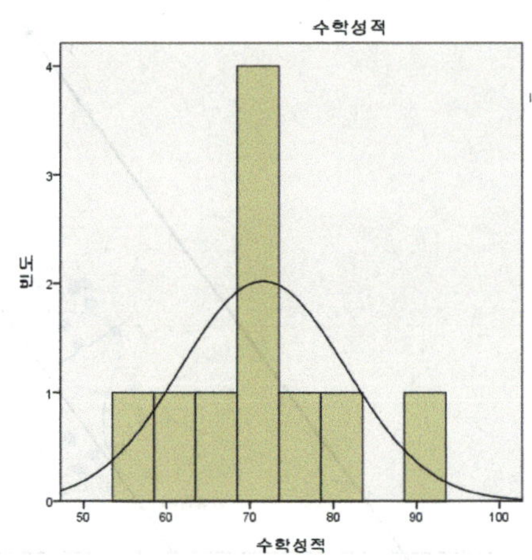

② P-P도표를 통한 정규성 검정

잔차의 정규성 검정 방법 중 P-P도표를 통한 정규성 검정방법이 있다. P-P도표는 정규분포곡선을 직선으로 표현한 도표라 생각하면 된다. 직선을 중심으로 점들이 위치해 있다면 정규분포를 이루는 것과 동일하다. P-P도표는 직선을 중심으로 위치한 점들을 해석하는데 연구자의 주관성이 개입된다는 단점 때문에, 왜도와 첨도값 보다는 선호되지 않는다.

P-P도표를 통한 정규성 검정

① 분석(A) → 기술통계량(E) → P-P도표(P)을 선택한다.
② 분석할 변수를 변수(V)로 이동한다.
③ 확인을 누른다.

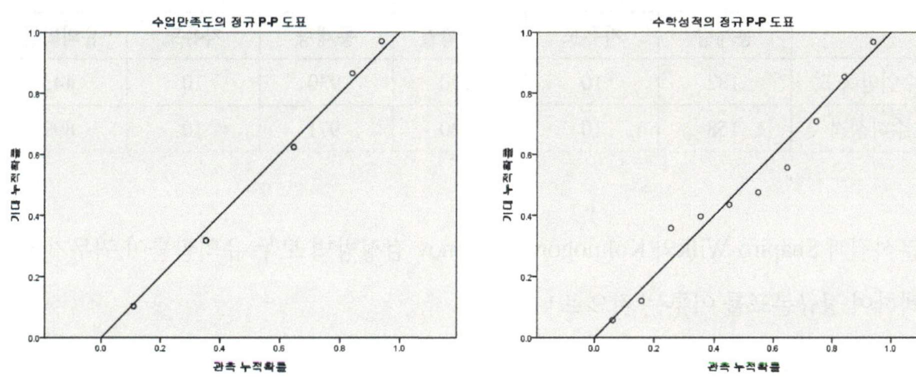

③ Shapiro-Wilk와 Kolmogorov-Smirnov 검정

잔차의 정규성 검정 방법 중 세 번째 방법으로 Shapiro-Wilk와 Kolmogorov-Smirnov 검정방법이 있다. 이 방법의 특징은 가설 검정을 통한 정규성 검정 방법이며, 표본의 수가 매우 적을 때도 사용 가능하다.

Shapiro-Wilk와 Kolmogorov-Smirnov 검정 가설
H_o : 정규분포이다
H_1 : 정규분포가 아니다

Shapiro-Wilk 정규성 검정은 처음에는 표본이 극히 적을 때(n<50) 분석하도록 만들어졌으나, 지금은 매우 큰 표본(n>5000)에서도 적용이 가능하다. 반대로 Kolmogorov-Smirnov 검정방법은 처음에는 큰 표본에서 사용하였으나, 지금은 매우 작은 표본(n>4)에

서도 적용이 가능하다.

Shapiro-Wilk와 Kolmogorov-Smirnov 검정

① 분석(A) → 기술통계량(E) → 데이터탐색(E)을 선택한다.
② 분석할 변수를 종속변수(D)로 이동한다.
③ 도표(T)을 선택하고, 검정과 함께 정규성 도표(O)을 체크한다.
④ 계속과 확인을 누른다.

정규성 검정

	Kolmogorov-Smirnov			Shapiro-Wilk		
	통계량	**자유도**	**유의확률**	**통계량**	**자유도**	**유의확률**
수업만족도	.182	10	.200	.930	10	.445
수학성적	.158	10	.200	.971	10	.899

분석결과 Shapiro-Wilk와 Kolmogorov-Smirnov 검정방법 모두 유의확률이 귀무가설을
채택하여 정규분포를 이루는 것으로 나타났다.

④ 잔차의 정규성 검정

앞에서 설명한 정규성 검정은 데이터의 정규성 검정이다. 회귀분석의 기본가정은 잔차
가 정규성 조건을 만족해야 하므로, <표 15-1> 회귀분석 예제를 가지고 잔차의 정규성 검
정에 대해서 설명하겠다.

잔차의 정규성 검정 절차

① 분석(A) → 회귀분석(R) → 선형(L)을 선택한다.
② 독립변수(I)에 수업만족도, 종속변수(D)에 수학성적을 투입한다.
③ 저장(S)을 선택하고, 잔차에서 표준화(A)를 체크한다.
④ 계속과 확인을 누른다.
⑤ **SPSS** 데이터보기 창에 ZRE_1 변수가 새롭게 나타난다.

잔차의 정규성 검정 절차대로 분석을 진행하면, SPSS 데이터보기 창에 ZRE_1이라는 새로운 변수가 나타난다. Z는 표준 정규분포를 뜻하고, RE는 Residual(잔차)의 약어이다. 즉, 표준화 잔차를 뜻한다. 새롭게 생성된 ZRE_1(표준화잔차) 변수를 가지고 앞에서 설명한 Shapiro-Wilk와 Kolmogorov-Smirnov 검정을 실시한다. 그 결과는 다음과 같이 나타난다.

정규성 검정

	Kolmogorov−Smirnov			Shapiro−Wilk		
	통계량	자유도	유의확률	통계량	자유도	유의확률
Standardized Residual	.201	10	.200[*]	.905	10	.250

잔차의 정규성 검정 결과, Shapiro-Wilk와 Kolmogorov-Smirnov 검정방법 모두 유의확률이 연구가설(H_1)을 기각하여 잔차는 정규분포를 이루는 것으로 나타났다.

15.8.4 잔차의 등분산성

회귀분석의 기본조건 중 잔차의 등분산성이 있다. 등분산성은 표준편차와 관련된 개념으로, 잔차들의 표준편차가 통계적으로 어느 범위 내에 있다면 등분산성이라 한다. 이는 뒤에 나올 t-test나 ANOVA분석에서의 등분산성 검정과 같은 개념이지만, 잔차의 등분산성은 유의확률로 명확하게 파악되지 않고 그래프로 주관적으로 판단해야 한다는 단점이 있다.

그래프로 잔차의 등분산성을 판단하는 방법으로, 표준화된 잔차의 등분산 그래프가 평균 0을 중심으로 ±3 표준편차 이내에서 어떤 규칙이나 추세, 경향, 주기 등이 없이 무작위 분포되어 있으면 등분산성을 이룬다고 한다.

<표 15-1> 회귀분석 예제를 가지고 잔차의 등분산성 그래프를 그려보자.

잔차의 등분산성 검정 절차

① **분석(A) → 회귀분석(R) → 선형(L)**을 선택한다.
② **독립변수(I)**에 수업만족도, **종속변수(D)**에 수학성적을 투입한다.
③ **도표(T)**을 선택하고, **Y**에는 **ZRESID**(표준화 잔차)를 투입하고, **X**에는 **ZPRED**(표준화된 예측값)를 투입한다.
④ 계속과 확인을 누른다.

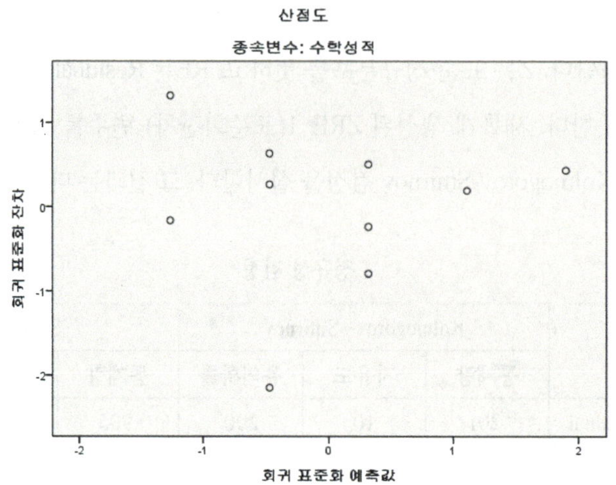

위 잔차의 등분산 그래프를 보면, 표준편차 ±2범위 내에서 무작위로 분포되어 있으므로 잔차들은 등분산성을 이룬다고 할 수 있다. 이와 같이 잔차의 등분산성은 그래프를 보고 주관적 판단이 개입된다는 단점이 있다.

회귀분석의 기본가정을 논문에 모두 제시해야 하나?

논문에서 변수들 간 인과관계 규명을 위해 가장 흔히 사용하는 분석 중 하나가 회귀분석이다. 그런데 여러분들은 여기서 배운 회귀분석의 기본가정 모두를 논문에서 제시한 경우를 본적이 있는가? 아마 대다수의 경우가 그렇지 않다고 대답할 것이다. 그 이유는 다양할 수 있으나, 일반적인 이유를 요약하면 다음과 같다.

첫째, 선형성을 만족하지 않으면 선형회귀분석 아니라 비선형 회귀분석으로 해야 한다. 이는 회귀분석의 기본가정으로 보기 보다는 당연히 갖추어야 할 조건으로 봄이 타당하다. 둘째, 잔차의 독립성은 횡단연구(설문조사)보다 종단연구에서 필요한 조건이다. 설문조사로 이루어진 논문이라면 굳이 잔차의 독립성 검정을 할 필요가 없다. 셋째, 정규성 검정은 논문에서 쉽게 볼 수 있다. 하지만 중심극한정리 이론에 의하면, 표본의 수가 30이 넘으면 표본은 정규분포를 이루는 것으로 알려져 있으므로 충분한 크기의 표본이 확보된 연구라면 정규성 검정결과를 제시하지 않아도 되고, 잔차의 정규성 검정 역시 제시하지 않아도 된다. 넷째, 등분산성 검정은 표준화된 잔차의 등분산 그래프가 주관적 판단이 개입되는 불명확성의 이유로 논문에서는 널리 사용하지 않는다. 물론, SPSS프로그램은 회귀분석에서 등분산성(Breusch-Pagan & Koenker test: BPK test)을 파악할 수 있도록 명확하게 유의확률(p)값을 제공하고 있지만, 이를 위해 명령어를 입력해야하는 등의 어려움으로 잘 사용하지 않는 편이다.

15.9 SPSS프로그램을 활용한 변수계산 방법[논문통계의 이해와 적용]

통계가 익숙하지 않은 학생들에게 15장에서 다룬 계산은 어려울 수밖에 없다. 아마 고등학교를 졸업하고 복잡한 계산식을 처음 보는 사람도 다수 있을 것이라 생각한다. 본서에서는 이러한 계산식을 간단하게 해결할 수 있는 방법을 소개하므로, 어렵게 생각하지 말고 따라해 보자. 생각보다 간단하다.

먼저, 앞에서 제시한 <표 15-1>을 SPSS에서 계산한 방법을 설명한다.

15.9.1 회귀분석 예제 계산방법(〈표 15-1〉 참고)

구분	수업만족도 (X)	수학성적 (Y)	$(X-\overline{X})$	$(Y-\overline{Y})$	$(X-\overline{X})^2$	$(Y-\overline{Y})^2$	$(X-\overline{X})(Y-\overline{Y})$
1	4	82	1.4	10.4	1.96	108.16	14.56
2	1	68	−1.6	−3.6	2.56	12.96	5.76
3	3	70	0.4	−1.6	0.16	2.56	−0.64
4	3	73	0.4	1.4	0.16	1.96	0.56
5	2	56	−0.6	−15.6	0.36	243.36	9.36
6	5	90	2.4	18.4	5.76	338.56	44.16
7	3	77	0.4	5.4	0.16	29.16	2.16
8	1	60	−1.6	−11.6	2.56	134.56	18.56
9	2	69	−0.6	−2.6	0.36	6.76	1.56
10	2	71	−0.6	−0.6	0.36	0.36	0.36
합계	26	716	0	0	14.40	878.40	96.40
평균	2.60	71.6	0	0	1.44	87.84	9.64
분산 (불편차추정치)	−	−	−	−	1.60	97.60	10.711
표준편차	−	−	−	−	1.265	9.879	−

위 예제에서는 X와 Y값은 수집한 데이터 값이며, 이를 기준으로 편차와 분산, 공분산을 계산하면 된다.

① 편차 $(X - \overline{X})$와 $(Y - \overline{Y})$의 계산을 위해서는, 먼저 평균 $\overline{X}$와 $\overline{Y}$값을 알아야 한다. 수업만족도(X)와 수학성적(Y)의 평균은 각 2.60, 71.60으로 나타난다. 그 다음으로 편차를 계산한다.

평균 구하기

① 분석(A) → 기술통계량(E) → 빈도분석(F)을 선택한다.
② 평균을 구할 변수를 변수(V)로 이동시킨다.
③ 통계량(S)을 선택하고, 중심경향에서 평균(M)를 체크한다.
④ 계속과 확인을 누른다.

---

② 평균값을 알았다면 편차를 계산한다. 편차의 의미는 평균에서 떨어진 정도이므로 계산식은 (원점수-평균)이며, 이를 통계식으로 나타내면 다음과 같다.

$$d = Y_i - \overline{Y}$$

■ 편차 계산식

SPSS에서 편차 계산하기

① 변환(T) → 변수계산(C)을 선택한다.
② 대상변수(T)에 새롭게 생성될 변수이름을 기입한다. 여기서는 수업만족도는 만족도편차로 기입하고, 수학성적은 성적편차로 기입한다.
③ 숫자표현식(E)에 수업만족도 변수를 이동시킨다. 그리고 "수업만족도-2.60"으로 계산식을 작성한다.
④ 확인을 누르면, SPSS창에 "만족도편차"라는 새로운 변수가 탄생한다.

수업만족도	수학성적	만족도편차
4	82	1.4
1	68	-1.6
3	70	.4
3	73	.4
2	56	-.6
5	90	2.4
3	77	.4
1	60	-1.6
2	69	-.6
2	71	-.6

수업만족도 편차$(X-\overline{X})$를 계산하였고, 수학성적 편차$(Y-\overline{Y})$ 역시 이와 동일한 방법으로 계산해 보자. 편차를 계산하였다면, 다음으로 분산을 계산한다.

③ 분산계산식은 제 12장에서 설명한 불편파추정치로 계산한다.

$$s^2{}_Y = \frac{\sum(Y-\overline{Y})^2}{n-1}$$

■ 불편파추정치에 의한 분산계산식

SPSS에서 분산 계산하기

① **변환(T) → 변수계산(C)**을 선택한다.
② **대상변수(T)**에 새롭게 생성될 변수이름을 기입한다. 여기서는 수업만족도는 만족도분산로 기입하고, 수학성적은 성적분산으로 기입한다.
③ **숫자표현식(E)**에 "만족도편차" 변수를 이동시킨다. 그리고 "**만족도편차**2**"와 "**성적편차**2**" 로 계산식을 작성한다. SPSS 변수계산에서는 *(곱하기), /(나누기), **(제곱)을 의미한다.
④ 확인을 누르면, SPSS창에 "만족도분산"이라는 새로운 변수가 탄생한다.

위 과정을 거치게 되면, SPSS 창에 각 학생별 분산 값들이 나타난다. 분산은 편차를 제곱하여 모두 합한 값을 (사례수-1)로 나누어줘야 하기 때문에, 모든 학생들의 분산 값을 합한 값 즉, 합계를 구해야 한다.

수업만족도	수학성적	만족도편차	성적편차	만족도분산	성적분산
4	82	1.40	10.40	1.96	108.16
1	68	-1.60	-3.60	2.56	12.96
3	70	.40	-1.60	.16	2.56
3	73	.40	1.40	.16	1.96
2	56	-.60	-15.60	.36	243.36
5	90	2.40	18.40	5.76	338.56
3	77	.40	5.40	.16	29.16
1	60	-1.60	-11.60	2.56	134.56
2	69	-.60	-2.60	.36	6.76
2	71	-.60	-.60	.36	.36

④ 합계 값은 아래와 같이 빈도분석에서 분석한다.

합계 구하기

① 분석(A) → 기술통계량(E) → 빈도분석(F)을 선택한다.
② 합계를 구할 변수를 변수(V)로 이동시킨다.
③ 통계량(S)을 선택하고, 중심경향에서 합계(S)를 체크한다.
④ 계속과 확인을 누른다.

위 과정을 거치게 되면 수학만족도의 합계 값은 14.40으로 나타나고, 이를 사례 수에서 1을 뺀 9로 나누어주면 분산 값이 된다.

$$\text{수학만족도 분산} = \frac{14.40}{(10-1)} = 1.60$$

$$\text{수학성적 분산} = \frac{878.40}{(10-1)} = 97.6$$

⑤ 수업만족도(X)와 수학성적(Y) 변수의 편차, 분산을 계산하였다. 그 다음으로 예제 데이터에서처럼 공분산$(X-\overline{X})(Y-\overline{Y})$을 계산한다.

SPSS에서 공분산 계산하기

① 변환(T) → 변수계산(C)을 선택한다.
② 대상변수(T)에 새롭게 생성될 변수이름을 기입한다. 여기서는 공분산이라 기입한다.
③ 숫자표현식(E)에서 만족도편차를 이동시키고 곱하기(*) 한 후, 성적편차 변수를 이동시킨다. "만족도편차*성적편차"
④ 확인을 누르면, SPSS창에 "공분산"이라는 새로운 변수가 탄생한다.

수업만족도	수학성적	만족도편차	성적편차	만족도분산	성적분산	공분산
4	82	1.40	10.40	1.96	108.16	14.56
1	68	-1.60	-3.60	2.56	12.96	5.76
3	70	.40	-1.60	.16	2.56	-.64
3	73	.40	1.40	.16	1.96	.56
2	56	-.60	-15.60	.36	243.36	9.36
5	90	2.40	18.40	5.76	338.56	44.16
3	77	.40	5.40	.16	29.16	2.16
1	60	-1.60	-11.60	2.56	134.56	18.56
2	69	-.60	-2.60	.36	6.76	1.56
2	71	-.60	-.60	.36	.36	.36

15.9.2 총편차. 설명된 편차, 설명되지 않은 편차의 계산방법(〈표 15-2〉 참고)

구분	수업만족도 (X)	수학성적 (Y_i)	예측된 Y값 $\hat{Y}$	총편차 $Y_i - \overline{Y}$	설명된편차 $\hat{Y_i} - \overline{Y}$	설명되지 않은 편차 $Y_i - \hat{Y_i}$
1	4	82	80.970	10.4	9.37	1.03
2	1	68	60.888	−3.6	−10.712	7.112
3	3	70	74.276	−1.6	2.676	−4.276
4	3	73	74.276	1.4	2.676	−1.276
5	2	56	67.582	−15.6	−4.018	−11.582
6	5	90	87.664	18.4	16.064	2.336
7	3	77	74.276	5.4	2.676	2.724
8	1	60	60.888	−11.6	−10.712	−.888
9	2	69	67.582	−2.6	−4.018	1.418
10	2	71	67.580	−.6	−4.020	3.420
회귀식	$\hat{Y} = 54.194 + (6.694)X$					
$\overline{Y}$	71.6					

위 표에서 예측된 $\hat{Y}$값을 계산하기 위해, 먼저 절편(54.194)과 회귀계수값(6.694)을 계산 하였다. 위 회귀식을 가지고 변수계산을 통하여 예측된 $\hat{Y}$값을 계산하면 된다.

SPSS에서 $\hat{Y}$ 계산하기

① 변환(T) → 변수계산(C)을 선택한다.
② 대상변수(T)에 새롭게 생성될 변수이름을 기입한다. 여기서는 "예측된Y"라 기입한다.
③ 숫자표현식(E)에서 54.194＋(6.694)* 를 작성 한 후, 수업만족도 변수를 이동시킨다.
　"54.194＋(6.694)*수업만족도"
④ 확인을 누르면, SPSS창에 "예측된Y"이라는 새로운 변수가 탄생한다.

수업만족도	수학성적	만족도편차	성적편차	만족도분산	성적분산	공분산	예측된Y
4	82	1.40	10.40	1.96	108.16	14.56	80.97
1	68	-1.60	-3.60	2.56	12.96	5.76	60.89
3	70	.40	-1.60	.16	2.56	-.64	74.28
3	73	.40	1.40	.16	1.96	.56	74.28
2	56	-.60	-15.60	.36	243.36	9.36	67.58
5	90	2.40	18.40	5.76	338.56	44.16	87.67
3	77	.40	5.40	.16	29.16	2.16	74.28
1	60	-1.60	-11.60	2.56	134.56	18.56	60.89
2	69	-.60	-2.60	.36	6.76	1.56	67.58
2	71	-.60	-.60	.36	.36	.36	67.58

총편차, 설명된 편차, 설명되지 않은 편차는 앞에서 설명한 것과 같이, **변환(T) → 변수계산(C)** 선택 후, **대상변수(T)**에 새롭게 생성될 변수를 기입하고, **숫자표현식(E)**에서 계산할 변수를 이동 시킨 후 마이너스(−)를 해주면 된다.

15.9.3 총편차 제곱합. 설명된 편차의 제곱합, 설명되지 않은 편차의 제곱합 (〈표 15−3〉 참고)

구분	총편차 $Y_i - \overline{Y}$	설명된 편차 $\widehat{Y}_i - \overline{Y}$	설명되지 않은 편차 $Y_i - \widehat{Y}_i$	총편차 제곱합 $\sum (Y_i - \overline{Y})^2$	설명된 편차 제곱합 $\sum (\widehat{Y}_i - \overline{Y})^2$	설명되지 않은 편차 제곱합 $\sum (Y_i - \widehat{Y}_i)^2$
1	10.4	9.37	1.03	108.16	87.8	1.06
2	−3.6	−10.712	7.112	12.96	114.75	50.58
3	−1.6	2.676	−4.276	2.56	7.16	18.28
4	1.4	2.676	−1.276	1.96	7.16	1.63
5	−15.6	−4.018	−11.582	243.36	16.14	134.14
6	18.4	16.064	2.336	338.56	258.05	5.46
7	5.4	2.676	2.724	29.16	7.16	7.42
8	−11.6	−10.712	−.888	134.56	114.75	0.79
9	−2.6	−4.018	1.418	6.76	16.14	2.01
10	−.6	−4.018	3.418	0.36	16.16	11.7
합계	0	0	0	878.40	645.27	233.07

〈표 15-3〉에서 제시된 값들의 계산방법은 앞에서 설명한 부분과 동일하다. 편차를 계산할 때처럼 변수들을 **변환(T)-변수계산(C)** 선택 후, **대상변수(T)**에 새롭게 생성될 변수를 기입하고, **숫자표현식(E)**에서 계산할 변수를 이동 시킨 후 마이너스(−)를 해주면 된다. 제

곱 계산식은 **변수명**2**로 계산하고, 합계는 **분석(A)** → **기술통계량(E)-빈도분석(F)**을 선택하고, 합계를 구할 변수를 **변수(V)**로 이동시키고, **통계량(S)**을 선택하고, 중심경향에서 **합계(S)**를 체크한 후 확인을 누르면 된다.

15.9.4 제곱근 계산하기

통계 계산식을 보면, 루트(제곱근) $\sqrt{}$ 가 자주 나타난다. $\sqrt{}$ 를 계산하는 방법은 다음과 같다.

SPSS에서 $\sqrt{}$ 계산하기

① **변환(T)** → **변수계산(C)**을 선택한다.
② **대상변수(T)**에 새롭게 생성될 변수이름을 기입한다.
③ **숫자표현식(E)**에서 "SQRT(변수명)"으로 작성하고 확인을 눌러주면 된다.

단순/다중 회귀분석

사회과학자들의 주된 관심사는 변수들 간의 관련성 혹은 영향관계 등에 관심을 갖는다. 다시 말해, 사회과학자의 역할은 사회현상 속에서 관심 있는 현상을 측정할 수 있는 변수들 간에 관계를 규명하는 것이다.

예를 들어, 교육학을 전공한 사회과학자라면 초등학생의 학업성적에 영향을 미칠 수 있는 독립변수를 규명하고자 할 것이고, 조직행동을 전공한 사회과학자라면 기업 종사원들이 직무만족에 긍정적으로 작용하는 독립변수가 무엇이며, 리더십이 종사원들에게 어떤 영향을 미칠 것인가 등을 연구할 것이다.

사회과학의 공통적인 관심사를 간단하게 요약하면, 어떤 사회현상에 대한 설명과 예측이다. 이를 위해 여러 통계적 기법이 있는데, 16장에서는 단순 및 다중회귀분석에 대해 설명한다.

일반적으로 회귀분석에서 요구되는 척도는 독립변수와 종속변수 모두 연속형 변수인 등간척도와 비율척도가 요구된다. 하지만 독립변수가 명목척도 일 경우에는 더미회귀분석을 이용하고, 종속변수가 명목척도일 경우에는 로지스틱 회귀분석을 이용하면 된다. 제 16장에서는 단순/다중 회귀분석에 대해서 설명할 것이고, 제 17장에서는 더미회귀분석과 통제회귀분석, 제 18장에서는 위계적 회귀분석과 단계적 회귀분석, 제19장에서는 로지스틱 회귀분석에 대해 다룬다.

16.1　단순회귀분석과 다중회귀분석

회귀분석은 독립변수와 종속변수 간의 선형관계를 이용하여 독립변수가 변화할 때 종속변수가 얼마만큼 변화하는지를 예측하려는 통계분석방법이다. 회귀분석의 종류는 독립변수와 종속변수의 수와 척도의 구성에 따라 다양하게 존재한다. 예를 들어, 변수의 수를 기준으로 독립변수 1개, 종속변수 1개 일 때는 단순회귀분석, 독립변수 2개 이상 종속변수 1개는 다중회귀분석으로 구분된다. 척도의 구성에 따라서는 독립변수와 종속변수 모두 연속형 변수일 때는 단순회귀분석 또는 다중회귀분석을 이용하면 되고, 독립변수가 명목척도이고 종속변수가 연속형 변수일 때는 더미회귀분석, 독립변수가 연속형 변수이고 종속변수가 명목척도 일 때는 로지스틱 회귀분석을 이용하면 된다. 이를 정리하면 <표 16-1>과 같다. 연구자는 연구 상황에 맞는 회귀분석을 실시하기 위해서는 독립변수와 종속변수의 조건을 만족시켜야 한다.

〈표 16-1〉 회귀분석의 종류

구분	독립변수		종속변수	
	수(數)	척도	수(數)	척도
단순 회귀분석	1개	연속형 변수	1개	연속형 변수
다중 회귀분석	2개 이상	연속형 변수	1개	연속형 변수
더미 회귀분석	1개 이상	비연속형 변수	1개	연속형 변수
이항 로지스틱 회귀분석	1개 이상	연속형 변수	1개	비연속형 변수
다항 로지스틱 회귀분석	1개 이상	연속형 변수	2개 이상	비연속형 변수

회귀분석에 필요한 이론적 지식은 15장에서 설명하였으므로, 여기서는 예제를 가지고 실제 회귀분석을 실시해 보겠다.

16.2　단순회귀분석의 실행

<표 16-2>는 부모가 자녀에 대한 관심정도가 하위권 학생들의 성적이 어떻게 변화하는 지를 예측하고, 또한 학원수강횟수가 하위권 학생들의 성적이 어떻게 변화하는지를 예측하기 위한 예제이다. 이를 가지고 단순 회귀분석을 실시할 것이며, 가설은 다음과 설정하였다.

- **가설1** : 하위권학생 부모의 성적에 대한 관심 정도는 성적향상에 유의한 영향을 미칠 것이다.
- **가설2** : 하위권학생들의 학원수강횟수는 성적향상에 유의한 영향을 미칠 것이다.

〈표 16-2〉 회귀분석 예제

학생 번호	부모 관심도	학원 수강 횟수	성적 향상	학생 번호	부모 관심도	학원 수강 횟수	성적 향상	학생 번호	부모 관심도	학원 수강 횟수	성적 향상도
1	5	4	99	11	4	3	75	21	5	4	160
2	4	2	50	12	2	3	85	22	4	3	90
3	4	2	55	13	5	3	150	23	3	4	90
4	5	5	126	14	4	3	93	24	4	4	70
5	5	6	131	15	3	4	75	25	5	4	140

학생번호	부모관심도	학원수강횟수	성적향상	학생번호	부모관심도	학원수강횟수	성적향상	학생번호	부모관심도	학원수강횟수	성적향상도
6	4	3	97	16	8	6	215	26	5	5	135
7	4	3	95	17	8	6	193	27	4	3	145
8	6	5	185	18	5	4	151	28	3	3	111
9	3	2	85	19	7	6	180	29	2	1	20
10	7	6	177	20	8	2	100	30	3	2	100

단순 회귀분석을 실행하기 위해 독립변수와 종속변수 간의 관계를 먼저 파악하는 등의 순서가 있다. 이는 15장에서 회귀분석 기본가정에서 설명한 부분이며, 이를 근거로 아래의 순서대로 분석을 실행하면 된다.

① 독립변수와 종속변수 간의 선형관계를 확인한다.
② 잔차들은 서로 독립적인지 확인한다.
③ 잔차가 정규분포를 이루는지 확인한다.
④ 잔차가 등분산성을 이루는지를 확인한다.
⑤ 이러한 조건들을 만족하면 회귀분석을 실시하고, 결과를 해석한다.

16.2.1 독립변수와 종속변수의 선형성 확인

독립변수와 종속변수 간의 선형성을 확인하기 위해서는 산포도를 그려보면 된다. 산포도를 그리는 절차는 아래와 같으며, 이 방법 이외에도 **분석(A)** → **회귀분석(R)** → **곡선추정(C)**에 가서 독립변수와 종속변수를 투입하면 동일한 산포도가 나타난다.

산포도 실행절차

① 그래프(G) → 레거시대화상자(L) → 산점도/점도표(S)을 선택한다.
② 단순산점도를 선택하고, 정의를 클릭한다.
③ X-축(X)과 Y-축(Y)에 변수를 투입한다.
④ 확인을 누른다.
⑤ SPSS output창에 나타난 그래프를 더블클릭하면, 도표편집기가 나타난다. 여기서 전체적 합선추가를 클릭하면 회귀선이 그려진다.

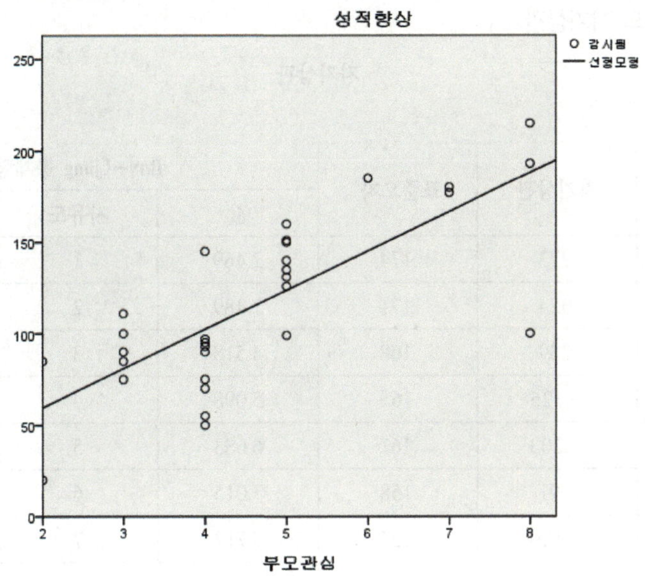

산포도를 그려본 결과, 위와 같이 변수들 간에는 선형관계 임을 확인하였다. 만약 변수들이 위와 같이 직선관계가 아닌 곡선의 형태를 띠고 있다면, 변수변환 등의 방법을 이용하여 직선의 형태로 변환한 후 분석을 실시하던가 아니면 비선형 회귀분석을 실시해야 한다.

16.2.2 잔차의 독립성 검정

잔차의 독립성 검정 방법으로 ①자기상관계수 ②Durbin-Watson 검정 등이 있다. 잔차의 독립성 검정은 횡단조사의 경우에는 거의 발생하지 않으므로 신경 쓰지 않아도 되지만, 종단연구에서는 반드시 독립성 검정을 실시해야 한다. 자기상관계수와 Durbin-Watson 검정 결과는 다음과 같다.

자기상관계수

① 분석(A) → 예측(T) → 자기상관(A)을 선택한다.
② 분석할 변수를 선택하여 변수(V)로 투입한다.
③ 확인을 누른다.

① 부모관심의 자기상관계수

자기상관

계열:부모관심

시차	자기상관	표준오차[a]	Box-Ljung 통계량		
			값	자유도	유의확률[b]
1	.273	.174	2.469	1	.116
2	.024	.171	2.489	2	.288
3	.239	.168	4.518	3	.211
4	−.125	.165	5.098	4	.277
5	−.203	.161	6.683	5	.245
6	.091	.158	7.015	6	.320
7	−.129	.155	7.712	7	.359
8	−.202	.151	9.498	8	.302
9	−.013	.148	9.505	9	.392
10	−.150	.144	10.591	10	.390
11	−.161	.141	11.908	11	.371
12	−.082	.137	12.271	12	.424
13	−.223	.133	15.091	13	.302
14	−.095	.129	15.634	14	.336
15	.076	.125	16.002	15	.382
16	.082	.121	16.464	16	.421

a. 가정된 기본 공정은 독립적입니다(백색잡음).
b. 점근 카이제곱 근사를 기준으로 합니다.

부모관심의 자기상관 존재 유무를 분석한 결과, 자기상관은 Box-Ljung 통계량의 유의확률이 모두 0.05보다 높은 값을 보이므로 자기상관은 존재하지 않는다고 해석하면 된다.

Box-Ljung 통계량 가설

귀무가설(H_O): 자기상관이 존재하지 않는다.
대립가설(H_1): 자기상관이 존재한다.

자기상관함수(ACF) 그래프에서도 막대그래프가 신뢰구간인 실선을 벗어나고 있지 않음을 알 수 있다.

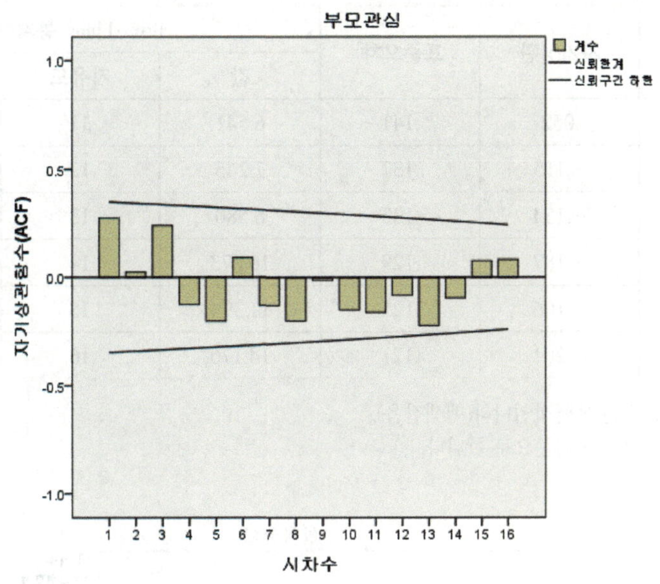

② 성적향상도의 자기상관계수

성적향상도의 자기상관 존재 유무를 분석한 결과, 자기상관은 Box-Ljung 통계량의 유의확률이 모두 0.05보다 높은 값을 보이므로 자기상관은 존재하지 않으며, 자기상관함수(ACF) 그래프에서도 막대그래프가 신뢰구간인 실선을 벗어나고 있지 않음을 알 수 있다.

자기상관

계열:성적향상

시차	자기상관	표준오차[a]	Box-Ljung 통계량		
			값	자유도	유의확률[b]
1	.103	.174	.350	1	.554
2	.030	.171	.382	2	.826
3	.020	.168	.396	3	.941
4	−.114	.165	.876	4	.928
5	−.057	.161	1.002	5	.962
6	−.008	.158	1.005	6	.985
7	−.172	.155	2.237	7	.946
8	.067	.151	2.432	8	.965
9	.265	.148	5.637	9	.776
10	−.127	.144	6.406	10	.780

시차	자기상관	표준오차[a]	Box−Ljung 통계량		
			값	자유도	유의확률[b]
11	.052	.141	6.541	11	.835
12	−.115	.137	7.245	12	.841
13	−.154	.133	8.580	13	.804
14	−.187	.129	10.673	14	.712
15	−.106	.125	11.394	15	.724
16	−.201	.121	14.176	16	.586

a. 가정된 기본 공정은 독립적입니다(백색잡음).
b. 점근 카이제곱 근사를 기준으로 합니다.

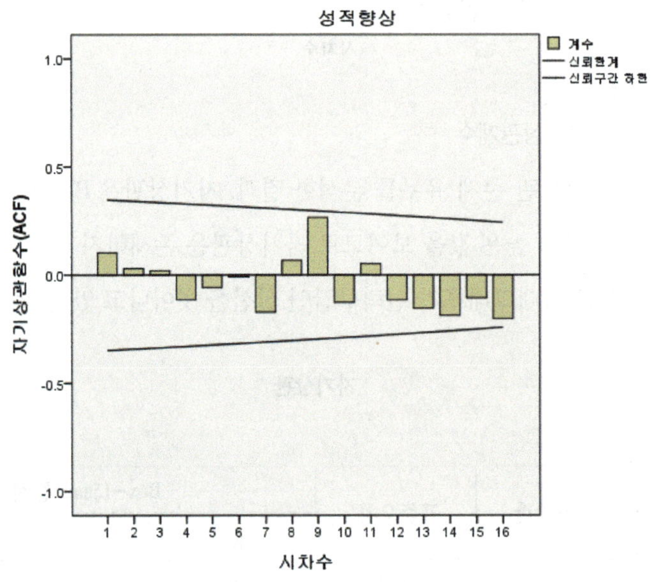

③ 부모관심과 성적향상도의 Durbin−Watson 검정결과

잔차의 독립성 검정 방법 중 Durbin-Watson 검정이 있다. 이는 회귀분석을 실시해야만 나타나는 값으로, 분석절차는 아래와 같다. Durbin-Watson 검정의 판단기준은 1.8~2.2는 자기상관이 존재하지 않는 영역, 1.4~1.8, 2.2~2.6은 자기상관이 불확실한 영역, 1.4보다 작거나 2.6보다 크면 자기상관이 존재하는 영역이 된다.

분석결과 부모관심의 Durbin-Watson은 2.126로 자기상관이 존재하지 않는 것으로 나타났다.

Durbin-Watson 검정

① 분석(A) → 회귀분석(R) → 선형(L)을 선택한다.
② 통계량(S)을 클릭한 후, 잔차에서 Durbin-Watson(U)을 체크한다.
③ 계속을 선택하고 확인을 누른다.

모형 요약[b]

모형	R	R 제곱	수정된 R 제곱	추정값의 표준오차	Durbin-Watson
1	.759[a]	.576	.560	30.884	2.126

a. 예측값: (상수), 부모관심
b. 종속변수: 성적향상

16.2.3 잔차의 정규성 검정

잔차의 정규성 검정방법은 아래의 절차와 같으며, 최종 분석결과는 Shapiro-Wilk와 Kolmogorov-Smirnov 검정 결과로 해석한다.

잔차의 정규성 검정 절차

① 분석(A) → 회귀분석(R) → 선형(L)을 선택한다.
② 독립변수(I)에 부모관심, 종속변수(D)에 성적향상을 투입한다.
③ 저장(S)을 선택하고, 잔차에서 표준화(A)를 체크한다.
④ 계속과 확인을 누른다.
⑤ SPSS 데이터보기 창에 ZRE_1 변수가 새롭게 나타난다.
⑥ 분석(A) → 기술통계량(E) → 데이터탐색(E)을 선택한다.
⑦ ZRE_1 변수를 종속변수(D)로 이동한다.
⑧ 도표(T)을 선택하고, 검정과 함께 정규성 도표(O)을 체크한다.
⑨ 계속과 확인을 누른다.

Shapiro-Wilk와 Kolmogorov-Smirnov 검정 가설은 아래와 같으며, 분석결과 Shapiro-Wilk의 유의확률은 0.064, Kolmogorov-Smirnov의 유의확률은 0.200으로 두 검정방법 모두 정규분포를 이루는 것으로 나타났다.

Shapiro−Wilk와 Kolmogorov−Smirnov 검정 가설

H_o : 정규분포이다.

H_1 : 정규분포가 아니다.

정규성 검정

	Kolmogorov−Smirnov[a]			Shapiro−Wilk		
	통계량	자유도	유의확률	통계량	자유도	유의확률
Standardized Residual	.129	30	.200[*]	.934	30	.064

a. Lilliefors 유의확률 수정

*. 이것은 참인 유의확률의 하한값입니다.

16.2.4 잔차의 등분산성 검정

회귀분석 기본가정 마지막으로 잔차의 등분산성이 있다. 이를 확인하기 위한 절차는 아래와 같으며, 분석결과 후 그래프를 통하여 등분산성을 판단한다. 그래프로 잔차의 등분산성을 판단하는 방법으로, 표준화된 잔차의 등분산 그래프가 평균 0을 중심으로 ±3 표준편차 이내에서 어떤 규칙이나 추세, 경향, 주기 등이 없이 무작위 분포되어 있으면 등분산성을 이룬다고 한다.

잔차의 등분산성 검정 절차

① 분석(A) → 회귀분석(R) → 선형(L)을 선택한다.

② 독립변수(I)에 부모관심, 종속변수(D)에 성적향상을 투입한다.

③ 도표(T)을 선택하고, Y에는 ZRESID(표준화 잔차)를 투입하고, X에는 ZPRED(표준화된 예측값)를 투입한다.

④ 계속과 확인을 누른다.

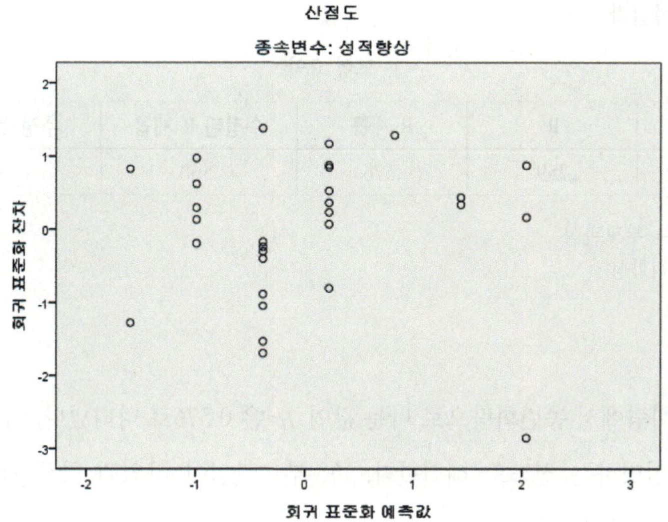

등분산성 검정결과, 표준화된 잔차의 등분산 그래프가 평균 0을 중심으로 ±3 표준편차 이내 특별한 규칙 없이 무작위로 분포가 되어 있음을 알 수 있다.

16.2.5 단순 회귀분석의 실시

앞에서 단순 회귀분석을 실시하기 위한 기본가정들을 검정하였다. 그 결과, 독립변수와 종속변수 간에는 선형관계임이 확인 하였고, 잔차들은 서로 독립적이고, 정규분포를 이루며, 등분산성임을 입증하였다. 이러한 회귀분석의 기본가정을 모두 만족하였으므로 가설 검정을 위한 단순 회귀분석을 실시한다.

단순 회귀분석 결과는 다음과 같이 나타났으며, 각 분석결과에 대한 간단한 설명을 하였다. 각 분석결과에 대한 계산식은 15장 회귀분석 기초이론을 참고하길 바란다.

단순회귀분석 실시

① 분석(A) → 회귀분석(R) → 선형(L)을 선택한다.
② 독립변수(I)에 부모관심 변수를 투입하고, 종속변수(D)에 성적향상 변수를 투입한다.
③ 확인을 누른다.

① R^2 검정결과

모형 요약[b]

모형	R	R 제곱	수정된 R 제곱	추정값의 표준오차
1	.759[a]	.576	.560	30.884

a. 예측값: (상수), 부모관심
b. 종속변수: 성적향상

■ 결과해석

설명된 변화량에서 총변화량으로 나눈 값인 R^2은 0.576로 나타났다. 이는 독립변수가 종속변수를 설명하는 정도로 해석한다. 즉, 부모관심이 하위권 학생들의 성적향상에 57.6% 설명한다고 해석한다.

특정한 X_i값에 대응하는 Y_i점수로 이루어진 분포의 표준편차인 추정값의 표준오차는 30.884로 나타났다.

② 분산분석 결과

분산분석[b]

모형		제곱합	자유도	평균 제곱	F	유의확률
1	회귀 모형	36222.663	1	36222.663	37.976	.000[a]
	잔차	26707.204	28	953.829		
	합계	62929.867	29			

a. 예측값: (상수), 부모관심
b. 종속변수: 성적향상

■ 결과해석

설명된 변화량(회귀모형)은 36222.663, 설명되지 않은 변화량(잔차)은 26707.204, 총 변화량은 62929.867의 수치로 나타났다. 평균제곱 값은 제곱합 값을 자유도로 나눈 값이며, F값인 37.976은 설명된 변화량(회귀모형)의 평균제곱 값인 36222.663을 설명되지 않은 변화량(잔차)의 평균제곱 값인 953.829로 나눈 값이다. 잔차 값이 작으면 F값이 커진다. F값에 따른 유의확률은 0.000으로 "회귀식은 통계적으로 유의하다"라고 해석한다.

③ 계수

계수^a

모형		비표준화 계수		표준화 계수	t	유의확률
		B	표준오차	베타		
1	(상수)	16.699	17.062		.979	.336
	부모관심	21.417	3.475	.759	6.162	.000

a. 종속변수: 성적향상

■ **결과해석**

계수 표에서 제시된 수치인 t값 또는 p값으로 독립변수가 종속변수에 미치는 영향관계를 파악할 수 있다. t값은 6.162, p값은 0.000으로 통계적으로 유의한 영향을 미치는 것으로 나타났다. t값은 회귀계수 값을 표준오차로 나눈 값이다.

$$t = \frac{21.417}{3.475} = 6.162$$

회귀식은 절편이 16.699, 회귀계수가 21.417로 나타났고, 이를 회귀식에 대입하면 다음과 같다.

$$\hat{Y}_i = 16.699 + (21.417)X_i$$

회귀식에서 X_i(부모관심)가 1일 때, 예측되는 $\hat{Y}$(성적향상%)은 38.116%만큼 성적향상이 예상되고, 부모관심이 5일 때 성적향상은 123.784% 정도 좋아진다고 예측할 수 있다.

16.3　단순 회귀분석 한 번에 실시하기[논문통계의 이해와 적용]

앞에서는 회귀분석의 기본가정을 검토한 후, 변수들 간의 회귀분석을 실시하는 과정을 설명하였다. 이 과정은 한 번에 이루어지지 않으므로 복잡하게 느껴질 수도 있다. 여기서는 회귀분석의 기본가정과 가설 검정을 한 번에 실시해보자.

<표 16-2>의 예제파일을 가지고 성적 하위권학생들의 학원수강횟수(독립변수)에 따라 성적향상(종속변수)이 어느 정도 되는지를 예측하기 위해 단순 회귀분석을 실시해보자.

단순회귀분석의 한 번에 실시

① **분석(A)** → **회귀분석(R)** → **곡선추정(C)**을 선택하고, **변수(V)**에 학원수강횟수를 투입하고 **종속변수(D)**에 성적향상을 투입하여 변수들 간의 선형성 확인한다.

② **분석(A)** → **회귀분석(R)** → **선형(L)**을 선택하고, **독립변수(I)**에 학원수강횟수를 투입하고, **종속변수(D)**에 성적향상을 투입한다. (회귀분석 결과를 확인한다)

③ **통계량(S)**을 클릭한 후, 잔차에서 Durbin-Watson(U)을 체크하고 계속을 누른다. (잔차의 독립성을 확인한다)

④ **도표(T)**을 선택하고, **Y**에는 ZRESID(표준화 잔차)를 투입하고, **X**에는 ZPRED(표준화된 예측값)를 투입하고 계속을 누른다. (잔차의 등분산성을 확인한다)

⑤ **저장(S)**을 선택하고, 잔차에서 **표준화(A)**를 체크하고 계속을 누른다. (잔차의 정규성을 검정한다)

⑥ 확인을 누른다.

16.3.1 회귀분석 기본가정의 검토

① 선형성

독립변수인 학원수강횟수와 종속변수인 성적향상 간에는 선형관계가 있는 것으로 나타났다.

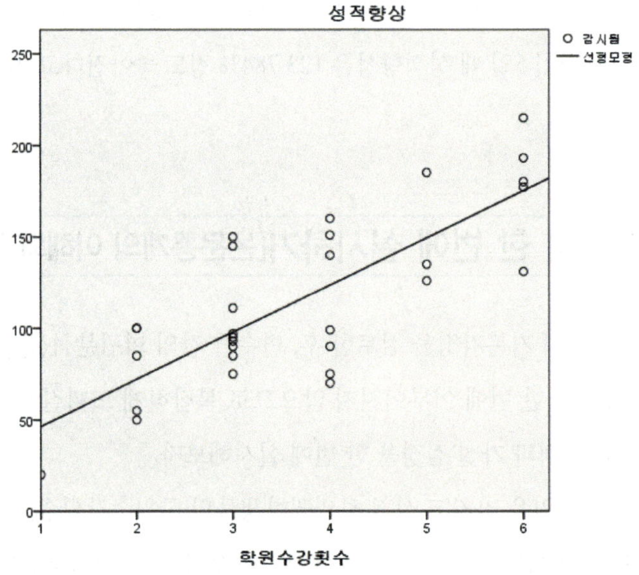

② 잔차의 독립성

Durbin-Watson 값이 1.745로 나타났다. Durbin-Watson 검정의 판단기준은 1.8~2.2는 자기상관이 존재하지 않는 영역, 1.4~1.8, 2.2~2.6은 자기상관이 불확실한 영역, 1.4보다 작거나 2.6보다 크면 자기상관이 존재하는 영역이 된다. 따라서 자기상관이 불확실한 영역에 속한다고 볼 수 있다. 하지만 본 데이터는 횡단연구이므로 큰 문제가 되지는 않는다.

모형 요약[b]

모형	R	R 제곱	수정된 R 제곱	추정값의 표준오차	Durbin-Watson
1	.783[a]	.614	.600	29.469	1.745

a. 예측값: (상수), 학원수강횟수
b. 종속변수: 성적향상

③ 잔차의 정규성

잔차의 정규성을 위해 SPSS 데이터 창에 새롭게 생성된 ZRE_1변수를 가지고 **분석(A)** → **기술통계량(E)** → **데이터탐색(E)**을 선택하고, **ZRE_1** 변수를 **종속변수(D)**로 이동한 후, **도표(T)**을 선택하고, **검정과 함께 정규성 도표(O)**을 체크한 후 분석하면 아래의 표가 나타난다.

분석결과 Shapiro-Wilk의 유의확률은 0.665, Kolmogorov-Smirnov의 유의확률은 0.200으로 두 검정방법 모두 귀무가설이 채택되어 정규분포를 이루는 것으로 나타났다.

정규성 검정

	Kolmogorov-Smirnov[a]			Shapiro-Wilk		
	통계량	자유도	유의확률	통계량	자유도	유의확률
Standardized Residual	.094	30	.200[*]	.974	30	.665

a. Lilliefors 유의확률 수정
*. 이것은 참인 유의확률의 하한값입니다.

④ 잔차의 등분산성

등분산성 검정결과, 표준화된 잔차의 등분산 그래프가 평균 0을 중심으로 ±2 표준편차 이내 특별한 규칙 없이 무작위로 분포가 되어 있음을 알 수 있다.

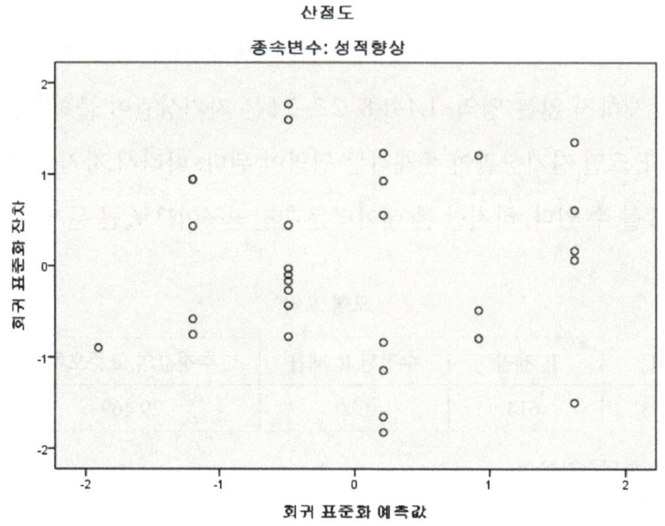

16.3.2 회귀분석 결과

① 모형 요약

R^2은 0.600으로 나타났다. 즉, 하위권 학생들의 학원수강횟수는 성적향상에 60.0% 설명하는 것으로 나타났다. 또한 특정한 X_i값에 대응하는 Y_i점수로 이루어진 분포의 표준편차인 추정값의 표준오차는 29.469로 나타났다.

모형 요약[b]

모형	R	R 제곱	수정된 R 제곱	추정값의 표준오차	Durbin−Watson
1	.783[a]	.614	.600	29.469	1.745

a. 예측값: (상수), 학원수강횟수
b. 종속변수: 성적향상

② 분산분석

F값인 44.465는 설명된 변화량(회귀모형)의 평균제곱 값인 38614.068을 설명되지 않은 변화량(잔차)의 평균제곱 값인 868.421로 나눈 값이다. F값에 따른 유의확률은 0.000으로 회귀식은 통계적으로 유의한 것으로 나타났다.

분산분석[b]

모형		제곱합	자유도	평균 제곱	F	유의확률
1	회귀 모형	38614.068	1	38614.068	44.465	.000[a]
	잔차	24315.799	28	868.421		
	합계	62929.867	29			

a. 예측값: (상수), 학원수강횟수
b. 종속변수: 성적향상

③ 계수

계수 표에서 t값은 6.668, p값은 0.000으로 통계적으로 유의한 영향을 미치는 것으로 나타났다. 회귀식은 절편이 20.711, 회귀계수가 25.736으로 나타났고, 이를 회귀식에 대입하면 다음과 같다.

$$\hat{Y}_i = 20.711 + (25.736)X_i$$

회귀식에서 X_i(학원수강횟수)가 1일 때 $\hat{Y}$(성적향상)은 46.447%정도의 성적향상을 예측할 수 있다.

계수[a]

모형		비표준화 계수		표준화 계수	t	유의확률
		B	표준오차	베타		
1	(상수)	20.711	15.260		1.357	.186
	학원수강횟수	25.736	3.859	.783	6.668	.000

a. 종속변수: 성적향상

16.3.3 논문에서 단순 회귀분석 결과 제시하기

일반적으로 사회과학 분야 논문에서 단순 회귀분석 결과는 앞에서 설명한 ①모형요약 ②분산분석 ③계수에서 나온 결과 값을 한 표로 요약 정리하여 제시하면 된다. 하지만 자연과학 분야에서는 회귀분석의 기본가정 검정 결과까지 제시하는 것이 좋다.

이상의 단순 회귀분석 결과를 논문에서는 <표 16-3>과 같이 요약 정리하여 제시하면 된다.

〈표 16-3〉 단순 회귀분석의 제시

구분	비표준화 계수		표준화 계수	t	유의확률	통계량
	B	표준오차	베타			
(상수)	20.711	15.260	−	1.357	.186	$R^2 = .614$
부모관심	25.736	3.859	.783	6.668	.000**	$\triangle R^2 = .600$ $F = 44.465,\ p = .000$

*p<.05, **p<.01

16.4   다중회귀분석

16.4.1 다중 회귀분석의 이해

다중 회귀분석과 단순 회귀분석의 차이점은 독립변수의 수(數)이다. 단순 회귀분석은 독립변수 1개와 종속변수 1개이고, 다중 회귀분석은 독립변수가 2개 이상과 종속변수 1개 일 때 사용하는 회귀분석이다. 단순회귀 모형과 독립변수가 n개인 다중 회귀분석 회귀모형을 서술하면 아래와 같다. 단순 회귀모형은 독립변수가 1개이고, 다중 회귀모형의 독립변수는 n개라는 것을 회귀모형을 통해 알 수 있다.

단순 회귀모형	$\hat{Y} = b_0 + b_1 X$
다중 회귀모형	$\hat{Y} = b_0 + b_1 X_1 + b_2 X_2 + \cdots + b_n X_n$

다중 회귀분석을 그림으로 표현하면 <그림 16-1>과 같다. Y는 종속변수, X_1과 X_2는 독립변수이다. X_1이 설명하는 Y의 분산은 a+b이다. X_2가 설명하는 Y의 분산은 b+c이다. X_1과 Y와 관계는 단순회귀분석이 되고 a+b만큼 설명하게 되고, 추가로 X_2를 투입하면 c만큼 증가하게 된다. 따라서 X_1과 X_2는 독립변수로 했을 때 Y의 분산을 설명하는 부분은 a+b+c가 된다. 종속변수의 분산을 더 많이 설명한다는 것은 예측의 정확성을 높였다는 것이 되고, 이것이 다중회귀분석의 기본적인 개념이다. 다중회귀분석을 간단히 설명하면 두 개 이상의 독립변수를 투입하여 종속변수를 더 정확하게 예측하기 위한 통계분석방법이라 할 수 있다.

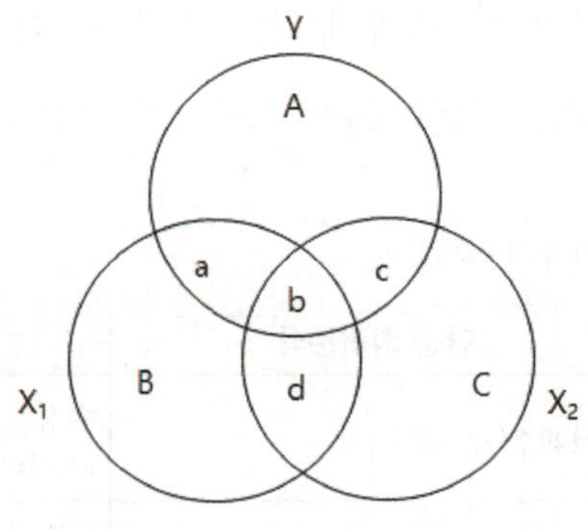

〈그림 16-1〉 다중회귀분석의 이해

다중 회귀분석은 단순 회귀분석과 비교할 때, 독립변수의 수(數)가 다르다고 하였다. 이러한 차이점으로 분석 결과를 해석할 때 다음과 같은 몇 가지 다른 점이 있으므로 유의하여 해석을 해야 한다. 이에 대한 자세한 설명은 다음 페이지에서 한다.

① 설문조사를 주로 하는 사회과학 분야에서는 종속변수에 영향을 미치는 독립변수 1개 인 경우보다 2개 이상을 설정하는 경우가 더 많다. 독립변수 수가 2개 이상이므로 결정계수(R^2)는 일반적으로 단순 회귀분석 보다는 더 높게 나타나는 경우가 많다. 하지만 항상 그런 것은 아니고 독립변수 설정이 잘못 되었을 때는 결정계수(R^2) 값이 낮게 나타나기도 하므로, 다중 회귀분석에서는 종속변수를 잘 설명할 수 있는 독립변수들로 구성하는 것이 중요하다. 다중 회귀분석에서는 종속변수에 대한 설명력을 결정계수(R^2) 보다 수정된 결정계수(수정된 R^2)로 파악한다.

② 다중 회귀분석에서는 독립변수 간 상관관계가 너무 높아서도 안 된다. 만약 독립변수 간 상관계수가 0.85이상일 경우에는 다중공선성(multi-collinearity) 발생 가능성이 높아진다. 다중공선성이란 여러 독립변수 사이에 존재하는 공통적인 선형관계이다. 따라서 다중 회귀분석에서는 다중공선성 진단 결과를 필수적으로 제시해야 한다.

③ 단순 회귀분석에서는 독립변수가 1개 이므로 종속변수를 설명하는 독립변수 간 상대적 영향력 크기를 비교할 수가 없다. 반면 다중 회귀분석은 독립변수가 2개 이상이므로 종속변수를 가장 잘 설명하는 독립변수와 그 다음으로 설명력이 높은 독립변수 등 독립변수의 상대적 영향력을 파악할 수 있다. 이는 독립변수의 표준화된 회귀계수(β) 값으로 파악한다.

정리하면, 다중 회귀분석을 이해하기 위해서는 수정된 R^2, 다중공선성(multi-collinearity), 표준화된 회귀계수(β)에 대한 자세한 설명이 선행되어야 한다.

〈표 16-4〉 다중 회귀분석 해석 시 추가 지표

구분	단순 회귀분석	다중 회귀분석
수정된 R^2	결정계수(R^2)로 해석	수정된 R^2로 해석하는 것이 더 정확함.
다중 공선성	독립변수가 1개 이므로 진단하지 않음	독립변수가 2개 이상 이므로 진단결과를 반드시 제시해야 함
표준화된 회귀계수 (β)	표준화된 회귀계수 값으로 비교하지 않음	독립변수의 설명력 크기를 비교하기 위해 주요하게 사용함

16.4.2 결정계수(R^2)와 수정된 결정계수(수정된 R^2)

단순 회귀분석은 1개의 독립변수가 1개의 종속변수를 예측할 때 사용하는 통계기법이라고 설명하였다. 그런데 독립변수 1개로 종속변수를 충분히 예측하기에는 어려울 가능성이 높다. 독립변수가 1개보다는 2개, 2개보다는 3개일 때 종속변수를 더 잘 예측할 수 있을 것이다.

R^2 역시 독립변수 수가 증가할수록 종속변수에 대한 설명력이 높아진다. 앞에서 예제로 사용한 하위권 학생들의 성적향상에는 부모의 관심이 높은 설명력(57.6%)이 있는 것으로 나타났다. 그런데 성적향상에는 부모의 관심 이외에도 하위권 학생들의 학업동기부여, 지능향상 프로그램적용, 학원수강실시 등 성적을 향상시킬 수 있는 독립변수는 다양하게 존재할 수 있다. 그러므로 부모의 관심 변수에 이와 같은 변수를 추가로 투입시키면 성적향상 변수를 더 많이 설명할 것이라 예측할 수 있다. 예를 들어, "부모의 관심"에 "학원수강 횟수"를 추가로 회귀식에 투입하면 부모의 관심만으로 성적향상을 예측하는 것보다 예측의 정확도가 더 높아질 것으로 기대된다.

독립변수의 수가 증가하면, 종속변수에 대한 예측의 정확도만 높아지는 것이 아니라 R^2도 함께 높아지는 경향이 있다. 2개 이상의 독립변수가 종속변수를 설명하므로, 독립변수가 1개 일 때 보다 당연히 더 높은 설명력이 나타날 것으로 예상된다.

그런데 R^2의 큰 단점은 독립변수가 종속변수에 유의하게 설명하는 변수인지와 상관없이 결정계수가 무조건 커지는 경향이 있다는 것이다. 따라서 회귀분석모형이 적합하지 않은데도 불구하고 결정계수가 크게 나오는 잘못된 모형이 구현될 수도 있다.

이러한 이유로 인해 다중 회귀분석에는 단순 회귀분석처럼 R^2을 참고하기 보다는 수정된 R^2을 주요 지표로 할 것을 권유하고 있다. 수정된 R^2은 표본의 수와 독립변수의 수로 설명력을 새롭게 조정한 값으로 계산식은 (공식 16-1)과 같다.

$$\text{수정된 } R^2 = 1 - \frac{(n-1)}{(n-p)}(1 - R^2)$$

(공식 16-1) 수정된 R^2

(n=표본수, p=독립변수의 수)

수정된 R^2 값은 독립변수가 종속변수에 유의미한 영향관계가 없는 불필요한 변수들이 포함되어 있을 때, 결정계수 값과 비교했을 때 차이가 많이 나게 된다. 따라서 다중 회귀분석에서는 모형의 적합성을 R^2과 수정된 R^2 값의 비교를 통해서 판단하게 된다. 수정된 R^2과 R^2값이 유사하게 나타나면 모형은 비교적 적합한 것이 되고, 그 차이가 크다면 독립변수에 불필요한 변수들이 다수 존재한다고 생각하면 된다. 어느 정도 차이를 크다고 해석하는 지에 대해서는 특별한 기준은 없지만, 일반적으로 20%이상 차이가 나면 독립변수 투입에 문제가 있다고 판단하고 불필요한 독립변수를 삭제하는 등 적합한 회귀모형이 될 수 있도록 조정을 시도해야 한다.

단순 회귀분석 결과 해석 시에는 결정계수 만 가지고 독립변수가 종속변수를 어느 정도 설명하는지 판단하면 되지만, 다중 회귀분석 결과 해석 시에는 먼저 R^2과 수정된 R^2의 비교를 통해서 모형 적합 여부를 판단한 후, 수정된 R^2을 이용하여 종속변수에 대한 설명력을 판단하는 것이 좋다.

16.4.3 다중공선성의 진단

다중공선성이란 독립변수 간의 상관관계가 높을 때 발생하는 통계적 오류로서, 이로 인해 회귀계수의 분산과 오차가 커지고 예측의 정확도가 떨어진다. 다중공선성이 발생하면 산포도에서는 여러 개의 독립변수 사이에 공통적인 선형관계가 존재한다고 생각하면 된다.

다중공선성이 발생여부를 판단하는 기준은 몇 가지가 있다.

① 상관계수를 통해 판단하는 방법으로 상관계수 $r \geqq \pm 0.85$ 일 때, 다중공선성 발생 가능성이 매우 높다고 판단한다.

② VIF(분산팽창지수)$\geqq 10$, Tolerance(공차한계)$\leqq 0.1$ 일 때, 다중공선성은 발생했다고 판단함.

다중공선성을 판단할 때는 상관계수 값보다는 분산팽창지수 또는 공차한계 값으로 판단하는 것이 좀 더 정확한 판단법이다. 먼저, 분산팽창지수의 계산식은 (공식 16-2)와 같다.

$$VIF_i = \frac{1}{1 - R_i^2}$$

(공식 16-2) 분산팽창지수(VIF)

분산팽창지수에서 R_i^2는 여러 독립변수 중 한 독립변수와 그 외 다른 독립변수들과의 결정계수이다. 예를 들어, 5개의 독립변수$(x_1, x_2, \cdots x_5)$가 있다면, x_3의 결정계수인 R_3^2는 x_3을 종속변수로 놓고 다른 4개의 변수를 독립변수로 설정하고 회귀분석을 실시했을 때 나타나는 결정계수 값이다. 그러므로 각 독립변수별로 결정계수 값은 다르게 되고, 분산팽창지수 값도 다르게 나타난다. 이 값이 10이상의 값으로 나타나면, 다중공선성이 발생했다고 해석한다.

공차한계(tolerance)값으로도 다중공선성을 진단하기도 하는데, 이는 VIF의 역수로 계산하며, 이는 0.1 이하이면 다중공선성 발생했다고 해석한다. VIF나 공차한계나 동일한 개념이므로 둘 중 하나만 지표로 사용하면 된다.

$$\text{Tolerance} = \frac{1}{VIF}$$

(공식 16-3) 공차한계 계산식

다중공선성이 발생했을 때 해결방법으로 보편적으로 삭제와 결합방법을 많이 사용한다. 삭제하는 방법은 분산팽창지수(VIF)값이 가장 높은 값 또는 공차한계 값이 가장 낮은 값을 우선적으로 하나씩 삭제하는 방법이고, 결합하는 방법은 다중공선성이 발생한 두 변수를 평균값을 이용하여 한 변수로 만들어 분석하는 방법이다. 이러한 다중공선성

해결방법은 단지 통계적으로 처리할 수 있는 방법일 뿐이다. 논문통계 분석 시 다중공선성을 해결하고자 문제가 있는 독립변수를 삭제 하거나, 또는 독립변수들 끼리 결합할 때는 충분한 이론적 근거가 있어야 가능한 일이다. 따라서 논문통계 분석에서 다중공선성이 발생했다면 매우 심각한 문제로 받아들여야 하므로, 회귀분석 전에 "측정도구의 타당성과 신뢰성 검정" 단계에서 미리 예방을 하는 것도 하나의 방법이 될 수 있다. 이와 관련하여 제 12장 탐색적 요인분석에서 직각회전에 대한 설명을 참고 바란다.

　　<표 16-5>의 예제파일을 이용하여 다중공선성의 진단 방법과 해결방법을 설명 한다.

〈표 16-5〉 다중공선성 예제 파일

부모 관심 (X_1)	학원 수강 (X_2)	교사 관심 (X_3)	자아 효능 (X_4)	성적 향상 (Y)	부모 관심 (X_1)	학원 수강 (X_2)	교사 관심 (X_3)	자아 효능 (X_4)	성적 향상 (Y)	부모 관심 (X_1)	학원 수강 (X_2)	교사 관심 (X_3)	자아 효능 (X_4)	성적 향상 (Y)
5	4	5	5	99	4	3	4	2	75	6	4	5	4	160
3	2	4	2	50	2	3	2	3	85	4	3	4	3	90
3	2	3	3	55	5	3	5	4	150	3	4	3	4	90
5	5	5	5	126	4	3	4	3	93	4	4	4	3	70
5	6	5	5	131	7	4	7	4	75	5	4	5	5	140
4	3	4	3	97	8	6	8	5	180	5	5	5	5	130
4	3	4	3	95	8	6	8	5	190	5	3	5	5	140
6	5	5	5	185	5	4	5	5	150	3	3	3	4	111
3	2	3	3	85	7	6	7	5	180	2	1	2	1	60
7	6	7	5	177	5	2	6	3	100	3	2	3	3	100

다중공선성 진단 방법

① 분석(A) → 회귀분석(R) → 선형(L)을 선택한다.
② 독립변수(I)에 X_1 ~ X_4에 해당하는 변수를 투입하고, 종속변수(D)에 Y를 투입한다.
③ 통계량(S)을 클릭한 후, 잔차에서 공선성진단(L)을 체크한다.
③ 계속을 선택하고 확인을 누른다.

■ 결과해석

계수[a]

모형		비표준화 계수		표준화 계수	t	유의확률	공선성 통계량	
		B	표준오차	베타			공차	VIF
1	(상수)	4.378	15.078		.290	.774		
	부모관심	33.161	12.481	1.296	2.657	.014	.039	25.761
	학원수강횟수	.282	5.792	.010	.049	.962	.237	4.219
	교사관심	−22.060	11.486	−.839	−1.921	.066	.048	20.681
	자아효능감	15.237	6.167	.420	2.471	.021	.319	3.131

a. 종속변수: 성적향상

위 계수표는 종속변수(Y) 성적향상을 설명하는 독립변수로 부모관심(X_1), 학원수강횟수(X_2), 교사관심(X_3), 자아효능감(X_4)을 설정하고 다중회귀분석을 실시하였다. 다중공선성 진단 결과는 공차한계 또는 VIF 값으로 판단한다. 부모관심(X_1)과 교사관심(X_3)의 VIF값이 10이상의 값으로 나타났으므로, 다중공선성은 발생하였으며 두 변수(X_1과 X_3)의 관련성이 매우 높다는 것을 알 수 있다. 다중공선성의 발생으로 표준화 계수의 베타(β)값은 1이 넘는 통계적 오류가 발생하였다. 이를 해결하기 위해서는 두 변수(X_1과 X_3) 중 하나를 삭제하거나 두 변수를 합치거나 해야 한다. 여기서는 부모관심과 교사관심 변수를 합치는 것은 이론적으로 맞지 않으므로 삭제를 해보자. 부모관심(X_1)과 교사관심(X_3)의 VIF값은 부모관심(25.761)이 좀 높게 나타났지만, 연구자가 교사관심보다는 부모관심 변수를 더 주요 변수로 여긴 것으로 간주하고 교사관심(X_3) 변수를 삭제하고 재분석을 실시하자. 그러면 아래와 같은 분석결과가 나타난다.

계수[a]

모형		비표준화 계수		표준화 계수	t	유의확률	공선성 통계량	
		B	표준오차	베타			공차	VIF
1	(상수)	−3.756	15.201		−.247	.807		
	부모관심	10.519	4.304	.411	2.444	.022	.360	2.776
	학원수강횟수	1.804	6.027	.061	.299	.767	.242	4.140
	자아효능감	16.598	6.435	.458	2.579	.016	.324	3.090

a. 종속변수: 성적향상

교사관심 변수를 삭제하고 분석한 결과, VIF값은 10이하의 정상적인 수치로 나타났고, 표준화 계수의 베타(β)값 역시 정상 범위($-1 \leqq \beta \leqq +1$) 안에 있다.

16.4.4 표준화된 회귀계수(β)의 해석

단순 회귀분석에서는 독립변수가 1개 이므로 비표준화 회귀계수와 표준화 회귀계수 값 모두 1개씩 만 나타나지만, 다중 회귀분석에서는 비표준화 회귀계수와 표준화 회귀계수 값이 독립변수의 수에 맞게 2개 이상의 값이 제시된다. 따라서 각 독립변수 별로 제시된 표준화 회귀계수 값으로 종속변수에 대한 상대적 영향력의 크기를 비교할 수 있게 된다.

표준화 회귀계수 값은 비표준화 회귀계수 값을 독립변수의 표준편차에서 종속변수의 표준편차를 나눈 값을 곱하여 구한다.(표준화 회귀계수 값을 구하는 또 다른 공식은 15장 4번 회귀계수를 참고 바란다)

$$\beta_{x_1} = B_{x_1} \times \frac{s_{x_1}}{s_y} \qquad \text{(공식 16-4) 표준화 회귀계수 공식}$$

(공식 16-4)를 다음의 결과에 대입해 보면 다음과 같다. 표준편차는 부모관심 1.626, 학원수강 횟수 1.418, 자아효능감 1.147, 성적향상 41.601이다.

계수[a]

모형		비표준화 계수		표준화 계수	t	유의확률	공선성 통계량	
		B	표준오차	베타			공차	VIF
1	(상수)	−3.756	15.201		−.247	.807		
	부모관심	10.519	4.304	.411	2.444	.022	.360	2.776
	학원수강횟수	1.804	6.027	.061	.299	.767	.242	4.140
	자아효능감	16.598	6.435	.458	2.579	.016	.324	3.090

a. 종속변수: 성적향상

부모관심의 β 계산식	$10.519 \times \dfrac{1.626}{41.601} = .411$
학원수강횟수의 β 계산식	$1.804 \times \dfrac{1.418}{41.601} = .061$
자아효능감의 β 계산식	$16.598 \times \dfrac{1.147}{41.601} = .458$

　　결국 표준화 회귀계수는 비표준화 회귀계수를 표준화한 수치이다. 비표준화 회귀계수는 서로 간의 크기를 비교가 불가능하지만 표준화 회귀계수로는 종속변수에 대한 상대적 영향력의 크기를 비교할 수 있다. 따라서 성적향상에 가장 큰 영향을 미치는 변수는 자아효능감이고, 그 다음으로 큰 영향력을 미치는 독립변수는 부모관심이라 해석할 수 있다.

16.5　다중 회귀분석 결과의 제시[논문통계의 이해와 적용]

　　일반적으로 사회과학 분야 논문에서 다중 회귀분석 결과는 ①모형요약 ②분산분석 ③ 계수에서 나온 결과 값을 한 표로 요약 정리하여 제시하면 된다. 하지만 자연과학 분야에서는 회귀분석의 기본가정 검정 결과까지 제시하는 것이 좋다.

　　<표 16-5> 예제파일로 다중 회귀분석을 실시하여 다음의 가설을 검정해 보자

> • 가설 3 : 하위권학생들의 부모관심 정도와 학원수강횟수, 자아효능감은 성적향상에 유의한 영향을 미칠 것이다.

다중회귀분석의 실시

① 분석(A) → 회귀분석(R) → 선형(L)을 선택한다.
② 독립변수(I)에 부모관심정도, 학원수강횟수, 자아효능감 등 독립변수에 해당하는 변수를 투입하고, 종속변수(D)에 성적향상 변수를 투입한다.
③ 통계량(S)을 클릭한 후, 잔차에서 공선성진단(L)을 체크한다.
④ 계속을 선택하고 확인을 누른다.

① 모형요약

모형요약에서는 결정계수(R^2)와 수정된 결정계수(수정된 R^2) 값을 제시해 준다. 수정된 R^2값은 70.4%이며, R^2과 비교했을 때 20%이상 차이가 나지 않는다.

모형 요약[b]

모형	R	R 제곱	수정된 R 제곱	추정값의 표준오차
1	.857[a]	.735	.704	22.616

a. 예측값: (상수), 자아효능감, 부모관심, 학원수강횟수
b. 종속변수: 성적향상

② 분산분석

F값인 24.041는 설명된 변화량(회귀모형)의 평균제곱 값인 12296.709을 설명되지 않은 변화량(잔차)의 평균제곱 값인 511.494로 나눈 값이다. F값에 따른 유의확률은 0.000으로 회귀식은 통계적으로 유의한 것으로 나타났다.

분산분석[b]

모형		제곱합	자유도	평균 제곱	F	유의확률
1	회귀 모형	36890.128	3	12296.709	24.041	.000[a]
	잔차	13298.838	26	511.494		
	합계	50188.967	29			

a. 예측값: (상수), 자아효능감, 부모관심, 학원수강횟수
b. 종속변수: 성적향상

③ 계수

계수 표에서 부모관심(t=2.444, p=.022)과 자아효능감(t=2.579, p=.016)은 통계적으로 유의미한 영향을 미치는 것으로 나타났고, 학원수강횟수(t=.299, p=.767)는 통계적 유의 수준하에서 의미 있는 영향을 미치지 않았다. 또한 성적향상에 가장 큰 영향을 미치는 변수는 자아효능감($\beta = .458$)이고, 그 다음으로 영향을 미치는 변수는 부모관심($\beta = .411$)으로 나타났다. 또한 다중공선성 진단결과 공차한계 값이 모두 0.1이상의 값으로 나타나 다중공선성은 발생하지 않았다.

마지막으로 절편과 독립변수 별 회귀계수 값을 회귀식에 대입하면 다음과 같다 .

$$\hat{Y}_i = -3.756 + (10.519)X_1 + (1.804)X_2 + (16.598)X_3$$

계수[a]

모형		비표준화 계수		표준화 계수	t	유의확률	공선성 통계량	
		B	표준오차	베타			공차	VIF
1	(상수)	−3.756	15.201		−.247	.807		
	부모관심	10.519	4.304	.411	2.444	.022	.360	2.776
	학원수강횟수	1.804	6.027	.061	.299	.767	.242	4.140
	자아효능감	16.598	6.435	.458	2.579	.016	.324	3.090

a. 종속변수: 성적향상

이상의 다중회귀분석 결과를 논문에서는 다음과 같이 요약 정리하여 제시하면 된다.

〈표 16-6〉 다중회귀분석의 제시

구분	비표준화 계수		표준화 계수	t	유의확률	공차
	B	표준오차	베타			
(상수)	−3.756	15.201	−	−.247	.807	−
부모관심	10.519	4.304	.411	2.444	.022[*]	.360
학원수강횟수	1.804	6.027	.061	.299	.767	.242
자아효능감	16.598	6.435	.458	2.579	.016[*]	.324
통계량	R^2=.735, 수정된 R^2=.704, F=24.041, p=.000					

[*]p<.05, [**]p<.01

더미/통제 회귀분석

17.1　더미 회귀분석의 의미

　일반적인 회귀분석의 척도는 독립변수와 종속변수 모두 연속형 변수이다. 그런데 독립변수에 연속형 변수(등간 및 비율척도)와 비연속형 변수(명목 및 서열척도)가 함께 투입될 경우에는 회귀분석은 할 수 없는 것 일까? 그렇지 않다. 독립변수에 투입된 변수가 비연속변수 일 경우에는 더미 회귀분석으로 분석이 가능하다.

　독립변수에 투입된 비연속형 변수를 더미 변수(dummy variable)로 변환하여 회귀분석을 실시하는데, 이를 더미 회귀분석이라 한다. <표 17-1>과 같이 더미 회귀분석은 독립변수가 1개 이상의 비연속형 변수이고 종속변수는 1개의 연속형 변수 일 때 사용하는 통계기법이다.

〈표 17-1〉 회귀분석의 종류

구분	독립변수		종속변수	
	수(數)	척도	수(數)	척도
단순 회귀분석	1개	연속형 변수	1개	연속형 변수
다중 회귀분석	2개 이상	연속형 변수	1개	연속형 변수
더미 회귀분석	1개 이상	비연속형 변수	1개	연속형 변수
이항 로지스틱 회귀분석	1개 이상	연속형 변수	1개	비연속형 변수
다항 로지스틱 회귀분석	1개 이상	연속형 변수	2개 이상	비연속형 변수

　논문통계에서 더미 회귀분석의 사용은 주로 인구통계적 특성 변수(성별, 흡연여부, 음주여부, 직무형태 등)를 통제한 상황에서 독립변수와 종속변수 간의 영향관계를 파악하는 통제 회귀분석을 실시할 때 자주 이용한다. 이때 인구통계적 특성 변수(성별, 흡연여부, 음주여부, 직무형태 등)를 더미 변수로 변환하여 회귀식에 투입하게 된다. 그런데 만약 인구통계적 특성 변수가 아닐 경우, 예를 들어 "계절이 전자제품 판매량에 미치는 영향"을 분석하고자 할 때는 독립변수인 계절을 굳이 더미 변수로 변환하여 전자제품 판매량에 미치는 영향관계를 분석하지는 않는다. 왜냐하면 One-Way ANOVA분석을 이용하여 "계절에 따라 전자제품 판매량의 평균차이 검정"을 실시하여도 더미 회귀분석과 동일한 결과가 도출되기 때문에, 굳이 독립변수를 더미 변수로 변환하여 회귀분석을 실시하지 않아도 되기 때문이다.

따라서 논문통계에서의 더미 회귀분석은 통제 회귀분석을 설명하기 위한 사전 단계 정도로 인식하면 된다. 이러한 이유에서 많은 통계 저서에서 더미 회귀분석과 통제 회귀분석은 함께 설명하고 있다.

비연속형 변수인 독립변수를 더미 변수로 변환할 때 독립변수 집단의 수를 고려해야 한다. 예를 들어 독립변수로 성별(남성, 여성)과 계절(봄,여름, 가을, 겨울)이 투입된다고 가정할 때, 독립변수의 집단 수에 따라 더미변수로 변환하는 방법은 차이가 있기 때문이다.

<표 17-2>는 17장과 18장에서 사용할 예제이다. 직장인들의 성별, 학력, 직무형태를 통제한 상황에서 그들이 지각하는 공정성(x_1), 상사관계(x_2), 동료관계(x_3)가 직무만족(y)에 미치는 영향을 파악하기 위한 데이터이다.

〈표 17-2〉 더미/통제 회귀분석 예제

구분	공정성 (x_1)	상사관계 (x_2)	동료관계 (x_3)	직무만족 (y)	성별	학력	직무형태	구분	공정성 (x_1)	상사관계 (x_2)	동료관계 (x_3)	직무만족 (y)	성별	학력	직무형태
1	3	3	2	3	1	1	1	16	3	2	3	3	2	3	2
2	3	2	3	2	1	2	1	17	2	2	3	3	1	2	1
3	3	3	4	4	1	1	2	18	3	3	3	3	2	1	2
4	4	4	4	4	2	1	1	19	3	3	3	3	2	2	1
5	3	4	3	4	2	2	2	20	3	3	3	3	2	3	2
6	1	1	1	1	1	1	1	21	2	3	4	3	2	2	1
7	2	2	4	3	1	3	2	22	1	3	1	1	2	1	2
8	1	3	2	2	2	1	1	23	2	2	5	2	1	3	1
9	1	1	1	1	1	3	2	24	3	2	2	2	1	2	2
10	4	4	4	4	1	3	1	25	3	4	3	3	1	1	1
11	3	3	3	3	1	3	2	26	2	2	3	2	2	2	2
12	2	2	3	3	1	1	2	27	2	2	2	2	2	3	1
13	2	1	1	1	1	3	1	28	4	4	3	3	1	2	1
14	2	2	2	2	2	1	2	29	2	2	3	2	2	3	2
15	2	3	3	2	1	2	1	30	3	4	3	2	2	2	2

성별: ①남성, ②여성,
학력: ①고졸, ②대졸, ③대학원이상
직무형태: ①정규직, ②계약직

<표 17-2>에서 3가지 회귀분석을 실시할 수 있다.

① 공정성(x_1), 상사관계(x_2), 동료관계(x_3)가 직무만족(y)에 미치는 영향을 파악하기 위한 다중 회귀분석.
② 성별, 학력, 직무형태가 직무만족도에 미치는 영향을 파악하기 위한 더미 회귀분석.
③ 성별, 학력, 직무형태를 통제한 상황에서 독립변수인 공정성(x_1), 상사관계(x_2), 동료관계(x_3)가 종속변수인 직무만족(y)과의 영향관계를 보기 위한 통제 회귀분석.

다중 회귀분석은 16장에서 설명하였으므로, 본 장에서는 더미 회귀분석과 통제 회귀분석에 대해서 설명한다. 더미 회귀분석을 이해하기 위해서는 먼저 비연속형 변수를 더미 변수로 변환하는 방법을 알아야 한다.

더미 변수는 0과 1로만 존재하는 변수이며, 연구자는 관심 있는 변수를 1로 설정하고 나머지는 0으로 설정하면 된다. 예를 들어, 직무형태가 정규직과 계약직으로 되어있고 연구자는 계약직에 관심이 있다면, 계약직=1 나머지 변수인 정규직=0으로 된 더미 변수로 변환시키면 된다.

17.2   더미 변수 변환 방법

명목척도를 더미 변수로 변환할 때, 명목척도의 집단 수에 따라 더미 변수로 변환하는 데 차이가 있으므로 이분형 변수와 3집단 변수로 구분하여 설명한다.

17.2.1 이분형 변수의 더미변수 변환

이분형 변수는 "있다와 없다", "남성과 여성", "정규직과 계약직" 등 2집단으로 구성된 변수를 의미한다. 이의 더미 변수 변환은 매우 간단하고 쉽다. 연구자가 관심 있는 변수를 1로 변환시키고 나머지 변수는 0으로 변환시키면 된다. 보통 보편적이고 타당한 것을 0으로 하고, 특별한 것을 1로 변환한다. 음주운전유무에서는 "없다=0, 있다=1", 직장 내 괴롭힘 경험유무 역시 "경험없다=0, 경험있음=1"로 설정한다.

구분	비연속형변수		더미변수
경험없다	1	➡	0
경험있다	2	➡	1

<표 17-2> 예제파일에서 성별은 여자=1, 직무형태에서는 계약직=1로 변환해보자.

〈표 17-3〉 이분형 변수의 더미 변수 변환

구분		비연속형변수		더미변수
성별	남성	1	➡	0
	여성	2	➡	1
직무 형태	정규직	1	➡	0
	계약직	2	➡	1

이분형 변수 ➡ 더미변수 변환 절차

① 변환(T) ➡ 다른변수로코딩변경(R)을 선택한다.
② 왼쪽에서 성별을 선택하고, 변수입력(V)으로 이동한다.
③ 출력변수에서 이름(N)에 새롭게 생성될 변수명(성별더미)을 기입하고, 바꾸기(H)를 누른다.
④ 기존값 및 새로운 값(O)을 누른다.
⑤ 기존값 값(V)에 1를 입력하고, 새로운 값 기준값(A)에 0을 입력하고 추가(A)를 누른다.
　　기존값 값(V)에 2를 입력하고, 새로운 값 기준값(A)에 1을 입력하고 추가(A)를 누른다.
⑥ 계속을 누른 후, 확인을 선택한다.

위 과정을 거치면 SPSS 데이터 창에 성별더미 변수가 새롭게 생성되어 있을 것이다. 이 변수는 0(남성)과 1(여성)로만 구성되어 있다. 직무형태 변수도 이와 동일한 방법으로 더미변수로 변환시켜 보자.

공정성	상사관계	동료관계	직무만족도	성별	학력	직무형태	성별더미	직무형태더미
3	3	2	3	1	1	1	0	0
3	2	3	2	1	2	1	0	0
3	3	4	4	1	1	2	0	1
4	4	4	4	2	1	1	1	0
3	4	3	4	2	2	2	1	1
1	1	1	1	1	1	1	0	0
2	2	4	3	1	3	2	0	1
1	3	2	2	2	1	1	1	0
1	1	1	1	1	3	2	0	1
4	4	4	4	1	3	1	0	0
3	3	3	3	1	3	2	0	1
2	2	3	3	1	1	2	0	1
2	1	1	1	1	3	1	0	0
2	2	2	2	2	1	2	1	1
2	3	3	2	1	2	1	0	0
3	2	3	3	2	3	2	1	1
2	2	3	3	1	2	1	0	0
3	3	3	3	2	1	2	1	1
3	3	3	3	2	2	1	1	0
3	3	3	3	2	3	2	1	1
2	3	4	3	2	2	1	1	0
1	3	1	1	2	1	2	1	1
2	2	5	2	1	3	1	0	0
3	2	2	2	1	2	2	0	1
3	3	3	3	1	1	1	0	0
2	2	3	2	2	2	2	1	1
2	2	2	2	2	3	1	1	0
4	3	3	3	1	2	1	0	0
2	2	3	2	2	3	2	1	1
3	3	3	3	2	2	2	1	1

17.2.2 3집단 이상 변수의 더미변수 변환

학력 변수는 ①고졸, ②대졸, ③대학원이상 3집단으로 구성된 변수이다. 3집단 변수를 더미 변수로 변환할 때도 관심 있는 변수는 1로 설정하는데, 1은 <표 17-4>와 같이 2개가 된다. 관심 있는 변수를 대졸과 대학원이상으로 설정하면, 고졸은 모두 0이 된다. 대졸은 대졸일 때 1이고 나머지는 0이 되고, 대학원이상 역시 대학원이상은 1이 되고 나머지는 0 이 된다. 3집단 이상 변수를 더미 변수로 변환하면 0으로 설정된 변수는 SPSS 데이터 창에 나타나지 않는다. 즉, 더미변수 수는 (집단 수-1)이다. <표 17-4>의 경우, 고졸 집단은 데이터 창에 나타나지 않는다. 왜냐하면 더미변수로 변환하여 새롭게 생성된 변수인 "대 졸더미"변수에서 0과 "대학원이상더미"변수에서 0은 고졸이 되기 때문이다.

〈표 17-4〉 3집단 변수의 더미 변수 변환

구분	비연속형변수	더미변수		
		고졸	대졸	대학원이상
고졸	1 ➡	0	0	0
대졸	2 ➡	0	1	0
대학원이상	3 ➡	0	0	1

3집단 이상 변수 ➡ 더미변수 변환 절차

① 변환(T) ➡ 다른변수로코딩변경(R)을 선택한다.
② 왼쪽에서 학력을 선택하고, 변수입력(V)으로 이동한다.
③ 출력변수에서 이름(N)에 새롭게 생성될 변수명(대졸더미)을 기입하고, 바꾸기(H)를 누른다.
④ 기존값 및 새로운 값(O)을 누른다.
⑤ 기존값 값(V)에 1를 입력하고, 새로운 값 기준값(A)에 0을 입력하고 추가(A)를 누른다.
　 기존값 값(V)에 2를 입력하고, 새로운 값 기준값(A)에 1을 입력하고 추가(A)를 누른다.
　 기존값 값(V)에 3를 입력하고, 새로운 값 기준값(A)에 0을 입력하고 추가(A)를 누른다.
⑤ 계속을 누른 후, 확인을 선택하면, SPSS데이터 창에 "대졸더미" 변수가 생성된다.
⑥ 위 과정을 동일하게 반복하여 "대학원이상더미" 변수를 생성시키면 된다.
　 기존값 값(V)에 1를 입력하고, 새로운 값 기준값(A)에 0을 입력하고 추가(A)를 누른다.
　 기존값 값(V)에 2를 입력하고, 새로운 값 기준값(A)에 0을 입력하고 추가(A)를 누른다.
　 기존값 값(V)에 3를 입력하고, 새로운 값 기준값(A)에 1을 입력하고 추가(A)를 누른다.

대졸더미	대학원이상더미
0	0
1	0
0	0
0	0
1	0
0	0
0	1
0	0
0	1

　　SPSS 데이터 창에서 새롭게 생성된 더미변수들을 보면, 대졸더미 변수에서 1로 나타난 곳은 대졸이고, 0은 고졸 또는 대학원이상이 된다. 대학원이상더미 변수에서도 1은 대학

원이상이고, 0은 고졸 또는 대졸이 된다. 대졸더미와 대학원이상더미 모두 0인 곳은 고졸이 된다.

17.3   더미 회귀분석의 실시[논문통계의 이해와 적용]

직무형태와 학력이 직무만족도에 유의한 영향을 미치는지를 파악하기 위해 더미 회귀분석을 실시해보자.

17.3.1 직무형태가 직무만족도에 미치는 영향

직무형태가 직무만족도에 유의한 영향을 미치는지를 파악하기 위해 회귀분석을 실시해보자. 먼저, 직무형태가 비연속형 변수인 명목척도이므로, 이를 더미 변수로 변환한 후 더미 회귀분석을 실시하면 된다. 더미 회귀분석은 독립변수를 더미 변수로 변환하는 것만 제외하면 단순 회귀분석과 동일하다.

더미 회귀분석 실시

① 분석(A) → 회귀분석(R) → 선형(L)을 선택한다.
② 독립변수(I)에 직무형태더미 변수를 투입하고, 종속변수(D)에 직무만족 변수를 투입한다.
③ 확인을 누른다.

직무형태와 직무만족도 간의 더미 회귀분석 결과 다음과 같이 나타났다.

■ 분석결과

모형 요약

모형	R	R 제곱	수정된 R 제곱	추정값의 표준오차
1	.038[a]	.001	−.034	.913

a. 예측값: (상수), 직무형태더미

분산분석[b]

모형		제곱합	자유도	평균 제곱	F	유의확률
1	회귀 모형	.033	1	.033	.040	.843[a]
	잔차	23.333	28	.833		
	합계	23.367	29			

a. 예측값: (상수), 직무형태더미
b. 종속변수: 직무만족도

계수[a]

모형		비표준화 계수		표준화 계수	t	유의확률
		B	표준오차	베타		
1	(상수)	2.533	.236		10.748	.000
	직무형태더미	.067	.333	.038	.200	.843

a. 종속변수: 직무만족도

■ 결과해석

R^2은 .001로 매우 낮게 나타났고, F값에 따른 유의확률은 0.843으로 "회귀식은 통계적으로 유의하지 않다"라고 해석한다. 계수 표에서 제시된 수치인 t값 또는 p값으로 독립변수가 종속변수에 미치는 영향관계를 파악할 수 있다. t값은 .200, p값은 0.843으로 통계적으로 유의한 영향을 미치지 않는 것으로 나타났다.

직무형태 계약직은 정규직에 비해 직무만족도에 .067만큼 더 영향을 미치지만, 이는 통계적으로 유의한 영향을 미치는 것이 아니다. 직무형태는 0과 1의 값을 가지므로 정규직과 계약직의 회귀식은 다음과 같이 구성된다.

정규직=0	$\hat{Y} = 2.533 + .067(정규직)$
계약직=1	$\hat{Y} = 2.533 + .067(계약직)$

위 회귀식에서 정규직에는 0을 계약직에는 1을 놓고 계산하면, 정규직의 $\hat{Y}$=2.533, 계약직의 $\hat{Y}$=2.600으로 나타난다. 즉, 직무만족도에는 거의 변화가 없다는 것을 알 수 있다.

논문에서 더미 회귀분석 결과표 작성은 <표 17-5>와 같이 하면 된다.

〈표 17-5〉 더미 회귀분석의 제시

구분	비표준화 계수		표준화 계수	t	유의확률	통계량
	B	표준오차	베타			
(상수)	2.533	.236	–	10.748	.000	$R^2=.001$
직무형태(계약직)	.067	.333	.038	.200	.843	수정된 $R^2=-.034$ $F=.040,\ p=.843$

*p<.05, **p<.01, (정규직=0)

더미회귀분석과 평균차이검정(독립표본 t-test)의 비교

앞에서 직무형태는 직무만족도에 영향을 미치는지를 파악하기 위하여 더미 회귀분석을 실시하였다. 이를 평균차이 검정(독립표본 t-test)을 실시해도 동일한 결과가 나타나므로, 실제분석을 통하여 확인해보자.

독립표본 검정

		Levene의 등분산 검정		평균의 동일성에 대한 t-검정					차이의 95% 신뢰구간	
		F	유의확률	t	자유도	유의확률(양쪽)	평균차	차이의 표준오차	하한	상한
직무만족도	등분산이 가정됨	.011	.918	−.200	28	.843	−.067	.333	−.749	.616
	등분산이 가정되지 않음			−.200	27.999	.843	−.067	.333	−.749	.616

위 표는 독립표본 t-test 분석결과이다. 더미 회귀분석 결과와 비교해보면, t값은 0.200으로 동일하게 나타났고, p값 역시 0.843으로 동일하다. 비표준화 계수 값은 .067이고, 위 표의 평균차에서도 -.067로 절대 값이 동일하다. 또한 표준오차 역시 0.333으로 동일한 값이다. 이렇듯 직무형태와 직무만족도 간의 관계를 규명하는데 있어 더미 회귀분석과 독립표본 t-test는 동일한 결과가 도출되므로, 연구자는 연구의 성격에 맞는 분석방법을 이용하면 된다.

17.3.2 학력이 직무만족도에 미치는 영향

　학력이 직무만족도에 유의한 영향을 미치는지를 파악하기 위해 회귀분석을 실시해보자. 학력 변수는 비연속형 변수인 명목척도이므로, 이를 더미 변수로 변환한 후 더미 회귀분석을 실시하면 된다. 더미 회귀분석은 독립변수를 더미 변수로 변환하는 것만 제외하면 다중 회귀분석과 동일하다.

■ 분석결과

모형 요약

모형	R	R 제곱	수정된 R 제곱	추정값의 표준오차
1	.141[a]	.020	−.053	.921

a. 예측값: (상수), 대학원이상더미, 대졸더미

분산분석[b]

모형		제곱합	자유도	평균 제곱	F	유의확률
1	회귀 모형	.467	2	.233	.275	.762[a]
	잔차	22.900	27	.848		
	합계	23.367	29			

a. 예측값: (상수), 대학원이상더미, 대졸더미
b. 종속변수: 직무만족도

계수[a]

모형		비표준화 계수		표준화 계수	t	유의확률	공선성 통계량	
		B	표준오차	베타			공차	VIF
1	(상수)	2.600	.291		8.928	.000		
	대졸더미	.100	.412	.053	.243	.810	.750	1.333
	대학원이상더미	−.200	.412	−.107	−.486	.631	.750	1.333

a. 종속변수: 직무만족도

■ 결과해석

　R^2은 .020으로 매우 낮은 수치를 보였고, F값에 따른 유의확률은 0.762로 회귀식은 통계적으로 유의하지 않는 것으로 나타났다. 계수 표에서 제시된 수치인 t값 또는 p값으로 독립변수가 종속변수에 미치는 영향관계를 파악할 수 있다. 대졸은 직무만족도에 t=.243, p=.810으로 영향을 미치지 않았고, 대학원이상 역시 t=-.486, p=.631로 영향을 미치지 않았다. 공차한계값은 모두 0.1이상의 값으로 나타나 다중 공선성에는 문제가 없었다.

구체적으로 해석하면, 대졸자들은 고졸에 비해 직무만족도를 0.100만큼 더 영향을 미치고, 대학원이상의 학력을 소지한 사람들은 고졸자들에 비해 직무만족도를 -.200만큼 덜 영향을 미치는 것으로 나왔다. 하지만 이 모두는 통계적으로 유의한 영향을 미치는 것이 아니다.

학력과 직무만족도의 회귀식은 다음과 같이 구성된다.

$$\hat{Y} = 2.600 + .100(대졸) + (-.200)(대학원이상)$$

고졸	$\hat{Y} = 2.600 + .100(0) + (-.200)(0)$	2.600
대졸	$\hat{Y} = 2.600 + .100(1) + (-.200)(0)$	2.700
대학원이상	$\hat{Y} = 2.600 + .100(0) + (-.200)(1)$	2.400

위 회귀식에서 고졸, 대졸, 대학원이상의 예측되는 직무만족도를 계산한 결과, 고졸 $\hat{Y}$=2.600, 대졸 $\hat{Y}$=2.700, 대학원이상 $\hat{Y}$=2.400의 수치를 보였고, 이는 학력이 직무만족도에 영향을 미치지 않는 것으로 나타났다.

논문에서 더미 회귀분석 결과표는 <표 17-6>과 같이 작성하면 된다.

〈표 17-6〉 더미 회귀분석의 제시

구분	비표준화 계수		표준화 계수	t	유의 확률	공차 한계	통계량
	B	표준오차	베타				
(상수)	2.600	.291	–	8.928	.000	–	R^2=.020
대졸더미	.100	.412	.053	.243	.810	.750	수정된 R^2=-.053
대학원이상더미	-.200	.412	-.107	-.486	.631	.750	F=.275, p=.762

*p<.05, **p<.01, (고졸=0)

17.4 통제 회귀분석의 의미

직장인들을 대상으로 직장 내 공정성과 상사관계, 동료관계가 직무만족도에 영향을 미치는 파악하기 위하여 다중 회귀분석을 실시하였다고 가정하자. 그런데 직장인의 직무만족도는 성별에 따라 학력에 따라 직무형태에 따라 달라질 수 있을 것이다. 고학력일수록, 그리고 계약직보다는 정규직이 직장 내에서 더 많은 대우와 조건을 기대할 것이기 때문이다. 그렇기 때문에 독립변수로 공정성(x_1), 상사관계(x_2), 동료관계(x_3)만 투입하여 직무만족(y)과 다중 회귀분석을 한 결과보다는 성별, 학력, 직무형태 변수를 통제한 상황에서 다중 회귀분석 한 결과를 더 신뢰할 수 있을 것이다.

저자는 많은 통계 초보자들이 통제변수의 의미를 통제라는 단어 때문에 독립변수에 투입되지 않는 변수 또는 독립변수에서 제거되는 변수로 오해하는 것을 많이 보았다. 이는 통제변수를 잘못 이해한 것이고, 통제변수(control variable)는 독립변수와 함께 투입되는 변수를 의미한다. 통제변수가 연속형 변수이면 다중 회귀분석과 동일한 방법으로 독립변수와 함께 투입하여 분석하면 되고, 비연속형 변수이면 더미 변수로 변환한 후 독립변수와 함께 변수로 투입한 후 다중 회귀분석을 실시하면 된다.

분석방법 측면에서는 통제 회귀분석과 다중 회귀분석은 동일하지만, 그 의미에서는 분명한 차이가 있다. 독립변수에 투입되는 A변수를 연구자가 통제변수로 설정하였다면 통제 회귀분석이 되고, 독립변수로 설정하였다면 다중 회귀분석이 되는 것이다. 예로 "직무형태(통제변수)를 통제한 상황에서 공정성(독립변수)은 직무만족(종속변수)에 유의한 영향을 미칠 것이다"로 가설을 설정하였다면 통제 회귀분석이 되고, "직무형태(독립변수)와 공정성(독립변수)은 직무만족에 유의한 영향을 미칠 것이다"로 가설을 설정하였다면 다중 회귀분석을 실시하면 된다. 따라서 통제 회귀분석과 다중 회귀분석의 방법은 동일하지만, 분석결과 해석에는 분명한 차이가 있다.

논문통계에서는 통제변수로 인구통계적 특성 변수를 흔히 이용 한다. 일반적인 인구통계적 특성 변수들로 성별, 연령, 학력, 소득수준, 가족구성원 등이 있으며, 명목척도 구성된 변수라면 더미 변수로 변환 후 분석을 실시해야 한다.

17.5 통제 회귀분석의 실시[논문통계의 이해와 적용]

직장인들의 성별, 학력, 직무형태를 통제한 상황에서 공정성(x_1), 상사관계(x_2), 동료관계(x_3)가 직무만족(y)에 미치는 영향을 파악하기 위해 통제 회귀분석을 실시해보자.

성별, 학력, 직무형태 모두 비연속형 변수인 명목척도로 구성되어 있으므로, 이를 더미 변수로 변환해야 한다. 앞에서 더미 변수로 변환한 변수를 독립변수에 투입하자.

통제 회귀분석 실시

① 분석(A) → 회귀분석(R) → 선형(L)을 선택한다.
② 독립변수(I)에 성별더미, 대졸더미, 대학원이상더미, 직무형태더미, 공정성, 상사관계, 동료관계 변수를 투입하고, 종속변수(D)에 직무만족 변수를 투입한다.
③ 통계량(S)를 누른 후, 공선성진단(L)을 선택하고 계속을 누른다.
④ 확인을 누른다.

■ 분석결과

모형 요약

모형	R	R 제곱	수정된 R 제곱	추정값의 표준오차
1	.896[a]	.803	.740	.457

a. 예측값: (상수), 동료관계, 성별더미, 대학원이상더미, 직무형태더미, 공정성, 대졸더미, 상사관계

분산분석[b]

모형		제곱합	자유도	평균 제곱	F	유의확률
1	회귀 모형	18.763	7	2.680	12.811	.000[a]
	잔차	4.603	22	.209		
	합계	23.367	29			

a. 예측값: (상수), 동료관계, 성별더미, 대학원이상더미, 직무형태더미, 공정성, 대졸더미, 상사관계
b. 종속변수: 직무만족도

계수^a

모형		비표준화 계수		표준화 계수	t	유의확률	공선성 통계량	
		B	표준오차	베타			공차	VIF
1	(상수)	−.139	.343	−	−.406	.689	−	−
	성별더미	.009	.188	.005	.047	.963	.790	1.266
	대졸더미	−.265	.214	−.141	−1.237	.229	.686	1.458
	대학원이상더미	−.271	.232	−.145	−1.171	.254	.585	1.711
	직무형태더미	.222	.179	.126	1.243	.227	.874	1.144
	공정성	.423	.147	.406	2.880	.009	.451	2.216
	상사관계	.245	.147	.253	1.667	.110	.389	2.568
	동료관계	.386	.104	.429	3.699	.001	.667	1.500

a. 종속변수: 직무만족도

■ 결과해석

① **모형요약**의 수정된 R^2은 .740으로 독립변수인 통제변수(성별, 학력, 직무형태)와 공정성, 상사관계, 동료관계는 직무만족도를 74.0% 설명하는 것으로 나타났다.

② **분산분석**의 F값은 12.811이며, 이에 따른 유의확률은 0.000으로 기울기는 0이 아니므로 회귀식은 통계적으로 의미가 있는 것으로 나타났다.

③ **계수**의 분석결과 표를 보면, 성별, 학력, 직무형태를 통제한 상황에서 공정성 (t=2.880, p=.009)과 동료관계(t=3.699, p=.001)는 직무만족도에 유의한 영향을 미치는 것으로 나타났지만, 상사관계(t=1.667, p=.110)는 통계적 유의수준하에서 유의미한 영향을 미치지 않는 것으로 밝혀졌다. 이러한 결과로 공정성과 동료관계가 높을수록 직무만족도는 높아진다는 것을 알 수 있다. 공차한계는 모두 0.1이상의 값으로 나타나 다중 공선성에는 문제가 없었다.

통제변수인 성별, 학력, 직무형태는 종속변수와 유의미한 영향관계가 없으므로 해석을 하지 않아도 된다.

마지막으로 직무만족도에 유의한 영향을 미치는 독립변수인 공정성, 동료관계 중에서 어떤 변수가 상대적으로 가장 큰 영향을 미치는 지를 판단하기 위하여 표준화된 β를 살펴본 결과, 직장 내 동료관계(β=.429)가 공정성(β=.406)보다 더 큰 영향이 있었다.

이러한 통제 회귀분석 결과를 논문에서는 <표 17-7>과 같이 제시하면 된다.

〈표 17-7〉 통제 회귀분석의 제시

구분	비표준화 계수		표준화 계수	t	유의 확률	공차 한계
	B	표준오차	베타			
(상수)	−.139	.343	−	−.406	.689	−
성별(여성)	.009	.188	.005	.047	.963	.790
대졸더미	−.265	.214	−.141	−1.237	.229	.686
대학원이상더미	−.271	.232	−.145	−1.171	.254	.585
직무형태(계약직)	.222	.179	.126	1.243	.227	.874
공정성	.423	.147	.406	2.880	.009[**]	.451
상사관계	.245	.147	.253	1.667	.110	.389
동료관계	.386	.104	.429	3.699	.001[**]	.667
통계량	R^2=.803, 수정된 R^2=.740, F=12.811, p=.000					

[*]p<.05, [**]p<.01, (남성=0, 고졸=0, 정규직=0)

통제 회귀분석과 다중 회귀분석

아래의 표는 앞에서 분석한 통제 회귀분석에서 통제변수를 제외하고 다중 회귀분석을 실시한 결과이다. 통제 회귀분석 결과에서는 상사관계가 직무만족도에 유의미한 영향을 미치지 않는 것으로 나타났으나, 통제변수를 제외하고 분석하였더니 통계적으로 의미 있는 영향관계가 있다는 것을 알 수 있다(t=2.428, p=.022).

구분	비표준화 계수		표준화 계수	t	유의 확률	공차 한계
	B	표준오차	베타			
(상수)	−.124	.301	−	−.412	.684	−
공정성	.378	.138	.362	2.745	.011[*]	.509
상사관계	.296	.122	.306	2.428	.022[*]	.558
동료관계	.350	.100	.388	3.490	.002[**]	.716
통계량	R^2=.770, 수정된 R^2=.743, F=28.953, p=.000					

[*]p<.05, [**]p<.01, (남성=0, 고졸=0, 정규직=0)

통제 회귀분석을 실시할 때와 다중 회귀분석을 실시 할 때의 분석 결과가 다르게 나타났다. 연구자가 설정한 통제변수에 의해 독립변수가 종속변수에 미치는 영향관계가 달라질 것이라는 이론이 존재한다면, 통제 회귀분석을 이용함으로써 논문의 수준을 향상시킬 수 있다. 많은 연구에서 통제변수를 제외하고 순수하게 독립변수와 종속변수 간 영향관계를 제시하는데, 이러한 연구가 잘못되었다는 비판이 아니다. 단지 많은 이론 검토를 통하여 통제변수를 고려한 연구를 한다면 그 만큼 연구의 수준이 향상될 수 있다는 차원에서 언급한다.

참고로 독립변수와 종속변수의 관계가 유의했지만, 제 3의 변수를 투입하여 분석하였을 때 유의했던 독립변수가 유의하지 않게 나타났다면, 이때 투입된 제 3의 변수는 허위변수라 한다. 반대로 독립변수가 종속변수에 유의하지 않게 나타났는데 제 3의 변수를 투입하여 분석했을 때 유의한 영향을 미치는 것으로 나타났다면, 이때 투입된 제 3의 변수는 교란변수라 한다. 위 결과에서는 통제변수가 허위변수에 해당된다고 할 수 있다.

위계적 회귀분석과 단계적 회귀분석

18.1 회귀분석 시 변수의 투입 방법

16장에서 설명한 다중 회귀분석은 강제 투입법으로 모든 독립변수를 동시에 투입하여 회귀모형을 구성하였다. 위계적 회귀분석은 회귀식에 투입하는 독립변수의 순서를 연구자가 결정하는 분석방법이다.

다중회귀분석은 2개 이상의 독립변수를 한 번에 투입하여 종속변수를 예측하는 분석방법이다. 독립변수 투입에는 여러 가지 방법이 있다. 앞에서 설명한 다중 회귀분석은 입력방식(Enter 방식 또는 강제투입법)에 의해 회귀분석을 실시한 것이다. 변수의 투입 방법으로 입력방식 이외에도 단계선택, 후진, 전진 등이 있다.

독립변수 투입 방법에 따라 위계적 회귀분석과 단계적 회귀분석이라는 회귀분석 기법을 실시할 수 있다.

18.1.1 표준 회귀분석

표준 회귀분석은 통상적으로 사용하는 단순 및 다중회귀분석을 의미한다. 변수의 투입은 연구자가 독립변수에 동시에 투입하여 분석을 실시하기 때문에, 강제투입법 방법에 의한 회귀분석 이라고도 한다. 회귀분석을 실시하게 되면, 기본적으로 **방법(M)**이 "입력(또는 Enter)"으로 되어 있으며, 변수 투입 방법을 변경하고 할 때는 이를 변경시켜 줘야 한다.

18.1.2 위계적 회귀분석(hierarchical regression)

위계적 회귀분석에서 위계의 사전적 의미는 "위치나 지위의 단계"를 의미 하며, 논문 통계분석에서는 종속변수에 대한 독립변수의 위치 즉, 상대적 영향력의 크기를 의미 한다.

위계적 회귀분석의 변수의 투입 방법은 단순 및 다중 회귀분석과 동일하지만, 독립변수의 투입 순서를 연구자가 결정한다는 점에서 일반적인 회귀분석과는 분명한 차이가 있는 분석기법이다. 독립변수의 투입 순서는 이론적 근거나 경험적 근거를 참고하여 투입하는데, 논문통계에서는 설정한 연구모형의 순서에 따라 변수를 투입하는 것이 일반적이다. 만약 독립변수의 순서를 결정할 수 없다면 단계적 회귀분석을 사용하는 것이 적절하다.

18.1.3 단계적 회귀분석(stepwise regression)

단계적 회귀분석은 수학적 계산에 의해 SPSS프로그램에서 자동적으로 변수의 투입을 결정한다. 종속변수에 가장 큰 영향력을 미치는 변수를 가장 먼저 투입하고, 그 다음으로는 첫 번째 독립변수가 설명하는 부분을 제외하고 종속변수에 가장 큰 영향력을 미치는 변수가 두 번째로 투입된다. 만약 종속변수에 대한 영향력이 약한 변수가 있다면 자동적으로 독립변수에서 제거시킨다. 단계적 회귀분석을 실시하기 위해서는 변수 투입 후 **방법 (M)**을 "단계선택"으로 바꾸어야 한다.

18.2   위계적 회귀분석의 의미

위계적 회귀분석은 종속변수에 영향을 미치는 독립변수 간 상대적 영향력을 파악할 때 사용하는 분석기법이다. 독립변수의 상대적 영향력의 크기는 다중 회귀분석과 통제 회귀분석에서도 해석이 가능하나, 위계적 회귀분석은 R^2과 관련한 다음과 같은 차이점이 있다.

① 통제 회귀분석은 통제변수와 독립변수가 동시에 투입되기 때문에 종속변수에 대한 설명력인 R^2은 통제변수와 독립변수 모두를 포함한 설명력이 된다. 이러한 분석의 특성 때문에 순수하게 독립변수가 종속변수를 얼마만큼 설명하는지 파악할 수가 없는 단점이 있다. 하지만 **위계적 회귀분석은 통제변수가 종속변수를 설명하는 R^2 과 독립변수가 종속변수를 설명하는 R^2을 구분하여 모두 제시**하여 준다. 따라서 통제변수들의 설명력을 제외하고 순수하게 독립변수가 종속변수에 대한 설명력을 도출 할 때는 위계적 회귀분석이 용이한 분석기법이다.

② 다중 회귀분석 결과에서 종속변수에 대한 독립변수의 상대적 영향력 크기를 표준화된 회귀계수(β)값을 이용하여 파악한다. 그런데 독립변수에 투입된 변수들이 종속변수와의 관련성이 없다하더라도 분석은 진행되기 때문에 모든 변수들의 결정계수(R^2)는 제시되지만, 각 변수별 결정계수(R^2)를 알 수 없다. 하지만 위계적 회귀분석에서는 변수 투입 시 이론적 근거나 경험적 근거를 참고하여 변수의 개념별로 투입한다. 따라서 통계적 유의수준에서 각 변수별 결정계수 증가($\triangle R^2$)가 유의한

지를 알 수 있고, 만약 결정계수 증가($\triangle R^2$)가 유의하지 않다면 해당 변수는 삭제 또는 어떤 조치를 하든지 아니면 위계적 회귀분석은 더 이상 진행할 수 없게 된다. 결론적으로 다중 회귀분석에서는 연구자가 투입한 모든 독립변수들을 대상으로 상대적 영향력을 파악하지만, 위계적 회귀분석에서는 종속변수에 대한 설명력 증가($\triangle R^2$)가 유의할 때만 독립변수들을 대상으로 상대적 영향력을 파악할 수 있다. 따라서 위계적 회귀분석에서 가장 중요한 사항은 통계적 유의수준에서 결정계수의 증가($\triangle R^2$) 여부이다.

18.3　위계적 회귀분석의 실시[논문통계의 이해와 적용]

18.3.1 위계적 회귀분석 시 유의사항

<표 18-1>은 위계적 회귀분석을 위한 예제파일이며, 더미/통제 회귀분석에서도 사용한 예제이다. 통제 회귀분석과 달리 통제변수와 독립변수의 R^2이 어떻게 도출되는지 확인해 보자.

〈표 18-1〉 위계적/단계적 회귀분석 예제

구분	공정성 (x_1)	상사관계 (x_2)	동료관계 (x_3)	직무만족 (y)	성별	학력	직무형태	구분	공정성 (x_1)	상사관계 (x_2)	동료관계 (x_3)	직무만족 (y)	성별	학력	직무형태
1	3	3	2	3	1	1	1	16	3	2	3	3	2	3	2
2	3	2	3	2	1	2	1	17	2	2	3	3	1	2	1
3	3	3	4	4	1	1	2	18	3	3	3	3	2	1	2
4	4	4	4	4	2	1	1	19	3	3	3	3	2	2	1
5	3	4	3	4	2	2	2	20	3	3	3	3	2	3	2
6	1	1	1	1	1	1	1	21	2	3	4	3	2	2	1
7	2	2	4	3	1	3	2	22	1	3	1	1	2	1	2
8	1	3	2	2	2	1	1	23	2	2	5	2	1	3	1
9	1	1	1	1	1	3	2	24	3	2	2	2	1	2	2
10	4	4	4	4	3	3	1	25	3	4	3	3	1	1	1

구분	공정성 (x_1)	상사 관계 (x_2)	동료 관계 (x_3)	직무 만족 (y)	성별	학력	직무 형태	구분	공정성 (x_1)	상사 관계 (x_2)	동료 관계 (x_3)	직무 만족 (y)	성별	학력	직무 형태
11	3	3	3	3	1	3	2	26	2	2	3	2	2	2	2
12	2	2	3	3	1	1	2	27	2	2	2	2	2	3	1
13	2	1	1	1	1	3	1	28	4	4	3	3	1	2	1
14	2	2	2	2	2	1	2	29	2	2	3	2	2	3	2
15	2	3	3	2	1	2	1	30	3	4	3	3	2	2	2

위계적 회귀분석을 실시할 때, 다음의 사항을 고려해야 한다.

① 독립변수 투입 시 이론이나 경험을 근거로 투입해야 한다. 위 예제는 연구자가 설정한 모형을 근거로 위계적 회귀분석을 실시하므로, 공정성, 상사관계, 동료관계 순으로 변수를 투입시킨다. 통제변수의 경우에는 일반적으로 독립변수보다 먼저 투입한다.

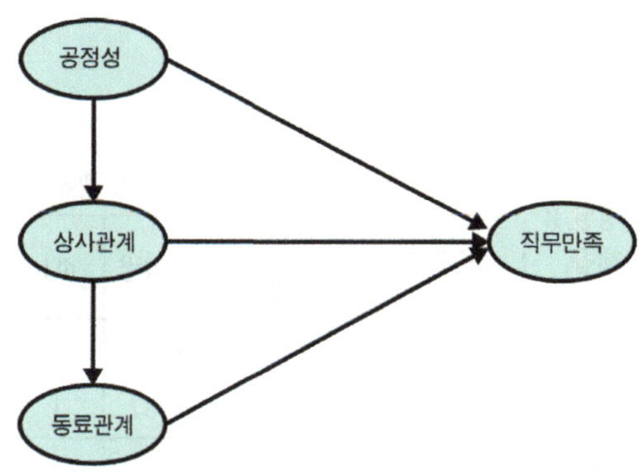

② 변수의 개념적 변수별로 투입시켜야 한다. 예를 들어, 공정성, 상사관계, 동료관계는 각 독립된 변수들이기 때문에 각각 투입시켜야 한다. 만약 공정성에 하위요인이 3개가 존재한다면, 이는 하나의 개념적 변수이므로 동시에 투입해야 한다.

③ 각 단계별로 결정계수가 통계적 유의수준하에서 증가(ΔR^2)하는지를 파악해야 한다. 만약 통계적으로 유의하게 증가하지 않았다면 해당 변수들로는 위계적 회귀분석을 실시할 수 없으므로 삭제 등과 같은 어떠한 조치를 취해 주어야 한다.

18.3.2 위계적 회귀분석의 실시

위계적 회귀분석 실시

① 분석(A) → 회귀분석(R) → 선형(L)을 선택한다.

② 독립변수(I)에 통제변수(성별더미, 대졸더미, 대학원이상더미, 직무형태더미)를 투입하고, 다음(N)을 누른다. 블록(B)1대상1이 블록(B)2대상2로 바뀐다.

③ 독립변수(I)에 공정성을 투입하고, 다음(N)을 누른다. 블록(B)2대상2가 블록(B)3대상3으로 바뀐다.

④ 독립변수(I)에 상사관계를 투입하고, 다음(N)을 누른다. 블록(B)3대상3이 블록(B)4대상4로 바뀐다.

⑤ 독립변수(I)에 동료관계를 투입한다.

⑥ 종속변수(D)에 직무만족 변수를 투입한다.

⑦ 통계량(S)을 선택하고 R제곱변화량(S)과 공선성진단(L)을 체크한다.

⑧ 계속을 누르고 확인을 선택한다.

■ 분석결과

모형 요약

모형	R	R 제곱	수정된 R 제곱	추정값의 표준오차	통계량 변화량				
					R 제곱 변화량	F 변화량	df1	df2	유의확률 F 변화량
1	.163[a]	.027	−.129	.954	.027	.170	4	25	.951
2	.785[b]	.617	.537	.611	.590	36.937	1	24	.000
3	.825[c]	.680	.597	.570	.064	4.596	1	23	.043
4	.896[d]	.803	.740	.457	.123	13.685	1	22	.001

a. 예측값: (상수), 직무형태더미, 대학원이상더미, 성별더미, 대졸더미
b. 예측값: (상수), 직무형태더미, 대학원이상더미, 성별더미, 대졸더미, 공정성
c. 예측값: (상수), 직무형태더미, 대학원이상더미, 성별더미, 대졸더미, 공정성, 상사관계
d. 예측값: (상수), 직무형태더미, 대학원이상더미, 성별더미, 대졸더미, 공정성, 상사관계, 동료관계

분산분석[e]

모형		제곱합	자유도	평균 제곱	F	유의확률
1	회귀 모형	.620	4	.155	.170	.951[a]
	잔차	22.746	25	.910		
	합계	23.367	29			
2	회귀 모형	14.408	5	2.882	7.720	.000[b]
	잔차	8.959	24	.373		
	합계	23.367	29			
3	회귀 모형	15.900	6	2.650	8.163	.000[c]
	잔차	7.467	23	.325		
	합계	23.367	29			
4	회귀 모형	18.763	7	2.680	12.811	.000[d]
	잔차	4.603	22	.209		
	합계	23.367	29			

a. 예측값: (상수), 직무형태더미, 대학원이상더미, 성별더미, 대졸더미
b. 예측값: (상수), 직무형태더미, 대학원이상더미, 성별더미, 대졸더미, 공정성
c. 예측값: (상수), 직무형태더미, 대학원이상더미, 성별더미, 대졸더미, 공정성, 상사관계
d. 예측값: (상수), 직무형태더미, 대학원이상더미, 성별더미, 대졸더미, 공정성, 상사관계, 동료관계
e. 종속변수: 직무만족도

계수[a]

모형		비표준화 계수		표준화 계수	t	유의확률	공선성 통계량	
		B	표준오차	베타			공차	VIF
1	(상수)	2.510	.373		6.730	.000		
	성별더미	.099	.366	.056	.269	.790	.910	1.099
	대졸더미	.108	.428	.058	.253	.803	.744	1.343
	대학원이상더미	−.198	.431	−.106	−.460	.649	.736	1.359
	직무형태더미	.081	.368	.046	.221	.827	.894	1.119
2	(상수)	.568	.399		1.423	.168		
	성별더미	.147	.234	.083	.625	.538	.909	1.100
	대졸더미	−.213	.279	−.114	−.764	.452	.718	1.393
	대학원이상더미	−.282	.276	−.151	−1.021	.317	.734	1.362
	직무형태더미	.146	.236	.083	.618	.542	.892	1.121
	공정성	.820	.135	.786	6.078	.000	.955	1.047
3	(상수)	.183	.413		.442	.663		
	성별더미	−.033	.234	−.019	−.140	.890	.793	1.261
	대졸더미	−.137	.263	−.073	−.519	.608	.704	1.420
	대학원이상더미	−.052	.279	−.028	−.186	.854	.626	1.598
	직무형태더미	.213	.223	.121	.959	.348	.874	1.144
	공정성	.550	.178	.527	3.089	.005	.477	2.096
	상사관계	.379	.177	.392	2.144	.043	.415	2.409
4	(상수)	−.139	.343		−.406	.689		
	성별더미	.009	.188	.005	.047	.963	.790	1.266
	대졸더미	−.265	.214	−.141	−1.237	.229	.686	1.458
	대학원이상더미	−.271	.232	−.145	−1.171	.254	.585	1.711
	직무형태더미	.222	.179	.126	1.243	.227	.874	1.144
	공정성	.423	.147	.406	2.880	.009	.451	2.216
	상사관계	.245	.147	.253	1.667	.110	.389	2.568
	동료관계	.386	.104	.429	3.699	.001	.667	1.500

a. 종속변수: 직무만족도

■ 결과해석

① 모형요약

모형요약을 보면 총 4개의 모형이 나타난다. 모형 1은 통제변수(성별, 학력, 직무형태 변수를 더미변수로 변환)를 독립변수에 투입하고 종속변수 직무만족과의 설명력이다. R^2은 0.027로 낮은 수치를 보이며, 이의 유의확률은 0.951이다.

모형2는 통제변수가 독립변수에 투입되어 있는 상태에서 공정성을 추가로 투입한 모델로서, R^2은 0.617로 61.7%의 설명력을 보였다. 모형 1과 비교하여 R^2변화량이 59.0% 증가한 수치이고, 이는 통계적으로 유의미한 $\triangle R^2$ 증가로 나타났다(p=.000).

모형 3은 통제변수와 공정성이 독립변수에 투입되어 있는 상태에서 상사관계가 독립변수로 추가로 투입한 모델로 R^2은 0.680으로 68.0%의 설명력을 보였다. 모형 2와 비교했을 때 R^2변화량이 6.4% 증가한 수치이며, 이는 통계적 유의수준하에서 의미 있는 $\triangle R^2$ 증가로 나타났다(p=.043).

모형 4는 통제변수와 공정성, 상사관계가 독립변수에 투입되어 있는 상태에서 동료관계 변수를 독립변수에 추가로 투입한 모델로 R^2은 0.740으로 74.0%의 설명력을 보였다. 모형 3과 비교했을 때 R^2변화량이 12.3% 증가한 수치이고, 이는 통계적으로 유의미한 $\triangle R^2$ 증가로 나타났다(p=.001).

모형별로 R^2은 증가($\triangle R^2$)하는 것으로 나타났다. 만약 모형2, 모형3, 모형4의 유의확률F변화량이 통계적으로 유의미한 변화량을 보이지 않았다면($p > 0.05$), 위계적 회귀분석은 실시할 수 없으며 해당 변수를 삭제하는 등의 조치를 취해야 한다.

② 분산분석

각 모형별로 분산분석 결과를 보여준다. 회귀모형은 설명된 변화량이고 잔차는 설명되지 않은 변화량을 의미한다. 합계는 회귀모형 값과 잔차 값을 합한 총변화량이다. 평균제곱 값은 회귀모형의 제곱합 값과 잔차의 제곱합 값을 자유도로 나눈 값이며, 이때 도출된 회귀모형의 평균제곱 값을 잔차의 평균제곱 값으로 나눈 값이 F값이 된다. 이에 대한 자세한 설명은 제 15장 회귀분석기초이론을 참고 바란다.

모형1을 제외한 모든 모형에서 F값에 따른 유의확률은 0.000으로 "회귀식은 통계적으로 유의하다" 로 설정된 연구가설이 채택된다. 이것으로 모형1에 투입된 변수들 모두는 종속변수에 유의미한 영향을 미치지 않는다는 것을 알 수 있고, 모형2, 모형3, 모형4는 독

립변수에 투입된 변수들 중 하나 이상이 종속변수에 유의한 영향을 미치는 변수가 있다
는 것을 알 수 있다.

③ 계수

모형 1은 통제변수(성별, 학력, 직무형태 변수를 더미변수로 변환)가 종속변수인 직무
만족도에 미치는 영향관계 결과이다. 분석결과, 모든 통제변수들은 의미 있는 영향을 미
치지 않는 것으로 나타났다.

모형 2는 통제변수와 공정성이 직무만족도에 미치는 영향관계 결과이며, 통제변수들
은 유의미한 영향을 미치지 않지만 공정성은 통계적으로 의미 있는 영향을 미치는 것을
알 수 있다(t=6.078, p=.000).

모형 3는 독립변수인 통제변수와 공정성, 상사관계가 종속변수인 직무만족도에 미치
는 영향관계 결과이며, 통제변수들은 유의미한 영향을 미치지 않지만 공정성(t=3.089,
p=.005)과 상사관계(t=2.144, p=.043)은 통계적으로 유의미한 영향을 미치는 것을 알 수
있다.

모형 4는 독립변수인 통제변수와 공정성, 상사관계, 동료관계가 종속변수인 직무만족
도에 미치는 영향관계 결과이며, 통제변수들은 유의미한 영향을 미치지 않지만 공정성
(t=2.880, p=.009)과 동료관계(t=3.699, p=.001)는 통계적으로 유의미한 영향을 미치는
것으로 나타난 반면 상사관계(t=1.667, p=.110)는 영향을 미치지 않았다. 또한 공차한계
수치는 모두 0.1이상으로 나타나 다중공성선에는 문제가 없다.

결론적으로 모형 4에서 종속변수에 유의미한 영향관계가 있는 독립변수들은 공정성
(p=.009)과 동료관계(p=.001)로 나타났다. 이 변수들의 표준화 계수(β)을 보면 동료관계
(β = .429)가 공정성(β = .406)보다 조금 더 높은 수치를 보였다. 따라서 직무만족도에
가장 큰 영향력을 미치는 변수는 동료관계(1순위)이고 그 다음으로 영향을 미치는 변수
는 공정성(2순위)임을 알 수 있다. 이러한 조사결과가 어떤 기업에서 실제 조사한 결과라
가정한다면, 해당 기업의 인사책임자에게 종사원들의 직무만족도를 향상시킬 수 있는 인
적자원관리 방안에 대한 시사점을 제공할 수 있을 것이다.

18.4　단계적 회귀분석의 의미

위계적 회귀분석과 단계적 회귀분석은 서로 다른 방법으로 실시하는 회귀분석으로 연구자들은 각 분석방법의 차이점을 분명히 기억하고 연구의 성격에 적절한 분석방법을 선택해야 한다.

단계적 회귀분석의 의미는 위계적 회귀분석과의 차이점을 통하여 설명하는 것이 이해가 용이하다. 위계적 회귀분석과 단계적 회귀분석의 가장 큰 차이점은 분석과정에서 다음과 같은 연구자의 개입정도이다.

① 위계적 회귀분석은 연구자가 이론 및 경험을 근거로 해서 변수들의 투입순서를 결정하지만, 단계적 회귀분석은 모든 변수를 동시에 투입하는 다중 회귀분석 방식을 취한다. 즉, 단계적 회귀분석은 변수 투입에 대한 이론 또는 경험이 존재하지 않을 때 주로 이용한다는 것을 알 수 있다.

② 위계적 회귀분석은 연구자가 투입한 변수들 모두가 분석결과에 제시되는 반면, 단계적 회귀분석의 경우에는 연구자의 의지와 관계없이 종속변수에 영향을 주지 않는 변수들은 차례대로 제거가 된다. 예를 들어, 앞에서 위계적 회귀분석은 통제분석, 공정성, 상사관계, 동료관계의 순으로 변수를 투입하고, 모형1, 모형2, 모형3, 모형4를 통하여 모든 변수들의 영향관계가 제시된다. 하지만 단계적 회귀분석은 모든 독립변수들을 동시에 투입하고, 분석결과에서 몇 개의 모형이 제시될 지는 연구자는 알 수 없다.

연구자는 위에서 언급한 2가지 차이점을 근거로 해서 연구의 성격에 맞는 분석방법을 결정해야 한다. 일반적으로 논문에서는 연구자가 이론을 근거로 설정한 연구 모형을 검정하는 경우가 많기 때문에 단계적 회귀분석 보다는 위계적 회귀분석을 더 많이 사용하는 경향이 있다. 하지만 결정계수 증가($\triangle R^2$)가 조건을 만족해야하기 때문에 모든 연구에서 위계적 회귀분석을 사용할 수 있는 것은 아닐 것이다. 그럴 경우에는 단계적 회귀분석을 이용하면 된다.

18.5   단계적 회귀분석의 실시[논문통계의 이해와 적용]

단계적 회귀분석의 변수 투입은 다중 회귀분석과 동일하게 독립변수들을 동시에 투입하고, 분석결과에서는 영향력이 없는 변수들은 자동적으로 제거가 된다. 따라서 연구자는 변수투입 후 변수의 투입방법만 변경해서 분석하면 된다.

변수 투입방법은 입력방식, 단계선택, 후진, 전진 등이 있으며, 단계적 회귀분석은 "**단계선택**"으로 해주면 된다.

단계적 회귀분석 실시

① 분석(A) → 회귀분석(R) → 선형(L)을 선택한다.
② 독립변수(I)에 통제변수(성별더미, 대졸더미, 대학원이상더미, 직무형태더미), 공정성, 상사관계, 동료관계를 투입한다.
③ 종속변수(D)에 직무만족 변수를 투입한다.
④ 방법(M)에서 입력을 단계선택으로 변경해준다.
⑤ 통계량(S)을 선택하고 R제곱변화량(S)과 공선성진단(L)을 체크한다.
⑥ 계속을 누르고 확인을 선택한다.

■ 분석결과

모형 요약

모형	R	R 제곱	수정된 R 제곱	추정값의 표준오차	R 제곱 변화량	F 변화량	df1	df2	유의확률 F 변화량
					통계량 변화량				
1	.762[a]	.581	.566	.592	.581	38.775	1	28	.000
2	.847[b]	.717	.696	.495	.137	13.063	1	27	.001
3	.877[c]	.770	.743	.455	.052	5.893	1	26	.022

a. 예측값: (상수), 공정성
b. 예측값: (상수), 공정성, 동료관계
c. 예측값: (상수), 공정성, 동료관계, 상사관계

분산분석[d]

모형		제곱합	자유도	평균 제곱	F	유의확률
1	회귀 모형	13.569	1	13.569	38.775	.000[a]
	잔차	9.798	28	.350		
	합계	23.367	29			
2	회귀 모형	16.763	2	8.382	34.272	.000[b]
	잔차	6.603	27	.245		
	합계	23.367	29			
3	회귀 모형	17.983	3	5.994	28.953	.000[c]
	잔차	5.383	26	.207		
	합계	23.367	29			

a. 예측값: (상수), 공정성
b. 예측값: (상수), 공정성, 동료관계
c. 예측값: (상수), 공정성, 동료관계, 상사관계
d. 종속변수: 직무만족도

계수[a]

모형		비표준화 계수		표준화 계수	t	유의확률	공선성 통계량	
		B	표준오차	베타			공차	VIF
1	(상수)	.606	.333		1.819	.080		
	공정성	.795	.128	.762	6.227	.000	1.000	1.000
2	(상수)	.089	.313		.285	.778		
	공정성	.563	.125	.540	4.525	.000	.735	1.361
	동료관계	.388	.107	.431	3.614	.001	.735	1.361
3	(상수)	−.124	.301		−.412	.684		
	공정성	.378	.138	.362	2.745	.011	.509	1.966
	동료관계	.350	.100	.388	3.490	.002	.716	1.396
	상사관계	.296	.122	.306	2.428	.022	.558	1.792

a. 종속변수: 직무만족도

■ 결과해석

① 모형요약

단계적 회귀분석 방법은 제일 큰 영향력이 크다고 나타난 공정성과 직무만족 간 회구분석을 실시하고(모형1), 그 다음으로 동료관계가 큰 영향이 있는 것으로 나타나 공정성과 동료관계와 직무만족 간 회귀분석을 하고(모형2), 그 다음으로 영향을 미친 변수가 상사관계로 나타나 공정성, 동료관계, 상사관계와 종속변수인 직무만족 간 회귀분석을 실시한다(모형3). 모든 통제변수들은 통계적으로 유의한 영향력이 없는 변수이기 때문에 제거되었다. 따라서 모형요약을 보면 총 3개의 모형이 나타난다.

모형 1은 공정성이 종속변수인 직무만족을 설명하는 정도이고, 모형 2는 공정성과 동료관계가 직무만족을 설명하는 정도이고, 모형 3은 공정성, 동료관계, 상사관계가 직무만족을 설명하는 정도이다. 모든 통제변수들은 영향력이 없어 제거되었다는 것을 알 수 있다.

모형 1의 R^2은 58.1%, 모형 2의 R^2은 71.7%, 모형 3의 R^2은 77.0%로 나타났고, R^2 변화량은 모형 1의 R^2 수치인 58.1%에서 모형 2는 13.7% 증가하였고, 모형 3은 모형 2에서 5.2% 증가하였다. 이러한 결정계수 증가($\triangle R^2$)에 따른 유의확률F변화량은 모형 1(p=.000), 모형 2(p=.001), 모형 3(p=.022)에서 통계적으로 유의하게 나타났다.

② 분산분석

각 모형별로 분산분석 결과를 보여준다. 회귀모형은 설명된 변화량이고 잔차는 설명되지 않은 변화량을 의미한다. 합계는 회귀모형 값과 잔차 값을 합한 총변화량이다. 평균제곱 값은 회귀모형의 제곱합 값과 잔차의 제곱합 값을 자유도로 나눈 값이며, 이때 도출된 회귀모형의 평균제곱 값을 잔차의 평균제곱 값으로 나눈 값이 F값이 된다. 이에 대한 자세한 설명은 제 15장 회귀분석기초이론을 참고 바란다.

모형1, 모형2, 모형3에서 F값에 따른 유의확률은 0.000으로 "회귀식은 통계적으로 유의하다" 로 설정된 연구가설이 채택되었다. 이것으로 모형1, 모형2, 모형3의 독립변수에 투입된 변수들 중 하나 이상이 종속변수에 유의한 영향을 미치는 변수가 있다는 것을 알 수 있다.

③ 계수

단계적 회귀분석에서는 독립변수들의 영향력의 크기순으로 독립변수에 투입 된다. 여기서는 공정성, 동료관계, 상사관계의 순서로 독립변수에 투입되었다는 것을 알 수있다.

모형1은 공정성이 종속변수인 직무만족도에 미치는 영향관계 결과로 통계적으로 유의미한 영향을 미치는 것으로 나타났다(t=6.227, p=.000).

모형2는 공정성(t=4.525, p=.000)에 추가로 동료관계(t=3.614, p=.001) 변수가 투입된 분석결과이고, 두 변수 모두 통계적으로 의미 있는 영향관계가 있었다.

모형 3은 공정성(t=2.745, p=.011)과 동료관계(t=3.490, p=.002)에 추가로 상사관계(t=2.428, p=.022) 변수가 투입된 분석결과이며, 세 변수 모두 통계적으로 유의미한 영향을 미치는 것으로 나타났다.

모형 3에서 표준화 계수(β)를 보면, 1순위 동료관계(β=.388)가 상대적으로 가장 큰 영향력을 미치는 것으로 나타났고, 그 다음으로 2순위 공정성(β=.362), 3순위 상사관계(β=.306)의 순으로 나타났다.

위계적 회귀분석에서는 1순위 동료관계, 2순위 공정성으로 나타났지만, 단계적 회귀분석에서는 1순위 동료관계, 2순위 공정성, 3순위 상사관계로 분석결과에 차이가 있다는 것을 알 수 있다.

18.6 논문에서 위계적/단계적 회귀분석 제시방법

논문에서 위계적 회귀분석 결과의 표 작성 및 해석방법은 일반적으로 <표 18-2>와 같이 제시하면 된다. 단계적 회귀분석 역시 아래의 표를 기준하여 작성하면 된다.

〈표 18-2〉 위계적 회귀분석 결과

독립변수	모델 1		모델 2		모델 3		모델 4		공차한계
	β	t값	β	t값	β	t값	β	t값	
상 수	–	6.730	–	1.423	–	.442	–	−.406	–
성별(여성)	.056	.269	.083	.625	−.019	−.140	.005	.047	.790
대졸	.058	.253	−.114	−.764	−.073	−.519	−.141	−1.237	.686
대학원이상	−.106	−.460	−.151	−1.021	−.028	−.186	−.145	−1.171	.585
직무형태(계약직)	.046	.221	.083	.618	.121	.959	.126	1.243	.874

독립변수	모델 1		모델 2		모델 3		모델 4		
	β	t값	β	t값	β	t값	β	t값	공차한계
공정성			.786	6.078**	.527	3.089**	.406	2.880**	.451
상사관계					.392	2.144*	.253	1.667	.389
동료관계							.429	3.699**	.667
통계량	$R^2=.027$, 수정된 $R^2=-.129$, F=.170, p=.951		$R^2=.617$, 수정된 $R^2=.537$, F=7.720, p=.000		$R^2=.680$, 수정된 $R^2=.597$, F=8.163, p=.000		$R^2=.803$, 수정된 $R^2=.740$, F=12.811, p=.000		

*$p<.05$, **$p<.01$ (고졸=0)
종속변수:직무만족

<모델 1>은 통제변수인 성별, 학력, 직무형태와 직무만족 간의 회귀분석결과이다. 모든 통제변수가 직무만족에는 유의미한 영향을 미치지 않는 것으로 나타났으며, 수정된 R^2은 -.129의 수치를 보였고, F값에 따른 유의확률은 0.951로 "회귀식은 통계적으로 유의하다" 로 설정된 연구가설이 기각되어 회귀식은 유의하지 않는 것으로 밝혀졌다.

<모델 2>는 통제변수에 공정성을 추가로 독립변수에 투입한 회귀분석 결과이다. 모든 통제변수는 직무만족에 유의한 영향을 보이지 않았지만, 공정성은 통계적으로 유의미한 영향을 미치는 것으로 나타났다(t=6.078). 수정된 R^2은 0.537로 독립변수가 종속변수를 53.7% 설명하였고, F값에 따른 유의확률은 0.000으로 "회귀식은 통계적으로 유의하다" 로 설정된 연구가설이 채택되었다.

<모델 3>은 통제변수와 공정성에 상사관계 변수를 추가로 독립변수에 투입한 회귀분석 결과이다. 모든 통제변수는 직무만족에 유의한 영향을 보이지 않았지만, 공정성(t=3.089)과 상사관계(t=2.144)는 통계적으로 의미 있는 영향을 미치는 것으로 나타났다. 수정된 R^2은 0.597로 독립변수가 종속변수를 59.7% 설명하는 것으로 밝혀졌고, F값에 따른 유의확률은 0.000으로 "회귀식은 통계적으로 유의하다" 로 설정된 연구가설이 채택되었다.

<모델 4>는 통제변수와 공정성, 상사관계에 동료관계 변수를 추가로 독립변수에 투입한 회귀분석 결과이다. 모든 통제변수와 상사관계는 직무만족에 유의한 영향을 보이지 않았지만, 공정성(t=2.880)과 동료관계(t=3.699)는 통계적으로 의미 있는 영향을 미치는

것으로 밝혀졌다. 수정된 R^2은 0.740으로 독립변수가 종속변수를 74.0% 설명하였고, F 값에 따른 유의확률은 0.000으로 "회귀식은 통계적으로 유의하다" 로 설정된 연구가설이 채택되었다. 또한 공차한계값이 모두 0.1이상으로 나타나 독립변수 간에는 다중공선성이 발생하지 않았다. <모델 4>의 표준화 계수(β)값을 보았을 때, 종속변수인 직무만족에 가장 큰 영향을 미치는 독립변수는 동료관계(β=.429)이고, 그 다음으로 공정성(β=.406)으로 나타났다. 따라서 이러한 결과는 기업의 인사담당자에게 효율적인 인적자원관리 방안에 대한 시사점을 제공해 줄 것이라 판단된다.

로지스틱 회귀분석

19.1 로지스틱 회귀분석이란?

단순 및 다중 회귀분석은 독립변수와 종속변수 모두 연속형 변수일 때 사용하는 분석 기법이다. 독립변수가 연속형 또는 비연속형 변수이고, 종속변수가 비연속형 변수일 때 사용할 수 있는 회귀분석은 로지스틱 회귀분석이다.

〈표 19-1〉 회귀분석의 종류

구분	독립변수		종속변수	
	수(數)	척도	수(數)	척도
단순 회귀분석	1개	연속형 변수	1개	연속형 변수
다중 회귀분석	2개 이상	연속형 변수	1개	연속형 변수
더미 회귀분석	1개 이상	비연속형 변수	1개	연속형 변수
이항 로지스틱 회귀분석	1개 이상	연속형 변수 비연속형 변수	1개	비연속형 변수
다항 로지스틱 회귀분석	1개 이상	연속형 변수 비연속형 변수	2개 이상	비연속형 변수

로지스틱 회귀분석은 종속변수가 비연속형 변수로 구성되어야 하므로, 다음과 같은 상황에서 사용할 수 있다.

〈표 19-2〉 로지스틱 회귀분석의 적용상황

구분	내 용	독립변수	종속변수
상황1	고객특성(X)에 따른 은행 대출 비연체자(0)와 연체자(1)의 특성	고객특성	비연체자(0) 연체자(1)
상황2	약물치료 후 환자의 상태가 개선된 경우(1)와 변화가 없는 경우(0)	약물치료	개선(1) 변화없음(0)
상황3	연령에 따라 고혈압 유무	60세이하 60세이상	고혈압 무(0) 고혈압 유(1)

종속변수가 비연속형 변수이므로 이를 더미변수로 변환한 후 로지스틱 회귀분석을 해야 한다. 종속변수가 이변량 값(0, 1)을 가지는 변수를 사용일 때는 이항로지스틱 회귀분석을 이용하고, 종속변수가 3집단 이상의 비연속형 변수일 때는 다항로지스틱 회귀분석을 이용한다.

19.2   로지스틱 회귀분석의 이론

19.2.1 Sigmoid 함수

로지스틱 회귀분석의 종속변수는 비연속형 변수이므로 정규분포를 가정하는 회귀분석 계산식으로는 분석이 어려워지고, 또한 선형 회귀모델로는 종속변수가 비연속형 변수를 해석하기 어려워진다. 따라서 로지스틱 회귀분석에 적합한 모델로 분석이 이루어져야 할 것이다.

<그림 19-1>의 (a)는 일반선형 회귀모델로서 16장 단순/다중 회귀분석에서 설명한 모델이다. 독립변수(x)가 한 단위 증가할 때 종속변수(y)가 얼마만큼 증가하는지를 예측하는 계산식($\hat{Y} = \beta_0 + \beta_1 X_1$)을 이용한다. 그런데 종속변수가 0과 1로 구성된 비연속형 변수를 일반선형 회귀모델에 이용하면 (b)와 같은 불가능한 형태의 회귀모델이 된다. 즉, 독립변수(x)가 한 단위 증가할 때 종속변수(y)가 얼마만큼 증가하는지 설명을 할 수가 없다. 따라서 0과 1로 구성된 변수는 다른 모델로 설명을 해야 한다.

0과 1로 구성된 변수를 그래프로 그리면 (C)와 같은 S자 형태의 그래프로 나타나는데, 이를 구현할 수 있는 계산식이 시그모이드(sigmoid) 함수가 있다.

선형 회귀모델	$\hat{Y} = \beta_0 + \beta_1 X_1$
시그모이드 함수	$\dfrac{1}{1 + e^{-(\beta_0 + \beta_1 X)}}$

(a) 일반선형모델

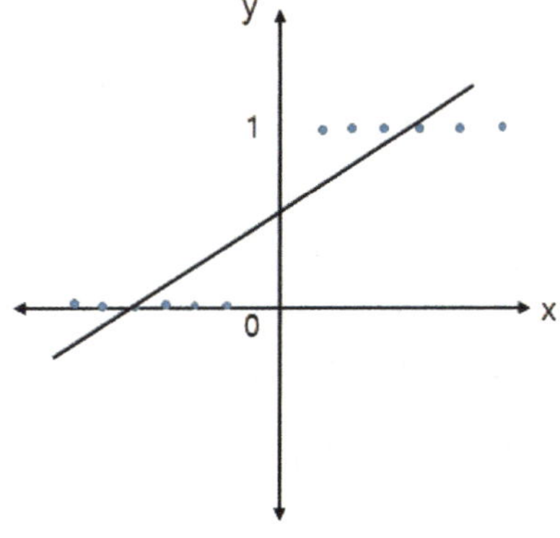

(b) 비연속형 변수의 일반선형모델

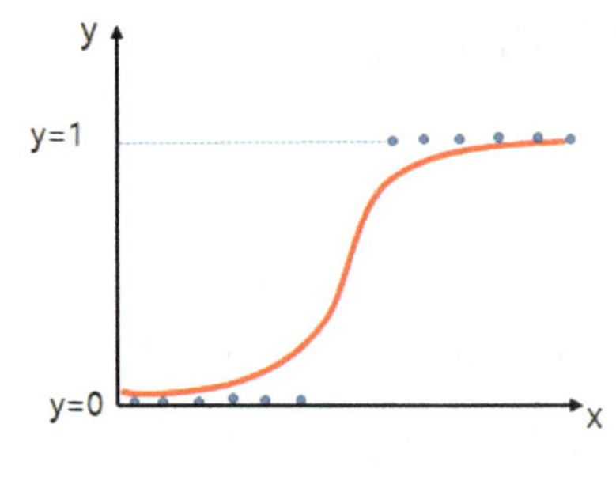

(c) 로지스틱 회귀모델

〈그림 19-1〉 선형회귀모델과 로지스틱 회귀모델

19.2.2 오즈(*odds*)

로지스틱 회귀분석의 모형은 비연속형 변수(0과 1)인 Y를 공변량인 X로 설명하기 위한 모형이다. 예를 들어, 소득 수준(X)에 따라 은행 대출을 연체하지 않는지(0), 연체하는지(1) 여부를 예측하기 위한 확률비율을 승산율(odds ratio)이라 한다.

오즈(*odds*)의 사전적 의미는 공산, 승산, 배당 등으로 정의되어 있다. 통계학에서 오즈는 어떠한 사건이 일어날 확률이 p일 때, 그 사건의 오즈는 아래와 같이 계산한다.

$$odds = \frac{p}{(1-p)} = \frac{\text{어떤사건이 일어날 확률}}{\text{어떤사건이 일어나지않을 확률}}$$
（공식 19-1) 오즈(odds) 공식

다음의 예제를 가지고 오즈비를 구해보자.

대출이자 연체자

	구분	연체자	비연체자	전체
	저소득자	328	36	364
소득수준	고소득자	14	49	63
	전체	50	377	427

소득수준이 저소득자인 그룹에서 대출이자를 연체할 경우의 오즈는 아래의 오즈 공식(공식 19-1)에 대입하여 계산한다.

① p는 연체할 확률이 되므로, 저소득자의 연체할 확률(p)은 연체자 인원을 전체로 나누어주면 된다.

$$\frac{연체할\ 확률}{(1-연체할\ 확률)} = \frac{\dfrac{328}{364}}{\left(1-\dfrac{328}{364}\right)} = \frac{0.901}{0.099} = 9.101$$

즉, 저소득자가 대출이자를 연체할 확률은 고소득자에 비해 약 9.1배 높다고 할 수 있다.

② 고소득자가 연체할 확률(p)을 계산하면 다음과 같다.

$$\frac{연체할\ 확률}{(1-연체할\ 확률)} = \frac{\dfrac{14}{63}}{\left(1-\dfrac{14}{63}\right)} = \frac{0.222}{0.778} = 0.285$$

즉, 고소득자가 연체할 확률은 저소득자에 비해 0.285배 높다는 것을 알 수 있다. 이러한 결과를 실제 은행에서 활용한다면 향후 대출 정책에 도움을 줄 수 있을 것이다.

19.2.3 로지스틱 회귀모델

로지스틱 회귀모델에서 종속변수 로짓 p는 로짓함수 이용하게 된다. 그 이유는 로지스틱 회귀모델 방정식의 종속변수는 0과 1로 구성되는데, 이를 일반선형 회귀모델 방정식($Y=\beta_0+\beta_1 X_1$)에 대입하면, 좌변은 0과 1 사이의 값만 가지기를 기대하지만 우변은 $-\infty$에서 $+\infty$ 값을 가지게 되기 때문이다. 따라서 로지스틱 회귀모델 방정식은 종속변수(p)에 로짓 함수를 적용시킨 것이므로 다음과 같이 공식이 된다.

$$\text{logit}(p) = \beta_0 + \beta_1 X \qquad \text{(공식 19-2) 로지스틱 회귀모델 방정식}$$

종속변수 로짓 p는 오즈($odds$)의 자연로그가 된다. 자연로그는 자연상수(2.71828⋯)를 밑으로 하는 로그를 의미하고, 상용로그와 구별하기 위해 In으로 표현한다. 로짓 p와 오즈($odds$)의 자연로그는 동일하므로, 이를 식으로 나타내면 logit(p)=In($odds$)와 같이 된다. In($odds$)에 (공식 19-1)의 $odds$ 공식을 대입하면, $\text{In}\left(\dfrac{p}{(1-p)}\right)$이 된다.

따라서 로짓 p는 다음과 같이 표현할 수 있다.

$$\text{logit}(p)=\text{In}(odds)=\text{In}\left(\frac{p}{(1-p)}\right)$$

(공식 19-2)와 같이 로지스틱 회귀모델 방정식은 일반선형 회귀모델 방정식에서 종속변수 $\hat{Y}$이 로짓 p로 된 모델이 된다. 따라서 로짓 p는 독립변수 X와 선형적인 관계가 성립되고, 일반 단순/다중 회귀분석처럼 선형 회귀문제처럼 접근이 가능할 것이다.

따라서 로지스틱 회귀모델에서 종속변수 p는 다음과 같이 구할 수 있다.

(공식 19-2)의 로지스틱 회귀모델 방정식에서 종속변수는 로짓 p는 $\text{In}\left(\dfrac{p}{(1-p)}\right)$와 동일하다. 따라서 (공식 19-2)의 ①과 같이 로지스틱 회귀모델 방정식을 구현 할 수 있다. 여기서 자연로그를 없애면 ②와 같은 자연상수를 이용한 식이 되고, 이를 역수를 취해 계산하면 ③과 같이 나타난다. ③에서 $\dfrac{1}{1+e^{-(\beta_0+\beta_1 X)}}$ 는 앞에서 언급한 시그모이드(sigmoid) 함수식이므로, 종속변수 p는 결국 선형회귀분석의 $Y(\beta_0+\beta_1 X)$값을 시그모이드 함수에 적용한 것이 된다.

$$
\boxed{1}\ \text{In}\left(\frac{p}{1-p}\right)=\beta_0+\beta_1 X
$$
$$
\boxed{2}\ \frac{p}{1-p}=e^{\beta_0+\beta_1 X}
$$
$$
\boxed{3}\ p=\frac{e^{\beta_0+\beta_1 X}}{1+e^{\beta_0+\beta_1 X}}=\frac{1}{1+e^{-(\beta_0+\beta_1 X)}}
$$

(공식 19-3) 종속변수 p의 계산

19.2.4 로지스틱 회귀계수의 추정

단순 및 다중 회귀분석은 독립변수와 종속변수간의 관계를 설명하고, 독립변수가 한 단위 변화할 때 종속변수가 어떻게 변화하는지를 예측하는데 사용하는 통계분석기법이다. 로지스틱 회귀분석 역시 독립변수와 종속변수들 사이의 영향관계와 독립변수의 수준에서 종속변수를 예측하는데 사용한다. 하지만 단순 및 다중 회귀분석과 로지스틱 회귀분석을 추정방법에는 차이가 있다. 단순 및 다중 회귀분석에서는 최소제곱법(제 15장 참고)에 의해 회귀계수를 추정하지만 로지스틱 회귀분석은 우도(likelihood) 즉, 사건의 발생가능성을 크게 하는 최대우도법에 의해 회귀계수를 추정하는데 차이가 있다.

최대우도법이란 표본의 회귀식이 측정치를 잘 설명할 수 있도록 그 가능성을 최대한으로 올려 줌으로써, 궁극적으로 표본의 회귀식이 모(母)회귀식을 가장 잘 설명할 수 있도록 해주는 통계적 방법이다. 최소제곱법은 오차를 최소화하여 측정치를 설명하는데 중점을 두었다면, 최대우도법은 측정치를 잘 설명할 수 있는 가능성을 최대한으로 높여주는데 중점을 둔 통계방법이다.

최대우도법으로 회귀계수를 추정하면 로지스틱 회귀모형이 자료에 대한 설명력(R^2)과 회귀식의 유의성을 검정하고, 변수들 간의 통계적 유의성 판단은 $wald$통계량으로 한다.

19.3 로지스틱 회귀분석 실습[논문통계의 이해와 적용]

<표 19-3>은 로지스틱 회귀분석의 실습예제이다. 대출이자연체는 연체자(1)와 비연체자(0)로 구분하였고, 가족수의 단위는 명, 월소득의 단위는 만원이다. 가족 수와 월소득을 독립변수로 설정하고, 대출이자연체자와 비연체자에 어떠한 영향관계가 있는지 로지스틱 회귀분석을 실시해보자.

〈표 19–3〉 로지스틱회귀분석 예제

학생 번호	대출 이자 연체 (Y)	가족수 (X_1)	월소득 (X_2)	학생 번호	대출 이자 연체 (Y)	가족수 (X_1)	월소득 (X_2)	학생 번호	대출 이자 연체 (Y)	가족수 (X_1)	월소득 (X_2)
1	0	3	250	11	1	4	270	21	1	4	260
2	0	2	250	12	1	3	250	22	1	3	240
3	0	3	300	13	1	4	240	23	1	4	230
4	0	2	250	14	0	2	240	24	1	4	250
5	0	1	180	15	1	4	230	25	1	4	150
6	1	4	250	16	0	3	230	26	0	1	150
7	1	3	250	17	0	1	200	27	1	2	250
8	0	3	180	18	1	4	260	28	0	2	240
9	0	2	180	19	0	2	190	29	1	3	240
10	0	1	160	20	0	1	200	30	0	2	200

(대출이자연체는 0:비연체자, 1:연체자, 가족수:명, 월소득:만원)

로지스틱 회귀분석 실시

① 분석(A) → 회귀분석(R) → 이분형로지스틱(G)을 선택한다.
② 종속변수(D)에 대출연체 변수를 투입하고, 공변량(C)에 가족수와 월소득 변수를 투입한다.
③ 옵션(O)을 클릭하고, 통계량 및 도표에서 분류도표(C), Hosmer-Lemeshow 적합도(H), 반복계산정보(I), exp(B)에 대한 신뢰구간 95%의 케이스추출을 체크한다.
③ 계속, 확인을 누른다.

로지스틱 회귀분석을 실시하면 많은 분석결과가 도출되지만, 논문통계에서는 모든 분석결과를 해석할 필요는 없다. 16장에서 다룬 단순 및 다중 회귀분석에서 해석한 분석결과를 토대로 로지스틱 회귀분석도 해석을 하는 것이 가장 좋다. 단순 및 다중 회귀분석에서는 ①설명력(R^2), ②분산분석에서 회귀모형의 유의성을 검정하였고, ③변수들 간 영향관계를 t값과 p값으로 해석을 하였다. 따라서 <표 19-4>와 같이 로지스틱 회귀분석에서도 선형 회귀분석의 해석을 근거로 하면 된다.

〈표 19-4〉 단순/다중 회귀분석과 로지스틱 회귀분석의 비교

구분	선형 회귀분석	로지스틱 회귀분석
회귀모형의 평가	R^2	– 분류표 – Nagelkerke의 R^2 – Hosmer–Lemeshow 검정
회귀모형의 유의성	분산분석의 F검정	모형 계수 전체 테스트
변수들 간 유의성 검정결과	t값	$wald$통계량
해석의 중심	회귀계수 β	Exp(B) (오즈비($odds\ ratio$) 또는 승산비)

19.3.1 회귀모형의 평가

회귀분석에서는 회귀모형의 평가를 R^2으로 독립변수가 종속변수를 어느 정도 설명하는가를 파악하였다. 로지스틱 회귀분석에서는 ①분류표, ②Nagelkerke의 R^2, ③Hosmer-Lemeshow 검정으로 회귀모형을 평가하면 된다.

① 분류표

분류표[a]

감시됨			예측		
			대출이자연체		분류정확 %
			비연체자	연체자	
1 단계	대출이자연체	비연체자	13	3	81.3
		연체자	1	13	92.9
	전체 퍼센트				86.7

a. 절단값은 .500입니다.

■ 결과해석

  분류표에서 비연체자는 0, 연체자는 1로 코딩되어 있다. 비연체자 16명 중에서 역시 대출이자를 연체하지 않을 것이라고 예측한 확률은 81.3%(13명)이고, 연체자 14명 중에서 연체자로 분류한 확률은 92.9%(13명)을 보이고 있다. 전체적으로 정확하게 분류한 확률은 86.7%로 나타났다.

② Nagelkerke의 R^2

모형 요약

단계	−2 Log 우도	Cox와 Snell의 R−제곱	Nagelkerke R−제곱
1	18.083[a]	.541	.723

a. 모수 추정값이 .001보다 작게 변경되어 계산반복수 6에서 추정을 종료하였습니다.

■ 결과해석

  단순 및 다중 회귀분석에서는 결정계수(R^2)로 전체 변동 중 회귀모형에 의해 설명되는 변동비율을 파악하였듯이, 로지스틱 회귀분석에서는 Cox와 Snell의 R^2 또는 Nagelkerke의 R^2으로 회귀식의 설명력을 파악한다. 보통 Nagelkerke의 R^2이 더 많은 이용되며, 이를 기준으로 보았을 때 72.3%의 설명력을 가지는 것으로 보였다.

③ **Hosmer-Lemeshow 검정**

Hosmer와 Lemeshow 검정

단계	카이제곱	자유도	유의확률
1	3.589	7	.826

■ 결과해석

Hosmer-Lemeshow 검정결과로 로지스틱 회귀분석의 모형의 적합도를 평가한다.

이의 검정가설은 아래와 같으며, p값이 0.826으로 모형은 적합한 것을 알 수 있다. 여기서 주의할 점은 Hosmer-Lemeshow 검정은 표본의 크기가 충분할 때 해석을 해야 한다.

귀무가설(H_0)	모형은 적합하다
연구가설(H_1)	모형은 적합하지 않다

19.3.2 회귀모형의 유의성

반복계산 정보[a,b,c]

반복계산		−2 Log 우도	계수
			Constant
0 단계	1	41.455	−.133
	2	41.455	−.134

a. 모형에 상수항이 있습니다.
b. 초기 −2 Log 우도: 41.455
c. 모수 추정값이 .001보다 작게 변경되어 계산반복수 2에서 추정을 종료하였습니다.

모형 계수 전체 테스트

		카이제곱	자유도	유의확률
1 단계	단계	23.372	2	.000
	블록	23.372	2	.000
	모형	23.372	2	.000

■ 결과해석

단순 및 다중 회귀분석에서는 분산분석의 F검정을 통해 회귀모형의 유의성을 검정하였다. 로지스틱 회귀분석에서는 모형계수 전체 테스트(model chi-square test)를 통해 회귀모형의 유의성을 검정하면 된다. 여기서 나타난 카이제곱(23.372)의 크기는 상수만 포함된 −2LL(반복계산정보의 -2LL값 41.455)값과 현 모델의 −2LL(모형요약의 -2LL값 18.083) 값의 차이(41.455-18.083=23.372)에 의해 계산된다. 모델의 자유도는 두 모형의 모수 차이를 의미하며, 독립변수의 수이다

이의 검정가설은 아래와 같으며, 모형 계수 전체 테스트에서 모형의 χ^2=23.372 ($p = .000$)로 회귀모형은 유의한 것을 알 수 있다.

귀무가설(H_0)	회귀모형은 유의하지 않다($\beta_1 = \beta_2 = \beta_k = 0$).
연구가설(H_1)	회귀모형은 유의하다($\beta_1 = \beta_2 = \beta_k \neq 0$).

19.3.3 변수들 간 유의성 검정결과

단순 및 다중 회귀분석에서는 계수표에서 t값과 p값을 통하여 변수들 간의 영향관계가 통계적으로 유의미한지를 파악하였다. 로지스틱 회귀분석에서는 $wald$통계량과 유의확률(p), $\mathrm{Exp}(B)$값으로 통계적으로 의미가 있는지를 판단한다. 여기서 $\mathrm{Exp}(B)$를 오즈비($odds\ ratio$) 또는 승산비라 하며, 이의 해석이 매우 중요하다.

방정식에 포함된 변수

		B	S.E,	Wald	자유도	유의확률	Exp(B)	EXP(B)에 대한 95% 신뢰구간	
								하한	상한
1 단계[a]	가족수	2.805	1.026	7.475	1	.006	16.524	2.213	123.411
	월소득	.010	.019	.281	1	.596	1.010	.974	1.048
	상수항	−10.411	5.369	3.761	1	.052	.000		

a. 변수가 1: 단계에 진입했습니다 가족수, 최종월소득. 가족수, 최종월소득.

■ 결과해석

대출이자연체자와 비연체자에 영향을 미치는 독립변수로 가족 수와 월소득으로 설정하고 로지스틱 회귀분석을 한 최종 결과표이다. 가족 수의 회귀계수는 2.805이며, 이 회귀계수의 통계적 유의성을 검정하는 값인 $Wald$ 통계량은 7.475로 이의 확률적 표시인 유의확률은 0.006으로 통계적으로 유의한 것으로 나타났다.

하지만 월소득의 회귀계수는 0.010이고, 이때 *Wald* 통계량은 0.281로 이의 유의확률은 0.596으로 통계적으로 유의하지 않다.

결론적으로 대출이자 비연체자가 될 확률을 높이는 독립변수로 가족 수는 통계적으로 유의하지만 월소득은 유의하지 않은 것으로 나타났다. 따라서 가족 수가 한 단위(명) 증가하면. 비연체자로 될 확률은 연체자로 될 확률보다 16.524($\mathrm{Exp}(B)$)배 늘어난다는 것을 알 수 있다.

19.4 로지스틱 회귀분석 결과 제시[논문통계의 이해와 적용]

가족수와 월소득이 대출이자 비연체자와 연체자에 미치는 영향을 파악하기 위해 로지스틱 회귀분석을 실시하였다. 먼저, <표 19-5> 분류표를 살펴보면, 대출이자 비연체자와 연체자를 옳게 분류한 확률은 각 81.3%, 92.9%로 나타났고, 전체 분류정확도는 86.7%를 보였다.

로지스틱 회귀모형의 적합도 검정결과, Nagelkerke의 R^2은 0.723으로 분석모형의 설명력이 충분하며, Hosmer-Lemeshow 검정결과(p=0.826) 역시 모형은 적합한 것을 알 수 있다. 로지스틱 회귀모형의 유의성 검정결과 χ^2=23.372(p = .000)로 회귀모형은 유의한 것을 알 수 있다.

다음은 로지스틱 회귀계수(B)와 이의 통계적 유의성을 검정하는 값인 *wald*통계량과 자유도를 고려한 유의확률 값을 살펴보면, 가족수(p=.006)는 통계적으로 유의미한 영향을 미치는 것으로 나타났지만, 월소득(p=.596)은 통계적으로 의미 있는 영향을 미치지 않았다. 가족 수의 구체적인 결과 확인을 위해 오즈비(*odds ratio*)를 나타내는 Exp(B)를 살펴본 결과, 16.524로 나타났다. 이는 가족 수가 한 단위(명) 증가하면. 비연체자로 될 확률은 연체자로 될 확률보다 16.524배 늘어난다는 것을 의미 한다.

〈표 19-5〉 분류표

구분		예측		
		비연체자	연체자	분류정확 %
대출이자연체	비연체자	13	3	81.3
	연체자	1	13	92.9
전체 퍼센트				86.7

〈표 19-6〉 로지스틱 회귀분석 결과

구분	B	S.E,	Wald	자유도	유의확률	오즈비
가족수	2.805	1.026	7.475	1	.006**	16.524
월소득	.010	.019	.281	1	.596	1.010
상수항	−10.411	5.369	3.761	1	.052	.000
회귀모형의 적합성	Nagelkerke의 R^2=.723 Hosmer−Lemeshow 검정 χ^2=3.589(df=7, p=.826)					
회귀모형의 유의성	χ^2=23.372, p = .000					

$^*p<.05,\ ^{**}p<.01$

매개회귀분석과 조절회귀분석

20.1　매개변수의 이해

20.1.1 매개변수의 개념

매개(媒介)의 사전적 의미는 ①중간에서 양편의 관계를 맺어 줌 ②서로 떨어져 있는 두 명사(名詞) 사이에서 두 명사의 관계를 맺어 주는 중간항의 명사를 부여하는 작용 ③서로 떨어져 있는 실재 사이에 관련을 지어 주기 위하여 또 하나의 실재를 삽입하는 일로 나타 난다. 즉, 매개라 함으로 중간에서 양편에 있는 둘의 관계를 맺어 준다는 것으로 정의할 수 있다. 이를 통계적 용어를 사용하여 다시 서술하면, 매개변수란 독립변수와 종속변수 사이의 인과관계를 맺어 주는 변수를 의미한다.

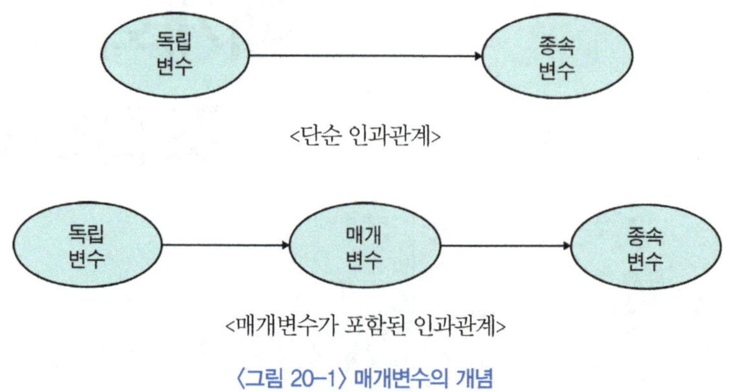

〈그림 20-1〉 매개변수의 개념

<그림 20-1>를 보면, 단순 인과관계는 독립변수가 종속변수에 미치는 직접적인 영향을 파악한 모형으로 예전부터 지금까지 매우 널리 사용한 모형이다. 하지만 새로운 이론을 규명하거나 차별화된 연구를 시도하고자 할 때는 단순 인과관계 검정만으로는 한계가 있 을 수밖에 없으므로, 이러한 경우에는 매개변수가 포함된 인과관계 연구를 하는 것이 적 절하다.

20.1.2 매개모형의 이해

<그림 20-1> 보면, 독립변수와 종속변수 간의 인과관계가 이론적으로 존재하는 상황에 서 두 변수 간의 관계를 맺어주는 매개변수가 중간에 삽입된다. 매개변수가 될 수 있는 조 건은 그림에서와 같이 독립변수와 매개변수 간 인과관계가 존재하고 또한 매개변수와 종

속변수 간에도 인과관계가 존재하는 변수이어야 한다.

결론적으로, 매개효과 모형을 구축하기 위해서는 ①독립변수와 종속변수 간 인과관계 이론이 존재 ②독립변수와 매개변수 간 인과관계가 존재 ③매개변수와 종속변수 간 인과관계가 존재해야 한다.

위 3가지 조건을 예를 들어 설명하면 다음과 같다.

어떤 연구자가 ① 콜레스테롤 수치를 낮추는데 도움을 줄 수 있는 여러 변수들 중 식이요법을 독립변수로 생각하게 된다. 식이요법을 통하여 어느 정도 콜레스테롤 수치를 낮출 수 있기 때문이다. 그런데 식이요법만으로는 콜레스테롤 목표 수치까지 낮추어지지 않아 새로운 변수를 생각하게 된다. 이때 식이요법과 콜레스테롤 수치 사이에 새롭게 인과관계를 맺어주는 체중을 생각하게 된다. ② 식이요법은 체중에 의미 있는 영향을 준다. 즉, 식이요법을 통하여 체중을 감소시킬 수 있기 때문에 이 두 변수는 이론적으로 인과관계가 존재한다. ③ 또한 체중은 콜레스테롤 수치를 낮추는 도움을 줄 수 있다. 즉, 체중 감소는 콜레스테롤 수치를 낮추어 줄 것이기 때문에 이 두 변수 역시 이론적으로 인과관계가 존재한다.

이를 모형으로 나타내면 <그림 20-2>와 같다.

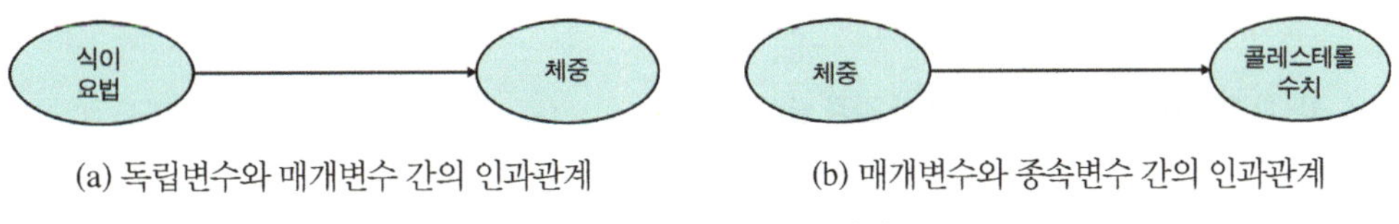

(a) 독립변수와 매개변수 간의 인과관계   (b) 매개변수와 종속변수 간의 인과관계

〈그림 20-2〉 매개모형의 이해

<그림 20-2>의 독립변수와 매개변수의 인과관계 모형과 매개변수와 종속변수 간의 인과관계 모형을 결합하면 <그림 20-3>과 같은 매개효과 모형이 만들어 진다. 즉, 체중은 독립변수인 식이요법과 종속변수인 콜레스테롤 변수를 맺어주는 역할을 하게 된다.

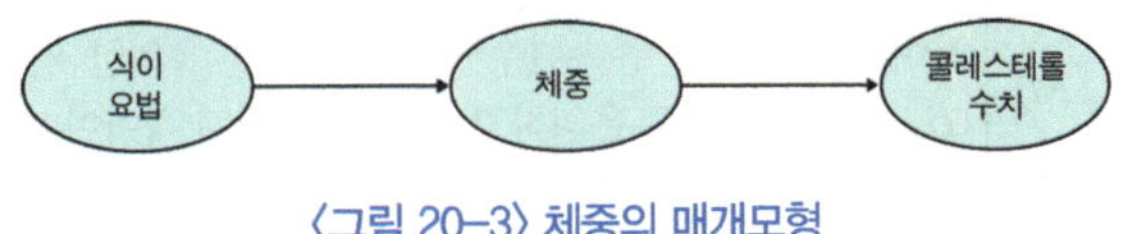

〈그림 20-3〉 체중의 매개모형

독립변수와 종속변수 간 단순한 인과관계를 연구하는 것 보다 매개변수를 통한 심층적 인과관계를 규명한다면 새로운 연구를 시도하는데 많은 도움이 될 것이다.

　　논문에서 설정한 매개모형의 통계분석은 전혀 어려울 것이 없지만, 매개모형 검정을 위해 매개모형을 설정하는 것이 매우 까다로운 과정이다. 앞에서도 서술하였듯이 철저한 이론적 검정을 통해 독립변수와 종속변수 간, 독립변수와 매개변수 간, 매개변수와 종속변수 간 인과관계를 설정하고 매개모형을 구축해야 할 것이다.

20.2　매개모형의 분석

20.2.1 Baron & Kenney의 매개효과 검정방법

　　매개모형을 검정하는데 가장 널리 사용하는 방법은 **Baron & Kenney**[1] 검정이다. 이 검정의 절차는 먼저, ①독립변수가 매개변수에 통계적으로 의미 있는 영향을 미치는 지를 검정하고, ②독립변수가 종속변수에 유의한 영향관계가 있는지를 검정하고, ③독립변수와 매개변수를 독립변수로 동시에 투입하고 종속변수에 유의한 영향을 미치는지를 검정한다. 이때 매개변수가 종속변수에 통계적으로 영향관계가 존재해야 한다. 이를 정리하면 <표 20-1>과 같다.

〈표 20-1〉 Baron & Kenny의 매개효과 검정 방법

단계	Baron & Kenny 검정
1단계 ($M = \beta_{10} + \beta_{11}X$)	독립변수가 매개변수에 미치는 유의한 영향관계. 회귀분석을 통해 두 변수 간에 미치는 영향관계를 분석하고, 통계적 유의수준하에서 유의한 영향관계가 있어야 한다.(β_{11}이 통계적으로 유의해야 한다)
2단계 ($Y = \beta_{20} + \beta_{21}X$)	독립변수가 종속변수에 미치는 유의한 영향관계. 회귀분석을 통해 독립변수가 종속변수에 통계적으로 유의한 영향을 미쳐야 한다.(β_{21}이 통계적으로 유의해야 한다)
3단계 ($Y = \beta_{30} + \beta_{31}X + \beta_{32}M$)	독립변수와 매개변수가 종속변수에 미치는 유의한 영향관계. 회귀분석을 통하여 매개변수가 종속변수에 통계적으로 유의한 영향관계가 있어야 한다.(β_{32}가 통계적으로 유의하고, β_{31}이 β_{21}보다 작아야 매개효과가 있다고 한다)

1　Baron, R.M. & Kenny, D.A.(1986). The moderator-mediator distinction in social psychological research: Conceptual, Strategic, and statistical considerations. Journal of Personality and Social Psychology, 51, 1173-1182.

	단계	Baron & Kenny 검정
최종 판단	부분매개효과	3단계에서 독립변수(β_{31})가 종속변수에 유의한 영향관계가 있다.
	완전매개효과	3단계에서 독립변수(β_{31})가 종속변수에 유의한 영향관계가 없다.

앞에서 예로 설명한 식이요법(독립변수), 체중(매개변수), 콜레스테롤수치(종속변수)를 가지고 Baron & Kenny 검정을 하면 다음과 같다.

① 식이요법은 체중에 통계적으로 유의한 부(−)의 영향관계가 있어야 한다.

② 식이요법은 콜레스테롤 수치에 통계적으로 유의한 부(−)의 영향관계가 있어야 한다.

③ 식이요법과 체중을 동시에 독립변수에 투입하고 콜레스테롤 수치와 회귀분석을 실시한 결과, 매개변수인 체중은 콜레스테롤 수치에 통계적으로 유의미한 정(+)의 영향관계가 있어야 한다.

④ 2단계 식이요법(독립변수)의 표준화계수는 3단계 식이요법(독립변수)의 표준화계수보다 커야 하고, 이때 매개효과가 있다고 한다.

⑤ 식이요법이 콜레스테롤 수치에 통계적으로 유의한 영향관계가 있다면 부분매개효과, 식이요법이 콜레스테롤 수치에 통계적으로 유의한 영향관계가 없다면 완전매개효과가 있다고 한다.

20.2.2 부분매개모형과 완전매개모형

매개효과는 분석결과 결과에 따라 부분매개효과와 완전매개효과로 구분할 수 있다. 이는 독립변수의 역할에 따라 구분되는 것인데, 독립변수가 종속변수에 유의한 영향을 미칠 때 부분매개효과라 한다. 즉, 매개변수의 입장에서 독립변수는 직접적으로 종속변수에 영향을 미칠 수 있기 때문에, 매개변수는 부분적으로 역할을 수행한 것이 된다. 반면, 독립변수가 종속변수에 유의한 영향을 미치지 않았을 때는 완전매개효과라 한다. 즉, 매개변수의 입장에서 독립변수는 직접적으로 종속변수에 영향을 미치지 않고 오직 매개변수를 경유해서 종속변수에 영향을 미칠 수 있기 때문에, 매개변수는 완전한 역할을 수행한 것이 된다.

Baron & Kenny의 매개효과 검정에서 완전매개모형은 3단계에서 독립변수는 종속변수에 유의한 영향을 주지 않아야 하고, 부분매개모형은 독립변수가 종속변수에 유의한 영향을 주어야 한다. 완전매개모형과 부분매개모형을 도식화 하면 <그림 20-4>와 같다.

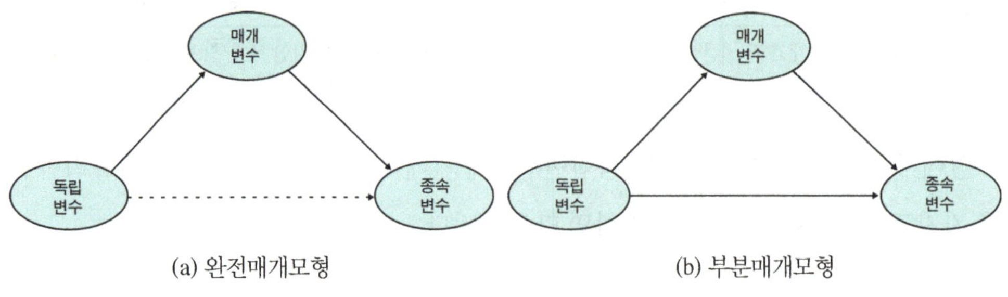

〈그림 20-4〉 완전매개모형과 부분매개모형

20.3 매개효과분석의 실시[논문통계의 이해와 적용]

식이요법과 콜레스테롤수치 간의 관계에서 체중의 매개효과 유무를 검정하기 위하여 Baron & Kenny 검정방법을 이용하여 아래와 같은 결과를 도출하였다. SPSS프로그램에서 매개효과 검정방법은 회귀분석 방법과 동일하므로, 회귀분석 절차를 참고해주길 바란다.

① 1단계

1단계는 독립변수가 매개변수에 미치는 유의한 영향관계이다. 즉, 식이요법이 매개변수인 체중에 통계적으로 유의한 영향관계가 있어야 한다.

모형 요약

모형	R	R 제곱	수정된 R 제곱	추정값의 표준오차
1	.804[a]	.647	.634	5.50106

a. 예측값: (상수), 식이요법

■ 결과해석

모형요약에서 R^2은 0.647로 독립변수인 식이요법이 매개변수인 체중을 64.7% 설명함을 보여 준다.

분산분석[a]

모형		제곱합	자유도	평균 제곱	F	유의확률
1	회귀 모형	1553.342	1	1553.342	51.330	.000[b]
	잔차	847.325	28	30.262		
	합계	2400.667	29			

a. 종속변수: 체중
b. 예측값: (상수), 식이요법

■ 결과해석

분산분석에서 F값에 따른 유의확률은 0.000으로 회귀식은 통계적으로 유의함을 보여준다.

계수[a]

모형		비표준화 계수		표준화 계수	t	유의확률
		B	표준오차	베타		
1	(상수)	100.278	4.389		22.847	.000
	식이요법	−7.590	1.059	−.804	−7.165	.000

a. 종속변수: 체중

■ 결과해석

계수표는 독립변수인 식이요법이 매개변수인 체중에 미치는 영향을 분석한 결과이다. 분석결과 t=-7.165, p=.000으로 통계적으로 유의미한 부(−)의 영향을 미치는 것으로 나타나 매개효과 검정 1단계는 성립하였다.

② **2단계**

2단계는 독립변수가 종속변수에 미치는 유의한 영향관계이다. 즉, 식이요법이 종속변수인 콜레스테롤수치에 통계적으로 유의한 영향관계가 있어야 한다.

모형 요약

모형	R	R 제곱	수정된 R 제곱	추정값의 표준오차
1	.770[a]	.592	.578	19.34958

a. 예측값: (상수), 식이요법

■ 결과해석

모형요약에서 R^2은 0.592로 독립변수인 식이요법이 종속변수인 콜레스테롤수치를 59.2% 설명함을 보여 준다.

분산분석[a]

모형		제곱합	자유도	평균 제곱	F	유의확률
1	회귀 모형	15236.625	1	15236.625	40.695	.000[b]
	잔차	10483.375	28	374.406		
	합계	25720.000	29			

a. 종속변수: 수치
b. 예측값: (상수), 식이요법

■ 결과해석

분산분석에서 F값에 따른 유의확률은 0.000으로 회귀식은 통계적으로 유의함을 보여 준다.

계수[a]

모형		비표준화 계수		표준화 계수	t	유의확률
		B	표준오차	베타		
1	(상수)	296.873	15.438		19.230	.000
	식이요법	−23.770	3.726	−.770	−6.379	.000

a. 종속변수: 수치

■ 결과해석

계수표는 독립변수인 식이요법이 종속변수인 콜레스테롤수치에 미치는 영향을 분석한 결과이다. 분석결과 t=-6.379, p=.000으로 통계적으로 유의미한 부(−)의 영향을 미치는 것으로 나타나 매개효과 검정 2단계는 성립하였다.

③ 3단계

3단계는 독립변수와 매개변수가 종속변수에 미치는 유의한 영향관계이다. 즉, 식이요법과 체중을 독립변수로 투입하고 종속변수인 콜레스테롤수치에 영향관계를 파악한다. 이때 매개변수인 체중이 종속변수인 콜레스테롤수치에 유의한 영향관계가 있어야 한다.

모형 요약

모형	R	R 제곱	수정된 R 제곱	추정값의 표준오차
1	.907[a]	.823	.810	12.99770

a. 예측값: (상수), 체중, 식이요법

■ 결과해석

모형요약에서 R^2은 0.823으로 독립변수인 식이요법과 체중이 종속변수인 콜레스테롤 수치를 82.3% 설명함을 보여 준다.

분산분석[a]

모형		제곱합	자유도	평균 제곱	F	유의확률
1	회귀 모형	21158.614	2	10579.307	62.622	.000[b]
	잔차	4561.386	27	168.940		
	합계	25720.000	29			

a. 종속변수: 수치
b. 예측값: (상수), 체중, 식이요법

■ 결과해석

분산분석에서 F값에 따른 유의확률은 0.000으로 회귀식은 통계적으로 유의함을 보여 준다.

계수[a]

모형		비표준화 계수		표준화 계수	t	유의확률	공선성 통계량	
		B	표준오차	베타			공차	VIF
1	(상수)	31.770	45.961		.691	.495		
	식이요법	−3.706	4.213	−.120	−.880	.387	.353	2.833
	체중	2.644	.447	.808	5.921	.000	.353	2.833

a. 종속변수: 수치

■ 결과해석

계수표는 독립변수인 식이요법과 체중이 종속변수인 콜레스테롤수치에 미치는 영향을 분석한 결과이다. 여기서 매개변수는 콜레스테롤수치에 통계적으로 유의미한 영향을 주어야하는데, 분석결과 t=5.921, p=.000으로 통계적으로 유의미한 정(+)의 영향을 미치는 것으로 나타나 매개효과 검정 3단계는 성립하였다.

또한 2단계 독립변수의 표준화된계수(β)값이 3단계 독립변수의 표준화된계수(β)값보다 커야 한다. 2단계에서 식이요법의 표준화된계수(β)값=−.770, 3단계에서 식이요법의 표준화된계수(β)값=−.120으로 조건이 성립하여 매개효과는 있다고 할 수 있다.

3단계에서 독립변수인 식이요법은 종속변수인 콜레스테롤수치에 통계적으로 의미 있는 영향을 주지 않는 것으로 나타났다(t=−.880, p=.387). 따라서 독립변수인 식이요법과 종속변수인 콜레스테롤수치 간의 관계에서 체중은 완전매개역할을 하는 것으로 밝혀졌다.

<table><tr><td>**20.4**</td><td></td></tr></table>

20.4　조절변수와 조절효과의 이해

조절변수는 독립변수와 종속변수 간의 관계방향 또는 강도에 영향을 미치는 변수로서, 독립변수와 종속변수의 관계는 조절변수의 수준에 따라 달라진다. 따라서 조절변수란 독립변수가 종속변수에 미치는 영향을 조절하는 변수로 정의할 수 있다.

앞에서 설명한 조절변수의 수준이라 함은 높고 낮음, 있음 없음, 강함 약함 등을 의미한다. 예를 들어 우울증을 조절변수로 사용한다면 우울증의 수준을 경증우울증과 중증우울증 또는 비우울증과 우울증 등으로 수준을 구분할 수 있고, 식이요법과 콜레스테롤수치 간의 관계에서 체중의 조절효과를 본다면 체중의 수준 즉, 표본의 평균의 중심으로 저체중과 과체중으로 그 수준을 구분할 수 있다.

조절효과의 개념을 좀 더 구체적으로 설명하면 다음과 같다.

어떤 연구자가 콜레스테롤 수치가 높은 환자들을 대상으로 식이요법을 실시하였더니 콜레스테롤 수치가 기대만큼 낮아진 것을 알게 되었다. 이에 연구자는 콜레스테롤 약물 복용 유무에 따라 식이요법이 콜레스테롤 수치에 어떻게 영향을 주는지를 알고 싶어졌다. 이를 모형으로 나타내면 <그림 20-5>와 같다.

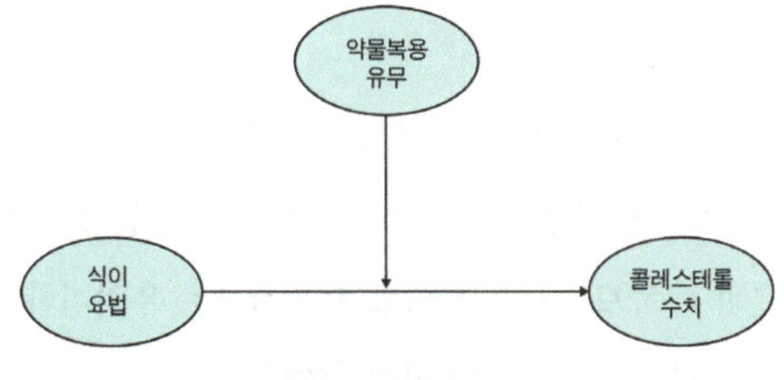

〈그림 20–5〉 조절효과 모형의 이해

　　독립변수인 식이요법이 종속변수인 콜레스테롤 수치에 영향을 주는 관계는 약물복용 유무에 따라 달라질 것이다. 즉, 약물을 복용한 사람들은 약물을 복용하지 않은 사람들에 비해 식이요법을 실시했을 때 콜레스테롤 수치가 더 많이 떨어 졌을 것을 예상할 수 있다. 이를 그래프로 표현하면 <그림 20-6>과 같다

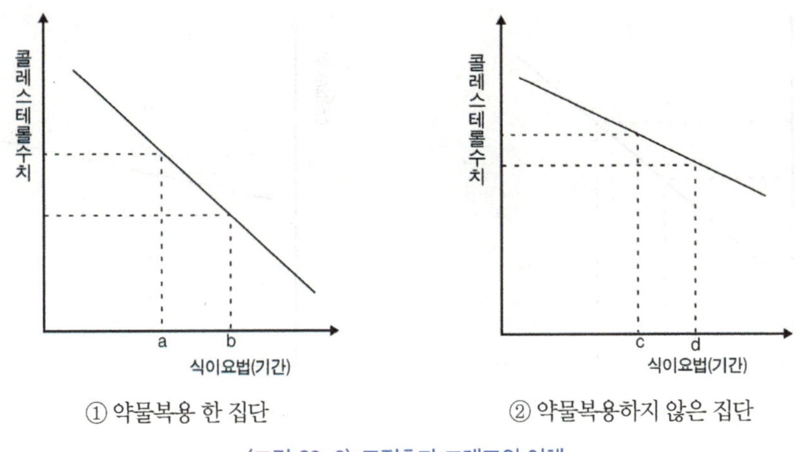

〈그림 20-6〉 조절효과 그래프의 이해

　　<그림 20-6>를 보면, ① 약물을 복용한 집단에서는 ②약물복용하지 않은 집단에 비해 식이요법 기간이 길어질수록 콜레스테롤 수치가 더 많이 떨어진다는 것을 알 수 있다. 이는 식이요법(기간)과 콜레스테롤수치 사이에서 약물복용 유무가 조절 작용한 결과이다. 조절작용을 했다는 의미는 독립변수인 식이요법과 조절변수인 약물복용유무가 서로 상호작용해서 종속변수에 영향을 준다는 것이다.

　　또 다른 예를 들면 다음과 같다.

　　청소년의 학업스트레스(독립변수)와 우울증상(종속변수)은 부모관심 정도에 따라 달라질 것이다. 이를 모형으로 나타내면 <그림 20-7>과 같다.

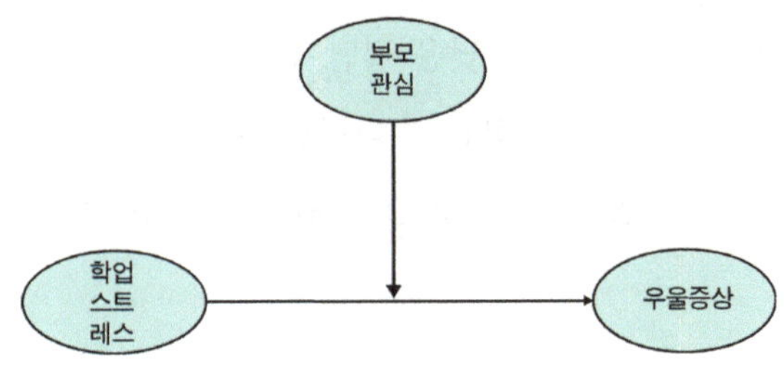

〈그림 20-7〉 조절효과 모형의 이해

위 모형은 청소년들이 학업스트레스를 받게 되면 우울증상이 나타날 수 있는데, 이때 부모관심 정도에 의해서 조절될 수 있다는 것이다. 즉, 부모관심이 높은 청소년은 그렇지 못한 청소년들보다 학업스트레스를 받아도 우울증상이 덜 나타나는 것을 기대할 수 있을 것이다. 이를 그래프로 도식화하면 <그림 20-8>과 같다.

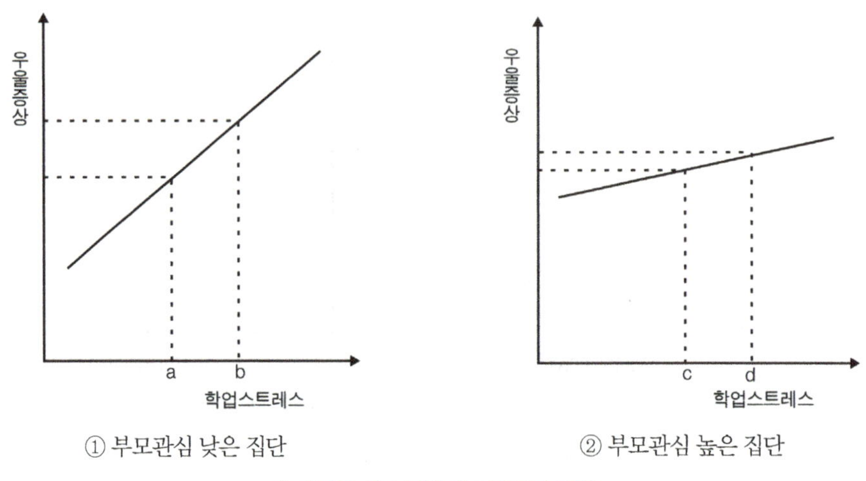

〈그림 20-8〉 조절효과 그래프의 이해

앞에 예인 식이요법과 콜레스테롤 수치 사이에서 약물복용유무의 조절효과에서, 조절변수인 약물복용유무는 명목척도(①유 ②무)이므로 약물복용한 집단과 약물복용하지 않은 집단으로 구분하여 조절효과 그래프를 작성하였다. 하지만 청소년의 학업스트레스와 우울증상 사이에서 부모관심의 조절효과에서는 조절변수가 부모관심정도(등간척도)이므로, 이를 명목척도로 변환하여 조절효과 그래프를 작성해야 한다. 변수의 성격에 따라서는 이론이 존재하여 높은 집단과 낮은 집단으로 구분할 수도 있겠지만, 일반적으로는 변수의 평균을 중심으로 평균이상은 높은 집단, 평균이하는 낮은 집단으로 구분하여 조절효과 검정을 실시한다.

<그림 20-8>을 보면, ①부모관심이 낮은 집단에서는 ②부모관심이 높은 집단에 비해 학업스트레스를 받으면 우울증상이 훨씬 더 나타난다는 것을 알 수 있다. 이는 학업스트레스와 우울증상 사이에서 부모관심정도가 조절 작용한 결과이다.

20.5　조절회귀모형의 분석

20.5.1 Baron & Kenney의 조절효과 검정방법

　조절회귀모형을 검정하는데 가장 널리 사용하는 방법은 Baron & Kenney 검정이다. 이 검정의 절차는 먼저, ①독립변수와 종속변수 간의 회귀분석, ②독립변수와 조절변수와 종속변수 간의 회귀분석, ③독립변수, 조절변수, 상호작용항과 종속변수 간의 회귀분석으로 실시한다. 여기서 ③에서 투입한 상호작용항은 독립변수×조절변수를 의미하여, 상호작용항이 유의한 영향을 미치면 조절효과는 있다고 해석한다.

　이를 정리하면 <표 20-2>과 같다.

〈표 20-2〉 Baron & Kenny의 매개효과 검정 방법

단계	Baron & Kenny 검정
1단계 ($Y = \beta_{10} + \beta_{11}X$)	독립변수와 종속변수 간의 회귀분석을 실시한다.
2단계 ($Y = \beta_{20} + \beta_{21}X + \beta_{22}M$)	독립변수와 조절변수를 독립변수로 투입하고, 종속변수와 회귀분석을 실시한다.
3단계 ($Y = \beta_{30} + \beta_{31}X + \beta_{32}M + \beta_{33}XM$)	독립변수, 조절변수, 상호작용항(독립변수×조절변수)을 독립변수로 투입하고, 종속변수와 회귀분석을 실시한다.
최종판단	3단계에서 투입한 상호작용항이 통계적으로 유의하면 조절효과가 있다고 판단한다.

　앞에서 예로 설명한 청소년의 학업스트레스(독립변수), 우울증상(종속변수), 부모관심(조절변수) 변수를 가지고 Baron & Kenny의 조절회귀모형 검정을 하면 다음과 같다.

① 학업스트레스와 우울증상 간 회귀분석을 실시한다.

② 학업스트레스, 부모관심과 우울증상 간 회귀분석을 실시한다.

③ 학업스트레스, 부모관심, 상호작용항과 우울증상 간 회귀분석을 실시한다.

20.5.2 다중공선성 문제의 해결

　조절회귀분석 3단계에서 독립변수로 투입되는 변수들은 독립변수와 조절변수 그리고 독립변수와 조절변수의 곱으로 이루어진 상호작용항이다. 그런데 상호작용항(독립변수×조절변수)은 독립변수와 조절변수를 포함한 변수이기 때문에 독립변수에 투입되는 변수들 간에는 매우 높은 상관관계가 존재하게 되고, 다중공선성 문제가 발생하게 된다.

〈표 20–3〉 상호작용항으로 인한 다중공선성의 발생

모형		비표준화 계수		표준화 계수	t	유의 확률	공선성 통계량	
		B	표준 오차	베타			공차	VIF
1	(상수)	1.671	.143		11.665	.000		
	학업스트레스	.328	.045	.346	7.313	.000	1.000	1.000
2	(상수)	3.088	.324		9.542	.000		
	학업스트레스	.155	.056	.163	2.748	.006	.599	1.669
	부모관심	−.288	.059	−.288	−4.851	.000	.599	1.669
3	(상수)	1.017	.604		1.685	.093		
	학업스트레스(A)	.795	.168	.838	4.731	.000	.065	15.377
	부모관심(B)	.386	.177	.386	2.181	.030	.065	15.403
	상호작용항(A×B)	−.216	.054	−.606	−4.034	.000	.090	11.064

종속변수: 우울증상

　<표 20-3>은 조절회귀분석결과표이다. 모형 3번에서 독립변수로 학업스트레스(A), 부모관심(B), 상호작용항(A×B)를 동시에 투입한 결과, 공차한계값이 모두 0.1이하인 0.065, 0.065, 0.090의 수치를 보이고 있다. 즉, 다중공선성이 발생했음을 알 수 있다. 조절회귀분석에서 다중공선성의 문제를 반드시 해결하고 분석을 실시해야 한다. 그 방법으로는 독립변수인 학업스트레스와 부모관심 변수를 센터링(centering)한 후 새롭게 만들어진 변수를 이용하여 분석을 실시하면 된다.

　센터링을 하는 방법은 원점수에서 평균값을 빼주면 된다. 즉, 편차를 이용하여 다중공선성 문제를 해결할 수 있다. SPSS 프로그램에서는 변수계산 메뉴를 이용하여 센터링을 하면 된다.

센터링

① **분석(A)** → **기술통계량(E)** → **빈도분석(F)**에 가서 독립변수들의 평균값을 구한다.

② **변환(T)** → **변수계산(C)**을 선택한다.

　대상변수(T)에 새롭게 만들어질 변수이름을 기입한다.

③ **숫자표현식(E)**에 왼쪽에 있는 변수들 중 독립변수를 이동한 후, −(마이너스) 평균값(직접 입력)으로 계산식을 만든다.

④ <표 20-3>에서 센터링해야 할 변수들은 학업스트레스, 부모관심 변수이고, 이 두 변수를 센터링한 후에는 센터링 한 변수들을 가지고 상호작용항을 만들어야 한다.

⑤ 확인을 누른다.

　위 센터링 과정을 거치게 되면, SPSS 데이터보기 창에 새롭게 변수가 만들어 진다. 이 변수를 이용하여 조절회귀분석을 다시 실시해야 한다.

〈표 20–4〉 다중공선성 문제의 해결

모형		비표준화 계수		표준화 계수	t	유의확률	공선성 통계량	
		B	표준오차	베타			공차	VIF
1	(상수)	2.686	.034		78.246	.000		
	스트센터링	.328	.045	.346	7.313	.000	1.000	1.000
2	(상수)	2.689	.033		80.533	.000		
	스트센터링	.155	.056	.163	2.748	.006	.599	1.669
	관심센터링	−.288	.059	−.288	−4.851	.000	.599	1.669
3	(상수)	2.613	.038		69.165	.000		
	스트레스센터링(A)	.136	.056	.143	2.439	.015	.594	1.682
	부모관심센터링(B)	−.282	.058	−.283	−4.845	.000	.599	1.670
	상호작용항(A×B)	−.216	.054	−.184	−4.034	.000	.982	1.018

종속변수: 우울증상

　<표 20-4>는 독립변수들을 센터링 한 후 조절회귀분석을 실시한 결과이다. 모형 3에서 공차한계값은 0.594, 0.599, 0.982로 모두 0.1이상으로 나타나 다중공선성 문제는 해결하였다.

20.5.3 조절효과 그래프의 작성

조절회귀분석 이후에는 조절변수의 수준에 따른 그래프를 제시함으로써 조절회귀분석 결과의 이해를 높일 수 있다. 그래프를 그리기 위해서는 먼저 다음과 같이 조절변수의 척도를 고려하여 조절변수의 수준을 결정해야 한다.

① 조절변수가 "약물복용유무"처럼 명목척도 라면 조절변수의 수준을 결정할 필요 없이 유(약물복용한 집단)와 무(약물복용하지 않은 집단)로 데이터를 구분한다.
② 조절변수가 이론적으로 절삭점(cut off) 점수가 있다면, 이론을 근거로 조절변수의 수준을 결정하면 된다.
③ 조절변수가 등간척도 혹은 비율척도이고, 이론적인 절삭점수가 없다면 일반적으로 평균값을 이용하여 높은 집단과 낮은 집단으로 조절변수의 수준을 구분한다.

앞에서 설명한 예제 중 식이요법과 콜레스테롤 수치와의 관계에서 약물복용유무의 조절효과 검정에서는 조절변수가 약물복용유무인 명목척도이다. 따라서 약물복용한 집단과 그렇지 않은 집단으로 조절변수의 수준을 구분하면 된다.

또한 청소년의 학업스트레스와 우울증상 간의 관계에서 부모관심의 조절효과 검정에서는 조절변수가 등간척도이고 절삭점 등의 이론이 존재하지 않으므로, 평균을 중심으로 하여 조절변수의 수준을 구분하면 된다. 즉, 평균보다 높으면 부모관심 높은 집단, 평균보다 낮으면 부모관심 낮은 집단으로 구분한다. 집단을 구분하였다면, 부모관심 높은 집단 데이터를 새롭게 만들고, 부모관심 낮은 집단 데이터를 새롭게 만들어야 한다.

이러한 집단 구분의 방법은 SPSS프로그램에서 다음과 같이 가능하다.

(청소년의 학업스트레스와 우울증상 간의 관계에서 부모관심의 조절효과 검정을 예로 집단 구분 방법을 설명한다)

조절변수의 수준(집단) 구분

① 분석(A) → 기술통계량(E) → 빈도분석(F)에 가서 조절변수(부모관심)의 평균값을 구한다.
② 변환(T) → 다른변수로 코딩변경(R)을 선택한다.
③ 변수입력(V) → 출력변수에 조절변수(부모관심)를 투입한다.
④ 출력변수에 이름(N):에 새롭게 만들어질 변수이름(부모관심집단)을 입력한다.

⑤ 기존값및새로운값(O)을 선택한다.

⑥ 기존값에서 범위(N)을 체크한다.(범위에서 평균을 중심으로 1에서 평균값을 입력한다)

⑦ 새로운 값에서 기준값(A)에 1을 입력한다. (만약 평균값이 3.01이라면, 1에서 3.01까지를 1로 변환하며, 이때 1은 낮은 집단이 된다)

⑧ 추가(A)를 누른다.

⑨ 다시 범위(N)에서 평균값 다음 수치에서 최대값을 입력한다. 최대값은 5점 척도이면 5점이 된다. (예를 들면, 3.02에서 5를 입력한다)

⑩ 새로운 값에서 기준값(A)에 2를 입력한다. (이는 3.02부터 5까지를 2로 변환하며, 이때 2는 높은 집단이 된다)

⑪ 계속과 확인을 누른다.

조절변수의 수준(집단) 구분 과정을 마치고 나면 SPSS 데이터보기 창 마지막 부분에 새로운 변수(부모관심집단)가 만들어진다. 이 변수는 1(낮은 집단)과 2(높은 집단)로 구성된 명목척도이다. 새롭게 만들어진 변수는 낮은 집단과 높은 집단끼리 데이터를 분리해야 한다. 이는 SPSS프로그램에서 다음과 같이 실시하면 된다.

조절변수의 수준(집단) 구분

① 데이터(D) → 케이스선택(S)을 클릭한다.

② 선택에서 조건을 만족하는 케이스(C)를 체크하고, 조건(I)를 클릭한다.

③ 새롭게 만들어진 집단 변수(부모관심집단)를 오른쪽으로 이동한다.

④ 다음과 같이 식을 만든다. 부모관심집단=1 (1인 낮은 집단을 선택한다는 의미)

⑤ 계속을 누른다.

⑥ 출력결과에서 선택하지 않은 케이스 삭제(L)를 선택한다.

⑦ 확인을 누른다. 확인을 누른 이후에는 선택한 집단인 1(낮은 집단)만 남게 된다.

⑧ 파일(F) → 다른이름으로저장(A)을 클릭하고 "낮은 집단"으로 저장한다.

⑨ 원데이터를 불러온 후, ①번부터 동일한 방법으로 진행하고, 부모관심집단=2로 식을 만들어, 높은 집단으로 저장한다.

조절변수의 수준(집단) 구분을 마쳤다면, 데이터는 낮은 집단과 높은 집단으로 분리되었다. 낮은 집단 데이터를 불러온 후 그래프를 작성하고, 높은 집단 데이터를 불러 온 후 그래프를 작성해서 비교하면 된다.

조절변수의 그래프 그리기

① 낮은 집단 데이터를 불러 온 후, 분석(A) → 회귀분석(R) → 곡선추정(C)을 클릭한다.

② 독립적 변수(V)에 독립변수(학업스트레스)를 투입한다.

③ 종속변수(D)에 종속변수(우울증상)를 투입한다.

④ 확인을 클릭하면 Output창에 그래프가 나타난다.

⑤ 높은 집단 데이터를 불러 온 후, 위 ①번과 동일하게 반복한다.

조절변수의 그래프 그리기를 실시하면 아래와 같은 그래프가 나타난다.

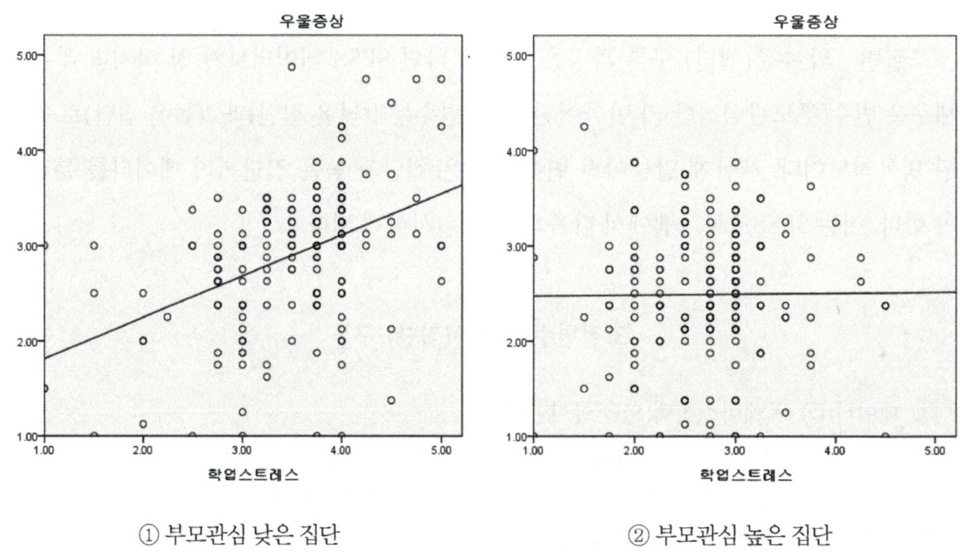

① 부모관심 낮은 집단   ② 부모관심 높은 집단

〈그림 20-9〉 조절효과 그래프

<그림 20-9>는 조절효과 검정결과 나타나는 그래프이다. 부모관심이 낮은 집단에서는 학업스트레스를 받으면 우울증상이 급격히 올라가는 것을 알 수 있고, 부모관심이 높은 집단에서는 학업스트레스를 받더라도 우울증상에는 변화가 없다는 것을 알 수 있다. 즉, 청소년들에게 부모관심이 얼마나 중요한지를 보여주는 결과라 할 수 있다. 조절효과 검정 후에는 그래프를 통해서 궁극적으로 알고자 하는 결과를 파악할 수 있는 만큼, 논문에서는 조절효과 그래프를 제시하는 것이 좋다.

20.6   조절회귀분석의 실시[논문통계의 이해와 적용]

청소년의 학업스트레스가 우울증상에 미치는 영향에서 부모관심의 조절효과를 검정해보자. 독립변수는 학업스트레스, 종속변수는 우울증상, 조절변수는 부모관심이 된다. 구체적인 분석방법은 아래와 같다.

단계	Baron & Kenny 검정
1단계	학업스트레스와 우울증상 간의 회귀분석
2단계	학업스트레스, 부모관심과 우울증상 간의 회귀분석
3단계	학업스트레스, 부모관심, 상호작용항과 우울증상 간의 회귀분석
최종판단	3단계에서 상호작용항이 우울증상에 유의한 영향을 미치면 조절효과가 있는 것이 된다.

20.6.1 독립변수와 조절변수 센터링(centering) 및 상호작용항 만들기

조절효과 검정 3단계에서 투입하는 상호작용항(독립변수×조절변수)으로 인해, 3단계에서 다중공선선이 발생한다고 앞에서 설명하였다. 따라서 조절효과 검정 전에 3단계에서 독립변수로 투입하는 변수들을 센터링한 후 조절효과 검정을 실시해야 한다. 또한 센터링한 독립변수들로 상호작용항을 만들어야 한다.

구체적인 절차는 다음과 같다.

3단계 독립변수들의 센터링과 상호작용항 만들기

① 분석(A) → 기술통계량(E) → 빈도분석(F)에 가서 독립변수들의 평균값을 구한다.

② 변환(T) → 변수계산(C)을 선택한다. 대상변수(T)에 새롭게 만들어질 변수이름을 기입한다. (변수이름은 학업스트레스 → "스트레스센터링", 부모관심 → "부모관심센터링"으로 기입)

③ 숫자표현식(E)에서 (학업스트레스-평균값)을 입력하고 확인을 누른다. 같은 방법으로 (부모관심-평균값)으로 수식을 입력하고 확인을 누른다.

④ 새롭게 만들어진 스트레스센터링과 부모관심센터링 변수들의 상호작용항을 만들어야 한다. 상호작용항을 만들기 위해 대상변수(T)에 변수이름으로 "스트부모관심센터링"이라 입력하고, 숫자표현식(E)에 (스트레스센터링*부모관심센터링)으로 하고 확인을 누른다.

20.6.2 조절회귀분석의 실시

조절회귀분석을 실시하기 위해 주의해야 할 점은 1단계에서 독립변수와 종속변수를 투입하고, **다음(N)을 클릭**하고, 2단계 변수를 투입한다는 것이다. 마찬가지로 2단계 변수를 투입하고 **다음(N)을 클릭**한 다음 3단계 변수들을 투입하면 된다. 구체적인 조절회귀분석 과정은 다음과 같다.

조절회귀분석의 실시

① 분석(A) → 회귀분석(R) → 선형(L)을 클릭한다.
② 1단계를 검정한다.
독립변수(I)에 스트레스센터링, 종속변수(D)에 우울증상을 투입하고, 다음(N)을 클릭한다.
③ 2단계를 검정한다.
독립변수(I)에 스트레스센터링, 부모관심센터링을 투입하고, 다음(N)을 클릭한다.
④ 3단계를 검정한다.
독립변수(I)에 스트레스센터링, 부모관심센터링, 스트부모관심센터링을 투입하고, 다음(N)을 클릭한다.
⑤ 통계량(S)을 선택하고, R제곱 변화량(S)과 공선성진단(L)을 체크한다.
계속, 확인을 클릭한다.

20.6.3 조절회귀분석 결과

SPSS프로그램을 이용하여 청소년의 학업스트레스와 우울증상 간의 관계에서 부모관심의 조절효과를 검정한 결과는 다음과 같다.

① **모형요약**

모형 요약

모형	R	R 제곱	수정된 R 제곱	추정값의 표준오차	통계량 변화량				
					R 제곱 변화량	F 변화량	df1	df2	유의확률 F 변화량
1	.346[a]	.120	.118	.68215	.120	53.484	1	393	.000
2	.412[b]	.170	.165	.66340	.050	23.535	1	392	.000
3	.450[c]	.203	.197	.65084	.033	16.271	1	391	.000

a. 예측값: (상수), 스트센터링
b. 예측값: (상수), 스트센터링, 관심센터링
c. 예측값: (상수), 스트센터링, 관심센터링, 스트관심센터링

■ 결과해석

　모형요약에서는 각 모형별 R^2 변화량을 보여준다. 모형 1에서 독립변수와 종속변수 간의 R^2은 0.118이고, 모형 2에서 독립변수, 조절변수와 종속변수 간의 R^2은 0.170, 모형 3에서 독립변수, 조절변수, 상호작용항과 종속변수 간의 R^2은 0.197로 나타났음을 보여 준다.

　유의확률 F변화량은 각 모형별로 R^2변화량이 유의하게 증가하였음을 보여준다.

② 계수

계수^a

모형		비표준화 계수		표준화 계수	t	유의 확률	공선성 통계량	
		B	표준 오차	베타			공차	VIF
1	(상수)	2.686	.034		78.246	.000		
	스트레스센터링	.328	.045	.346	7.313	.000	1.000	1.000
2	(상수)	2.689	.033		80.533	.000		
	스트레스센터링	.155	.056	.163	2.748	.006	.599	1.669
	부모관심센터링	−.288	.059	−.288	−4.851	.000	.599	1.669
3	(상수)	2.613	.038		69.165	.000		
	스트레스센터링	.136	.056	.143	2.439	.015	.594	1.682
	부모관심센터링	−.282	.058	−.283	−4.845	.000	.599	1.670
	스트부모관심센터링	−.216	.054	−.184	−4.034	.000	.982	1.018

a. 종속변수: 우울증상

■ 결과해석

　계수표에서는 최종 조절회귀분석 결과를 알 수 있다. 모형 1은 학업스트레스를 센터링한 변수와 종속변수인 우울증상 간의 회귀분석결과이다. 모형 2는 학업스트레스와 부모관심을 센터링한 변수와 종속변수인 우울증상 간의 회귀분석결과이다. 모형 3은 학업스트레스와 부모관심을 센터링한 변수와 두 변수를 곱하기 한 상호작용항을 독립변수로 투입하고 종속변수인 우울증상 간의 회귀분석결과이다.

　최종 조절효과 검정결과는 3단계에서 상호작용항이 통계적으로 유의한 영향을 미치면 된다. 분석결과 3단계에서 상호작용항의 $t=-4.034$, $p=.000$으로 나타나 조절효과는 있는 것으로 나타났다.

마지막으로 공차한계값은 모두 0.1이상으로 나타나 다중공선성에는 문제가 없는 것으로 밝혀졌다.

20.6.4 조절효과 그래프 그리기

조절효과 그래프 그리기는 앞에 내용 "3) 조절효과 그래프의 작성"과 내용이 동일하므로, 앞의 내용을 참고하길 바란다.

논문통계에 필요한 평균차이검정

t 검정

본서는 논문통계를 위한 저서임을 감안하여 t분포표와 F분포표에 의한 구체적인 임계치(또는 기각값)의 결정은 SPSS프로그램을 이용하여 도출된 유의확률(p값)로 해석한다.

<table>
<tr><td>**21.1**</td><td>**단일표본 검정(z 검정과 t 검정)**</td></tr>
</table>

단일표본 검정은 연구자가 추출한 표본의 평균($\overline{X}$)이 모집단의 평균(μ)과 차이가 있는지를 검정하는 통계분석 방법이다. 만약, 통계적으로 표본의 평균과 모집단의 평균이 차이가 있다면. 표본의 평균과 모집단의 평균 중 어느 평균이 더 높은지(또는 낮은지)를 가지고 통계적 해석을 한다. 단일표본 검정은 대표적으로 Z검정과 t검정이 있다.

21.1.1 단일표본 z검정

단일표본 Z검정(One sample Z test)은 Z분포(표준정규분포)를 이용하여 연구자가 추출한 표본의 평균($\overline{X}$)이 모집단의 평균(μ)과 차이가 있는지를 검정하는 방법으로, 가설검정을 통하여 통계적으로 유의하다고 판단되면 표본의 평균은 모집단의 평균과 차이가 있다고 할 수 있다($\overline{X} \neq \mu$).

단일표본 Z검정을 적용할 수 있는 상황은 다음과 같다.

① 우리나라 전체 고3 학생의 생활만족도 평균점수(μ)는 3.0점인데, 어떤 연구자가 고3 학생 30명을 무작위로 추출하여 조사한 생활만족도 평균점수($\overline{X}$)는 3.5점으로 나타났다. 이 평균점수가 통계적으로 차이가 있는지를 검정할 때 단일표본 Z검정을 이용한다.

② 우리나라 전체 은행원들의 평균 근로시간은 8시간이라고 한다. 그런데 어떤 연구자가 은행 종사원 20명을 조사한 결과 평균 근로시간은 10시간이었다. 이때 이 은행원들의 평균근로시간이 전체 은행원들의 평균근로시간과 통계적으로 차이가 있는지를 검정하고자 할 때 단일표본 Z검정을 이용한다.

(1) 단일표본 *Z*검정의 통계적 가설

단일표본 *Z*검정을 실시하기 위해서는 기본적으로 ① 종속변수가 등간척도 이상인 연속형 변수이어야 하고, ② 모집단의 분산 σ^2을 알고 있어야 하는 등의 전제 조건을 만족해야 한다. 만약 모집단의 분산 σ^2 모를 경우에는 단일표본 *t*검정을 이용해야 한다. 또한 단일표본 *Z*검정은 표본을 모집단에서 무작위로 표집 하였고, 모집단이 정규분포를 이룬다는 가정을 만족해야 한다.

단일표본 *Z*검정의 통계적 가설은 다음과 같이 설정되어 있다.

H_0	연구자가 추출한 표본의 평균($\overline{X}$)＝모집단의 평균(μ)
H_1	연구자가 추출한 표본의 평균($\overline{X}$)≠모집단의 평균(μ)

(2) 단일표본 *Z*검정의 통계량 계산

$$Z = \frac{\overline{X} - \mu}{\sigma / \sqrt{n}}$$

(공식 21-1) 단일표본 *Z*검정의 통계량

(공식 21-1)에서 분자인 $\overline{X} - \mu$는 연구자가 수집한 표본의 평균과 모집단 평균의 차이를 의미하고, 이것을 표준오차 $\dfrac{\sigma}{\sqrt{n}}$로 나눈 값이 *Z*값이 된다. *Z*값으로 표본의 평균이 모집단의 평균과 다를 확률을 계산할 수 있다. 통계적으로는 $Z = \pm 1.96$이상이면 $\alpha = .05$에서 표본의 평균과 모집단의 평균이 다르다는 것을 의미한다. 반대로 *Z*값이 0에 가까울수록 표본의 평균이 모집단의 평균과 차이가 없다는 것을 의미한다.

(3) 단일표본 *Z*검정의 예

근영대학교 학생 전체를 대상으로 수업만족도를 평가한 결과 평균이 8.5점(μ), 표준편차(σ)는 3이 나왔고, 연구자는 경영학과 학생 10명을 무작위로 추출하여 평균을 계산한 결과 6.5점($\overline{X}$)으로 나타났다. 이를 $\alpha = .05$수준에서 표본의 평균과 모집단의 평균이 다른지를 규명해보자.

위 예제를 가설로 설정하면 다음과 같다.

H_0	경영학과 학생 10명의 수업만족도 평균($\overline{X}$)= 전체 대학생 수업만족도 평균(μ)
H_1	경영학과 학생 10명의 수업만족도 평균($\overline{X}$)≠ 전체 대학생 수업만족도 평균(μ)

위 예제를 Z검정에 계산식에 대입하면 다음과 같다.

$$Z = \frac{\overline{X} - \mu}{\sigma / \sqrt{n}} = \frac{-2.0}{3 / \sqrt{10}} = -2.108$$

계산 결과 Z값은 절대치 1.96보다 큰 값이 나타났으므로, 경영학과의 수업만족도는 전체 학생의 수업만족도와 유의한 차이가 있다는 것을 알 수 있다.

21.1.2 단일표본 t검정

단일표본 t검정(one sample t test)은 모집단이 표준편차(σ)를 모를 때, t분포도를 활용하여 표본의 평균($\overline{X}$)과 모집단의 평균(μ)과 차이가 있는지를 검정하는 방법이다. **일반적으로 모집단의 표준편차를 모르는 경우가 대부분이기 때문에, 단일표본 검정은 Z검정보다는 t검정을 더 많이 사용한다.**

(1) 단일표본 t검정의 통계적 가설

단일표본 t검정을 실시하기 위해서는 기본적으로 ① 종속변수가 등간척도 이상인 연속형 변수이어야 하고, ② 모집단의 분산 σ^2을 모르는 경우에 사용한다. 또한 단일표본 t검정도 표본을 모집단에서 무작위로 표집 하였고, 모집단이 정규분포를 이룬다는 가정을 만족해야 한다.

단일표본 t검정의 통계적 가설은 다음과 같다.

H_0	연구자가 추출한 표본의 평균($\overline{X}$)= 모집단의 평균(μ)
H_1	연구자가 추출한 표본의 평균($\overline{X}$)≠ 모집단의 평균(μ)

(2) 단일표본 *t*검정의 통계량 계산

$$t = \frac{\overline{X} - \mu}{s / \sqrt{n}}$$　　　(공식 21-2) 단일표본 *t*검정의 통계량

　　(공식 21-2)는 단일표본 *t*검정의 계산식이다. 단일표본 *Z*검정과 비교했을 때, 분모에 모집단의 표준편차(σ)를 이용하는 것이 아니라 표본의 표준편차(s)를 이용하는 것을 제외하고 동일한 계산식이다. 즉, 분자인 $\overline{X} - \mu$는 연구자가 수집한 표본의 평균과 모집단 평균의 차이를 의미하고, 이것을 표준오차 $\dfrac{s}{\sqrt{n}}$로 나눈 값이 *t*값이 된다. *t*값으로 표본의 평균이 모집단의 평균과 다를 확률을 계산할 수 있다. 통계적으로는 $t = \pm 1.96$이상이면 $\alpha = .05$에서 표본의 평균과 모집단의 평균이 다르다는 것을 의미한다. 반대로 *t*값이 0에 가까울수록 표본의 평균이 모집단의 평균과 차이가 없다는 것을 의미한다.

　　어쨌든 단일표본 *t*검정은 모집단의 표준편차(σ)를 이용하지 않고, 표본의 표준편차(s)를 이용하므로 *Z*분포를 따르지 않고 *t*분포를 따른다.

　　그런데 *t*분포는 다음과 같은 특징을 가지고 있다.

① *t*분포도는 *t*의 표집분포에 의해 결정된다. 즉, 평균이 μ_0이고 정규분포를 이루는 모집단에서 50명을 표본으로 추출하여 *t*값을 구하는 과정을 1,000회 반복하였다면 1,000개의 *t*값이 나타난다. 이때 1,000개의 *t*값으로 이루어진 분포가 *t* 분포도이다.

② *t*분포는 자유도에 의해 결정되므로, *t*분포는 자유도에 따라 여러 분포가 존재한다. 자유도는 표본의 크기와 유사한 개념이므로 표본의 크기가 크면(자유도가 크면) *t* 분포는 정규분포에 가까워진다.

　　따라서 단일표본 *t*검정 시 자유도($n-1$) 수에 따른 *t*분포도를 참고해야 한다. *t*분포표는 본서 부록에 수록되어 있다.

(3) 단일표본 t 검정의 예

> 근영대학교 학생 전체를 대상으로 수업만족도를 평가한 결과 평균이 8.5점(μ)가 나왔고, 연구자는 무작위 추출한 경영학과 학생 10명의 평균($\overline{X}$)은 6.5, 표준편차(s)는 1.5로 나타났다. 이를 $\alpha = .05$수준에서 표본의 평균과 모집단의 평균이 다른지를 규명해보자.

위 예제를 가설로 설정하면 다음과 같다.

H_0	경영학과 학생 10명의 수업만족도 평균($\overline{X}$) = 전체 대학생 수업만족도 평균(μ)
H_1	경영학과 학생 10명의 수업만족도 평균($\overline{X}$) ≠ 전체 대학생 수업만족도 평균(μ)

위 예제를 단일표본 t 검정 계산식에 대입하면 다음과 같다.

$$t = \frac{\overline{X} - \mu}{s/\sqrt{n}} = \frac{-2.0}{1.5/\sqrt{10}} = -4.216$$

계산 결과 자유도($10 - 1$)가 9일 때, $\alpha = .05$수준에서 t값은 2.262이므로 절대치 기준으로 -4.216은 2.262보다 큰 값이다. 따라서 경영학과의 수업만족도는 전체 학생의 수업만족도와 유의한 차이가 있다는 것을 알 수 있다. 즉, 경영학과 학생들의 수업만족도는 근영대학교 전체 대학생의 평균보다 통계적으로 더 낮다는 것을 알 수 있다.

21.2 단일표본 $t-test$ 의 실시[논문통계의 이해와 적용]

단일표본 Z검정은 SPSS프로그램에서 실시할 수 없지만, 단일표본 t검정은 분석이 가능하다.

연구상황

어떤 반의 영어성적 평균이 90점이 나왔다. 이 반 선생님은 편부모 자녀 10명을 추출하여, 이 반의 영어성적 평균과 차이가 있는지를 파악 하고자 한다.

〈표 21-1〉 단일표본 *t*검정의 실습예제

구분	학생1	학생2	학생3	학생4	학생5	학생6	학생7	학생8	학생9	학생10
성적	85	75	85	70	90	85	80	75	85	90

단일표본 *t*검정 실행절차

① **평균비교(M)** → **일표본T검정(S)**을 선택한다.
② 왼쪽 창에서 변수를 선택하고 **검정변수(T)**로 이동한다.
③ 검정값에 영어성적 평균점수인 **90**을 입력한다.
④ 확인을 누른다.

단일표본 *t*검정 실시하면 다음과 같은 분석결과가 도출된다.

일표본 통계량

	N	평균	표준편차	평균의 표준오차
성적	10	82.00	6.749	2.134

■ 결과해석

　편부모 자녀 10명의 영어성적 평균과 표준편차를 보여준다. 평균은 82점이고 표준편차는 6.749로 나타났다.

일표본 검정

	검정값 = 90					
	t	자유도	유의확률 (양쪽)	평균차	차이의 95% 신뢰구간	
					하한	상한
성적	−3.748	9	.005	−8.000	−12.83	−3.17

■ 결과해석

　표본이 10이므로 자유도는 9가 된다. 자유도가 9일 때, *t*분포표에 의한 *t*값은 2.262이다(부록 *t*분포표 참고). 분석결과 *t*값이 -3.748이므로 통계적으로 유의한 차이가 있다는 것을 알 수 있다($p = .005$). 따라서 편부모 자녀들의 영어성적은 전체평균보다 낮다는 것을 알 수 있다.

21.3   독립표본 *t*−*test*

앞에서 설명한 단일표본 Z검정이나 t검정의 표본의 수는 하나인 반면 독립표본 t검정의 표본은 두 개로 구성된다. 여기서 독립표본이란 두 모집단에서 무작위로 추출된 두 개의 표본은 서로 전혀 영향을 미치지 않는 다는 것을 의미한다. 독립표본 t검정은 독립된 두 개의 표본의 평균차이와 표준오차를 이용하여 t값을 도출하여, 두 모집단의 평균차이를 검정하는 통계기법이다. 논문통계에서 흔히 사용하는 독립된 두 모집단으로는 성별, 직무형태(정규직, 계약직), 결혼유무 등이 있다. 논문통계에서 독립표본 t검정 이용도는 매우 높은 만큼 그 의미를 확실하게 익혀두자.

21.3.1 독립표본 *t*검정의 개요

독립표본 t검정을 실시하기 위해서는 ①독립변수는 두 집단으로 구성된 비연속형 변수(명목척도 또는 서열척도)이어야 하고, ②종속변수는 연속형 변수(등간척도 또는 비율척도)로 구성되어야 한다. 또한 ③모집단의 분산을 모를 경우에는 사용한다.

독립표본 t검정의 일반적인 가설의 형태는 다음과 같다.

H_0	$\mu_1 = \mu_2$ (두 모집단의 평균은 같다)
H_1	$\mu_1 \neq \mu_2$ (두 모집단의 평균은 다르다)

귀무가설은 "두 모집단의 평균의 같다", 대립가설은 "두 모집단의 평균은 다르다"이다. 연구자가 수집한 표본으로 두 모집단의 평균을 비교하는 것이 독립표본 t검정의 기본적인 통계적 방법이다.

독립표본 t검정을 실시하기 전에 기본 가정인 ①독립성 ②정규성 ③등분산성을 만족해야 한다.

독립성은 두 모집단에서 무작위로 표본을 추출하였거나, 피험자를 두 실험조건에 무작위로 배치했다면 두 표본의 독립성은 만족하였다고 이해해도 무방하다. **정규성** 역시 표본의 크기가 매우 작지 않다면(기본적으로 표본의 크기는 30이상이면 정규분포를 만족한다) 정규분포 가정이 충족되지 않아도 무방한 것으로 이해하면 된다. 독립성과 정규성 가정은 논문통계를 하는 연구자에게 그리 중요한 가정이 아니지만, **등분산성** 검정의 경우에는 연구자의 잘못된 판단으로 분석결과에 큰 오류를 줄 수도 있으므로 반드시 체크해야 할 기본가정이다. 등분산성 검정의 이에 대한 자세한 설명은 다음과 같다.

21.3.2 등분산성 검정

독립표본 *t* 검정을 실시할 때, 독립변수인 두 집단의 "분산의 동질성" 즉 등분산성 검정을 하는 이유는 다음과 같다. 독립변수인 두 집단의 분산(또는 표준편차)은 공통적인 분산(또는 표준편차)이 되어야 하며, 어느 집단이 너무 작거나 너무 커버리면 평균차이검정을 하는데 잘못된 판단을 할 수 있기 때문이다.

〈표 21-2〉 등분산성 검정의 예

구분	수업 만족도	편차	분산	표준 편차
남학생	3	0	0	
남학생	4	+1	1	
남학생	4	+1	1	
남학생	3	0	0	1.22
남학생	1	−2	4	
합계	15	0	$6/(n-1)$	
평균	3.0	0	1.5	

구분	수업 만족도	편차	분산	표준 편차
여학생	6	.2	.04	
여학생	5	−.8	.64	
여학생	6	.2	.04	
여학생	5	−.8	.64	0.836
여학생	7	1.2	1.44	
합계	29	0	$2.8/(n-1)$	
평균	5.8	0	0.7	

<표 21-2>를 보면, 남학생 5명의 수업만족도 평균은 3점, 여학생 5명의 수업만족도의 평균은 5.8점이다. 원점수에서 평균을 뺀 값이 편차가 되고, 편차를 제곱하면 분산이 되며, 모든 분산 값을 더한 후 (사례수-1)로 나눈 후 루트($\sqrt{}$)를 하면 표준편차 값을 얻을 수 있다. 여기서 분산(또는 표준편차)값을 보면 남학생은 1.5이고, 여학생은 0.7로 나왔다. 눈으로 보았을 때는 두 집단의 분산 차이가 어느 정도 있다는 것을 감지할 수 있을 것이다. 두 집단 간 분산이 차이가 있다는 것은 남학생과 여학생의 수업만족도 점수의 오차가 다르다는 것을 의미하며, 이에 두 집단에 적용할 수 있는 계산식도 다르게 된다. 따라서 독립표본 *t* 검정 시 등분산성 검정은 실시하는 것이 좋다.

일반적으로 두 집단의 표본의 크기가 같으면 분산이 차이가 어느 정도 있더라도 독립표본 t검정 결과에는 큰 변화가 없고, 또한 표본의 크기가 큰 집단의 분산이 작은 집단의 분산보다 클 경우에도 독립표본 t검정 결과에는 역시 큰 영향을 주지 않으므로 등분산성 검정 결과를 논문에 제시하지 않아도 된다. 하지만 표본의 크기가 작은 집단의 분산이 큰 집단의 분산보다 클 경우에는 독립표본 t검정 결과에 영향을 줄 수 있다. 따라서 논문에서 독립표본 t검정 시 두 집단의 표본의 크기가 차이가 많이 날 경우(표본크기가 작은 집단의 분산이 클 경우)에는 등분산성 검정 결과에 따라 독립표본 t검정 결과를 해석해야 한다.

등분산성 검정의 통계적 가설은 다음과 같다.

H_0	$\sigma_1^2 = \sigma_2^2$ (두 집단의 분산은 같다)
H_1	$\sigma_1^2 \neq \sigma_2^2$ (두 집단의 분산은 다르다)

만약 등분산 검정을 통해 두 집단 간 분산이 통계적으로 동질하지 않다고 나타났다면, Welch-Aspin검정결과로 독립표본 t검정 결과를 해석해야 한다. SPSS 통계프로그램에서는 Welch-Aspin검정결과는 "등분산가정되지않음"으로 계산 결과가 제시되어 진다.

21.3.3 독립표본 t검정의 통계량 계산

독립표본 t검정의 검정통계량 t의 계산식은 (공식 21-3)과 같다. 검정통계량 t는 두 집단의 평균의 차이를 표준오차로 나눈 값이 된다. 여기서 표준오차는 두 모집단에서 무작위로 추출한 표본의 평균 차이를 계산하는 과정을 반복할 때 평균차이로 이루어진 분포의 표준편차를 말한다. 즉, 모집단에서 표본을 추출할 때 작용하는 무작위오차이고, 집단 간 분산이 크면 클수록 표준오차도 커지고, 표본의 수가 크면 클수록 표준오차는 작아진다.

$$t = \frac{\overline{X_1} - \overline{X_2}}{s_{\overline{X_1} - \overline{X_2}}} = \frac{\overline{X_1} - \overline{X_2}}{\sqrt{s_p^2\left(\dfrac{1}{n_1} + \dfrac{1}{n_2}\right)}} \qquad \text{(공식 21-3)}$$

　표준오차를 계산할 때, s_p^2는 두 집단 분산의 가중평균값으로 $\dfrac{(n_1-1)s_1^2+(n_2-1)s_2^2}{n_1+n_2-2}$

으로 계산되어 지며, 두 집단의 평균차이를 이 값으로 나누어 주면 독립표본 t검정의 통계량이 된다.

　<표 21-2>의 예제로 성별에 따라 수업만족도 점수에는 평균의 차이가 있는지의 검정통계량 t값을 계산하면 다음과 같다.

　① 가설은 다음과 같이 설정할 수 있다.

H_0	$\mu_1=\mu_2$ (성별에 따라 수업만족도의 평균의 차이는 없다)
H_1	$\mu_1\neq\mu_2$ (성별에 따라 수업만족도의 평균의 차이는 있다)

　귀무가설(H_0)은 "성별에 따라 수업만족도에는 평균의 차이가 없다"이므로 검정통계량 t값이 기준값이 이하일 경우에는 귀무가설(H_0)이 채택되고 연구가설(H_1)은 기각된다.

　② 표준오차의 계산

　검정통계량 t값을 계산하기 위한 표준오차의 계산식은 $\sqrt{s_p^2\left(\dfrac{1}{n_1}+\dfrac{1}{n_2}\right)}$ 이며, s_p^2의 계산은 $\dfrac{(n_1-1)s_1^2+(n_2-1)s_2^2}{n_1+n_2-2}$ 와 같다.

　<표 21-2>의 값을 표준오차 식에 대입하면 다음과 같다.

$$\text{표준오차}=\sqrt{\frac{(4)1.5+(4)0.7}{5+5-2}\left(\frac{1}{5}+\frac{1}{5}\right)}=0.663$$

　③ 검정통계량 t의 계산

　검정통계량 t는 두 집단의 평균의 차이를 표준오차로 나눈 값이 된다. 계산결과 t값은 -4.223으로 귀무가설을 기각하고 대립가설을 채택하게 된다. 따라서 성별에 따라 수업만족도 평균에는 차이가 있는 것으로 나타났다.

$$t=\frac{\overline{X_1}-\overline{X_2}}{\text{표준오차}}=\frac{-2.8}{0.663}=-4.223$$

21.4 독립표본 *t-test* 의 실시[논문통계의 이해와 적용]

<표 21-2> 예제를 SPSS프로그램을 통하여 통계분석을 실시해보자.

독립표본 *t-test* 분석절차

① 분석(A) → 평균비교(M) → 독립표본T검정(T)을 선택한다.
② 대화상자에서 독립변수(성별)을 선택하여 집단변수(G)로 이동한다.
③ 집단정의(D)를 선택한 후, 집단 1에는 1, 집단 2에는 2를 입력하고 계속을 누른다.
  (1과 2를 입력하는 이유는 데이터 코딩이 1은 남학생, 2는 여학생으로 코딩되어 있기 때문이다)
④ 종속변수 수업만족도를 선택하고, 검정변수(T)로 이동시킨다.
⑤ 확인을 누른다.

집단통계량

	성별	N	평균	표준편차	평균의 표준오차
수업만족도	남학생	5	3.0000	1.22474	.54772
	여학생	5	5.8000	.83666	.37417

■ 결과해석

집단통계량에서는 남학생과 여학생의 평균과 표준편차 그리고 평균의 표준오차 값 등 기술통계량을 보여준다. 남학생의 평균은 3.0이고, 여학생의 평균은 5.8로 나타났다. 남학생의 표준편차는 1.224, 여학생의 표준편차는 .836으로 약간의 차이가 있는 것으로 보였지만, 자세한 것은 다음에 나오는 등분산 검정을 통해서 파악한다. 평균의 표준오차는 "여러 번 추출된 표본평균"들 간의 차이를 의미하며, 검정통계량 t값 계산식의 분모에 투입되는 표준오차와는 다른 개념이다. 검정통계량 t값의 분모에 투입되는 표준오차는 두 집단의 평균차이로 이루어진 분포의 표준편차를 의미한다.

독립표본 검정

		Levene의 등분산 검정		평균의 동일성에 대한 t-검정					차이의 95% 신뢰구간	
		F	유의확률	t	자유도	유의확률 (양쪽)	평균차	차이의 표준오차	하한	상한
수업 만족도	등분산이 가정됨	.144	.714	−4.221	8	.003	−2.80	.66332	−4.32963	−1.27037
	등분산이 가정되지 않음			−4.221	7.066	.004	−2.80	.66332	−4.36556	−1.23444

■ 결과해석

　독립표본 *t*검정의 분석결과이다. 먼저, Levene의 등분산 검정결과를 확인해야 한다. 등분산 검정결과 *F*값은 .144, *p*값은 .714로 나타났다. 등분산 검정의 귀무가설(H_0)은 "두 집단의 분산은 같다"이므로 남학생과 여학생의 분산은 동질 한 것으로 나타났다. 따라서 등분산이 가정됨으로 나온 결과 값으로 해석을 한다. 만약 등분산 검정결과 *p*값이 .05이하로 나타났다면(대립가설(H_1): 두 집단의 분산은 다르다), 등분산이 가정되지 않음에 나타난 결과 값으로 해석을 해야 한다. 이 값이 앞에서 언급한 Welch-Aspin검정 결과 값이다.

　여기서는 등분산이 가정되었으므로 *t*값은 −4.221, *p*값은 .003으로 해석하면 된다. 95% 신뢰수준에서 *t*값은 ±1.96보다 큰 값이고, *p*값이 0.05보다 낮게 나타났으므로 성별에 따라서는 수업만족도에는 평균의 차이가 있다고 해석한다.

　독립표본 *t*검정의 검정통계량 *t*의 계산식에서 분자에 투입되는 두 집단의 평균 차이는 −2.80이고, 분자에 투입되는 표준오차는 차이의 표준오차 값으로 .66332로 나타난다. 즉, 두 집단의 평균차이인 −2.80을 평균 차이에 대한 표준오차 값인 .66332로 나누어주면 된다.

21.5   대응(동일)표본 t검정

대응표본 t검정은 동일표본 t검정 또는 종속표본 t검정 등으로 부르기도 한다. 대응표본 t검정과 독립표본 t검정의 가장 큰 차이는 두 집단의 상관성의 여부이다. 독립표본 t검정의 경우에는 두 표본(성별, 직무형태, 결혼여부 등)간 상관성이 존재하지 않는 반면, 대응표본 t검정의 경우에는 두 표본 사이에 상관성이 존재 한다.

대응표본 t검정의 대표적인 예는 실험전과 실험후의 평균차이를 검정하는 것이다. 예를 들어, 어떤 비만환자 10명에게 새롭게 개발한 다이어트 약을 한 달 간 복용시킨 후 한 달 후에 비만환자 10명의 몸무게 변화를 관찰할 때 사용하는 통계기법이 대응표본 t검정이다. 실험전과 실험후의 표본이 동일하다고 해서 동일표본 t검정이라 하기도 하고, t분포와 두 종속표본의 평균차이를 이용하여 두 모집단의 평균차이를 검정한다고 해서 종속표본 t검정이라 부르기도 한다.

21.5.1 대응표본 t검정의 개요

대응표본 t검정을 실시하기 위해서는 ①독립변수는 2개의 집단(실험 전 집단과 실험 후 집단)으로 구성되어야 하고 ①동일한 연구대상을 가지고(실험 전과 실험 후와 같이) 2회 측정하여야 하고, ②측정한 데이터는 연속형 변수(등간 또는 비율척도)로 구성되어야 한다.

대응표본 t검정의 가설은 독립표본 t검정과 같이 두 모집단의 평균의 비교가 아니라 표본에서 짝지어진 두 자료의 차이에 대한 검정이 가설로 설정되며, 일반적인 가설의 형태는 다음과 같다.

H_0	$\mu_d = 0$ (짝지어진 두 모집단의 평균은 같다)
H_1	$\mu_d \neq 0$ (짝지어진 두 모집단의 평균은 다르다)

μ_d = 짝지어진 두 모집단의 차이(ex:실험 후와 실험 전의 평균차이)

대응표본 t검정의 귀무가설(H_0)은 "짝지어진 두 모집단의 평균은 같다", 대립가설(H_1)은 "짝지어진 두 모집단의 평균은 다르다"로 설정된다. 또한 대응표본 t검정을 실시하기 전에 기본 가정인 독립성과 정규성을 만족해야 하지만, 독립표본 t검정과 달리 표본이 동일하기 때문에 등분산성 검정은 하지 않는다.

21.5.2 대응표본 t 검정의 통계량의 계산

대응표본 t 검정의 검정통계량 t 의 계산식은 (공식 21-4)와 같다. 검정통계량 t 는 짝지어진 두 집단의 평균의 차이를 표준오차로 나눈 값이 된다. 여기서 분모인 표준오차는 두 집단의 상관계수를 고려한다는 점에서 독립표본 t 검정의 계산식과 차이가 있다. 표준오차가 작아지면 통계적 검정력은 높아지는데, 이런 측면에서 두 집단의 상관계수가 높을수록 대응표본 t 검정의 결과는 대립가설(H_1)이 채택될 확률이 높아지게 된다.

$$t = \frac{\overline{X_1} - \overline{X_2}}{s_{\overline{X_1} - \overline{X_2}}} = \frac{\overline{X_1} - \overline{X_2}}{\sqrt{\dfrac{s_1^2 + s_2^2 - 2r_{12}s_1s_2}{n}}} \qquad \text{(공식 21-4)}$$

r_{12}: 두 집단의 상관계수

대응표본 t 검정의 통계량을 예제를 통하여 계산을 해보자. <표 21-3>은 비만여성 10명에게 새롭게 개발된 다이어트 약을 한 달 간 복용시킨 후 체중 변화를 관찰한 데이터이다. 이를 대응표본 t 검정을 실시하여 새롭게 개발된 다이어트 약이 효과가 있는지를 판단해보자.

〈표 21-3〉 대응표본 t 검정의 예제

구분	비만1	비만2	비만3	비만4	비만5	비만6	비만7	비만8	비만9	비만10	평균	표준편차
실험 전	60	65	74	59	68	60	70	65	59	60	64.0	5.292
실험 후	55	60	70	58	62	57	70	63	53	55	60.3	6.001

$r = .938$

① 가설은 다음과 같이 설정할 수 있다.

H_0	$\mu_d = 0$ (실험전과 실험후의 평균에는 차이가 없다)
H_1	$\mu_d \neq 0$ (실험전과 실험후의 평균에는 차이가 있다)

$\mu_d =$ 실험 후와 실험 전의 평균차이

귀무가설(H_0)은 "실험 전과 실험 후의 평균에는 차이가 없다"이므로 검정통계량 t값이 기준 값이 이하일 경우에는 귀무가설(H_0)이 채택되고 연구가설(H_1)은 기각된다.

② 표준오차의 계산

대응표본 t검정의 통계량 t값을 계산하기 위한 표준오차의 계산식은,

$\sqrt{\dfrac{s_1^2+s_2^2-2r_{12}s_1s_2}{n}}$ 이며, <표 26-3>의 값을 표준오차 식에 대입하면 다음과 같다.

$$\text{표준오차}=\sqrt{\frac{5.292^2}{10}+\frac{6.001^2}{10}-\frac{2(.938)(5.292)(6.001)}{10}}=0.667$$

③ 검정통계량 t의 계산

검정통계량 t는 두 집단(실험 전과 실험 후)의 평균의 차이를 표준오차로 나눈 값이 된다. 계산결과 t값은 5.547로 귀무가설을 기각하고 대립가설을 채택하게 된다. 따라서 새롭게 개발된 다이어트 약은 비만여성의 체중을 감소시켰으며 다이어트에 효과가 있다고 할 수 있다.

$$t=\frac{\overline{X_1}-\overline{X_2}}{\text{표준오차}}=\frac{3.700}{0.667}=5.547$$

21.6 대응표본 *t-test*의 실시[논문통계의 이해와 적용]

<표 21-3> 예제를 SPSS프로그램을 통하여 통계분석을 실시해보자. 먼저 대응표본 t검정의 데이터 코딩은 실험 전 데이터와 실험 후 데이터를 하나의 변수로 간주하고 아래와 같이 코딩을 한다.

	실험전	실험후
1	60	55
2	65	60
3	74	70
4	59	58
5	68	62
6	60	57
7	70	70
8	65	63
9	59	53
10	60	55

〈그림 21-1〉 대응표본 *t*검정 시 데이터 코딩

대응표본 $t-test$ 분석절차

① 분석(A) → 평균비교(M) → 대응표본T검정(P)을 선택한다.
② 대응표본 *t*검정 대화상자가 나타나고, 왼쪽 창에 "실험전" "실험후" 변수명이 나타난다.
③ 실험전을 선택하고 오른쪽 대응변수(V) 이동시키고, 실험후를 선택하고 오른쪽 대응변수(V)로 이동시킨다.
④ 확인을 누른다.

대응표본 통계량

		평균	N	표준편차	평균의 표준오차
대응 1	실험전	64.00	10	5.292	1.673
	실험후	60.30	10	6.001	1.898

■ 결과해석

　실험 전의 평균은 64.0점, 표준편차는 5.292로 보였고, 실험 후는 평균이 60.3, 표준편차는 6.001의 수치를 나타났다. 실험 전과 후의 기술통계량 값을 보여준다.

대응표본 상관계수

		N	상관계수	유의확률
대응 1	실험전 & 실험후	10	.938	.000

■ 결과해석

　실험 전과 실험 후의 상관계수가 0.938임을 보여주며, 이 값은 유의확률은 0.000으로 통계적으로 유의한 관련성이 있음을 보여준다.

대응표본 검정

		대응차						자유도	유의확률 (양쪽)
		평균	표준 편차	평균의 표준오차	차이의 95% 신뢰구간 하한	차이의 95% 신뢰구간 상한	t		
대응 1	실험전 − 실험후	3.700	2.111	.667	2.190	5.210	5.543	9	.000

■ 결과해석

    실험 전과 실험 후의 평균의 차이는 3.700(64.0-60.3)이고, 평균의 표준오차는 .667의 수치를 보인다. 대응표본 t검정의 검정통계량 t값의 계산은 평균의 차이를 표준오차로 나누어주면 되므로, $t = \dfrac{3.700}{.667} = 5.543$이 된다. 이 값의 유의확률은 0.000으로 통계적으로 유의하여 대립가설(H_1)이 채택됨을 알 수 있다.

F 검정

22.1　일원분산분석(one-way ANOVA)

일원분산분석은 영어로 analysis of variance(ANOVA)로 표현하며, 변량 분석이라고도 한다. 21장의 독립표본 t검정은 독립변수가 2집단 일 때 사용하는 평균차이 검정이고, 분산분석은 독립변수가 3집단 이상 일 때 사용하는 평균차이 검정이다. 이는 집단 간 분산과 집단 내 분산을 비교하여 평균차이 검정을 하기 때문에 분산분석이라 일컫는다. 또한 일원분산분석은 F분포표를 이용하기 때문에 F검정이라고도 한다.

22.1.1 일원분산분석의 기본 원리

일원분산분석은 독립변수의 각 집단의 평균에 차이가 있는지를 규명하는 통계분석 기법이다. 예를 들어, 연령(20대, 30대, 40대 이상)에 따라 직무만족도에는 평균의 차이가 있는지를 볼 때 일원분산분석을 사용한다. 평균의 차이는 독립변수 각 집단의 분산을 이용하는데, 집단 평균이 다른 정도를 나타내는 집단 간 분산과 같은 집단에 속하는 점수가 다른 정도를 나타내는 집단 내 분산을 비교하여 평균의 차이를 검정하게 된다. 즉, ①20대 ②30대 ③40대 이상 집단의 평균이 다른 정도(집단 간 분산)와 20대에 속하는 점수가 다른 정도, 30대에 속하는 점수가 다른 정도, 40대 이상에 속하는 점수가 다른 정도(집단 내 분산)를 이용하여 평균차이 검정한다.

집단 간 분산은 집단 간 평균의 차이를 의미하므로 독립변수의 효과를 나타내는 반면, 집단 내 분산은 표집오차에 의한 것이므로 무작위오차의 정도를 의미한다. 집단 간 분산(집단 간 평균의 차이)이 클수록 평균차이가 있을 확률이 높아지지만 항상 그런 것은 아니다. 왜냐하면 집단 내 분산(오차)에 의해 영향을 받기 때문이다. 따라서 일원분산분석은 집단 간 분산(독립변수의 효과)를 집단 내 분산(오차)으로 나누어서 분석하게 되며, 이것이 F값이 된다.

$$F = \frac{\text{집 단 간 분 산 (독 립 변 수 의 효 과)}}{\text{집 단 내 분 산 (무 작 위 오 차)}}$$

위 F값을 보면, 집단 간 분산이 집단 내 분산보다 클 때 F값은 커지게 되며, 집단 간 평균의 차이가 있다고 해석할 수 있다. 따라서 F값이 크다는 것은 집단 간 분산이 집단 내 분산보다 크고 집단 간 평균차이가 유의하다는 것을 의미하고, 집단 내 분산이 크다는 것은 우연적인 요소들에 의해 표집 상의 오차가 크다는 것을 의미하므로 평균의 차이가 유의하지 않다는 것을 말한다. *F*값이 1보다 작은 값이 나올 때는 집단 내 분산이 집단 간 분산보다 더 크다는 것이며, 통계적으로는 집단 간 평균의 차이가 없다고 해석한다.

22.1.2 일원분산분석의 기본요건과 통계적 가설

독립표본 *t*검정과 일원분산분석의 요구되는 독립변수 집단 수와 척도의 구성은 <표 22-1>과 같다.

〈표 22-1〉 독립표본 *t*검정과 일원분산분석의 비교

구분	독립변수 집단 수	척도의 구성	
		독립변수	종속변수
독립표본 *t*검정	2개	비연속형변수	비연속형변수
일원분산분석	3개 이상	연속형변수	연속형변수

독립변수가 2집단일 때는 독립표본 *t*검정, 3집단이상일 때는 일원분산분석을 이용하며, 독립변수가 3집단 이상 일 때는 독립표본 *t*검정을 이용할 수 없지만, 독립변수가 2집단 일 때도 일원분산분석을 이용할 수 있다. 따라서 일원분산분석은 독립표본 *t*검정의 확장시킨 방법이라 할 수 있다.

일원분산분석의 통계적 가설은 다음과 설정되며, 다른 분석의 통계적 가설과 약간의 차이가 있으므로 이를 잘 이해하도록 한다.

일원분산분석의 귀무가설은 모든 집단의 평균이 같다(차이가 없다)로 설정해야 하므로, n개의 독립변수 집단의 평균은 모두 같다로 설정한다.

H_0	$\mu_1 = \mu_2 = \cdots = \mu_n$ (n개 집단의 평균은 차이가 없다)
H_1	모든 집단의 평균이 같지 않다.

반면, 일원분산분석의 대립가설은 구체적으로 제시할 수 없다. 왜냐하면, 귀무가설의 반대의 의미형태로 $\mu_1 \neq \mu_2 \neq \cdots \neq \mu_n$ 설정하였을 경우에는 모든 집단에서 평균의 차이가 있어야만 대립가설이 채택되기 때문이다. 실제는 독립변수의 여러 집단 중 두 집단 이

상에서만 차이가 있어도 통계적으로는 유의미한 확률분포를 보일 수 있기 때문에, 구체적인 대립가설 설정은 어렵고 일반적으로 귀무가설을 기각하는 의미로 설정한다. 본서에서는 "모든 집단의 평균이 같지 않다"로 설정하였고, 그리스 문자로는 표현하지 않았다.

또한 귀무가설에서 어느 집단 간 평균이 같지 않을 때 즉, 대립가설이 채택되었을 때는 어느 집단에서 차이가 있는지를 규명해야 한다. 이는 일원분산분석의 사후검정에서 다룬다.

22.1.3 일원분산분석의 기본가정

일원분산분석도 독립표본 t검정과 같이 요구되는 기본가정 독립성, 정규성, 등분산성을 만족해야 한다.

① 독립성은 집단 간의 점수 및 집단 내의 점수가 독립적이어야 한다는 가정이다. 다시 말해, 각 집단의 점수가 다른 집단의 점수에 영향을 미치지 않아야 한다는 것이다. 만약 독립성 가정을 만족하지 않으면 실제 평균의 차이가 없는데도 불구하고 평균의 차이가 있다고 나올 확률이 높아지게 된다. 하지만 각 모집단에서 무작위로 표본을 추출하였거나, 피험자를 여러 실험조건에 무작위로 배치했다면 집단 간 독립성은 만족하였다고 이해해도 될 것이며, 실제 논문통계분석에서도 독립성 만족 여부에 큰 관심을 두지 않는다.

② 정규성은 표본을 추출한 모집단은 정규분포를 이루어야 한다는 가정이다. 이는 표본의 크기($n \geqq 30$)가 어느 정도 이상이면 크게 문제가 되지 않는다. 정규성은 왜도 및 첨도(8장), Shapiro-Wilk 검정, Kolmogorov-Smirnov 검정(15장)을 통해 확인할 수 있다.

③ 등분산성은 표본을 추출한 모집단의 분산이 같다는 가정이다. 만약 등분산성 가정이 만족하지 않으면 일원분산분석에 F분포를 이용하여 검정을 할 수 없게 된다. 이럴 경우에는 Brown-Forsythe F검정 또는 Welch의 F검정을 이용하면 된다. SPSS 프로그램에서는 **분석(A) → 평균비교(M) → 일원배치분산분석(O) → 옵션(O)**에 들어가서 체크하고 분석하면 된다. 또한 등분산성의 가정을 만족했을 때와 그렇지 않았을 때의 **분석(A) → 평균비교(M) → 일원배치분산분석(O) → 사후분석(H)**에서 선택할 계산식이 달라지게 된다. 일반적으로 사회과학 분야에서는 등분산을 가정했을 때는 **Scheffe검정**이나 **Tukey방법** 검정을 가장 많이 이용하고, 등분산을 가정하지 않았을 때는 **Dunnett의 T3** 검정을 많이 이용한다.

22.1.4 일원분산분석의 통계량 계산

(1) 제곱합

일원분산분석의 *F*값을 계산하기 위한 예제는 <표 22-2>와 같다, 대기업체 종사원을 대상으로 연령에 따라 직무만족도를 조사한 표이다. 연령(①20대 ②30대 ③40대이상)에 따라 직무만족도에는 과연 평균의 차이가 있는지 *F*값을 계산해보자.

〈표 22-2〉 일원분산분석의 예제

집단1	직무 만족도	집단2	직무 만족도	집단3	직무 만족도
20대	3	30대	6	40대이상	3
20대	4	30대	5	40대이상	2
20대	4	30대	6	40대이상	3
20대	3	30대	5	40대이상	2
20대	1	30대	7	40대이상	3

일원분산분석의 *F*값을 구하기 위해서는 제곱합, 분산, 자유도 등에 대한 자세한 이해가 선행되어야 하며, 이는 본서 제7장을 참고 바란다. 먼저 제곱합(sum of squares: SS)은 원점수에 평균을 뺀 값인 편차를 제곱한 다음 사례 수 만큼 모두를 합한 값이다. *F*값을 구하기 위해서는 집단 간 제곱합(SS_b)과 집단 내 제곱합(SS_w)을 계산해야 한다. 이 둘을 합한 값을 전체 제곱합(SS_t)이라 한다.

〈표 22-3〉 일원분산분석의 제곱합의 계산

집단	직무 만족도	집단 간 제곱합 $(\overline{X}_g - \overline{X})^2$	집단 내 제곱합 $(X - \overline{X}_g)^2$	전체 제곱합 $(X - \overline{X})^2$
20대 $(\overline{X}_{g1}=3)$	3	$(3-3.8)^2=0.64$	$(3-3)^2=0$	$(3-3.8)^2=0.64$
	4	$(3-3.8)^2=0.64$	$(4-3)^2=1$	$(4-3.8)^2=0.04$
	4	$(3-3.8)^2=0.64$	$(4-3)^2=1$	$(4-3.8)^2=0.04$
	3	$(3-3.8)^2=0.64$	$(3-3)^2=0$	$(3-3.8)^2=0.64$
	1	$(3-3.8)^2=0.64$	$(1-3)^2=4$	$(1-3.8)^2=7.84$
30대	6	$(5.8-3.8)^2=4$	$(6-5.8)^2=0.04$	$(6-3.8)^2=4.84$

집단	직무 만족도	집단 간 제곱합 $(\overline{X_g}-\overline{X})^2$	집단 내 제곱합 $(X-\overline{X_g})^2$	전체 제곱합 $(X-\overline{X})^2$
($\overline{X_{g2}}$=5.8)	5	$(5.8-3.8)^2$=4	$(5-5.8)^2$=0.64	$(5-3.8)^2$=1.44
	6	$(5.8-3.8)^2$=4	$(6-5.8)^2$=0.04	$(6-3.8)^2$=4.84
	5	$(5.8-3.8)^2$=4	$(5-5.8)^2$=0.64	$(5-3.8)^2$=1.44
	7	$(5.8-3.8)^2$=4	$(7-5.8)^2$=1.44	$(7-3.8)^2$=10.24
40대이상 ($\overline{X_{g3}}$=2.6)	3	$(2.6-3.8)^2$=1.44	$(3-2.6)^2$=0.16	$(3-3.8)^2$=0.64
	2	$(2.6-3.8)^2$=1.44	$(2-2.6)^2$=0.36	$(2-3.8)^2$=3.24
	3	$(2.6-3.8)^2$=1.44	$(3-2.6)^2$=0.16	$(3-3.8)^2$=0.64
	2	$(2.6-3.8)^2$=1.44	$(2-2.6)^2$=0.36	$(2-3.8)^2$=3.24
	3	$(2.6-3.8)^2$=1.44	$(3-2.6)^2$=0.16	$(3-3.8)^2$=0.64
제곱합		SS_b=30.4	SS_w=10	SS_t=40.4
평균제곱(분산)		MS_b=15.2	MS_w=0.833	MS_t=2.885

$\overline{X_g}$는 집단평균을 의미함. $\overline{X}$(전체평균)=3.8

집단 간 제곱은 각 집단별 평균점수와 전체 평균점수의 차이를 제곱한 값이며, 이 값들을 모두 합한 값이 집단 간 제곱합(SS_b)이 된다. 여기서는 집단 간 제곱합(SS_b)이 30.4로 나타났다. 각 집단 간 평균의 차이가 클수록 집단 간 제곱합(SS_b) 역시 커지며, 이 값이 크고 집단 내 제곱합(SS_w)이 상대적으로 작다면 F값이 커지게 되고 집단 간 평균의 차이는 유의하게 될 가능성이 높아진다.

집단 내 제곱은 각 집단의 점수가 각 집단의 평균과 차이를 제곱한 값이며, 이 값들을 모두 합한 값이 집단 내 제곱합(SS_w)이 된다. 집단 내 제곱합은 무작위오차와 관련이 있으며, 이 값이 클수록 무작위오차가 크게 작용하였다는 것을 의미한다. 여기서는 10이 나타났다.

전체 제곱은 각 집단의 점수와 전체평균 점수와 차이를 제곱한 값이며, 이 값들을 모두 합한 값이 전체 제곱합(SS_t)이 된다. 각 점수가 전체 평균과 차이가 크게 날수록 전체 제곱합은 커지게 되며, 집단 간 제곱합과 집단 내 제곱합을 합하면 전체 제곱합이 된다($SS_t = SS_b + SS_w$). 여기서는 전체 제곱합 값이 40.4가 나타났다.

(2) 평균제곱(분산)

평균제곱(mean square: MS)은 제곱합(SS)을 자유도(df)로 나눈 값이며, 일반적으로 분산(구체적인 분산 계산식은 본서 12장 참고)이라 표현한다. 분산을 계산하기 위해서는 전체 합을 사례 수($n-1$)로 나누어야 하기 때문에 평균제곱과 분산은 동일한 개념이다. 여기서는 집단 간 평균제곱(MS_b), 집단 내 평균제곱(MS_w), 전체 평균제곱(MS_t)이라 표현한다.

즉, 집단 간 제곱합(SS_b)을 자유도($n-1$)로 나누면 집단 간 평균제곱(MS_b)이 되고, 집단 내 제곱합(SS_w)을 자유도($n-1$)로 나누면 집단 내 평균제곱(MS_w)이 되고, 전체 제곱합(SS_t)을 자유도($n-1$)로 나누면 전체 평균제곱(MS_t)이 된다.

자유도에 대한 구체적인 개념과 설명은 본서 제 7장을 참고 바란다.

집단 간 평균제곱(mean squares between groups; MS_b)은 집단 간 제곱합(SS_b)을 자유도($n-1$)로 나눈 값인데, 여기서 자유도는 (집단 수-1)이 된다. 즉, 총 집단수(①20대 ②30대 ③40대이상)는 3집단이므로 (3-1)로 자유도는 2가 된다. 집단 간 평균제곱에서 유의해야 할 사항은 집단 간 비교이므로 자유도의 n은 집단 수를 의미한다는 것이다. <표 22-3>의 집단 간 평균제곱 값은 30.4/2=15.2가 된다.

집단 내 평균제곱(mean squares within groups; MS_w)은 집단 내 제곱합(SS_w)을 자유도($n-1$)로 나눈 값이다. 여기서 자유도는 각 집단 내 평균제곱을 의미하므로, 각 집단별로 자유도를 계산하면 된다. 즉, 3집단에 각 집단별 5명이므로, (5-1), (5-1), (5-1)이 되고, 자유도는 (15-3=12)로 계산하면 된다. 따라서 집단 내 평균제곱(MS_w)의 자유도는 (n-집단 수)가 된다. <표 22-3>의 집단 내 평균제곱 값은 10/12=0.833으로 나타난다.

전체 평균제곱(mean squares total; MS_t)은 전체 제곱합(SS_t)을 자유도($n-1$)로 나눈 값이다. 여기서 자유도는 (전체 사례수-1)이며, 전체 사례수가 15이므로 자유도는 14가 된다. <표 22-3>의 전체 평균제곱 값은 40.4/14=2.885로 나타난다.

(3) 검정통계량 F값 계산

일원분산분석의 검정통계량인 F값의 계산은 집단 간 평균제곱(MS_b)을 집단 내 평균제곱(MS_w)으로 나누어 준 값이다. 집단 간 평균제곱은 집단 내 평균점수와 전체 평균점수와 차이이므로 독립변수의 효과를 의미하고, 집단 내 평균제곱은 각 점수와 집단별 평균점수와의 차이이므로 무작위오차를 의미한다. 즉, F값은 독립변수의 효과를 무작위오차로 나누어준 값이 된다.

$$F = \frac{MS_b}{MS_w} \qquad \text{(공식 22-1) } F \text{ 공식}$$

$$F = \frac{\text{집단 간 평균제곱(독립변수의 효과)}}{\text{집단 내 평균제곱(무작위오차)}} = \frac{15.2}{0.8333} = 18.240$$

F값은 1보다 작게 되면 통계적으로 평균의 차이가 없는 것이 된다. 왜냐하면 독립변수의 효과보다 무작위오차 값이 더 크기 때문이다. 따라서 집단 간 평균제곱 값이 집단 내 평균제곱 값보다 상대적으로 클 때, 유의미한 평균의 차이를 기대해 볼 수 있게 된다. <표 22-3>의 F값은 18.240으로 나타났고, 이를 F분포표 값을 기준으로 살펴보자. $\alpha=0.05$일 때, F분포표(부록 참고)에 의하면 분모의 자유도가 12이고 분자의 자유도가 2일 때 F값은 3.89이므로, 이 보다 큰 18.240으로 나타났으므로 집단 간에는 통계적으로 의미 있는 평균의 차이가 있다고 해석한다.

(4) 효과크기의 계산

일원분산분석의 F값은 여러 집단의 평균차이가 독립변수의 효과에 의한 것인지 아니면 무작위오차에 의해 우연적으로 발생했는지의 정도를 나타낸다. 독립변수의 효과가 무작위오차보다 상대적으로 큰 값이면 집단 간 평균의 차이가 유의하게 나올 확률이 높고, 반대로 독립변수의 효과보다 무작위오차가 상대적으로 큰 값이면 집단 간 평균의 차이가 통계적으로 유의하지 않게 나올 확률이 높게 된다. 즉, F값은 집단 간 평균차이 유무에 대한 정보를 제공해 주지만, 회귀분석에서처럼 독립변수가 종속변수를 얼마만큼 설명력(R^2)을 가지고 있는지에 대한 정보를 제공해 주지는 않는다.

일원분산분석에서 독립변수(연령)가 종속변수(직무만족도)에 어느 정도 효과를 미쳤는지를 알기 위해서는 효과크기를 계산해야 한다. 본서에서는 효과크기를 파악하는데 널리 사용하는 η^2(eta squared)에 대해 설명한다. η^2값은 SPSS프로그램에서 제공되지 않으므로 연구자가 직접 계산해야 하는 번거로움이 있다. 만약 논문에 η^2값을 제시하여 해석한다면 통계적으로는 매우 우수한 논문이 될 것이다.

η^2은 집단 간 제곱합을 전체 제곱합으로 나눈 비율이다.

$$\eta^2 = \frac{\text{집단 간 제곱합}}{\text{전체 제곱합}} = \frac{SS_b}{SS_t} = \frac{30.4}{40.4} = 0.752$$

η^2은 회귀분석의 R^2과 유사한 개념으로, 범위 역시 0에서 1 사이의 값을 가지며 1에 가까울수록 독립변수가 종속변수를 설명하는 정도가 크다는 것을 의미한다. 여기서는 연령이 직무만족도를 0.752 즉, 75.2%의 설명을 한다는 것이다.

그런데 η^2은 편향된 추정량 SS_t와 SS_b로 계산하였으므로, 좀 더 정확한 추정하기 위해서는 조정된 η^2을 이용하는 것이 좋다. 조정된 η^2은 0.711로 71.1% 설명하는 것으로 나타났다.

$$\text{조정된 } \eta^2 = 1 - \frac{MS_w}{MS_t} = 1 - \frac{0.833}{2.885} = 0.711$$

22.1.5 Levene의 등분산성 검정

일원분산분석에서도 독립표본 t검정과 동일하게 등분산성 검정을 해야 하며, SPSS 프로그램에서는 Levene 검정 계산식에 의한 결과값을 제공한다. 등분산성 검정을 하는 이유는 두 집단 이상인 독립변수의 분산(또는 표준편차)은 공통적인 분산(또는 표준편차)이 되어야 하며, 어느 집단이 너무 작거나 너무 커버리면 평균차이검정을 하는데 잘못된 판단을 할 수 있기 때문이다.

Levene 검정의 가설은 아래와 같이, 귀무가설(H_0)은 "집단 간 분산은 차이가 없다", 대립가설(H_1)은 "집단 간 분산은 차이가 있다"로 설정된다. 따라서 유의확률(p)이 0.05보다 크면 귀무가설이 채택되어 "집단 간 분산은 차이가 없다"라는 의미이다.

H_0	$\sigma_1^2 = \sigma_2^2 = \cdots = \sigma^{2_n}$ (n개 집단의 분산은 차이가 없다)
H_1	모든 집단의 분산은 같지 않다.

Levene의 등분산성 검정값은 원점수(X)와 각 집단의 평균($\overline{X}_g$) 간의 차이인 편차의 절대 값($|X - \overline{X}_g|$)을 이용하여 집단 간과 집단 내 값으로 계산한다. 구체적인 결과는 <표

22-4>와 같다.

직무만족도(X)의 편차($X-\overline{X}_g$)의 절대 값($|X-\overline{X}_g|$)을 가지고 집단 간 제곱합과 집단 내 제곱합 값을 구해야 한다. 편차의 절대 값으로 각 집단의 평균값을 구하면 20대는 0.8, 30대는 0.64, 40대 이상은 0.48이 되며, 이 점수와 편차 절대 값으로 도출한 전체 평균과의 차이의 제곱합이 집단 간 제곱합(SS_b)이 된다. 그 결과 값은 0.250이다. 이 점수를 자유도 2(집단수-1)로 나눈 평균제곱값(MS_b)은 0.125이다.

또한 편차의 절대 값과 편차의 절대 값으로 구한 각 집단의 평균값 간의 차이를 제곱한 집단 내 제곱합(SS_w)이 된다. 그 결과 값은 3.597이며, 이 값을 자유도 12(15-3)로 나눈 평균제곱값(MS_w)은 0.2998이다.

Levene 등분산성의 검정 값 F는 $\dfrac{집단\,간\,평균\,제곱\,(MS_b)}{집단\,내\,평균\,제곱\,(MS_w)}$에 의해서 계산 되므로, $F=\dfrac{0.125}{0.2998}=0.417$이 된다. Levene이 등분산 F값이 1보다 훨씬 작은 수치로 나타나, 귀무가설(H_0)이 채택되어 집단 간 분산은 동질하다는 것을 알 수 있다.

〈표 22-4〉 Levene의 등분산성 검정값 계산

집단	직무 만족도 (X)	$X-\overline{X}_g$	$|X-\overline{X}_g|$	집단 간 제곱합 $(\overline{X}_g-\overline{X})^2$	집단 내 제곱합 $(X-\overline{X}_g)^2$
20대 ($\overline{X}_{g1}=3$) ($|\overline{X}_{g1}|=0.8$)	3	0	0	0.025	0.64
	4	−1	1	0.025	0.04
	4	−1	1	0.025	0.04
	3	0	0	0.025	0.64
	1	−2	2	0.025	1.44
30대 ($\overline{X}_{g2}=5.8$) ($|\overline{X}_{g2}|=0.64$)	6	0.2	0.2	0	0.193
	5	−0.8	0.8	0	0.025
	6	0.2	0.2	0	0.193
	5	−0.8	0.8	0	0.025
	7	1.2	1.2	0	0.313
40대이상 ($\overline{X}_{g3}=2.6$) ($|\overline{X}_{g3}|=0.48$)	3	0.4	0.4	0.025	0.0064
	2	−0.6	0.6	0.025	0.0144
	3	0.4	0.4	0.025	0.0064

집단	직무 만족도 (X)	$X - \overline{X}_g$	$\lvert X - \overline{X}_g \rvert$	집단 간 제곱합 $(\overline{X}_g - \overline{X})^2$	집단 내 제곱합 $(X - \overline{X}_g)^2$
	2	-0.6	0.6	0.025	0.0144
	3	0.4	0.4	0.025	0.0064
제곱합	$-$	$-$	$-$	$SS_b = 0.250$	$SS_w = 3.597$
평균제곱(분산)	$-$	$-$	$-$	$MS_b = 0.125$	$MS_w = 0.2998$

$\overline{X}_g$는 집단평균을 의미하고, $\lvert \overline{X}_g \rvert$는 편차값 절대치의 집단평균을 의미함. $\lvert \overline{X} \rvert$(전체평균)=0.64

22.1.6 사후 검정

　일원분산분석의 *F*검정을 통해 통계적으로 집단 간 평균차이가 있다면, 사후 검정을 실시해야 한다. 사후 검정을 실시하는 목적은 어느 집단에서 평균의 차이가 발생하였는가를 구체적으로 밝히기 위함이다. 다시 말해 일원분산분석의 *F*검정 결과 대립가설(H_1)이 기각 되었다면 더 이상 통계분석은 진행되지 않지만, 대립가설(H_1)이 채택되었다면 사후 검정을 해야 한다. *F*검정 결과에는 어느 집단의 평균에는 차이가 있고, 어느 집단의 평균에는 차이가 없다 등의 정보를 제공하지 않기 때문이다.

　사후 검정은 앞에서 설명한 Levene의 등분산성 검정결과에 따라 다르게 선택한다. 만약 등분산성 가정되었을 때는 *Fisher*의 *LSD*검정, *Scheffe* 검정, *Tukey*의 *HSD*검정 등이 있고, 등분산성이 가정되지 않았을 때는 *Dunnett T3*검정 등이 있다.

(1) *Fisher*의 *LSD* 검정

　*Fisher*의 *LSD* 검정은 두 집단 간 평균차이를 검정 한다. 만약 세 집단 a, b, c가 있다면, *Fisher*의 *LSD* 검정은 a와 b 간의 평균차이 검정과 a와 c 간의 평균차이 검정, b와 c 간의 평균차이 검정을 하게 된다. *Fisher*의 *LSD* 검정의 계산식은 (공식 22-2)와 같다.

$$LSD = \frac{\overline{X}_{g1} - \overline{X}_{g2}}{\sqrt{MS_w \left(\dfrac{1}{n_{g1}} + \dfrac{1}{n_{g2}} \right)}}$$

(공식 22-2) *LSD* 공식

① <표 22-3>을 근거하여 20대와 30대 간의 평균차이 검정을 계산하면, -4.852로 두 집단 간에는 평균의 차이가 있는 것으로 나타났다.

$$LSD = \frac{3 - 5.8}{\sqrt{0.833\left(\frac{1}{5} + \frac{1}{5}\right)}} = -4.852$$

② 20대와 40대 이상 간의 평균차이 검정을 하면, 0.693으로 두 집단 간에는 평균의 차이가 없는 것으로 나타났다.

$$LSD = \frac{3 - 2.6}{\sqrt{0.833\left(\frac{1}{5} + \frac{1}{5}\right)}} = 0.693$$

③ 30대와 40대 이상 간의 평균차이 검정을 하면, 5.546으로 두 집단 간에는 평균의 차이가 있는 것으로 나타났다.

$$LSD = \frac{5.8 - 2.6}{\sqrt{0.833\left(\frac{1}{5} + \frac{1}{5}\right)}} = 5.546$$

결론적으로, $Fisher$의 LSD 방법으로 사후 검정 한 결과 20대와 30대, 30대와 40대 이상 간에는 평균의 차이가 있었고, 20대와 40대 이상 간에는 평균의 차이가 나타나지 않았다.

(2) $Tukey$의 HSD 검정

$Tukey$의 HSD 검정은 비교하려는 두 집단의 평균 중 최대평균과 최소평균의 차이를 이용 한다. 구체적인 계산식은 (공식 22-3)과 같다.

$$HSD = \frac{\overline{X}_{max} - \overline{X}_{min}}{\sqrt{\frac{MS_w}{n}}} \qquad \text{(공식 22-3) } HSD \text{ 공식}$$

위 계산식은 비교하려는 집단의 평균 중 상대적으로 큰 평균($\overline{X}_{max}$)과 작은 평균($\overline{X}_{min}$)의 차이를 집단 내 평균자승(MS_w)을 사례 수(n)로 나눈 후 제곱근한 값으로 나눈 값이다.

① <표 22-3>을 근거하여 20대와 30대 간의 평균차이 검정을 계산하면, 6.862로 두 집
단 간에는 평균의 차이가 있는 것으로 나타났다.

$$HSD = \frac{5.8 - 3}{\sqrt{\dfrac{0.833}{5}}} = 6.862$$

② 20대와 40대 이상 간의 평균차이 검정을 하면, 0.693으로 두 집단 간에는 평균의 차
이가 없는 것으로 나타났다.

$$HSD = \frac{3 - 2.6}{\sqrt{\dfrac{0.833}{5}}} = 0.980$$

③ 30대와 40대 이상 간의 평균차이 검정을 하면, 5.546으로 두 집단 간에는 평균의 차
이가 있는 것으로 나타났다.

$$HSD = \frac{5.8 - 2.6}{\sqrt{\dfrac{0.833}{5}}} = 7.843$$

결론적으로, *Tukey*의 *HSD* 방법으로 사후 검정 한 결과 20대와 30대, 30대와 40대 이
상 간에는 평균의 차이가 있었고, 20대와 40대 이상 간에는 평균의 차이가 나타나지 않았
다. 이러한 결과는 *Fisher*의 *LSD* 검정결과와도 동일하다.

(3) *Scheffe* 검정

Scheffe 검정을 위해서는 비교(대비)계수(contrast coefficient; *c*)를 먼저 구해야 한다.
비교는 집단 간의 평균차이를 의미하고, 모집단 간의 평균비교는 ψ(sigh)로 표시하고, 표
본평균 간의 비교는 $\hat{\psi}$(sigh hat)이라 표시한다. 여기서 비교하려는 평균에 부여한 가중치
를 비교계수라 하고, 그 합은 0이 되어야 한다$\left(\sum c = 0\right)$.

<표 22-3>의 연령에 따라 직무만족도에서 비교가능한 모든 비교는 다음과 같이 여섯
개가 나올 수 있다.

〈표 22-5〉 비교의 이해

구분		비교 집단		
단순 비교	1	20대	vs	30대
	2	20대	vs	40대이상
	3	30대	vs	40대이상
복합 비교	4	20대	vs	(30대+40대이상)
	5	30대	vs	(20대+40대이상)
	6	40대이상	vs	(20대+30대)

위 〈표 22-5〉에서 1, 2, 3번은 단순비교이고, 4, 5, 6번은 복합비교이다. 단순비교는 두 집단의 평균을 비교를 하는 것으로, 비교계수는 +1 혹은 -1로 비교하면 그 합이 0이 된다. 또한 비교하려는 두 평균에 부여된 비교계수를 제외한 나머지 집단의 비교계수는 모두 0이 되어야 한다. 복합비교는 한 집단의 평균과 여러 집단의 통합평균과 비교하는 것이다. 이 역시 그 합은 0이 되어야 한다.

〈표 22-6〉 비교계수

구분		20대	30대	40대이상
단순 비교	1	+1	-1	0
	2	+1	0	-1
	3	0	+1	-1
복합 비교	4	1	-0.5(5/10)	-0.5(5/10)
	5	-0.5(5/10)	1	-0.5(5/10)
	6	-0.5(5/10)	-0.5(5/10)	1
평균		3	5.8	2.6
n		5	5	5

〈표 22-6〉은 〈표 22-5〉의 단순 및 복합비교의 비교계수를 표시한 표이다. 비교계수를 기입하는 방법은 다음과 같다. 먼저, 1, 2, 3번은 비교집단이 아닌 것을 0으로 설정하고, 비교집단은 +1과 -1로 설정하고 그 합을 0으로 해주면 된다. 예를 들어, 1번의 경우 20대와 30대의 비교이므로 비교집단이 아닌 40대이상은 0이 되고 20대와 30대에 +1과 -1로 설정하면 된다.

  복합비교인 4, 5, 6번은 비교하려는 두 집단 중 하나로 구성된 집단을 1로 설정하고, 여러 집단으로 구성된 통합집단은 전체 n을 해당 집단의 n으로 나누어준다. 예를 들어, 4번의 경우 하나로 구성된 집단이 20대이므로 1로 설정하고, 통합집단인 30대와 40대의 $n=$ 10이고 각 집단의 $n=5$이므로 $\frac{5}{10}$로 나타낸다. $\frac{5}{10}$를 소수로 나타내면 -0.5가 된다. 복합비교 역시 모두 합한 값이 0이 되게 한다($+1-0.5-0.5=0$).

  $Scheffe$ 검정의 단순비교 및 복합비교를 위한 계산식은 (공식 22-4)와 같다.

$$\hat{\psi}=\sum c\overline{X}$$

($\hat{\psi}$: 표본 집단 간 평균차이 비교, c: 비교계수, $\overline{X}$: 각 집단의 평균)

$$SE_{\hat{\psi}} = \sqrt{MS_w\sum \frac{c^2}{n}}$$

($SE_{\hat{\psi}}$: 표본 집단 간 평균의 차이에 따른 오차, MS_w: 집단 내 평균제곱)

$$t_{\hat{\psi}} = \frac{\hat{\psi}}{SE_{\hat{\psi}}}=\frac{\sum c\overline{X}}{\sqrt{MS_w\sum \frac{c^2}{n}}}$$

($t_{\hat{\psi}}=Scheffe$ 검정통계량)

(공식 22-4) *Scheffe* 공식

  위 $Scheffe$ 공식을 이용하여 6개의 비교집단 값을 계산하면 다음과 같다.

① <표 22-3>에서 20대와 30대 간의 평균차이 검정을 하기 위해 비교계수는 <표 22-6>과 같으며, 이를 계산식에 적용하여 $\hat{\psi}$을 구하면 아래와 같다.

$$\hat{\psi}=(1)\overline{X}_{20대}+(-1)\overline{X}_{30대} = 3-5.8 =-2.8$$

  다음으로 $SE_{\hat{\psi}}$값을 구하기 위해 <표 22-3>에서 제시된 $MS_w=0.833$을 두 집단의 사례수와 대비계수의 제곱값을 이용하여 아래와 같이 나누어주고 제곱근을 해야 한다.

$$SE_{\hat{\psi}} = \sqrt{0.833\left(\frac{1^2}{5}+\frac{(-1)^2}{5}\right)}= \sqrt{0.333}= 0.577$$

비교계수와 표준오차값을 계산하였으므로, $t_{\hat{\psi}}$값을 계산하면, -4.853으로 두 집단 간에는 통계적으로 평균의 차이가 있다는 것을 알 수 있다.

$$t_{\hat{\psi}} = \frac{\hat{\psi}}{SE_{\hat{\psi}}} = \frac{-2.8}{0.577} = -4.853$$

② <표 22-3>에서 20대와 40대 이상 간의 평균차이 검정을 하기 위해 비교계수는 <표 22-6>과 같으며, 이를 계산식에 적용하여 $\hat{\psi}$을 구하면 아래와 같다.

$$\hat{\psi} = (1)\overline{X}_{20대} + (-1)\overline{X}_{40대 이상} = 3 - 2.6 = 0.4$$

다음으로 $SE_{\hat{\psi}}$값을 구하기 위해 <표 22-3>에서 제시된 MS_w=0.833을 두 집단의 사례수와 대비계수의 제곱값을 이용하여 아래와 같이 나누어주고 제곱근을 해야 한다.

$$SE_{\hat{\psi}} = \sqrt{0.833\left(\frac{1^2}{5} + \frac{(-1)^2}{5}\right)} = \sqrt{0.333} = 0.577$$

비교계수와 표준오차 값을 계산하였으므로, $t_{\hat{\psi}}$값을 계산하면, 0.693으로 두 집단 간에는 통계적으로 평균의 차이가 없는 것으로 나타났다.

$$t_{\hat{\psi}} = \frac{\hat{\psi}}{SE_{\hat{\psi}}} = \frac{0.4}{0.577} = 0.693$$

③ <표 22-3>에서 30대와 40대 이상 간의 평균차이 검정을 하기 위해 비교계수는 <표 22-6>과 같으며, 이를 계산식에 적용하여 $\hat{\psi}$을 구하면 아래와 같다.

$$\hat{\psi} = (1)\overline{X}_{30대} + (-1)\overline{X}_{40대 이상} = 5.8 - 2.6 = 3.2$$

다음으로 $SE_{\hat{\psi}}$값을 구하기 위해 <표 22-3>에서 제시된 MS_w=0.833을 두 집단의 사례수와 대비계수의 제곱값을 이용하여 아래와 같이 나누어주고 제곱근을 해야 한다.

$$SE_{\hat{\psi}} = \sqrt{0.833\left(\frac{1^2}{5} + \frac{(-1)^2}{5}\right)} = \sqrt{0.333} = 0.577$$

비교계수와 표준오차 값을 계산하였으므로, $t_{\hat{\psi}}$값을 계산하면, 5.546으로 두 집단 간에는 통계적으로 평균의 차이가 있는 것으로 나타났다.

$$t_{\hat{\psi}} = \frac{\hat{\psi}}{SE_{\hat{\psi}}} = \frac{3.2}{0.577} = 5.546$$

④ <표 22-3>에서 20대와 (30대+40대이상) 간의 평균차이 검정을 하기 위해 복합비교 비교계수는 <표 22-6>과 같으며, 이를 계산식에 적용하여 $\hat{\psi}$을 구하면 아래와 같다.

$$\hat{\psi} = (1)\overline{X}_{20대} + (-0.5)\overline{X}_{30대} + (-0.5)\overline{X}_{40대이상} = 3 + (-2.9) + (-1.3) = -1.2$$

다음으로 $SE_{\hat{\psi}}$값을 구하기 위해 <표 22-3>에서 제시된 MS_w=0.833을 두 집단의 사례수와 대비계수의 제곱값을 이용하여 아래와 같이 나누어주고 제곱근을 해야 한다.

$$SE_{\hat{\psi}} = \sqrt{0.833\left(\frac{1^2}{5} + \frac{(-0.5)^2}{5} + \frac{(-0.5)^2}{5}\right)} = \sqrt{0.250} = 0.5$$

비교계수와 표준오차 값을 계산하였으므로, $t_{\hat{\psi}}$값을 계산하면, -2.4로 복합비교 집단 간에는 통계적으로 평균의 차이가 있는 것으로 나타났다.

$$t_{\hat{\psi}} = \frac{\hat{\psi}}{SE_{\hat{\psi}}} = \frac{-1.2}{0.5} = -2.4$$

⑤ <표 22-3>에서 30대와 (20대+40대이상) 간의 평균차이 검정을 하기 위해 복합비교 비교계수는 <표 22-6>과 같으며, 이를 계산식에 적용하여 $\hat{\psi}$을 구하면 아래와 같다.

$$\hat{\psi} = (-0.5)\overline{X}_{20대} + (1)\overline{X}_{30대} + (-0.5)\overline{X}_{40대이상} = (-1.5) + (5.8) + (-1.3) = 3.0$$

다음으로 $SE_{\hat{\psi}}$값을 구하기 위해 <표 22-3>에서 제시된 MS_w=0.833을 두 집단의 사례수와 대비계수의 제곱값을 이용하여 아래와 같이 나누어주고 제곱근을 해야 한다.

$$SE_{\hat{\psi}} = \sqrt{0.833\left(\frac{1^2}{5} + \frac{(-0.5)^2}{5} + \frac{(-0.5)^2}{5}\right)} = \sqrt{0.250} = 0.5$$

비교계수와 표준오차 값을 계산하였으므로, $t_{\hat{\psi}}$값을 계산하면, 6.0으로 복합비교 집단 간에는 통계적으로 평균의 차이가 있는 것으로 나타났다.

$$t_{\hat{\psi}} = \frac{\hat{\psi}}{SE_{\hat{\psi}}} = \frac{3.0}{0.5} = 6.0$$

⑥ <표 22-3>에서 40대이상과 (20대+30대) 간의 평균차이 검정을 하기 위해 복합비교 비교계수는 <표 22-6>과 같으며, 이를 계산식에 적용하여 $\hat{\psi}$을 구하면 아래와 같다.

$$\hat{\psi} = (-0.5)\overline{X}_{20대} + (-0.5)\overline{X}_{30대} + (1)\overline{X}_{40대이상} = (-1.5) + (-2.9) + (2.6) = -1.8$$

다음으로 $SE_{\hat{\psi}}$값을 구하기 위해 <표 22-3>에서 제시된 MS_w=0.833을 두 집단의 사례수와 대비계수의 제곱값을 이용하여 아래와 같이 나누어주고 제곱근을 해야 한다.

$$SE_{\hat{\psi}} = \sqrt{0.833\left(\frac{1^2}{5} + \frac{(-0.5)^2}{5} + \frac{(-0.5)^2}{5}\right)} = \sqrt{0.250} = 0.5$$

비교계수와 표준오차 값을 계산하였으므로, $t_{\hat{\psi}}$값을 계산하면, -3.6으로 복합비교 집단 간에는 통계적으로 평균의 차이가 있는 것으로 나타났다.

$$t_{\hat{\psi}} = \frac{\hat{\psi}}{SE_{\hat{\psi}}} = \frac{-1.8}{0.5} = -3.6$$

결론적으로, $Scheffe$ 방법으로 사후 검정 한 결과 단순비교인 20대와 30대, 30대와 40대 이상 간에는 평균의 차이가 있었고, 20대와 40대 이상 간에는 평균의 차이가 나타나지 않았다. 이러한 결과는 $Fisher$의 LSD 검정과 $Tukey$의 HSD 결과와도 동일하다. 복합비교인 20대와 (30대+40대이상), 30대와 (20대+40대이상), 40대이상과 (20대+30대) 간의 비교에서도 모두 통계적으로 유의한 차이가 있는 것으로 나타났다. 구체적인 임계치 (또는 기각값)는 다음에 나오는 "논문통계의 정석"에서 SPSS프로그램을 이용하여 도출된 유의확률(p값)을 참고 바란다.

22.2　일원분산분석의 실시[논문통계의 이해와 적용]

22.2.1 일원분산분석 요약

① 일원분산분석은 두 집단 이상인 독립변수에 따라 종속변수에는 평균의 차이가 있는 지를 검정할 때 사용한다. t-test는 독립변수가 두 집단 일 때 사용하는 평균 차이 검 정이며, 일원분산분석은 독립변수의 수가 두 집단이상이라는 점에서 차이가 있다. 예를 들어, 성별(남성, 여성), 직무형태(정규직, 비정규직) 등이 독립변수 일 때는 두 집단이므로 t-test를 이용하고, 연령(20대, 30대, 40대, 50대 이상), 학력(중졸, 고졸, 대 졸, 대학원졸) 등이 독립변수 일 때는 두 집단이상이므로 일원분산분석을 이용한다.

② 일원분산분석 이후 평균의 차이가 있는 것으로 나타났다면, 독립변수의 집단들 중 어느 집단 간 평균의 차이가 발생하였는지 사후검정을 실시해야 한다.

③ 일원분산분석에서 사용하는 독립변수는 **명목척도**로 구성되어야 하고, 종속변수 는 **등간척도나 비율척도**로 측정된 변수이어야 한다.

22.2.2 일원분산분석의 실행

<표 22-2> 예제를 SPSS프로그램을 통하여 통계분석을 실시해보자.

일원분산분석의 분석절차

① **분석(A)** → **평균비교(M)** → **일원배치분산분석(O)**을 선택한다.
② 대화상자에서 독립변수(연령)을 선택하여 **요인분석(F)**으로 이동하고, 종속변수(직무만족 도)를 선택하여 **종속변수(E)**로 이동한다.
③ **사후분석(H)**을 선택한 후, 원하는 사후검정을 체크한다.
　(여기서는 **Scheffe**를 체크한다)
④ **옵션(O)**을 선택하고, **기술통계(D)**와 **분산동질성검정(H)**을 체크한다.
⑤ 확인을 누른다.

① 기술통계량

기술통계

직무만족도

	N	평균	표준 편차	표준 오차	평균에 대한 95% 신뢰구간		최소값	최대값
					하한값	상한값		
20대	5	3.00	1.225	.548	1.48	4.52	1	4
30대	5	5.80	.837	.374	4.76	6.84	5	7
40대이상	5	2.60	.548	.245	1.92	3.28	2	3
합계	15	3.80	1.699	.439	2.86	4.74	1	7

■ 결과해석

　기술통계는 연령별 직무만족도의 평균과 표준편차, 표준오차, 최소값 및 최대값 등을 보여준다. 일반적으로 논문에서는 평균과 표준편차가 널리 사용된다. 20대의 직무만족도 평균은 3점, 30대는 5.8점, 40대 이상은 2.6점으로 나타났다. 집단 간 표준편차의 차이가 많이 나면 다음에 나오는 분산의 동질성 검정에서 집단 간 분산은 동질하지 않는 것으로 나온다.

② 분산의 동질성 검정

분산의 동질성 검정

직무만족도

Levene 통계량	df1	df2	유의확률
.427	2	12	.662

■ 결과해석

　분산의 동질성 검정의 가설은 귀무가설(H_0) "집단 간 분산은 동질하다", 대립가설(H_1) "집단 간 분산은 동질하지 않다"이다. 검정결과, Levene 통계량은 0.427, 유의확률(p값)이 0.662로 귀무가설이 기각할 수 없으므로 집단 간 분산은 동질 한 것으로 나타났다.

③ 일원배치 분산분석

일원배치 분산분석

직무만족도

	제곱합	df	평균 제곱	F	유의확률
집단-간	30.400	2	15.200	18.240	.000
집단-내	10.000	12	.833		
합계	40.400	14			

■ **결과해석**

일원배치 분산분석은 집단 간 평균차이 유무를 나타내는 결과표이다. *F*값의 계산 공식은 아래와 같으며, 논문통계에서는 보통 유의확률(*p*값)로 집단 간 평균차이 유무를 판단한다.

$$F = \frac{\text{집단 간 평균 제곱}(MS_b)}{\text{집단 내 평균 제곱}(MS_w)} = \frac{15.2}{0.8333} = 18.240$$

분석결과, 유의확률이 .000이므로 대립(연구)가설(H_1)인 "집단 간 평균의 차이가 있다"로 해석한다. 즉, 연령에 따라 직무만족도를 지각 하는데에는 평균의 차이가 있다는 것을 알 수 있다.

④ 다중 비교

다중 비교

종속 변수:직무만족도

	(I) 연령	(J) 연령	평균차(I-J)	표준오차	유의확률	95% 신뢰구간	
						하한값	상한값
Scheffe	20대	30대	-2.800^*	.577	.001	-4.41	-1.19
		40대이상	.400	.577	.790	-1.21	2.01
	30대	20대	2.800^*	.577	.001	1.19	4.41
		40대이상	3.200^*	.577	.000	1.59	4.81
	40대이상	20대	$-.400$	.577	.790	-2.01	1.21
		30대	-3.200^*	.577	.000	-4.81	-1.59

*. 평균차는 0.05 수준에서 유의합니다.

■ 결과해석

다중 비교는 사후검정결과표이다. 연령에 따라 직무만족도에는 평균의 차이가 있다는 것으로 나타났으므로, 어느 집단 간 평균의 차이가 있는지를 규명해야 한다. 즉, 20대와 30대, 20대와 40대이상, 30대와 40대이상 등 3개의 집단 별로 사후검정을 실시해야 한다. 위 표는 사후검정으로 $Scheffe$ 방법으로 검정한 결과이다.

평균차는 각 집단별 평균의 차이값이다. 예를 들어, 20대의 직무만족도 평균은 3점, 30대의 직무만족도 평균은 5.8이다. 이 값의 차이는 −2.8이 된다. 표준오차는 표본 집단 간 평균의 차이에 따른 오차를 의미한다. 일반적으로 논문통계에서는 유의확률로 사후검정 결과를 해석하며, 이는 평균차(I-J)에서 별표(*)로 나타난다. 따라서 평균차에서 별표가 있는 집단 간에는 사후검정 결과 평균의 차이가 있는 집단이라 생각하면 된다.

위 결과 20대와 30대에서 평균의 차이가 발생하였고, 30대와 40대 이상에서도 평균의 차이가 발생하였다.

22.2.3 $Scheffe$의 단순 및 복합비교 사후검정

$Scheffe$ 사후검정에서는 비교(대비)계수를 이용하여 단순비교 뿐만 아니라 복합비교 결과까지 도출할 수 있다. 일반적으로 논문통계에서는 거의 사용하지 않는 분석결과이지만, $Scheffe$ 검정의 자세한 이해를 위해 여기서 다루기로 한다. 비교계수를 이용한 단순 및 복합비교 절차는 다음과 같다.

비교계수를 이용한 단순/복합비교 절차

① 분석(A) → 평균비교(M) → 일원배치분산분석(O)을 선택한다.
② 대화상자에서 독립변수(언링)을 선택하여 요인분석(F)으로 이동하고, 종속변수(직무만족도)를 선택하여 종속변수(E)로 이동한다.
③ 대비(C)를 선택한다.
④ 본서 <표 22-6> 비교계수를 참고하여, 총 6개의 비교집단을 차례로 입력한다.   입력하는 방법은 상관계수(O)에 1번의 경우 +1입력하고 추가, -1입력하고 추가, 0입력하고 추가 한 후, 다음(N)을 선택한다. 최종 6/6대비로 된다.
⑤ 계속을 누른다.

① 대비(비교)계수

대비 계수

대비	연령		
	20대	30대	40대이상
1	1	−1	0
2	1	0	−1
3	0	1	−1
4	1	−.5	−.5
5	−.5	1	−.5
6	−.5	−.5	1

- **결과해석**

위 표 대비계수의 1, 2, 3은 단순비교 계수이며, 4, 5, 6은 복합비교 계수이다. 대비(비교) 계수는 앞에서 그 합이 0이 되어야 한다고 하였다($Scheffe$ 검정 참고). 6개의 대비 모두 그 합이 0이 된다는 것을 알 수 있다. 대비 1은 20대와 30대의 평균차이를 의미하고, 대비 2는 20대와 40대 이상, 대비 3은 30대와 40대이상, 대비 4는 20대와 (30대+40대이상), 대비 5는 30대와 (20대+40대이상), 대비 6은 40대이상과 (20대+30대)의 평균차이를 의미한다. 그 결과는 다음의 대비검정에서 나타난다.

② 대비검정

대비검정

		대비	대비 값	표준오차	t	df	유의확률 (양측)
직무 만족도	등분산 가정	1	−2.80	.577	−4.850	12	.000
		2	.40	.577	.693	12	.502
		3	3.20	.577	5.543	12	.000
		4	−1.20	.500	−2.400	12	.034
		5	3.00	.500	6.000	12	.000
		6	−1.80	.500	−3.600	12	.004
	등분산을 가정하지 않습니다.	1	−2.80	.663	−4.221	7.066	.004
		2	.40	.600	.667	5.538	.532
		3	3.20	.447	7.155	6.897	.000
		4	−1.20	.592	−2.028	5.358	.095
		5	3.00	.480	6.255	8.314	.000
		6	−1.80	.412	−4.366	11.062	.001

■ 결과해석

대비검정은 6개 대비의 검정 결과를 보여 준다. 대비 1, 2, 3번은 앞의 다중비교 결과와 동일하므로 설명은 생략한다. 대비 4인 20대와 (30대+40대이상)의 평균차이 검정 결과 유의확률(p값)은 0.034, 대비 5인 30대와 (20대+40대이상)의 평균차이 검정결과 유의확률은 0.000, 대비 6인 40대이상과 (20대+30대)의 평균차이 검정결과 유의확률은 0.004로 모든 복합비교 사후검정 결과 통계적으로 유의한 차이가 있는 것으로 나타났다.

22.2.4 논문에서 일원분산분석 결과 제시방법

연령에 따라 직무만족도에는 평균의 차이가 있는지를 규명하기 위해 일원분산분석을 실시하였다. 분석결과 통계적으로 의미 있는 평균의 차이가 있는 것으로 나타났고($p=$ .000), 사후검정결과($Scheffe$검정) 30대는 20대와 40대이상보다 더 높은 직무만족도를 지각하는 것으로 밝혀졌다.

종속변수	월소득	평 균	표준편차	F값/유의확률	사후검정 ($Scheffe$)
직무 만족도	20대(a)	3.00	1.225	18.240/0.000**	a,c<b
	30대(b)	5.80	.837		
	40대 이상(c)	2.60	.548		

*p<.05, **p<.01

<table style="border:none"><tr><td style="background:#5b7cb5;color:white;font-weight:bold;padding:6px">22.3</td><td style="font-weight:bold;font-size:1.2em"> 이원분산분석(two-way ANOVA)</td></tr></table>

이원분산분석(two-way ANOVA)은 2개의 독립변수와 1개의 종속변수 간의 효과를 분석하는 통계분석방법으로, ① 2개 독립변수 각각이 종속변수에 미치는 효과와 ② 2개 독립변수의 상호작용항이 종속변수에 미치는 효과 등의 결과가 도출된다.

이원분산분석은 일원분산분석과 비교하여 장점이 많은 통계기법인 만큼 논문통계에서 널리 활용된다.

22.3.1 이원분산분석의 이해

　이원분산분석은 2개 독립변수가 종속변수와의 효과를 검정하는 분석이다. 예를 들어, 일원분산분석에서 연령에 따라 직무만족도의 차이를 검정하였는데, 여기에 독립변수로 직무형태(정규직과 계약직)를 추가로 투입했을 때 직무만족도와의 효과는 어떻게 되는지 규명하는 분석이다.

　이원분산분석의 예제 데이타는 <표 22-7>과 같다.

〈표 22-7〉 이원분산분석의 예제

연령	직무 형태	직무 만족도	연령	직무 형태	직무 만족도	연령	직무 형태	직무 만족도
20대	2	3	30대	1	6	40대이상	1	3
20대	1	4	30대	1	5	40대이상	2	2
20대	1	4	30대	1	6	40대이상	1	3
20대	2	3	30대	1	5	40대이상	2	2
20대	2	1	30대	2	7	40대이상	1	3

(직무형태: ①정규직, ②계약직)

　<표 22-7>에서 독립변수는 연령과 직무형태이며, 이를 도식화 하면 <그림 22-1>과 같이 나타낼 수 있다.

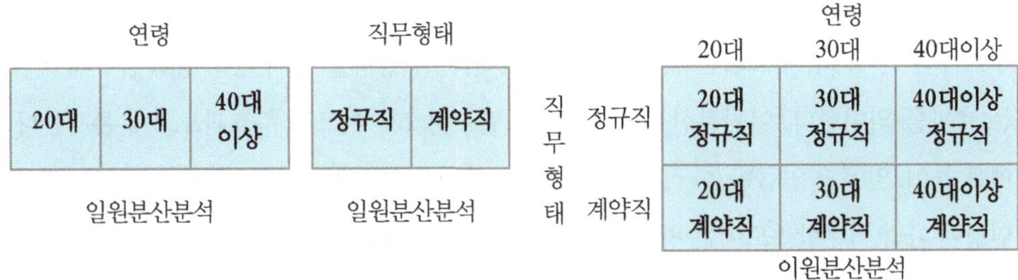

〈그림 22-1〉 일원분산분석과 이원분산분석의 독립변수

　<그림 22-1>은 독립변수인 직무형태(정규직과 계약직)와 연령(20대, 30대, 40대이상)을 일원분산분석과 이원분산분석에서의 형태를 도식화 한 것이다.

　일원분산분석에서는 연령에 따라 종속변수(직무만족도)와의 평균차이를 검정하고, 직무형태에 따라 종속변수와의 평균차이를 검정하는 형태이며 다음과 같은 연구문제로 표

현할 수 있다.

① 연령에 따라 직무만족도에는 평균의 차이가 있는가?

② 직무형태에 따라 직무만족도에는 평균의 차이가 있는가?

이원분산분석에서는 일원분산분석에서의 표현한 두 가지 연구문제 이외에 추가로 또 다른 연구문제를 표현할 수 있다. 이는 연령과 직무형태를 동시에 독립변수로 투입하여 종속변수인 직무만족도 간의 효과를 검정하는 것이며, 이의 연구문제는 다음과 같다.

① 직무형태에 따라 직무만족도에는 평균의 차이가 있는가?

② 연령에 따라 직무만족도에는 평균의 차이가 있는가?

③ 연령에 따른 직무만족도의 차이는 직무형태에 따라 달라지는가?

이원분산분석을 한다면 "연령에 따른 직무만족도의 차이는 직무형태에 따라 달라지는가?" 상호작용효과(연령×직무형태)도 추가로 검정할 수 있게 된다. 따라서 이원분산분석은 일원분산분석과 비교하여 통계적 검정력도 높을 뿐만 아니라 독립변수 간의 상호작용을 밝힘으로써 연구결과의 일반화시키는데 한층 신뢰성을 높일 수 있는 장점을 가지고 있다.

(1) 주효과

이원분산분석에서는 각 독립변수에 따른 종속변수와의 평균차이인 개별적인 효과를 주효과라 한다. 즉, 주효과는 다른 독립변수에 어떠한 영향을 받지 않고 종속변수에 미치는 효과를 의미한다. 이원분산분석에서 독립변수는 2개 이므로 주효과도 2개 존재한다. 예를 들어, 앞에서 언급한 ① 직무형태에 따라 직무만족도에는 평균의 차이가 있는가? ② 연령에 따라 직무만족도에는 평균의 차이가 있는가? 등이 해당된다.

위 2가지 주효과는 다음과 같은 결과로 도출될 수 있다.

첫째, 직무형태에 따라 직무만족도에는 차이가 있지만 연령에 따라서 차이가 없는 경우 둘째, 직무형태에 따라서 직무만족도에는 차이가 없지만 연령에 따라서는 차이가 있는 경우 셋째, 직무형태와 연령 모두 직무만족도에 차이가 있는 경우 넷째, 직무형태와 연령 모두 직무만족도에 차이가 없는 경우이다.

(2) 상호작용효과

상호작용효과라는 의미는 어떤 독립변수가 다른 독립변수의 수준에 따라 종속변수에 미치는 효과가 달라지는 것을 의미하며, 교호작용이라고 표현하기도 한다.

앞 예에서 연령과 직무형태가 직무만족도에 미치는 효과를 분석했을 때, 연령은 30대가 가장 높고, 직무형태는 정규직이 높다면 연령과 직무형태 간에는 상호작용이 존재한다는 것을 의미한다. 상호작용효과를 보기 위해서는 두 변수를 곱하기해야 하며, A와 B의 상호작용은 A×B로 표기한다.

상호작용이 존재한다는 의미는 A라는 독립변수의 수준에 따라 다른 독립변수 B와 종속변수의 관계가 달라지거나, 또는 B 독립변수의 수준에 따라 A 독립변수와 종속변수의 관계가 달라지면 상호작용효과가 있다고 한다. 반면 A 독립변수의 수준에 관계없이 B 독립변수와 종속변수의 관계가 변화가 없거나, B 독립변수의 수준에 관계없이 A 독립변수와 종속변수의 관계에는 변화가 없다면 상호작용효과가 없다고 한다. 이를 그래프로 도식화 하면 <그림 22-2>와 같다.

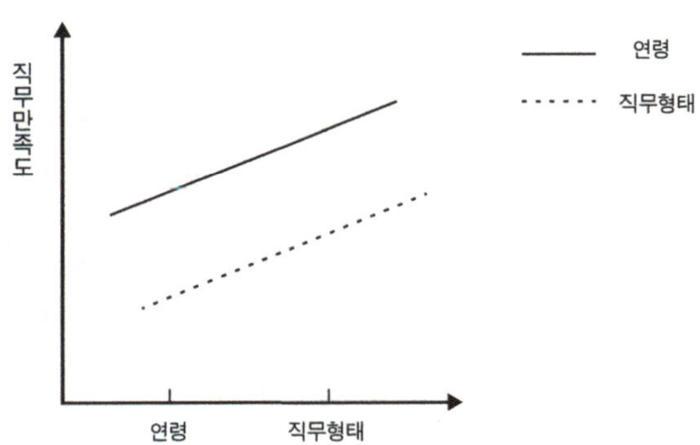

연령과 직무형태에 의한 직무만족도(상호작용이 없을 때)

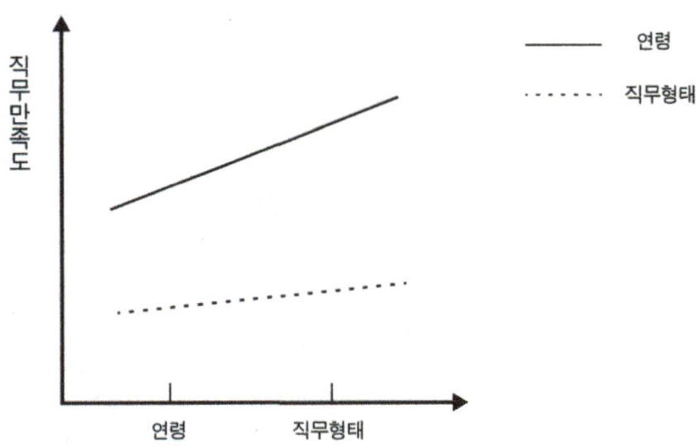

연령과 직무형태에 의한 직무만족도(상호작용이 있을 때)

〈그림 22-2〉 상호작용효과의 이해

두 독립변수의 상호작용이 없을 때는 두 직선이 평행을 이루고 있고, 두 독립변수의 상호작용이 있을 때는 두 직선이 평행을 이루고 있지 않다. 상호작용효과가 크면 클수록 두 직선은 교차된다.

이원분산분석은 상호작용효과를 규명하는 것이 핵심요소이다. 따라서 상호작용효과 유무에 따라 해석을 주의해야 한다. 만약 상호작용효과가 없고 주효과만 존재한다면, 주효과만 해석하면 되기 때문에 매우 간단하다. 즉, 상호작용이 없다는 것은 어떤 독립변수가 다른 독립변수에 의해 영향을 받지 않고 일정하게 종속변수에 효과가 있다는 것을 의미하므로, 주효과 결과만 해석하면 되고 이런 연구결과는 일반화에 매우 용이하다. 반대로 주효과는 없으나 상호작용효과만 존재한다면 두 독립변수의 상호작용효과의 의미만 해석하면 된다. 하지만 주효과도 존재하고 상호작용효과도 존재한다면 상호작용효과를 중심으로 해석해야 하며, 주효과의 경우에는 해석을 해야 된다는 학자와 해석을 할 필요가 없다는 학자들의 주장이 구분되므로, 이 부분은 연구자의 선택의 몫으로 남겨둔다.

22.3.2 이원분산분석의 기본 조건 및 가설

이원분산분석을 실시하기 위한 요구되는 변수의 척도조건은 다음과 같다. 두 독립변수의 척도는 비연속형 변수(명목 또는 서열척도)로 이루어져야 하고, 종속변수는 연속형 변수(등간 또는 비율척도)로 구성되어야 한다. 또한 두 독립변수는 모집단에서 무작위로 표집되어야 한다. 이원분석분석의 기본 가정은 일원분산분석과 동일하게 독립성, 정규성, 등분산성 조건을 만족해야 한다. 이는 일원분산분석에서 설명하였으므로 여기서는 생략한다.

이원분산분석의 통계적 가설은 다음과 같이 주효과 가설과 상호작용효과 가설로 구분하여 설정할 수 있다.

① 주효과 가설

연령	H_0	$\mu_1 = \mu_2$	(연령에 따라 직무만족도에는 차이가 없다) (연령은 직무만족도에 효과가 없다)
	H_1	$\mu_1 \neq \mu_2$	(연령에 따라 직무만족도에는 차이가 있다) (연령은 직무만족도에 효과가 있다)
직무 형태	H_0	$\mu_1 = \mu_2$	(직무형태에 따라 직무만족도에는 차이가 없다) (직무형태는 직무만족도에 효과가 없다)
	H_1	$\mu_1 \neq \mu_2$	(직무형태에 따라 직무만족도에는 차이가 있다) (직무형태는 직무만족도에 효과가 있다)

② 상호작용효과 가설

$H_{0(A,B)}$	$r_{AB} = 0$	(A와 B는 상호작용이 없다) (연령과 직무형태는 상호작용이 없다)
$H_{1(A,B)}$	$r_{AB} \neq 0$	(A와 B는 상호작용이 있다) (연령과 직무형태는 상호작용이 있다)

22.4

이원분산분석의 실시[논문통계의 이해와 적용]

22.4.1 이원분산분석 요약

① 이원분산분석(two-way ANOVA)은 2개의 독립변수와 1개의 종속변수 간의 효과를 분석하는 통계분석방법이다.

② 2개의 독립변수와 하나의 종속변수 간의 효과를 분석하기 때문에 독립변수 간 상호작용효과까지 추가로 분석할 수 있다. 예를 들어, "연령과 직무형태에 따라 직무만족도에는 차이가 있는가"를 분석한다고 가정할 때, 상호작용효과(연령×직무형태)도 추가로 검정할 수 있게 된다. 즉, 연령에 따른 직무만족도는 직무형태에 따라 변화되는지를 규명할 수 있게 된다. 일원배치 분산분석에서는 이와 관련한 분석결과를 제공하지 않는다.

③ 이원분산분석은 일원분산분석과 비교했을 때, 통계적 검정력도 높을 뿐만 아니라 독립변수 간의 상호작용 효과까지 밝힘으로써 연구결과를 일반화시키는데 한층 신뢰성을 높일 수 있다는 장점을 가지고 있다.

22.4.2 이원분산분석의 실행

<표 22-7> 예제를 SPSS프로그램을 통하여 통계분석을 실시해보자.

이원분산분석의 분석절차

① 분석(A) → 일반선형모형(G) → 일변량(U)을 선택한다.

② 대화상자에서 종속변수(직무만족도)을 선택하여 종속변수(D)로 이동하고, 독립　변수 (연령, 직무형태)를 선택하여 모수요인(F)으로 이동한다.

③ 모형(M)을 선택한 후, 모형설정에서 사용자정의(C)를 클릭한다. 요인및공변량(F)에서 연령을 선택하고 모형(M)으로 이동한다. 동일하게 직무형태를 선택하고 모형(M)으로 이동한다. 상호작용효과를 분석하기 위해 요인및공변량(F)에서 연령과 직무형태를 한 번에 선택한 후 모형으로 이동시킨다. 그러면 연령*직무형태로 나타난다. 계속을 누른다.

④ 도표(T)를 누른다. 요인분석(F)에서 연령을 선택하고 수평축변수(H)로 이동하고, 추가(A)를 누른다. 동일하게 직무형태를 선택하고 수평축변수(H)로 이동하고 추가(A)를 누른다. 계속을 누른다.

⑤ 사후분석(H)을 누른다. 요인분석(F)에서 연령을 사후검정변수(P)로 이동한다. (직무형태는 2집단이므로 사후검정 대상이 아니다) 사후검정 방법으로 Scheffe(C)를 선택한다. 계속을 누른다.

⑥ 옵션(O)을 선택하고, 기술통계량(D)와 분산동질성검정(H)을 체크한다. 계속을 누른다.

⑦ 확인을 누른다.

① 기술통계량

기술통계량

종속 변수:직무만족도

연령	직무형태	평균	표준편차	N
20대	정규직	4.00	.000	2
	계약직	2.33	1.155	3
	합계	3.00	1.225	5
30대	정규직	5.50	.577	4
	계약직	7.00		1
	합계	5.80	.837	5
40대이상	정규직	3.00	.000	3
	계약직	2.00	.000	2
	합계	2.60	.548	5
합계	정규직	4.33	1.225	9
	계약직	3.00	2.098	6
	합계	3.80	1.699	15

■ 결과해석

　전체 직무만족도의 평균은 3.8이며, 표본의 크기는 15이다. 각 연령에 따른 직무형태별 직무만족도 평균점수를 알 수 있다. 예를 들어, 20대 정규직의 직무만족도는 4.0이며, 계약 직은 2.33이다. 30대 정규직의 직무만족도는 5.50, 계약직은 7.0이다. 전체 정규직의 직무만 족도는 4.33, 계약직은 3.0으로 정규직이 계약직보다 높은 직무만족도 평균점수를 보인다.

② Levene의 등분산성 검정

오차 분산의 동일성에 대한 Levene의 검정[a]

종속 변수:직무만족도

F	df1	df2	유의확률
11.655	5	9	.001

여러 집단에서 종속변수의 오차 분산이 동일한 영가설을 검정합니다.
a. Design: 절편 + 연령 + 직무형태 + 연령 * 직무형태

■ 결과해석

　분산분석을 위한 표본은 무작위로 추출되었으며, 모집단은 동일한 분산을 가지고 있다 는 가정을 만족해야 한다. Levene의 검정의 귀무가설(H_0)은 "집단 간 분산은 차이가 없 다", 대립가설(H_1)은 "집단 간 분산은 차이가 있다"로 설정된다. 따라서 유의확률(p)이 0.05보다 크면 귀무가설이 채택되어 "집단 간 분산은 차이가 없다"라는 의미이다. 위 결 과에서 Levene 통계량은 11.655, p=.001로 나타나 "집단 간 분산은 차이가 있다"가 되어 등분산성 가정은 충족하지 못하였다.

③ 개체-간 효과 검정

개체-간 효과 검정

종속 변수:직무만족도

소스	제 III 유형 제곱합	자유도	평균 제곱	F	유의확률
수정 모형	36.733[a]	5	7.347	18.033	.000
절편	194.752	1	194.752	478.029	.000
연령	29.083	2	14.542	35.693	.000
직무형태	.467	1	.467	1.145	.312
연령 * 직무형태	5.083	2	2.542	6.239	.020

오차	3.667	9	.407		
합계	257.000	15			
수정 합계	40.400	14			

a. R 제곱 = .909 (수정된 R 제곱 = .859)

■ 결과해석

　연령에 따라 직무만족도에는 유의한 차이가 있는 것으로 나타났으며(F=35.693, p= .000) 반면, 직무형태에서는 통계적으로 유의미한 차이가 없었다(F=1.145, p=.312). 연령과 직무형태의 상호작용은 직무만족에 유의한 효과가 있는 것으로 나타나(F=6.239, p= .020), 상호작용효과는 있다는 것을 알 수 있다.

④ **다중비교**

다중 비교

직무만족도Scheffe

(I) 연령	(J) 연령	평균차(I−J)	표준오차	유의확률	95% 신뢰구간	
					하한값	상한값
20대	30대	−2.80*	.404	.000	−3.98	−1.62
	40대이상	.40	.404	.628	−.78	1.58
30대	20대	2.80*	.404	.000	1.62	3.98
	40대이상	3.20*	.404	.000	2.02	4.38
40대이상	20대	−.40	.404	.628	−1.58	.78
	30대	−3.20*	.404	.000	−4.38	−2.02

*. 평균차는 .05 수준에서 유의합니다.

■ 결과해석

　연령에 따라 직무만족도에는 유의한 차이가 있는 것으로 나타났으므로, 어느 집단 간 유의한 차이가 있는지를 사후검정을 통해 규명해야 한다. $Scheffe$ 검정결과 20대와 30대의 평균차는 −2.80(p=.000), 30대와 40대이상의 평균차는 3.20(p=.000)으로 해당 집단 간 평균의 차이가 있었다. 구체적인 평균점수로 비교해보면, 20대의 평균은 3점, 30대의 평균은 5.8점, 40대이상의 평균은 2.6이므로, 30대는 20대와 40대이상보다 더 높은 직무만족을 한다는 것을 알 수 있다.

⑤ **프로파일 도표**

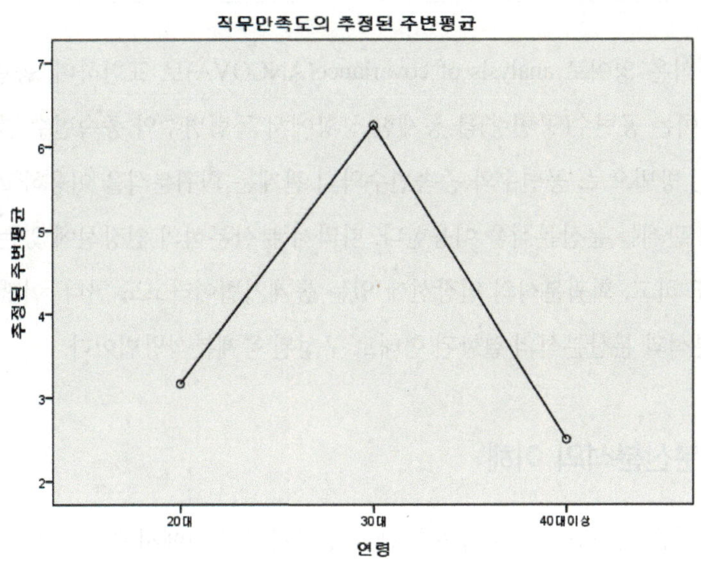

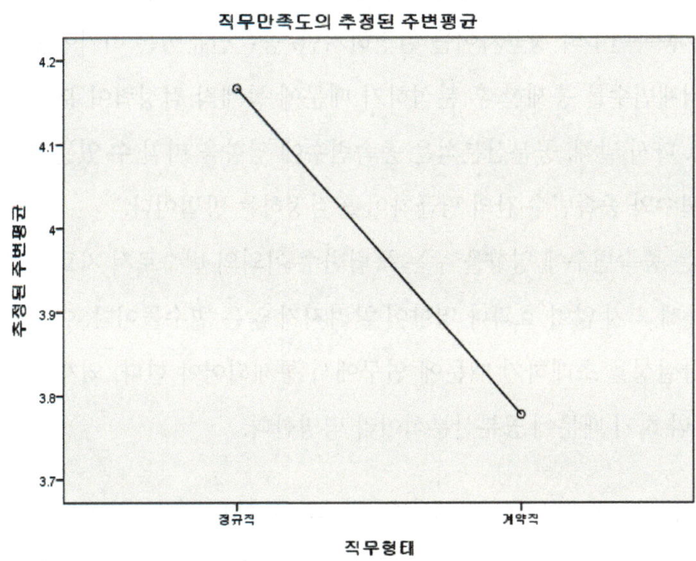

■ 결과해석

　위 도표는 연령에 따른 직무만족도 평균점수의 변화, 직무형태에 따른 직무만족도 평균점수의 변화를 도식화 한 것이다. 연령에 따라서는 20대와 40대이상보다 30대의 직무만족도가 가장 높다는 것을 알 수 있고, 직무형태에서는 정규직이 계약직보다 직무만족도가 더 높다는 것을 알 수 있다.

22.5　공분산분석(ANCOVA)

공분산분석은 영어로 analysis of covariance(ANCOVA)로 표현하며, 공변량분석이라고도 한다. 이는 공변수(공변량)를 통제한 상황에서 독립변수와 종속변수 간의 평균차이를 검정하는 방법으로, 공변수와 종속변수와의 관계는 회귀분석을 이용하고 독립변수와 종속변수의 관계는 분산분석을 이용한다. 따라서 분산분석의 연장선에 있는 통계기법이라고 하기도 하고, 회귀분석의 연장선에 있는 통계기법이라고도 한다. 어쨌든 공분산분석은 회귀분석과 분산분석의 결합된 형태로 구성된 통계분석방법이다.

22.5.1 공분산분석의 이해

공분산분석은 독립변수와 종속변수 간의 평균차이 검정에서 종속변수에 영향을 미칠 수 있는 외재변수를 통제한 후 분석하는 방법이다. 분산분석의 경우에는 순수하게 독립변수에 따른 종속변수의 평균차이를 검정하지만, 공분산분석은 여기에 종속변수에 영향을 미치는 외재변수를 통제한 후 분석하기 때문에 통계적 검정력이 분산분석에 비해 훨씬 우수하다. 다시 말해, 공분산분석은 종속변수에 영향을 미칠 수 있는 외재변수를 통제한 후, 독립변수와 종속변수 간의 평균차이를 검정하는 방법이다.

외재변수는 종속변수에 영향을 주는 독립변수 이외의 변수로서 자료수집 과정이나 실험설계 시 통제 되지 않아 효과나 영향이 알려지지 않은 변수들이다. 이는 결과해석에 오류 혹은 불확실성을 초래하기 때문에 연구에서 통제되어야 한다. 외재변수를 공변수 또는 공변량이라 하기 때문에 공분산분석이라 명명한다.

공분산분석에서 외재변수인 공변수의 조건은 종속변수와는 관련이 있지만 독립변수와 관련이 없어야 한다는 기본적인 전제조건을 만족해야 한다. 이를 좀 더 구체적으로 설명하면 다음과 같다.

① 공변수는 종속변수와 관련이 있어야 한다. 공분산분석은 공변수와 종속변수는 회귀분석을 하고, 독립변수와 종속변수는 분산분석을 하는 결합형태의 통계기법이라 하였다. 따라서 공변수는 종속변수에 통계적으로 유의미한 영향관계가 존재해야 한다. 만약, 공변수가 종속변수에 유의미한 영향을 미치지 않는다면, 다시 말해 공

변수가 종속변수를 설명할 수 없다면 공분산분석은 실효성이 없어진다. 이럴 경우에는 분산분석을 실시하면 된다.

② 공변수는 독립변수와 관련이 없어야 한다. 만약, 공변수가 독립변수와 관련이 있다면 공변수가 종속변수에 미치는 영향과 독립변수와 종속변수 간이 효과가 중복되므로 독립변수가 종속변수에 어떠한 효과를 보이는지를 정확하게 분석하기 어려워진다. 따라서 이런 경우에는 공분산분석이 적합하지 않다.

공분산분석은 공변수가 종속변수에 미치는 영향관계를 통계적으로 제거(통제)한 후, 독립변수와 종속변수 간의 평균차이를 검정하는 방법이다. 따라서 공변수와 종속변수는 상호 간에 관련이 있고, 공변수와 독립변수는 상호 간에 관련이 없어야 하는 기본조건을 만족해야 한다.

이외에도 공분산분석을 실시하기 위해 기본적인 척도의 조건은 다음과 같다.

① 독립변수는 비연속형변수(명목척도 또는 서열척도)로 2개 집단 이상으로 구성된 변수이어야 한다.
② 공변수는 연속형변수(등간척도 또는 비율척도)로 구성되어야 한다.
③ 종속변수는 연속형변수(등간척도 또는 비율척도)로 구성되어야 한다.

이상과 같은 조건을 만족할 때, 공분산분석을 실시할 수 있다.

〈표 22-8〉 공분산분석의 예제

①월소득(200만원이하)		②월소득(200-300만원)		③월소득(300만원이상)	
상사관계	직무만족도	상사관계	직무만족도	상사관계	직무만족도
2	3	5	6	4	3
5	4	3	5	3	2
4	4	5	6	5	3
3	3	3	5	3	2
2	1	6	7	4	3

<표 22-8>은 공분산분석을 위한 예제이다. 독립변수는 월소득이고, 공변수는 상사관계, 종속변수는 직무만족도이며, 직장인들의 상사관계를 통제한 상황에서 월소득에 따라

직무만족도에는 평균의 차이가 있는지를 규명하는 것이 분석의 목적이다. 단순히 월소득에 따라 직무만족도의 평균의 차이를 규명한다면 일원분산분석을 이용하면 되지만, 상사관계가 직무만족도에 영향을 주는 변수라는 것을 연구자가 알고 있다면 이를 통제하고 공분산분석을 이용하는 것이 더 적절한 통계분석 기법이 된다.

위 예제파일에서, 공변수인 상사관계는 연속형 변수로 구성되고 종속변수인 직무만족도에 유의한 영향을 미쳐야 하며, 독립변수인 월소득과는 관련이 없어야 한다. 또한 독립변수는 비연속형 변수, 종속변수는 연속형 변수로 구성되어야 공분산분석을 실시할 수 있다.

22.5.2 공분산분석의 통계적 검정가설

공분산분석은 2개의 가설을 검정해야 한다. 첫 번째는 공변수와 종속변수 간의 효과, 두 번째는 독립변수와 종속변수 간의 효과이다. 공분산분석의 주된 목적은 독립변수와 종속변수 간의 효과를 검정하는 것이지만, 공변수와 종속변수 간의 효과를 검정하여 공분산분석이 적절한 통계분석방법인지를 먼저 확인해야 한다. 따라서 공변수와 종속변수 간의 효과에 관한 가설을 먼저 검정하고, 독립변수와 종속변수 간의 효과에 대한 가설을 검정하는 것이 올바르다.

공변수와 종속변수 간의 검정가설	H_0	공변수는 종속변수와 관계가 없다
	H_1	공변수는 종속변수와 관계가 있다
공변수와 독립변수 간의 검정가설	H_0	$\mu_1 = \mu_2 = \cdots = \mu_n$ (n개 집단의 평균은 차이가 없다)
	H_1	모든 집단의 평균이 같지 않다.

22.5.3 공분산분석과 분산분석의 비교

공분산분석은 공변수를 통제한 상황에서 독립변수에 의한 종속변수의 효과를 분석하기 때문에 일원분산분석보다 좀 더 정확한 분석결과를 도출할 수 있다. <표 22-8>을 예제로 하여 공분산분석과 분산분석의 결과를 구체적으로 비교해보자. <표 22-9>는 월소득에 따른 직무만족도의 평균차이를 검정한 일원분산분석 결과이고, <표 22-10>은 상사관계를 통제한 상황에서 월소득에 따른 직무만족도의 평균차이를 검정한 공분산분석 결과표이다.

〈표 22-9〉 일원분산분석 결과

	제곱합	df	평균 제곱	F	유의확률
집단-간	30.400	2	15.200	18.240	.000
집단-내	10.000	12	.833		
합계	40.400	14			

독립변수: 월소득, 종속변수: 직무만족도

〈표 22-10〉 공분산분석 결과

소스	제 III 유형 제곱합	자유도	평균 제곱	F	유의확률
수정 모형	37.602[a]	3	12.534	49.283	.000
절편	1.858	1	1.858	7.306	.021
상사관계(집단-간)	7.202	1	7.202	28.319	.000
월소득(집단-간)	19.153	2	9.577	37.655	.000
오차(집단-내)	2.798	11	.254		
합계	257.000	15			
수정 합계	40.400	14			

독립변수: 월소득, 종속변수: 직무만족도, 공변수: 상사관계

　〈표 22-9〉의 집단-내 제곱합은 10인 반면, 〈표 22-10〉의 집단-내 제곱합은 2.798이다. 즉, 집단-내 제곱합은 오차에 해당하므로 이의 값이 작을수록 *F*값(*F*값을 구하는 공식은 앞 일원분산분석을 참고바란다)이 커진다. *F*값을 비교하여도 일원분산분석은 18.240이 지만 공분산분석은 37.655로 더 커졌다는 것을 알 수 있다. 공분산분석의 오차가 일원분 산분석의 오차보다 더 작기 때문에 통계적 검정력도 높아짐을 알 수 있다.

　따라서 연구자는 종속변수에 영향을 미치는 공변수를 발견하고, 이를 통제한 후 독립 변수에 따른 종속변수의 효과를 규명하여 신뢰성 높은 분석결과가 도출될 수 있도록 연 구 설계를 할 필요가 있다.

22.6   **공분산분석의 실시[논문통계의 이해와 적용]**

22.6.1 공분산분석 요약

① 공분산분석은 공변수(공변량)를 통제한 상황에서 독립변수와 종속변수 간의 평균
차이를 검정하는 방법으로, 공변수와 종속변수와의 관계는 회귀분석을 이용하고
독립변수와 종속변수의 관계는 분산분석을 이용한다. 따라서 공분산분석은 회귀분
석과 분산분석의 결합된 형태로 구성된 통계분석방법이다.

② 공분산분석은 종속변수에 영향을 미칠 수 있는 외재변수를 통제한 후, 독립변수와
종속변수 간의 평균차이를 검정하는 방법이다.

③ 공변수(통제변수)는 종속변수와 관련이 있어야 하고, 독립변수와는 관련이 없어야
한다.

④ 독립변수는 비연속형변수(명목척도 또는 서열척도)로 2개 집단 이상으로 구성된
변수이어야 하고, 공변수와 종속변수는 연속형변수(등간척도 또는 비율척도)로 구
성되어야 한다.

22.6.2 공분산분석의 실행

다음의 예제를 SPSS프로그램을 통하여 공분산분석을 실시해보자.

①월소득(200만원이하)		②월소득(200-300만원)		③월소득(300만원이상)	
상사관계	직무만족도	상사관계	직무만족도	상사관계	직무만족도
2	3	5	6	4	3
5	4	3	5	3	2
4	4	5	6	5	3
3	3	3	5	3	2
2	1	6	7	4	3

독립변수: 월소득, 종속변수: 직무만족도, 공변수: 상사관계

공분산분석의 분석절차

① 분석(A) → 일반선형모형(G) → 일변량(U)을 선택한다.
② 대화상자에서 종속변수(직무만족도)을 선택하여 종속변수(D)로 이동하고, 독립변수(월소득)를 선택하여 모수요인(F)으로 이동한다. 공변수(상사관계)를 선택하여 공변량(C)으로 이동한다.
③ 확인을 누른다.

① 개체-간 요인

개체-간 요인

		변수값 설명	N
월소득	1	200만원이하	5
	2	200-300만원	5
	3	300만원이상	5

■ 결과해석

독립변수인 월소득의 집단별 표본의 크기를 보여준다. 200만원이하, 200-300만원, 300만원이상 모두 n의 수는 5이다.

② 개체-간 효과 검정

개체-간 효과 검정

종속 변수:직무만족도

소스	제 III 유형 제곱합	자유도	평균 제곱	F	유의확률
수정 모형	37.602[a]	3	12.534	49.283	.000
절편	1.858	1	1.858	7.306	.021
상사관계	7.202	1	7.202	28.319	.000
월소득	19.153	2	9.577	37.655	.000
오차	2.798	11	.254		
합계	257.000	15			
수정 합계	40.400	14			

a. R 제곱 = .931 (수정된 R 제곱 = .912)

■ 결과해석

개체 간 효과 검정은 최종 공분산분석 결과를 해석하는 표이다. 먼저, 공변수인 상사관계가 종속변수에 유의한 영향관계가 있는지를 살펴보면, F는 28.319, p는 .000으로 통계적으로 유의한 영향을 미치는 것으로 나타났다. 다음으로 독립변수인 월소득에 따라 종속변수인 직무만족도에는 평균의 차이가 있는지를 살펴보면, F는 37.655, p는 .000으로 통계적으로 유의한 평균의 차이가 있는 것으로 나타났다.

결론적으로 상사관계를 통제한 상황에서 월소득에 따라 직무만족도에는 차이가 있다는 것을 알 수 있다.

비모수 검정

21장과 22장에서 다루었던 t검정과 F검정은 모집단의 모수에 대한 가설을 검정하기 위한 통계기법으로 모수검정이라 한다. 모수검정이란 단어그대로 연구자가 수집한 표본을 통하여 모집단을 수(數)로 나타낸 모수(母數)를 검정하는 방식이다. 비모수(非母數) 검정은 모수를 검정하는 방식이 아닌 검정을 의미한다. 여기서는 비모수검정에 대하여 비모수 검정에 대하여 자세히 알아보자.

23.1　비모수 검정의 이해

논문에서는 일반적으로 모수 검정을 많이 사용한다. 하지만 모수검정을 사용하기 위해서는 종속변수가 연속형 변수(등간척도 또는 비율척도)이어야 하고, 정규분포 및 등분산성 가정을 충족해야 한다. 만약 이러한 조건을 만족하지 못 할 때는 모수검정을 사용하지 못하게 되며, 다른 통계기법을 이용해야 하는데 이것이 비모수(非母數) 검정이다.

일반적으로 논문에서는 비모수검정의 활용도가 그리 높지 않은 편이다. 왜냐하면 중심극한정리 이론에 따르면 동일분포를 가지는 분포들의 평균은 n이 많아지면서 정규분포로 수렴하기 때문이다. 여기서 n은 일반적으로 30이상으로 알려져 있다. 보통 논문작성시 표본의 크기가 30이상이면 정규성 검정을 하지 않는 이유도 중심극한정리 이론 때문이며, 이로 인해 비모수검정의 활용도가 그리 높지 않게 된다. 다소 논란의 여지는 있을 수 있으나, 논문에서는 보통 n이 30이하이면서 정규분포를 따르지 않을 때 비모수검정을 주로 이용한다. 하지만 이런 경우 이 외에도 실험연구 등 연구의 상황에 따라서 비모수 검정을 해야 할 경우가 존재한다.

비모수검정은 모집단의 모수를 추정하지 않는 통계분석방법이기 때문에 모집단의 정규성이나 등분산성을 가정하지 않는다과 하였다. 그러므로 분포로부터 자유로운 검정으로 알려져 있으며, 주로 다음과 같은 경우에 주로 사용한다.

비모수검정을 사용해야 하는 경우로는, ①표본의 크기가 매우 작을 때 ② 종속변수의 수준이 비연속형 변수 일 때 ③모수검정의 기본가정인 정규성과 등분산성이 충족되지 않을 때 ④자료에 특성 상 평균보다 중앙값이 분포를 더 잘 설명할 때이다.

모수검정과 비모수검정을 비교하면 <표 23-1>과 같다.

〈표 23-1〉 모수검정과 비모수 검정

적용상황	모수검정	비모수검정
두 독립표본	독립표본 $t-test$	Mann-Whitney U검정
두 종속표본	대응표본 $t-test$	Wilcoxon 부호순위검정
k개 독립표본	일원분산분석	Kruskal-Wallis검정

23.2　Mann-Whitney U검정의 이해

Mann-Whitney U검정은 모수검정인 독립표본 $t-test$의 기본요건이 충족되지 않을 때 사용하는 비모수검정 통계기법이다. 독립표본 $t-test$는 두 모집단의 평균의 차이를 검정하고, Mann-Whitney U검정은 독립된 두 모집단의 중앙값 차이를 검정한다는 점에서 다르다. 이의 통계적 가설은 아래와 같이 영가설은 두 집단의 중앙값은 같다 이고, 대립가설은 두 집단의 중앙값은 다르다 이다.

H_0	두 집단의 중앙값은 같다.
H_1	두 집단의 중앙값은 다르다.

Mann-Whitney U검정의 통계량의 계산식은 (공식 23-1)과 같으며, U_1과 U_2 중에서 작은 값이 검정통계량이 된다.

$$U_1 = n_1 n_2 + \frac{n_1(n_1+1)}{2} - R_1 \,(R_1 은 \ 집단 \ 1의 \ 순위 \ 합)$$

$$U_2 = n_1 n_2 + \frac{n_2(n_2+1)}{2} - R_2 \,(R_2 는 \ 집단 \ 2의 \ 순위 \ 합)$$

(공식 23-1)
Mann-Whitney
U검정의 통계량

23.3　Mann–Whitney U검정의 실시[논문통계의 이해와 적용]

　　아래의 표는 계약직과 정규직에 따라 급여만족과 이직의도에는 차이가 있는지를 보기 위한 것으로, 이를 가지고 Mann-Whitney U검정을 실시해보자.

계약직		정규직	
급여만족	이직의도		이직의도
3	2	4	2
3	4	3	1
3	4	4	2
1	1	2	1
2	2	4	1
3	3	1	2
3	3	4	2
2	3	3	3
1	2	2	1
1	2	1	2

Mann–Whitney U검정의 분석절차

① 분석(A) → 비모수검정(N) → 레거시대화상자(L) → 독립2-표본(2)을 선택한다.
② 대화상자에서 직무형태(계약직과 정규직)을 선택하여 집단변수(G)으로 이동하고, 집단정의(D)를 선택하여 집단1: 1, 집단2: 2를 입력하고 계속을 누른다.
③ 검정유형은 Mann-Whitney의 U(M)에 체크 되어 있다.
④ 확인을 누른다.

① 순위

순위

	직무형태	N	평균순위	순위합
급여만족정도	계약직	10	8.90	89.00
	정규직	10	12.10	121.00
	합계	20		
이직의도	계약직	10	13.15	131.50
	정규직	10	7.85	78.50
	합계	20		

■ **결과해석**

순위표에서는 급여만족정도와 이직의도의 n의 수와 평균 순위, 순위합 값을 보여준다. 계약직 급여만족도의 n은 10, 평균 순위는 8.90, 순위합은 89이고, 정규직 급여만족도의 n은 10, 평균 순위 12.10, 순위합 121임을 보여 준다.

순위 합은 두 집단을 합한 전체 집단에서 가장 낮은 점수에 1을 주고, 가장 높은 점수에 최대 순위를 주는 방법으로 순위를 부여한다. 만약 두 점수가 같으면 중간순위를 부여하면 된다.

② **검정통계량**

검정 통계량[b]

	급여만족정도	이직의도
Mann—Whitney의 U	34.000	23.500
Wilcoxon의 W	89.000	78.500
Z	−1.256	−2.128
근사 유의확률(양측)	.209	.033
정확한 유의확률 [2*(단측 유의확률)]	.247[a]	.043[a]

a. 동률에 대해 수정된 사항이 없습니다.
b. 집단변수: 직무형태

■ **결과해석**

검정통계량에서는 최종 분석결과를 보여준다. 먼저, 급여만족정도의 Mann-Whitney U 값은 34.0, 유의확률(p)은 .209로 직무형태에 따라 급여만족정도에는 차이가 없다는 것을 알 수 있다.

이직의도의 Mann- Whitney U 값은 23.5, 유의확률(p)은 .033으로 나타났다. 즉, 직무형태에 따라 이직 의도는 통계적으로 유의미한 차이가 있다는 것을 알 수 있다.

23.4 Wilcoxon 부호순위검정의 이해

Wilcoxon 부호순위검정(Wilcoxon signed-rank test)은 모수검정인 대응표본 $t-test$을 위한 기본 조건을 만족하지 않았을 때 사용하는 비모수검정이다. 이는 n개의 짝지워진 표본 간에 차이가 있는가를 검정할 때 사용하며, 두 표본의 관찰점수에 순위를 매겨서 검정을 한다.

Wilcoxon 부호순위검정의 통계적 가설은 아래와 같다.

H_0	두 집단의 분포는 같다. (+순위의 합과 −순위의 합은 같다)
H_1	두 집단의 분포는 다르다. (+순위의 합과 −순위의 합은 다르다)

23.5 Wilcoxon 부호순위검정의 실시[논문통계의 이해와 적용]

아래의 표는 A제품을 사용하기 전 성적과 사용한 후의 성적에는 차이가 있는지를 보기 위한 것으로, 이를 위해 Wilcoxon 부호순위검정을 실시해보자. 가설은 아래와 같으며, 만약 평균 순위(음의 순위와 양의 순위의 평균 순위)가 통계적으로 다르다면 A제품은 효과가 있는 것으로 해석한다.

H_0	시험성적의 분포는 실험 전과 후가 같다.
H_1	시험성적의 분포는 실험 전과 후가 다르다.

실험전 성적	실험후 성적
2.81	3.60
3.33	4.30
3.95	4.10
1.10	2.10
3.67	3.50
3.95	4.10
3.62	4.60
3.19	4.20
3.67	3.60
3.43	4.40

<h3 align="center">Wilcoxon 부호순위검정의 분석절차</h3>

① 분석(A) → 비모수검정(N) → 레거시대화상자(L) → 대응2-표본(L)을 선택한다.

② 먼저 실험전을 선택하고 오른쪽으로 이동하면 검정쌍(T)의 변수1로 이동된다. 다음으로 실험후를 선택하고 오른쪽으로 이동하면 검정쌍(T)의 변수1로 이동된다.

③ 검정유형은 Wilcoxon으로 체크 되어 있다.

④ 확인을 누른다.

① 순위

순위

		N	평균순위	순위합
실험후 − 실험전	음의 순위	2^a	2.50	5.00
	양의 순위	8^b	6.25	50.00
	동률	0^c		
	합계	10		

a. 실험후 < 실험전
b. 실험후 > 실험전
c. 실험후 = 실험전

■ **결과해석**

실험 전과 후의 음의 순위의 평균 순위는 2.50(n=2), 양의 순위의 평균 순위는 6.25(n=8)으로 분포가 다르다는 것을 알 수 있다. 또한 음의 순위는 실험전이 실험후보다 크고(실험 후<실험 전), 양의 순위는 실험 후가 실험 전보다 크다는 것을 보여준다. 결론적으로 양(+)의 순위의 합과 음(−)의 순위의 합은 다른 것으로 나타났다.

② 검정 통계량

검정 통계량[a]

	실험후 − 실험전
Z	-2.296^b
근사 유의확률(양측)	.022

a. Wilcoxon 부호순위 검정
b. 음의 순위를 기준으로.

■ 결과해석

검정 통계량은 최종 분석결과를 보여 준다. Z값은 -2.296이며, 이의 유의확률(p)은 0.022로 통계적으로 유의한 차이를 보여 준다. 즉, 실험 전과 후의 성적이 다르다는 것을 알 수 있다.

23.6 Kruskal–Wallis 검정의 이해

Kruskal-Wallis 검정은 k개 독립표본을 이용하여 모집단 간의 차이를 검정하는 통계분석방법으로 모수검정에서 **일원분산분석의 기본조건을 만족하지 않을 때** 사용하는 비모수검정이다. 모수검정인 일원분산분석은 평균을 이용하여 k개 집단의 모집단 간의 차이를 검정하는 반면, Kruskal-Wallis 검정은 중앙값을 이용하여 k개 집단의 차이를 검정 한다.

Kruskal-Wallis 검정의 통계적 가설은 아래와 같다.

H_0	k개 집단의 중앙값(평균순위)은 같다.
H_1	k개 집단의 중앙값(평균순위)은 다르다.

23.7 Kruskal–Wallis 검정의 실시[논문통계의 이해와 적용]

다음의 예제는 A기업의 직무형태(계약직, 정규직, 임시직)에 따른 직무만족도에는 차이가 있는지를 보기 위한 것으로, 이를 위해 Kruskal-Wallis 검정을 실시해보자. 가설은 아래와 같으며, 각 집단별 평균 순위가 통계적으로 차이가 있다면 직무형태에 따라 직무만족도는 다르다는 것을 의미 한다.

H_0	직무형태별 중앙값(평균순위)은 같다.
H_1	직무형태별 중앙값(평균순위)은 다르다.

직무만족도		
계약직	정규직	임시직
2	4	2
1	5	2
1	4	2
3	3	3
2	4	2
2	5	1
1		

Kruskal-Wallis 검정의 분석절차

① 분석(A) → 비모수검정(N) → 레거시대화상자(L) → 독립K-표본(K)을 선택한다.

② 직무형태를 집단변수(G)에 이동시킨 후, 범위지정(D)를 클릭하여 최소값(N): 1, 최대값(X): 3을 입력한다.(1:계약직, 2:정규직, 3:임시직을 의미함)

③ 직무만족도를 검정변수(T)로 이동시킨다.

④ 검정유형은 Kruskal-Wallis의 H(K)로 체크 되어 있다.

④ 확인을 누른다.

① 순위

순위

	직무형태	N	평균순위
직무만족도	계약직	7	6.36
	정규직	6	16.33
	임시직	6	7.92
	합계	19	

■ 결과해석

직무만족도에 대한 계약직의 n은 7, 평균순위 6.36, 정규직의 n은 6, 평균순위 16.33, 임시직의 n은 6, 평균순위 7.92임을 보여준다.

② 검정 통계량

검정 통계량[a,b]

	직무만족도
카이제곱	12.156
자유도	2
근사 유의확률	.002

a. Kruskal Wallis 검정
b. 집단변수: 직무형태

■ 결과해석

검정통계량은 Kruskal Wallis 검정결과를 보여 준다. 카이제곱은 12.156, 자유도는 2이고, 유의확률(p)은 0.002로 나타났다. 즉, 직무형태에 따라 직무만족도는 다르다는 것을 알 수 있다.

P A R T **6**

구조방정식모델 분석의 이해

구조방정식모델분석은 영어로 Structural Equation Modeling(SEM)이라 표현하고, 간단히 SEM분석이라 한다. 구조방정식모델분석은 회귀분석, 공분산분석, t-test, ANOVA 분석처럼 여러 통계분석 방법 중 하나를 의미하고, 주로 회귀분석과 같이 변수들 간의 인과관계를 검정할 때 이용한다. 구조방정식모델분석은 회귀분석과 비교하여 여러 측면에서 장점을 가진 통계기법인 만큼 현재 다양한 전공분야의 연구논문에서 활용하고 있다.

구조방정식모델분석을 구현하기 위한 프로그램들로는 LISREL(LInear Structural RELations), AMOS(Analysis of MOment Structure), EQS(EQuationS), MPLUS 등이 있으며, 우리나라에서는 현재 AMOS 프로그램을 압도적으로 가장 널리 사용하고 있는 만큼 본서에서도 AMOS 프로그램을 이용하여 설명하였다.

구조방정식모델 분석의 개요

24.1 구조방정식모델분석의 장점

변수들 간의 인과관계를 추정하는데 가장 널리 이용하고 있는 회귀분석과 비교하여 구조방정식모델분석은 여러 장점들이 있다. 구체적으로 ① 측정오차를 추정할 수 있고, ② 여러 변수들을 동시에 추정이 가능하며, ③ 간접효과 추정이 가능하다 이다. 여기서는 구조방정식모델분석의 장점을 회귀분석과 비교하여 설명한다.

① 구조방정식모델 분석은 측정오차를 추정할 수 있다.

독립변수와 종속변수간의 인과관계를 증명하기 위해서 사회과학 분야에서는 주로 설문 조사를 이용한다. 설문지에 사용되는 측정도구는 일반적으로 선행연구 이론에서 검증된 측정도구를 인용하기도 하고, 연구의 특성에 따라 측정도구를 개발하기도 한다. 그런데 이러한 측정도구가 측정하고자 하는 개념을 완벽하게 측정할 수 있을까? 수많은 사회현상 속에서 하나의 개념을 완벽하게 측정할 수 있도록 측정도구를 만들기는 어려울 것이다. 따라서 측정오차는 있기 마련이다.

그러나 회귀분석의 경우에는 측정오차를 무시하는 분석방법인 반면, 구조방정식모델 분석은 이러한 측정오차도 고려한다. 측정오차를 고려하여 분석결과를 제시하므로 회귀분석과 비교하여 사회현상을 더 잘 설명할 수 있고, 분석결과도 더 신뢰할 수 있다. 이것이 구조방정식모델 분석을 선호하는 이유 중 하나이다.

② 상호종속관계에서 동시 추정이 가능하다.

회귀분석은 독립변수의 수에는 제한이 없지만, 종속변수는 하나의 변수만 투입이 가능하다는 제약이 따른다. 반면, 구조방정식모델 분석은 2개 이상의 독립변수와 2개 이상의 종속변수들을 동시에 분석할 수 있다는 강점이 있다.

<그림 24-1>과 같이 연구모형을 작성하고, 변수들 간의 인과관계를 분석하기 위하여 회귀분석을 실시한다고 가정해보자. 먼저, ①역할갈등과 상사부하갈등이 소진현상에 영향을 미치는 다중회귀분석, ②역할갈등과 상사부하갈등이 이직의도에 영향을 미치는 다중회귀분석, ③소진현상이 이직의도에 영향을 미치는 단순회귀분석을 실시해야 한다. 그러나 구조방정식모델 분석은 이러한 번거로움 없이 한 번의 분석으로 변수들 간의 인과관계를 파악할 수 있다.

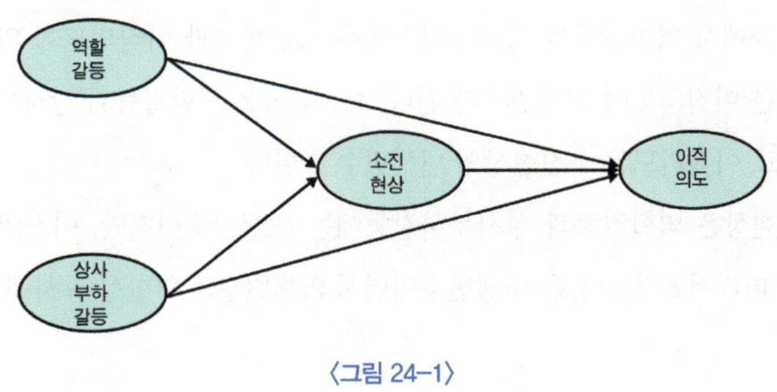

〈그림 24-1〉

③ 간접효과 추정까지 가능하다.

<그림 24-1>에서 역할갈등과 상사부하갈등이 매개변수인 소진현상을 거쳐 이직의 도에 미치는 영향인 간접효과 추정도 가능하다. 직접효과는 두 변수 간의 효과를 의 미하고, 간접효과는 독립변수가 매개변수에 미치는 효과와 매개변수가 종속변수에 미치는 효과의 곱으로 계산되고, 총효과는 직접효과와 간접효과의 합으로 계산된다. 구조방정식모델분석의 프로그램인 AMOS는 이러한 직접효과, 간접효과, 총효과 값을 제공해주는 장점이 있다.

24.2 구조방정식모델의 변수와 오차의 이해

24.2.1 외생변수와 내생변수

구조방정식모델 분석에서 **외생변수(exogenous variable)**는 독립변수를 말하는 것이고, **내생변수(endogenous variable)**는 종속변수를 의미한다.

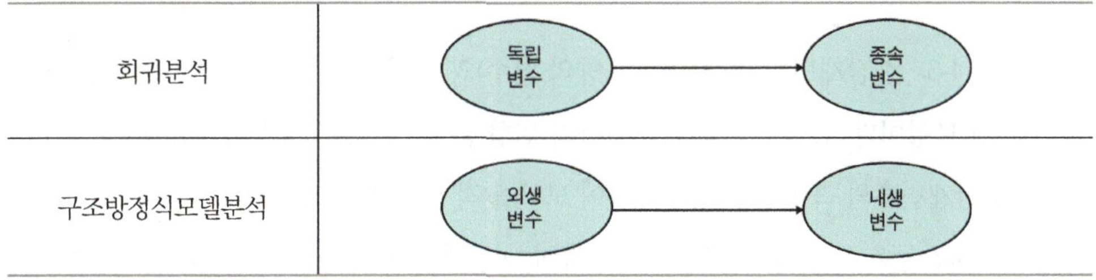

〈그림 24-2〉 외생변수와 내생변수의 이해

<그림 24-1>에서 역할갈등과 상사부하갈등은 소진현상과 이직의도에 외생변수가 되고, 소진현상은 이직의도에 외생변수가 된다. 소진현상은 역할갈등과 상사부하갈등의 내생변수가 되고, 이직의도는 소진현상의 내생변수가 된다.

또한 소진현상은 역할갈등과 상사부하갈등에는 내생변수이지만, 이직의도에는 외생변수가 된다. 따라서 소진현상은 내생변수이면서 외생변수의 역할을 동시에 한다.

24.2.2 잠재변수와 측정변수

구조방정식모델 분석에서 말하는 **잠재변수(latent variable, unobserved variable)**란 직접적으로 관찰되지 않는 이론적 개념으로서, 구체적으로 측정되는 많은 변수들의 배후에 숨어 그들 현상에 영향을 미치고 있는 요인으로 눈에 보이지 않는 가설적인 변수를 의미한다. 잠재변수는 직접 측정할 수 있는 변수가 아니다. 따라서 이론적으로 명명한 잠재변수를 실질적으로 측정하기 위한 변수가 필요하다. 이것을 **측정변수(observed variable)**라고 한다. 이는 관측변수라고도 하고 본서에서는 측정변수로 통일하여 사용한다.

구조방정식모델을 가지고 좀 더 구체적으로 설명하면 다음과 같다.

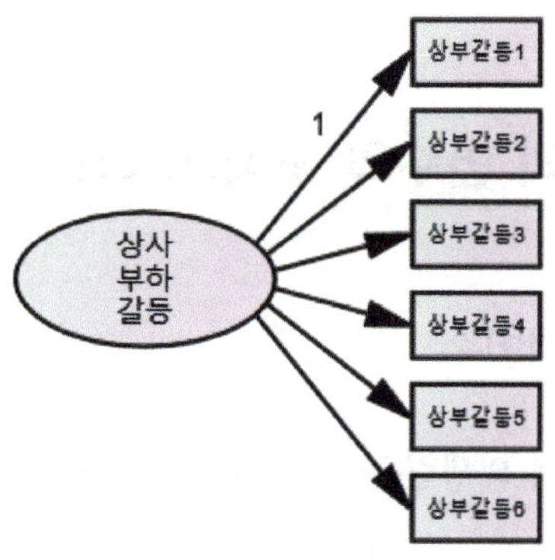

〈그림 24-3〉 잠재변수와 측정변수의 이해

<그림 24-3>은 잠재변수(동그라미 모양의 변수)와 측정변수(네모 모양의 변수)를 설명하기 위한 모형이다. 감정부조화를 측정하기 위한 문항들은 총 7개 문항으로 구성되어 있고, 이를 잠재변수와 측정변수를 이용하여 모델을 작성하면 위 그림과 같다.

상사부하갈등은 잠재변수로서 실제로 측정하는 변수가 아니고, AMOS 상에서 연구자가 직접 변수명을 명명하고 입력한 것이다. 그러나 네모난 변수 즉, 측정변수의 경우에는

실제 설문조사를 실시하여 SPSS에서 코딩한 변수를 AMOS에서 작성한 모델의 측정변수에 투입한 것이다. 여기서 화살표 방향을 보면, 잠재변수에서 측정변수(네모 모양)로 향하고 있다. 이는 잠재변수인 상사부하갈등은 6개의 측정변수에게 영향을 주고 있다는 의미이다. AMOS는 잠재변수인 상사부하갈등을 실질적으로 측정하는 측정변수 7개 각각이 얼마나 설명하고 있는 지를 수치(비표준화 회귀계수와 표준화 회귀계수)로 표현해준다. 이것은 SPSS에서 실행하는 탐색적 요인분석의 요인적재량과 동일한 의미이다. **잠재변수는 항상 동그라미 변수로 표시하고, 측정변수는 항상 네모 변수로 표시한다.**

또한 외생변수이면서 잠재변수인 것을 **외생잠재변수**라고 하고, 내생변수이면서 잠재변수인 것을 **내생잠재변수**라고 한다. <그림 24-1>에서는 역할갈등과 상사부하갈등은 외생잠재변수, 이직의도는 내생잠재변수, 소진현상은 외생잠재변수와 내생잠재변수 둘 다 역할을 하는 변수가 된다.

24.2.3 잠재변수와 잠재변수 간의 경로(인과관계)

구조방정식모델 분석이란 잠재변수(동그라미 변수)와 잠재변수(동그라미 변수)간의 인과관계를 분석하는 것으로, 가설 경로는 잠재변수와 잠재변수 간의 경로가 된다.

<그림 24-4>는 상사부하갈등이 소진에 미치는 영향을 구조방정식모델로 구현한 것이다. 이를 가설로 표현하면, "상사부하갈등은 소진에 정(+)의 영향을 미칠 것이다"이다. 구조방정식모델분석은 측정변수에 의해 설명된 잠재변수와 잠재변수 간 경로가 검정하고자 하는 가설 경로가 된다.

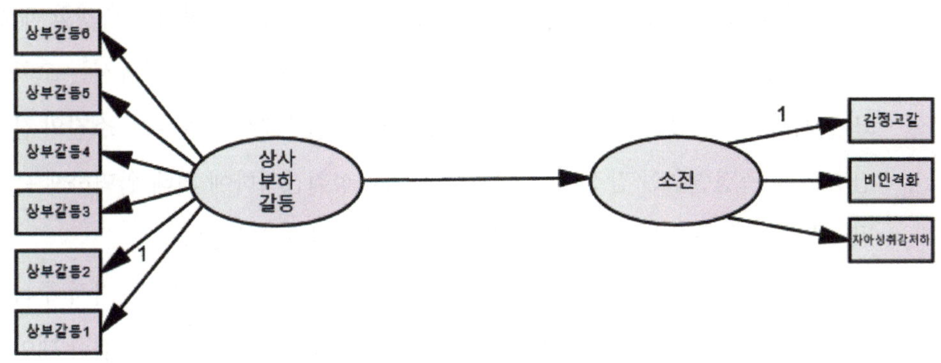

〈그림 24-4〉 잠재변수와 측정변수의 이해

24.2.4 오차 변수

구조방정식모델 분석은 회귀분석과 달리 측정오차를 고려하여 좀 더 신뢰할 수 있는 검정 결과를 도출해낸다. 따라서 구조방정식모델 분석을 실시할 때 <그림 24-5>와 같이 반드시 오차항을 입력해야 한다.

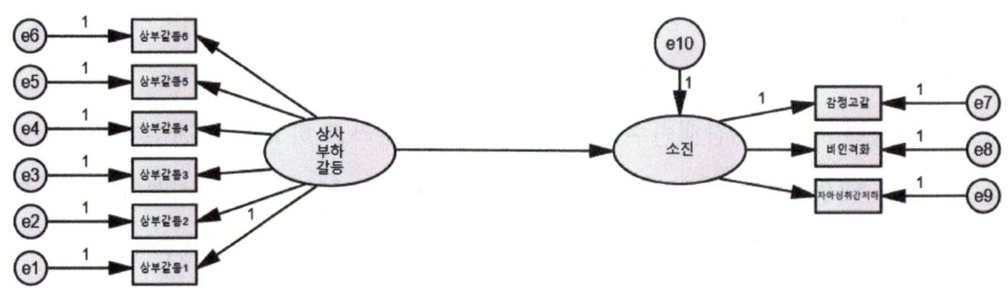

<그림 24-5> 측정변수 오차와 잠재변수 오차의 이해

오차변수는 크게 두 가지로 나누어 볼 수 있다.

① 측정변수 오차항이다. 이는 측정변수가 잠재변수를 완전하게 설명하지 못하는 정도를 의미한다. 즉, <그림 24-5>에서 잠재변수인 상사부하갈등을 측정하는 변수인 상부갈등1∽상부갈등6은 측정변수이다. 그런데 이 측정변수들은 잠재변수인 상사부하갈등을 완전하게 설명하지 못하므로, 측정변수가 설명하지 못하는 부분은 측정변수의 오차항이 설명하게 된다. 이것이 측정변수의 오차항이며, 모델에서는 e1∽e6이 여기에 해당한다. 이러한 측정변수의 오차는 측정도구 자체의 문제이거나 자료의 입력을 잘못해서 발생할 수도 있고, 관측변수가 부적절하거나 측정할 때 통제할 수 없는 여러 가지 원인에 의해 발생하기도 한다. 사회과학 조사에서는 오차의 크기에는 차이가 있을 수 있으나 오차가 없는 연구는 존재하지 않는다. 소진의 잠재변수 역시 측정변수인 감정고갈, 비인격화, 자아성취감저하에 의해 완벽하게 측정되지 못하므로 측정변수의 오차항인 e7~e9에 의해 설명되어 진다.

구조방정식모델 분석을 실시하게 되면, 각 경로에 수치가 나타난다. 여기서 주목해야 할 점은 잠재변수와 측정변수 간 경로에서 나타나는 수치는 실제 수집한 데이터의 설명력이므로, 이는 높은 수치로 나타나는 것이 좋다. 반면, 측정변수와 측정변수 오차항 간 경로에서 나타나는 수치는 오차항이 설명하는 정도이므로, 이는 낮은 수치로 나타나는 것이 좋다. 만약 오차항 설명력이 데이터 설명력보다 월등히 높다면 해당 변수는 삭제하는 것이 바람직하다.

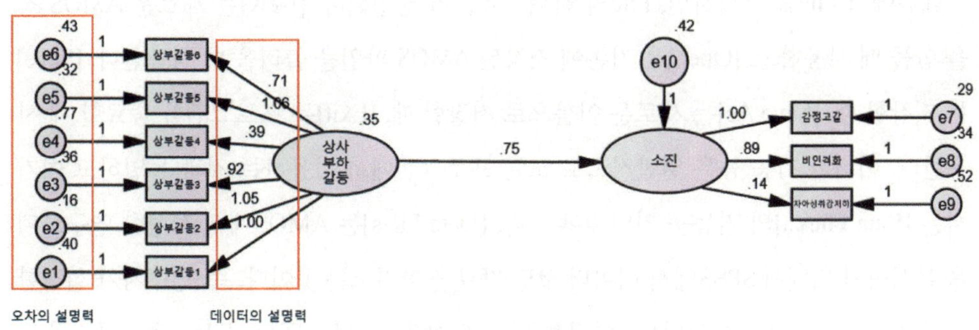

〈그림 24-6〉 측정변수와 측정변수 오차항의 이해

② 잠재변수 오차항이다. 내생잠재변수는 외생잠재변수에 의해 완전히 설명되지 않고, 오차변수에 의해 영향을 받는다는 것이다. <그림 24-6>에서 내생잠재변수인 "소진"은 외생잠재변수인 "상사부하갈등"에 의해 완전히 설명되지 않고, 오차변수인 e10에 의해 설명된다는 것이다. 여기서 e1을 구조오차, 잔차, 잠재변수 오차항 등으로 불리우는데, 본 저서에서는 **잠재변수 오차항**으로 통일하여 사용한다.

24.3 AMOS 프로그램의 기본적인 이해

AMOS 프로그램에서 메뉴의 기능과 도구의 기능은 다양하게 존재하지만 이 모든 것을 이해할 필요는 없으며, 논문통계에 필요한 부분만 간략하게 설명을 하면 다음과 같다.

24.3.1 AMOS 프로그램 메뉴의 이해

AMOS 기본 메뉴를 나타낸 것으로, File, Edit, View/Set, Diagram, Model-Fit, Tools, Help로 구분되어 있다. 이의 하위메뉴에는 매우 다양한 기능들이 포함되어 있는데, 그 중 분석에서 자주 사용되는 중요한 부분만 설명을 할 것이다. 또한 메뉴의 기능 중 상당수가 뒤에 설명할 도구상자 아이콘과 중복되는 기능이 있다. 이 기능들은 여기서 설명을 하지 않고, 도구상자에서 언급할 것이다.

(1) File

메뉴에서 File을 클릭하면, File의 하위메뉴들이 생성된다. [New]는 새로운 AMOS 창을 만들 때 사용하고, [Open]은 기존에 저장된 AMOS 파일을 불러올 때 사용한다. [Save]는 저장할 때, [Save As]는 새로운 이름으로 저장할 때, [Exit]는 프로그램을 종료할 때 사용한다. 이러한 기능 등은 일반적으로 모든 프로그램에서 사용하는 것과 동일하고 여기서는 **[Data Files...]**의 기능을 기억해야 한다. [Data Files]는 AMOS에서 작성한 연구모델을 분석하기 위해서 SPSS에서 데이터 코딩 자료를 불러오는 곳이다. 즉, 연구자가 설정한 연구모델과 수집한 데이터를 연결해주는 역할을 한다. Data Files...를 클릭하고, File Name 은 분석할 데이터 코딩 자료를 불러오는 곳이다. 이를 클릭하면 새로운 대화창이 나타나고, 여기서 각자의 컴퓨터에 저장된 SPSS 파일을 찾아 선택하면 된다. 마지막으로 OK 를 선택하면 된다.

(2) Edit

Edit를 클릭한 후, 나타나는 여러 기능들 중 여기서는 **Copy(to clipboard)**의 기능만 설명한다. 이 메뉴는 논문 발표 시 매우 유용하게 이용할 수 있는 기능이다. AMOS 화면에 나타나 있는 구조방정식모델분석 결과를 파워포인트(또는 한글)로 저장하여 발표를 하고자 할 때, **Copy(to clipboard)**를 클릭하고 파워포인트에서 "붙이기" 하면 AMOS 화면에 있던 모델이 그대로 파워포인트(또는 한글)에서 생성된다.

(3) View/Set

View/Set에서는 3가지 기능에 대해서 설명한다.

먼저, **Interface Properties...**를 클릭하면, AMOS는 최초 Portrait로 기본 설정되어 있다. 이는 AMOS 화면이 세로가 긴 직사각형 형태로 나타나 있어, 구조방정식모델을 작성하는데 공간이 부족할 수 있다. 이를 **Landscape-A4 혹은 Landscape-Legal**로 변경하고 아래에 있는 **Apply**를 선택한다. 그러면 AMOS 화면이 넓은 정사각형에 가까운 형태로 변모되어, 복잡한 구조방정식모델을 작성하는데 편리하다. 그리고 창을 닫을 때에는 창 닫기 메뉴가 따로 없으니 **X**를 클릭해야 한다.

Analysis Properties...를 선택해 보자. 이는 분석에 앞서 연구자가 원하는 분석결과를 도출하기 위하여 조건을 입력하는 곳이다. 분석 조건은 "Output" 탭에서 입력한다. 최초 Minimization history만 선택되어 있는데, 나머지 분석 조건도 여기서 입력해야 한다. Standardized estimates는 표준화된 회귀계수를 의미한다. Squared multiple correlations(SMC)는 각 변수들의 설명력을 의미한다. SMC는 표준화된 회귀계수 값을 제곱한 값으로, 회귀분석에서 R^2에 해당한다. Residual moments는 잔차값을 확인할 때 선택한다. Modification indices(M.I.)는 수정지수이며 공분산값을 이용하여 카이제곱값을 조정할 경우, 즉 모델을 수정할 때 주로 이용한다. Indirect, direct & total effects는 간접효과, 직접효과, 총효과 값을 확인할 때 선택한다.

Variables in Dataset...은 분석에 사용할 데이터들의 변수명이 나타나는 곳이다. 만약 선택하였는데 아무것도 나타나지 않고 백지 상태라면, SPSS에서 코딩한 데이터를 불러오지 않았기 때문이다. 메뉴에서 **File ➔ Data Files...**를 선택하여 코딩한 SPSS 데이터 코딩 자료를 선택하면 변수명이 나타난다. 여기서 나타난 변수들은 AMOS에서 작성한 구조방정식모델에서 마우스로 드래그하여 측정변수를 직접 입력하게 된다.

⑷ Diagram

Loupe를 클릭해보자. 네모난 모양으로 생긴 새로운 것이 나타날 것이다. 이것은 돋보기 기능을 한다. 구조방정식모델은 AMOS 화면에 작성할 때, 크기가 그다지 크지 않다. 또한 입력되는 문자 역시 작을 수밖에 없어 연구자가 간혹 어떤 변수가 입력되었는지 잘 보이지 않을 때가 있다. 이럴 경우 돋보기인 Loupe 기능을 선택한다.

⑸ Analyze

Calculate Estimates를 선택하면 최종 구조방정식모델 분석을 실시하는 곳이다. 모델을 작성하고 데이터 경로를 설정한 후, 변수를 입력하고 마지막으로 분석을 할 때 사용하는 기능이다.

⑹ Plugins

Draw Covariances는 잠재변수 간 공분산을 설정할 때 사용하고, Name Unobserved Variables를 선택하면 구조방정식모델 작성 시 잠재변수 이름이나 오차항 번호를 자동으로 생성시켜 준다. Growth Curve Model은 잠재성장곡선모델 분석할 때 사용하고, Standardized RMR은 표준화된 RMR값을 구할 때 이용한다.

24.3.2 AMOS 프로그램 도구의 이해

AMOS에서 도구를 사용하여 모델을 작성한다면 매우 편리하고 간단하게 모델 작성을 할 수 있다. 도구의 수는 많지만, 여기서는 자주 사용하는 기능만 설명 한다.

도구	내 용
	잠재변수를 작성할 때 이용한다.
	측정변수와 측정변수의 오차항을 한 번에 작성할 때 이용 한다. 구조방정식모델을 작성할 때는 주로 이 도구를 이용한다.
	측정변수를 작성할 때 이용한다.
	잠재변수와 잠재변수간의 경로를 작성 할 때 이용한다. 즉, A가 B에 영향을 미친다는 것을 작성할 때, 화살표는 마우스를 이용하여 A에서 시작하여 B로 연결해주면 된다.
	상관관계를 작성할 때 이용한다. 주로 측정모델을 작성하거나, 외생잠재변수 간 상관관계를 작성할 때, 또는 모델 수정을 할 때 이용한다.
	잠재변수의 오차항을 작성할 때 이용한다.
	블록지정할 때 이용하는 도구이다. 특히 블록을 하나씩 지정할 때 이용한다.
	AMOS에서 작성한 구조방정식모델 전체를 블록 지정할 때 이용한다.
	지정한 블록을 해제할 때 이용한다.
	어떤 대상을 복사할 때 이용한다.
	어떤 대상을 이동할 때 이용한다.
	어떤 대상을 삭제할 때 이용한다.
	어떤 대상의 모양을 변화시킬 때 이용한다.
	잠재변수의 지표들을 회전할 때 이용한다.
	AMOS 화면을 확대할 때 이용한다.

도구	내 용
	AMOS 화면을 축소할 때 이용한다.
	작성한 구조방정식모델을 AMOS 화면의 중앙에 위치시킬 때 이용한다
	오른쪽 버튼(위쪽 화살표)을 누르면 모델에서 estimate값이 보여 진다.

24.4 구조방정식모델분석과 회귀분석의 비교

구조방정식모델분석과 회귀분석은 인과관계를 분석한다는 점에서는 동일하지만, 변수들 간의 관계를 추정하는 계산식은 서로 다르다. 이 둘의 가장 큰 차이점은 측정오차라 할 수 있다. 구조방정식모델분석은 측정오차를 고려한 상태에서 인과관계를 추정하는 반면 회귀분석은 측정오차를 무시한 상태에서 인과관계를 추정한다. 여기서는 동일한 데이터를 가지고 구조방정식모델분석과 회귀분석의 차이를 비교해보겠다.

조직 내에서 구성원이 역할갈등을 지각하게 되면 이직의도에는 어떠한 영향을 미치는지를 회귀분석과 구조방정식모델분석을 실시하여 그 결과를 비교해보자. 역할갈등과 이직의도 변수는 각 6개 문항으로 구성된 변수이다.

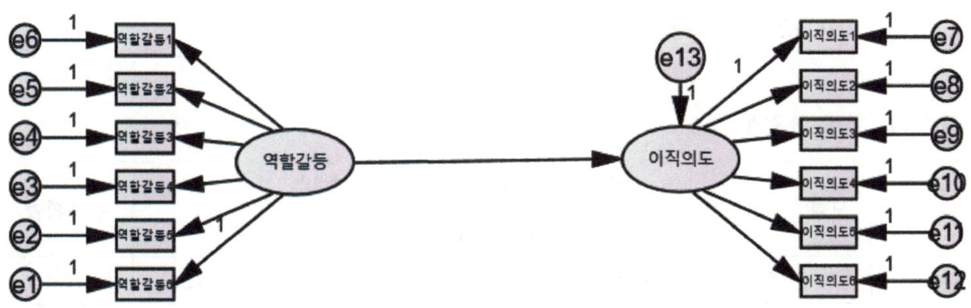

〈그림 24-7〉 회귀분석과 구조방정식모델분석의 비교

24.4.1 회귀분석

역할갈등이 이직의도에 미치는 영향관계를 분석하기에 앞서, 신뢰도분석을 실시한 결과 <표 24-1>과 같이 나타났다.

〈표 24-1〉 신뢰도 분석결과

구분	α if item deleted	Cronbach α	구분	α if item deleted	Cronbach α
역할갈등1	.680		이직의도1	.840	
역할갈등2	.678		이직의도2	.825	
역할갈등3	.665	.723	이직의도3	.841	.870
역할갈등4	.711		이직의도4	.844	
역할갈등5	.666		이직의도5	.839	
역할갈등6	.709		이직의도6	.866	

신뢰도 분석결과 역할갈등의 Cronbach α는 0.723, 이직의도는 0.870으로 수용가능한 신뢰수준으로 나타나 평균값을 이용하여 단일항목화 하였다. 회귀분석을 위해 실시하는 단일항목화는 신뢰도가 아무리 높아도 오차는 반드시 존재하는 것이므로, 측정오차가 있는 상태에서 평균을 구하게 된다.

<표 24-2>는 역할갈등이 이직의도에 미치는 영향을 파악한 회귀분석 결과이다. 회귀분석 결과 역할갈등은 이직의도에 유의한 정(+)의 영향을 미치는 것으로 나타났다. 비표준화된 회귀계수인 $B=0.526$, 표준오차(S.E.)=0.085, 표준화된 회귀계수인 $\beta=0.378$, $t=6.221$, $p=0.000$의 수치를 보였다.

〈표 24-2〉 회귀분석 결과

모형		비표준화 계수		표준화 계수	t	유의확률
		B	표준오차	베타		
1	(상수)	1.486	.243		6.121	.000
	역할갈등	.526	.085	.378	6.221	.000

종속변수: 이직의도

24.4.2 구조방정식모델분석

구조방정식모델분석은 회귀분석에서처럼 측정할 문항들을 평균을 이용하여 단일항목화하여 분석하는 것이 아니라 <그림 24-7>처럼 측정변수와 그에 따른 측정오차를 고려한 상태에서 잠재변수 간 인과관계를 추정한다. 즉, 역할갈등이 이직의도에 통계적으로 유의한 영향을 미치는 지를 파악하기 위하여, 각각 6개의 측정변수와 6개 측정오차를 고려한 상태에서 잠재변수인 역할갈등과 이직의도 간의 인과관계를 추정하게 된다.

<표 24-3>은 구조방정식모델분석 결과이다. 비표준화된 회귀계수는 0.919, 표준오차 0.194, 표준화된 회귀계수는 0.481, $t = 4.746$, $p = .000$으로 나타났다.

〈표 24-3〉 구조방정식모델분석 결과

경 로		비표준화 계수	표준화 회귀계수	S.E.	C.R.	P
역할갈등	➡ 이직의도	.919	.481	.194	4.746	.000

회귀분석과 구조방정식모델분석의 추정치가 서로 다르다는 것을 알 수 있다. 회귀분석은 측정오차를 고려하지 않은 상태에서 나온 결과 값이며, 구조방정식모델분석은 측정오차를 고려한 상황에서 나온 추정치라는 데에 가장 큰 차이가 있다.

구조방정식모델 분석과정의 이해

25.1 데이터(data)와 모델(model)과의 관계

구조방정식모델 분석을 Lisrel 프로그램으로 분석한 사람들이라면, 구조방정식모델 분석이 공분산행렬로 분석된다는 것을 알고 있다. 왜냐하면, Lisrel 프로그램은 공분산행렬을 직접 입력해야 했기 때문이다. 반면, 구조방정식모델 프로그램인 Amos의 경우에는 공분산행렬을 직접 입력하는 과정이 없고, SPSS 프로그램에서 자동으로 공분산이 계산되어 분석된다. 따라서 Amos 이용자는 공분산행렬에 의해 분석이 이루어진다는 것을 모르는 경우가 많다.

공분산행렬은 입력 공분산행렬(또는 표본공분산행렬)과 추정 공분산행렬(또는 모델예측행렬)이 계산된다. 입력 공분산행렬은 연구자가 수집한 데이터이며, 추정 공분산행렬은 연구자가 설정한 모형이라 생각하면 된다. 입력 공분산행렬과 추정 공분산행렬이 잘 맞는다는 것은 연구자가 수집한 데이터가 연구자가 설정한 모형에 잘 맞는다는 의미가 된다. 만약, 데이터가 모델에 잘 맞지 않을 경우에는 데이터와 모델이 적합할 수 있도록 어떠한 조치를 취해 주어야 한다.

모델은 연구자가 이론을 근거로 작성한 것이며, 데이터는 연구자가 현실 속에서 수집한 자료이다. 따라서 연구자가 이론을 중심으로 설정한 모델이 현실 속에서 수집한 데이터와 잘 맞다면 구조방정식모델 분석의 결과는 매우 좋을 것이고, 반대로 그렇지 않다면 어떠한 조치를 취해 주어야 한다. 결론적으로 구조방정식모델 분석의 가장 기본적인 틀은 연구자가 이론을 중심으로 설정한 모델과 현실 속에서 수집한 데이터와 관계에서 시작한다.

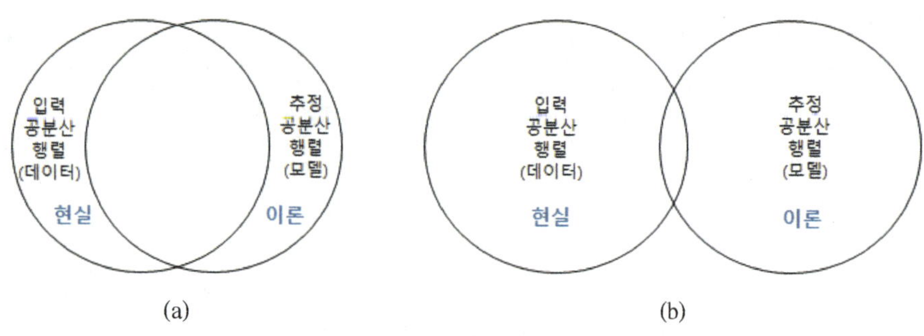

〈그림 25-1〉 입력/추정 공분산행렬의 이해

<그림 25-1>에서 (a)는 입력 공분산행렬과 추정 공분산행렬이 잘 맞는 경우로서, 이론을 중심으로 설정한 모델과 현실 속에서 수집한 데이터의 관계가 아주 좋다는 것을 의미한다. 반대로 (b)의 경우에는 입력 공분산행렬과 추정 공분산행렬이 잘 맞지 않는 경우로서, 이론을 중심으로 설정한 모델과 현실 속에서 수집한 데이터의 관계가 좋지 않다는 것을 의미한다. 그렇다면 데이터와 모델의 적합여부를 판단하는 기준은 무엇일까? 이는 모델적합도(model fit) 지표를 이용하여 판단한다.

25.2 모델 적합도의 이해

모델적합도(model fit)는 데이터와 모델 간의 관계를 의미한다고 하였다. 데이터와 모델 간의 관계가 매우 좋다면 모델 적합도는 좋게 나올 것이고, 그렇지 않다면 수용할 수 없는 수준으로 나타날 것이다. 좀 더 구체적으로 모델적합도를 설명하면, 모델적합도는 연구자가 수집한 데이터에서 얻은 입력공분산행렬(S)과 연구자가 이론을 중심으로 설정한 연구모델로부터 얻은 추정공분산행렬(Σ)의 차이(($S-\Sigma$)를 말한다. 이 차이가 작으면 모델적합도는 높게 나타나고, 차이가 크다면 모델적합도는 낮게 나타난다. 예를 들어, 가설 경로가 5개가 있는 연구모형이 있을 때, 분석을 실시한 결과 5개 경로 모두 채택되었다. 그런데 모델 적합도는 수용하기 어려운 수준으로 나타났다. 이러한 경우에는 해석은 어떻게 되는 것 일까? 일반적으로 채택된 5개 가설 경로는 의미가 없어지게 된다.

모델 적합도는 타당성으로 이해를 하면 된다. 모델 적합도가 높다는 것은 모델의 타당성 높다는 것을 의미한다. 그렇기 때문에 타당성이 확보되지 않았는데 가설의 채택은 의미가 없는 것은 어찌 보면 당연한 해석일 것이다. 따라서 **구조방정식 모델 분석 후 제일 먼저 고려해야 할 사항은 모델과 데이터와 관계정도를 나타내는 모델적합도 정도를 파악해야 한다**. 만약 모델 적합도가 만족할 만한 수준이 아니라면 그에 따라 어떠한 조치를 취해주어야 한다.

일반적으로 모델적합도를 해석하는 기준은 <표 25-1>과 같다.

〈표 25-1〉 적합도 지수의 기준

적합지수		영문	수용수준	
			보수적 기준	일반적 기준
절대적합지수	χ^2	Chi−square statistic	$p>0.05$	좌동
	Normed χ^2	CMIN/DF	2이하	3이하
	RMR	Root Mean−squared Residual	0.05이하	0.1이하
	GFI	Goodness of Fit Index	0.9이상	좌동
	AGFI	Adjusted GFI	0.9이상	0.85이상
	RMSEA	Root Mean Squared Error of Approximation	0.08이하	0.1이하
증분적합지수	NFI	Normed Fit Index	0.9이상	좌동
	IFI	Incremental Fit Index	0.9이상	좌동
	TLI	Tucker−Lewis Index	0.9이상	좌동
	CFI	Comparative Fit Index	0.9이상	좌동
간명적합지수	PGFI	Parsimonous GFI	낮은 값 일수록 우수	
	PNFI	Parsimonous NFI	낮은 값 일수록 우수	
	PCFI	Parsimonous CFI	낮은 값 일수록 우수	

25.2.1 절대적합도 지수(absolute fit index)

절대 적합도 지수는 χ^2(CMIN), Normed χ^2(CMIN/DF), RMR, GFI, AGFI, RMSEA 등이 있다. 절대 적합도 지수는 연구자가 수집한 데이터와 연구자가 설정한 연구모델 간의 관계를 보여준다.

① χ^2(CMIN)

χ^2통계량은 전체 적합도 지수중에서 유의확률인 p값을 제공한다. χ^2통계량의 계산식은 <수식 29-1>과 같다.

$$\chi^2 = (N\text{-}1)(입력공분산행렬\text{-}추정공분산행렬) \qquad (수식25\text{-}1)\ \chi^2통계량\ 계산식$$

(수식 25-1)에서와 같이 χ^2통계량은 표본의 크기와 입력공분산행렬과 추정공분산행렬의 차이의 곱으로 이루어진다. χ^2통계량은 높은 값일수록 모델과 데이터가 좋지 않다는

것을 의미하는데, χ^2통계량의 계산식을 보면 표본의 크기가 클수록 그리고 입력공분산행렬과 추정공분산행렬의 차이(잔차)가 클수록 χ^2통계량은 커지게 되어 있다.

표본의 크기가 어느 정도 커지게 되면 입력공분산행렬과 추정공분산행렬의 차이가 작아 모델이 적합한데도 불구하고 통계적으로는 유의하지 않게 나올 수도 있고, 그 반대로 표본의 크기가 적은 경우에는 입력공분산행렬과 추정공분산행렬의 차이가 있음에도 불구하고 통계적으로 유의하게 나타날 수도 있다.

또한 χ^2통계량은 입력공분산행렬과 추정공분산행렬 간의 차이인 잔차가 크면 χ^2통계량 역시 커지게 되는데, 잔차는 측정변수들의 수가 많이 사용된 복잡한 모델의 경우에는 커지게 된다.

결론적으로 χ^2통계량은 표본의 크기와 잔차에 민감하게 반응하는 특성으로 인해 χ^2통계량이 모델적합도를 판단하는 비중은 낮을 수밖에 없다. 논문통계에서는 χ^2통계량 값과 자유도(df), 유의확률을 일반적으로 제공하지만, 최종 적합도 지수의 판단은 다른 적합도 지수와 함께 판단한다.

χ^2 통계량의 가설은 다음과 같다.

H_0	입력공분산행렬=추정공분산행렬(데이터와 연구모델은 적합하다)
H_1	입력공분산행렬$\neq$추정공분산행렬(데이터와 연구모델은 적합하지 않다)

χ^2통계량과 p값은 서로 반비례하여 움직이기 때문에 χ^2통계량이 높으면 p값은 낮아지고, χ^2통계량이 낮으면 p값은 높아진다. 즉, 귀무가설인 데이터와 모델은 적합할 때 χ^2통계량은 낮아지고 p값은 커지게 되고, 반대로 대립가설인 데이터와 모델은 적합하지 않을 때 χ^2통계량은 커지고 p값은 낮아지게 된다.

쉽게 설명하면, p값이 0.05보다 크면 귀무가설인 "데이터와 모델은 적합하다"가 되고, p값이 0.05보다 작으면 "데이터와 모델은 적합하지 않다"가 된다.

② **Normed χ^2(CMIN/DF)**

이는 χ^2을 자유도(df)로 나눈 값으로, 일반적으로 3이하이면 충분히 수용가능한 수준으로 판단한다.

③ RMR(Root Mean-squared Residual)

RMR(Root Mean Square Residual)은 입력공분산행렬과 추정공분산행렬 값들 간의 차이(residuals)를 제곱한 값들의 평균의 제곱근 값이다. 즉, RMR은 데이터에 의해 모델이 설명할 수 없는 분산/공분산의 크기이다. 이 값은 입력공분산행렬과 추정공분산행렬의 차이이기 때문에, 0이 되면 두 행렬이 일치가 된다는 의미이다. 따라서 작을수록 좋은 적합도를 의미하며, 보수적으로 0.05, 일반적으로 0.1이하이면 수용가능하다고 판단한다.

④ GFI/AGFI

GFI(Goodness-of-Fit Index)는 입력공분산행렬내의 분산/공분산이 추정 공분산행렬에 의해 설명되는 정도를 나타내는 지수이다. 이는 0과 1사이의 값을 가지며, 일반적으로 0.9이상이면 적합도가 높은 것으로 받아들인다. 이 값은 표본의 크기가 증가할수록 높은 수치를 보인다.

AGFI(Adjusted Goodness-of-fit Index)는 모형의 복잡성을 고려하여 GFI를 자유도에 의해 조정한 지수이다. 이 값은 GFI보다 값이 항상 낮게 나타나고 기준치 역시 0.9이상이지만, 0.85이상만 되어도 수용 가능한 것으로 판단하기도 한다.

⑤ RMSEA(Root Mean Squared Error of Approximation)

χ^2통계량의 한계점은 표본의 크기나 측정변수들의 수에 따라 쉽게 적합도가 낮게 나올 수 있다고 하였다. 이에 χ^2값을 자유도와 표본의 크기로 조정한 값이 RMSEA이다. RMSEA는 표본의 크기에 영향을 덜 받는 장점이 있으며, 범위는 0과 1사이의 값을 가지고 보수적으로 0.08, 일반적으로 0.1보다 작은 값이면 적합도가 좋다고 할 수 있다. 이 지수는 1980년에 개발 되었지만 우수한 적합지수로 널리 사용되기 시작한 것은 최근이다. 논문통계에서는 전공과 관계없이 가장 널리 사용하는 지표 중 하나이다.

25.2.2 증분적합도 지수(incremental fit index)

AMOS에서는 아래와 같이 3가지 형태의 모델 값이 제시된다. Default model은 연구자가 연구모형을 검정한 결과이므로, 논문에서는 이 값만 제시한다. Saturated model과 Independence model은 그 자체로는 의미가 없는 값이지만 연구모형과 비교를 위해 존재하는 값들이다.

> - Default model : 연구모형이다.
> - Saturated model : 포화모델을 의미한다. 따라서 자유도가 0이며 x^2 통계량 또한 0이며, p-value는 1이다. 적합도에서는 완벽하지만 그 자체로는 실상 의미를 갖지 못한다.
> - Independence model : null 모형이라고 한다. 모든 측정변수들이 서로 상관관계가 없는 것을 가정한 모형이다. χ^2 통계량은 매우 높으며, p-value는 0에 가까워 적합도는 0이라 할 수 있다. 그 자체로는 의미를 갖지 못하며 연구모형과의 비교를 위해 의미를 갖는다.

증분적합도 지수는 연구모델과 영모델(null model, AMOS에서는 Independence model로 나타남)과의 비교를 통해 연구모델이 얼마나 더 우수한 모델인지를 나타내는 지수이다. 이는 모든 측정변수 간 상관을 0으로 가정하고 있기 때문에 잠재변수 간 상관도 0인 모델을 의미 한다. 증분적합지수에는 NFI, IFI, CFI, TLI 등이 있다.

① NFI(Normed fit index)

NFI는 증분적합지수에서 가장 기본이 되는 지표로서 영모델의 χ^2과 제안모델의 χ^2값 차이를 영모델의 χ^2으로 나눈 값이 된다. 범위는 0~1 사이이며, 0.9이상이면 적합도가 좋다고 할 수 있다. 예를 들어, NFI 수치가 0.9로 나타났다면, 이것의 의미는 영모델에서 연구모델이 90% 향상되었다는 것을 의미한다.

② IFI(Incremental Fit Index)

IFI의 범위는 0~1사이의 값을 가지며, 가끔 1이상의 값을 보이기도 한다. 일반적으로 0.9이상이면 적합도가 좋다고 할 수 있다.

③ CFI(Comparative Fit Index)

CFI는 복잡한 모델에서도 덜 민감하고, RMSEA와 함께 표본의 크기에 영향을 가장 적게 받는 지표이다. 0~1사이의 값을 가지며, 0.9이상이면 적합도가 좋다고 판단한다.

④ TLI(Tucker-Lewis Index)

TLI는 NNFI(Non-Normed fit index)로 불리기도 한다. 이는 CFI와 비슷한 개념의 적합도로서 CFI와 비슷한 값으로 나타난다. 범위는 0~1사이의 값이며, 0.9이상이면 적합도가 좋다고 판단한다.

25.2.3 간명적합도 지수(Parsimonious fit index)

간명적합도 지수는 모델 간 비교를 통해 어느 모델이 더 적합한지를 비교할 때 유용하게 참고하는 지표이다. 논문에서는 절대적합도지수와 증분적합도지수에 비해 상대적으로 덜 이용하는 지표이다.

① PGFI

PGFI(Parsimonious goodness of fit index)는 GFI에 모델의 자유도를 영모델의 자유도로 나눈 간명비율(PRATIO)을 이용하여 나온 값이다. 그 범위는 0~1사이이며 낮은 값일수록 좋은 모델로 해석한다.

② PNFI

PNFI(Parsimonious normed fit index)는 NFI에 간명비율(PRATIO)을 이용하는 나온 값이다. 그 범위는 0~1 사이이며 낮값 일수록 좋은 모델을 의미한다.

③ PCFI

PCFI(Parsimonious comparative fit index)는 CFI에 간명비율(PRATIO)을 이용하여 나온 값이다. 그 범위는 0~1 사이이며 낮은 값일수록 좋은 모델로 해석한다.

25.3 설명력과 잔차의 이해

구조방정식모델 분석의 핵심은 연구자가 이론을 중심으로 설정한 연구모델과 이를 검정하기 위해 수집한 데이터와의 관계라 하였다. 연구모델과 데이터의 관계는 모델적합도(model fit)로 판단하는데, 모델과 데이터의 관계가 좋다면 모델적합도는 조건을 만족할 것이고, 만약 그렇지 않다면 조건에 미치지 못하는 수준을 보일 것이다. 조건을 만족하지 못하는 모델적합도, 즉 수용할 수 없는 적합도 수준을 보였다면, 연구자는 수용가능한 수준으로 만들어 주어야 한다. 그때 사용하는 지표로 설명력(SMC)과 잔차가 있다.

25.3.1 다중상관자승(Squared multiple correlation:SMC)

다중상관자승(Squared multiple correlation:SMC)은 설명력을 의미하며, 회귀분석에서는 R^2에 해당하는 지표이다. 다중상관자승은 ①확인적 요인분석(또는 측정모델분석)에서는 잠재변수가 측정변수에 의해 설명되는 정도를 의미하고, ②제안모델에서는 외생변수(독립변수)들이 내생변수(종속변수)를 어느 정도 설명하는 가를 나타낸다.

AMOS에서는 확인적 요인분석(또는 측정모델)[2]과 제안모델 검정 결과에서 제공된다. 이 값은 표준화된 회귀계수(Standardized regression weight)를 제곱하면 다중상관자승 값이 된다. 일반적으로 표준화된 회귀계수(Standardized regression weight)는 0.7이상일 때 바람직하고, 최소한 0.5이상의 수치를 보여야 한다. 따라서 다중상관자승은 최소한 0.25보다 커야 수용할 만한 설명력으로 해석하므로, 0.25이하는 삭제하는 것이 타당성 확보차원에서 바람직하다.

$$(표준화된 회귀계수)^2 = 다중상관자승\,(SMC)$$

AMOS에서 다중상관자승(SMC) 확인 방법

① View-Analysis Properties를 선택한다.
② Output를 선택하고, Squared multiple correlations를 체크한다.

---

2 구조방정식모델 분석결과를 표현하는데 아직 용어가 통일되어 있지 않은 것 같다. 일반적으로 각 변수별 단일차원성 검정을 확인적 요인분석, 연구 모델에 사용하는 모든 변수들의 단일차원성 검정은 측정모델분석이라고 한다. 하지만 모든 변수들의 단일차원성 검정을 확인적 요인분석이라고 표현하기도 한다.

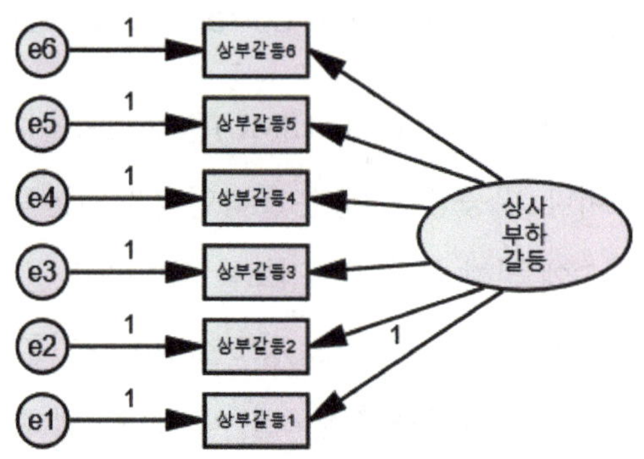

〈그림 25-2〉 다중상관자승을 확인을 위한 모델

〈표 25-2〉 다중상관자승값 확인방법

다중상관자승 옵션	다중상관자승 결과

	Estimate
상부갈등6	.282
상부갈등5	.566
상부갈등4	.061
상부갈등3	.450
상부갈등2	.691
상부갈등1	.473

<표 25-2>는 <그림 25-2>의 다중상관자승 값을 확인을 위한 옵션 선택방법과 결과값이다. 다중상관자승 결과 상부갈등 4번 문항이 0.25보다 낮은 수치를 보이고 다른 모든 문항들은 0.25이상의 설명력을 보이고 있다. 따라서 상부갈등 4번 문항은 제거하는 것이 타당성 확보 차원에서 바람직하다.

25.3.2 잔차(residuals)

구조방정식모델 분석은 데이터(입력공분산행렬)와 모델(추정공분산행렬) 간의 관계라 하였다. 이 두 관계가 잘 맞는다면 적합도는 매우 좋을 것이고, 그렇지 않다면 적합도는 좋지 않을 것이다. 그런데 아무리 잘 맞는 데이터와 모델이라고 하더라도 완벽한 적합도는 사실상 불가능하며, 어느 정도 불일치는 존재할 것이다. 이러한 불일치는 잔차(residuals)라 한다. 즉, 잔차는 입력공분산행렬과 추정공분산행렬 간의 차이 값이다. 이를 식으로 표현하면 아래와 같다.

입력공분산행렬＝추정공분산행렬＋ 잔차(residuals)

위 식을 보면, 잔차값이 클수록 적합도는 낮아지고, 잔차값이 작을수록 적합도는 높아지므로, 입력공분산행렬(데이터)과 추정공분산행렬(모델)이 일치하기 위해서는 잔차 값을 최소화하면 된다. 잔차값은 표준화된 잔차(standardized Resuduals)값의 절대치를 이용하는데, 이 값이 4보다 큰 경우에는 해당하는 두 변수들 중 하나를 제거하는 것이 좋다. 또한 특정변수(A) 하나가 다른 변수들 간의 관계에서 잔차값이 높다면 특정변수(A)를 우선적으로 제거하는 것도 적합도 향상에 도움이 된다. 좀 더 엄격하게 절대값이 2.58보다 크면, 그 요인 내의 단일차원성을 저해하는 항목으로 간주하여 제거할 것이 권유된다(Jöreskog & Sörbom, 1981). 이론적으로는 잔차 값이 4 또는 2.58이상을 수치를 보이는 변수들 중 하나를 제거할 것을 권유하지만, 논문통계에서는 상대적으로 큰 잔차 값을 제거하는 것이 더 일반적이다.

AMOS에서 잔차(residuals)값 확인 방법

① View-Analysis Properties를 선택한다.
② Output를 선택하고, Residual moments를 체크한다.

〈표 25-3〉 표준화된 잔차(Standardized residuals)의 이해

	상부갈등6	상부갈등5	상부갈등4	상부갈등3	상부갈등2	상부갈등1
상부갈등6	.000					
상부갈등5	.500	.000				
상부갈등4	.303	.214	.000			
상부갈등3	.768	.839	−1.426	.000		
상부갈등2	−.352	−.248	−.053	−.251	.000	
상부갈등1	−.701	−.557	.987	−.751	.770	.000

　<표 25-3>은 <그림 25-2>의 표준화된 잔차 값이다. 잔차 값의 대각선은 모두 0으로 나타난다. 이는 동일한 문항 간의 차이 값을 의미하는데, 예를 들어 상부갈등6번과 상부갈등 6번의 차이 값이므로 당연히 0이 된다. 잔차 값에서 주의 깊게 찾아야 할 내용은 가장 높은 잔차 값이다. 가장 높은 잔차 값을 제거한다면 적합도 향상에 도움을 줄 것이다.

　위 표에서는 상부갈등4번과 상부갈등3번 간의 잔차 값인 −1.426이다. 따라서 상부갈등 4번과 상부갈등3번 중 하나를 제거하면 잔차 값인 −1.426은 제거될 것이다. 그렇다면 몇 번 문항을 제거하는 것이 가장 합리적일 까? 이는 다중상관자승 값을 기준하면 된다. <표 25-2>를 보면, 상부갈등4번은 0.061, 상부갈등3번은 0.450의 설명력을 보이고 있으므로 설명력이 상대적으로 낮은 상부갈등4번을 제거하는 것이 합리적인 선택이 될 것이다.

연구모델의 검정

26.1 확인적 요인분석의 실시

26.1.1 탐색적 요인분석과 확인적 요인분석의 비교

이 부분은 본서 제 12장 탐색적 요인분석의 내용 중 일부를 수정하여 재인용하였다.

요인분석은 일반적으로 탐색적 요인분석(Explore Factor Analysis)과 확인적 요인분석 (Confirmatory Factor Analysis)으로 구분할 수 있다. 탐색적 요인분석은 SPSS 프로그램 에 의해 분석되는 통계기법이고, 확인적 요인분석은 AMOS 프로그램에 의해 분석되는 통계기법이다.

탐색적 요인분석은 이론이 정립되지 않은 문항들을 가지고 분석을 하기 때문에 요인에 대한 통제를 할 수 없을 뿐만 아니라 요인의 수가 몇 개인지, 어떤 문항들이 한 요인들로 묶이는지 등 요인에 대한 정보가 전혀 없다. 그렇기 때문에 새로운 측정도구의 개발처럼 연구문제(또는 가설)을 설정하기에 확실한 증거가 없을 때 사용하는 통계기법이다.

반면, 확인적 요인분석의 경우에는 탐색적 요인분석과 달리 선행연구자에 의해 측정하 고자 하는 변수가 이미 개발되어 있기 때문에, 이에 대한 충분한 정보가 있을 때 사용하는 통계 기법이다.

〈표 26-1〉 신입사원 채용조건

내용	점수	요인명	내용	점수
옷차림			옷차림	
헤어스타일		외모	헤어스타일	
신장			신장	
학력			학력	
상식능력		지적 능력	상식능력	
발표능력			발표능력	
업무 성실성			업무 성실성	
업무 이해력		업무 능력	업무 이해력	
업무 추진능력			업무 추진능력	

예를 들면, 어떤 연구자가 "신입사원 채용조건"이라는 측정도구를 이용하여 이를 측정하고 싶었지만, 신입사원 채용조건이라는 변수가 개발되어 있지 않아 새로운 측정도구를 개발한다고 가정해보자. 연구자는 문헌 등을 참고하여 <표 26-1>의 왼쪽과 같이 신입생 채용조건에 필요한 9개 문항을 만들었다. 이러한 경우에는 탐색적 요인분석을 하는데, 그 결과는 어떻게 요인이 구성되는지, 요인의 수가 몇 개인지 등 전혀 알 수 없다. 어쨌든 탐색적 요인분석을 한 결과, 외모(옷차림, 헤어스타일, 신장), 지적능력(학력, 상식능력, 발표능력), 업무능력(업무 성실성, 업무 이해력, 업무 추진능력) 등 3개의 요인으로 구분 되었고, 요인이름도 연구자가 명명한다.

반면, 선행연구자에 의해 신입사원 채용조건 측정도구가 이미 개발이 되어 있다면 탐색적 요인분석이 아니라 확인적 요인분석을 하면 된다. 왜냐하면 분석하고자 하는 9개 문항에 대한 사전정보는 3개 요인으로 구분되어 있고, 각각의 요인별 구성문항들이 이미 설정되어 있기 때문이다.

탐색적 요인분석과 확인적 요인분석의 형태를 비교한 <그림 26-1>에서 보는 바와 같이 탐색적 요인분석은 어떤 요인에 어떤 문항들이 묶이는지를 분석 전까지 알 수 없지만, 확인적 요인분석은 이미 개발되어진 이론을 근거로 변수들을 지정해 놓고 분석을 한다는 것을 알 수 있다.

지금까지 설명한 탐색적 요인분석과 확인적 요인분석의 특성을 요약하면, 탐색적 요인분석은 SPSS 프로그램을 이용하고, 확인적 요인분석은 AMOS 프로그램을 이용한다. 또한 요인의 특성으로는 탐색적 요인분석은 분석 전까지 요인의 수를 모르기 때문에 어떤 항목이 어떤 요인에 묶이는 알 수 없다. 반면 확인적 요인분석은 분석 전에 요인의 수가 이미 지정되어 있으므로 어떤 항목이 어떤 요인이 속하는지가 정해져 있다. 이러한 특성들을 잘 참조하여 논문통계 분석에 활용하면 된다.

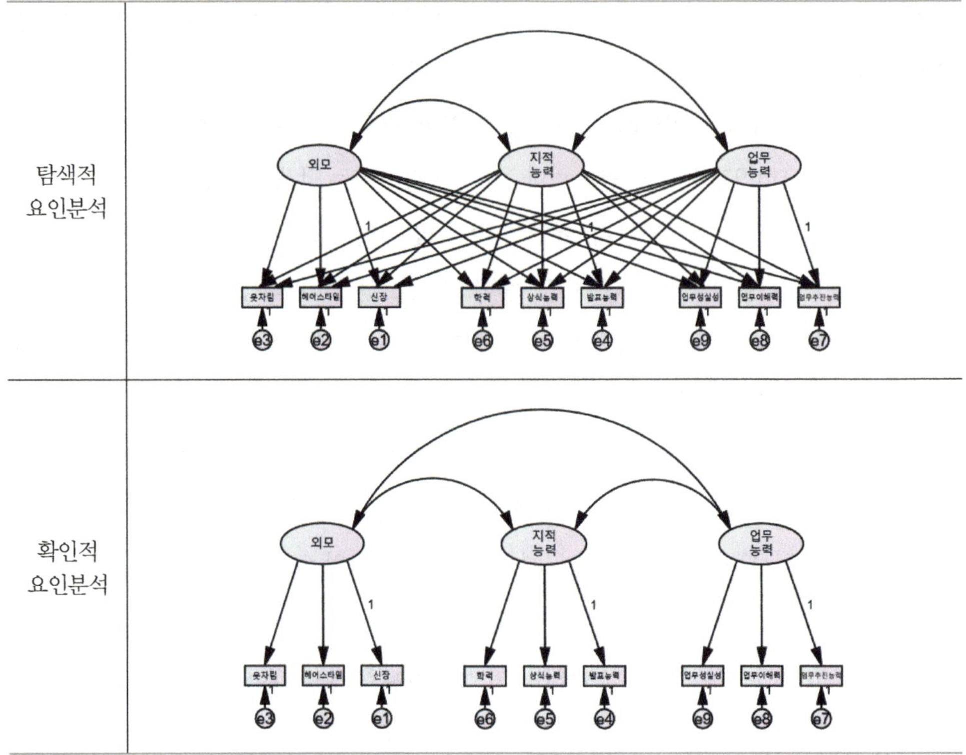

〈그림 26-1〉 탐색적 요인분석과 확인적 요인분석의 비교

26.1.2 확인적 요인분석의 이해

확인적 요인분석은 크게 두 가지 구분하여 설명할 수 있다. 첫째, 각 개념적 변수별로 타당성 평가하는 방법 둘째, 연구모형에서 사용하는 전체 변수들을 공분산으로 설정하고 타당성 평가하는 방법이다. 이를 측정모형분석이라고 표현하기도 한다.

확인적 요인분석은 단일차원성을 검정하기 위한 것이므로, 단일차원성에 대한 이해가 선행되어야 한다.

(1) 단일차원성 검정의 이해

확인적 요인분석을 이해하기 위해서는 단일차원성의 개념을 먼저 알아야 한다. 단일차원성이라 함은 ①측정변수가 오직 하나의 잠재변수에만 적재되고, ②측정오차는 서로 독립적인 상황이며, ③각 개념의 지표들이 단일요인 모델에 의해 수용가능한 적합도를 보이는 것을 의미한다.

① 측정변수가 오직 하나의 잠재변수에만 적재되어야 한다는 것은 측정변수는 하나의 잠재변수에 의해서만 설명되어야 한다는 것이다. 예를 들어 <그림 26-2>에서와 같이 지적능력의 측정변수인 상식능력과 발표능력은 업무능력의 측정변수가 되기도 한다면 이는 단일차원성이 아니라 다차원(multidimensional)으로 해석을 해야 할 것이다.

② 측정오차는 서로 독립적이어야 한다는 것은 <그림 26-3>과 같이 측정오차 간 상관이 존재하면 안 된다는 것이다. 측정오차 간 상관은 측정변수들이 모델에 나타나지 않은 어떤 공통의 것을 측정하고 있다는 것을 의미 하며, 이 역시 다차원성으로 해석을 해야 할 것이다.

③ 위 두 가지 조건을 만족한 상황에서, 모델 적합도가 요구되는 기준 값 이상으로 나타나면 단일차원성 검정결과 만족할 만한 적합도 수준으로 나타났다고 해석한다.

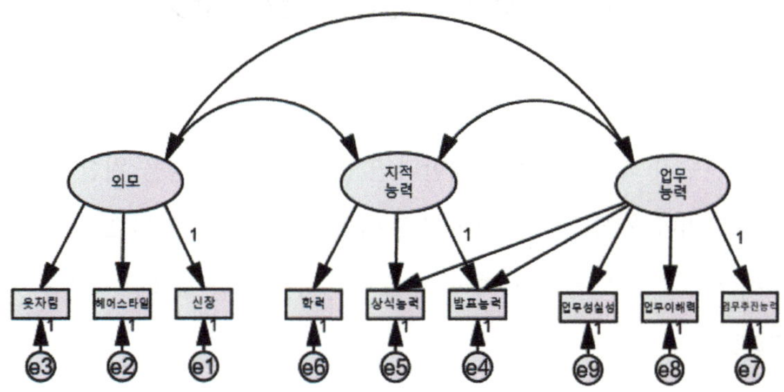

〈그림 26-2〉 단일차원성의 이해 1

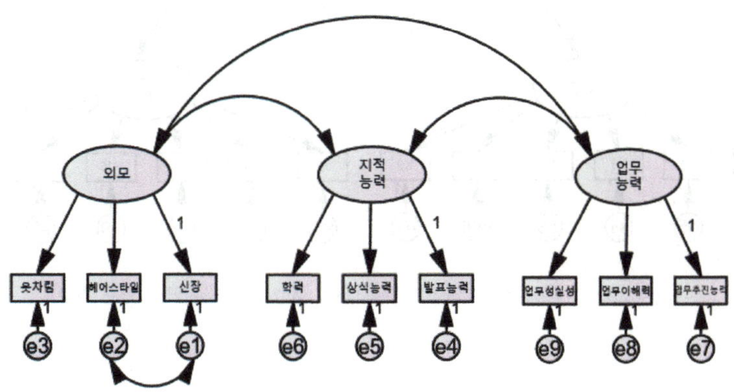

〈그림 26-3〉 단일차원성의 이해 2

(2) 각 개념적 변수별 단일차원성 검정

각 개념적 변수별 단일차원성 검정을 그림으로 나타내면 <그림 26-4>와 같다. 이는 5개 문항으로 구성된 직무만족도의 단일차원성 검정을 위한 확인적 요인분석 모형이다. 분석한 결과 적합도가 만족할 만한 수준이라면 단일차원성을 의미한다. 만약 최초 수용할 수 없는 적합도 수준이라면 앞장에서 설명한데로 설명력(SMC)과 잔차 값을 기준으로 문항을 삭제하여 적합도 향상을 도모해야 한다.

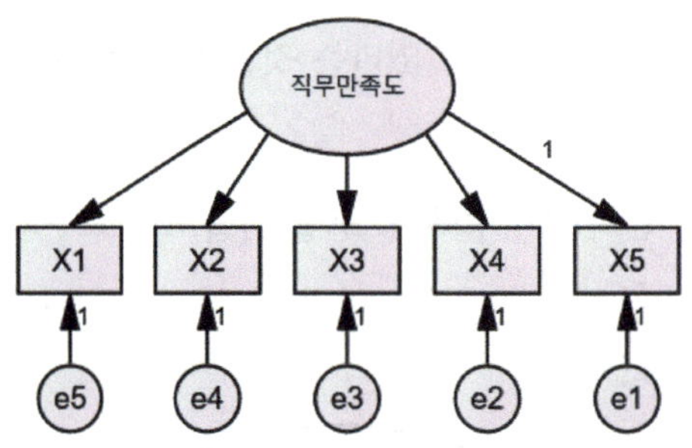

〈그림 26-4〉 각 개념적 변수별 단일차원성 검정 모형(단일요인 변수)

그런데 어떤 변수가 하위요인이 존재한다면 단일차원성 검정을 위한 확인적 요인분석 모형은 어떻게 그려야 할까? 예를 들어, 스트레스라는 변수가 하위요인으로 정서적 스트레스와 신체적 스트레스가 있다면, 확인적 요인분석을 위한 모형은 <그림 26-5>와 같이 설정하면 된다.

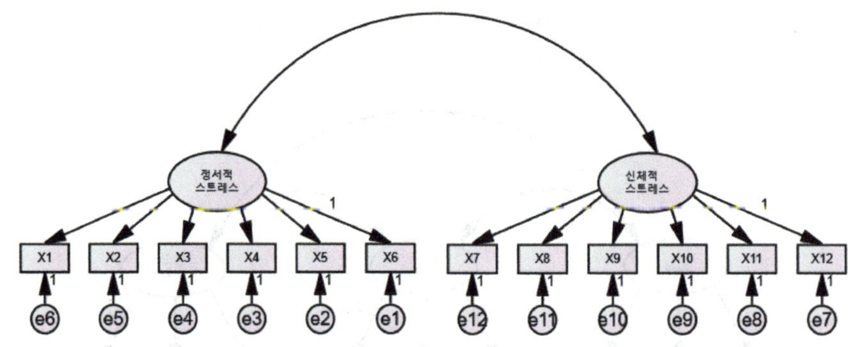

〈그림 26-5〉 각 개념적 변수별 단일차원성 검정 모형(하위요인 있는 변수)

⑶ 전체 변수 대상 단일차원성 검정

　전체 변수를 대상으로 한 단일차원성 검정을 측정모델 분석이라고도 표현한다. 이는 연구자가 설정한 모형에서 사용하는 변수들 모두를 공분산으로 설정하고 분석한다. 예를 들어, <그림 26-6>과 같이 업무과중, 스트레스, 직무만족도 간의 구조적 관계를 연구모형으로 설정하였다면, 이의 확인적 요인분석(또는 측정모델 분석)은 아래쪽 그림과 같이 설정할 수 있다. 만약 전체 변수를 대상으로 단일차원성 검정 결과 수용할 수 없는 적합도 수준으로 나타났다면, 앞 장에서 설명한데로 설명력(SMC)과 잔차 값을 기준으로 적합도 향상을 도모해야 한다.

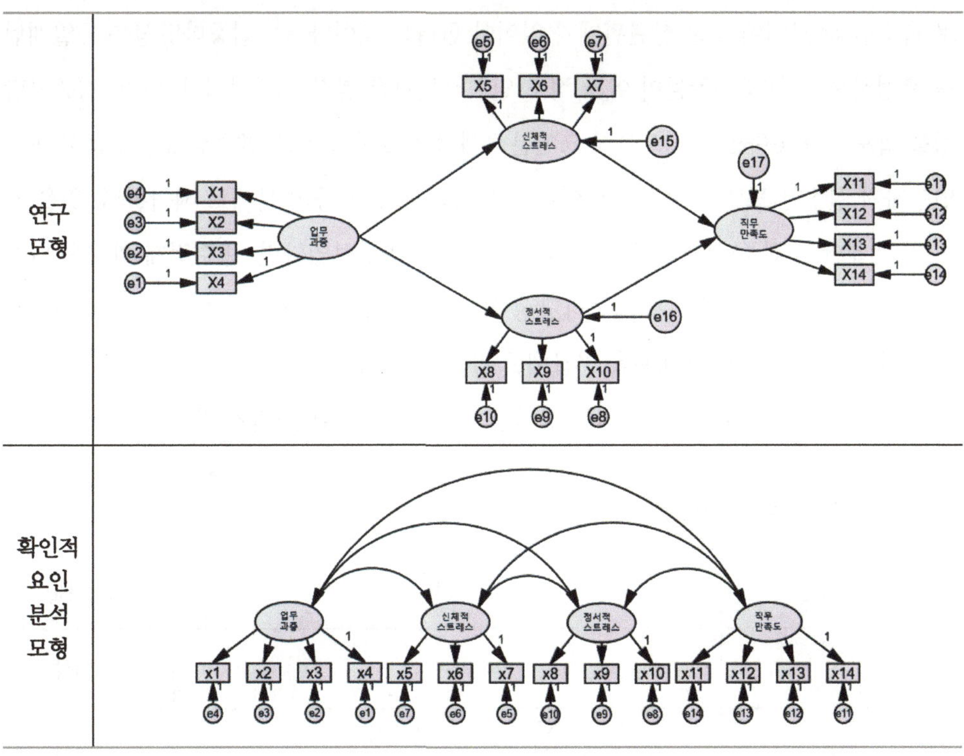

<그림 26-6> 전체 변수 대상 단일차원성 검정 모형

26.2

집중타당성과 판별타당성

　각 개념적 변수별 단일차원성 검정과 전체 변수 대상 단일차원성 검정 결과 수용할 만한 적합도를 생성시켰다면, 타당성의 가장 엄격한 방법인 집중타당성과 판별타당성을 검정함으로써 논문의 논리성과 신뢰성을 향상시켜 보자.

26.2.1 집중타당성

　집중타당성(convergent validity)이란 동일한 개념을 측정하기 위하여 서로 다른 방법으로 측정한 값 사이에 높은 상관관계가 있어야 한다는 것이다. 즉, 집중타당성은 동일개념을 측정하는 복수의 문항들이 어느 정도 일치하는가를 검정하는 것이다. 만약, 집중타당성을 확보하지 못하였다면 확인적 요인분석에서 적절하지 않은 변수정제상의 문제 또는 연구자가 설정한 모델과 수집한 데이터가 부합되지 않는 등의 문제로 해석할 수 있을 것이다. 논문에서 집중타당성 확보에 심각한 문제가 발생하였다면, 변수정제 과정을 다시 하든지 아니면 논문에서 비록 집중타당성 확보에 실패를 하였지만 그대로 분석을 진행해야만 하는 이유 등 관련한 내용을 언급해줄 필요가 있다.

　집중타당성 확보 여부를 검정하는 방법은 <표 26-2>와 같이 3가지 방법이 있다.

〈표 26-2〉 집중타당성 검정 방법

집중타당성 검정방법	공식	판단기준
표준화된 요인적재치	–	0.5이상
AVE	$\dfrac{(\sum 표준화된회귀계수^2)}{(\sum 표준화된회귀계수^2)+(\sum 측정오자)}$	0.5이상
구성개념 신뢰도값	$\dfrac{(\sum 표준화된회귀계수)^2}{(\sum 표준화된회귀계수)^2+(\sum 측정오차)}$	0.7이상

　먼저, 집중타당성을 평가하는데 표준화된 요인적재치 값이 있다. 이는 AMOS 결과창에 Standardized Regression Weights 값으로 나타나며, 이 값이 최소한 0.5이상이면 집중타당성이 있다고 해석한다. 하지만 표준화된 요인적재치로 집중타당성을 평가하는 방법

은 AVE와 구성개념 신뢰도 값과 비교하여 상대적으로 덜 엄격한 방법이다. 따라서 AVE 또는 구성개념 신뢰도 값으로 집중타당성을 평가하는 것이 더 좋을 듯 하다.

AVE(average variance extracted: 평균분산추출)값을 구하는 공식은 <표 26-2>에서 제시된 것처럼 표준화된 회귀계수값과 측정오차 값을 이용하여 계산한다. 이 값이 0.5이상이면 집중타당성은 확보하였다고 한다.

구성개념 신뢰도(construct reliability) 값을 구하는 공식 역시 <표 26-2>와 같이 표준화된 회귀계수값과 측정오차 값을 이용하여 계산한다. 이 값이 0.7이상이면 집중타당성은 확보하였다고 한다.

집중타당성 검정을 위해 위 3가지 방법을 모두 이용할 필요는 없으며, 일반적으로 구성개념 신뢰도 값을 가장 널리 이용한다. 만약 구성개념 신뢰도 값으로 집중타당성이 확보되지 않았지만, 표준화된 회귀계수 값이 모두 0.5이상으로 나타났다면, 덜 엄격한 방법인 표준화된 회귀계수 값으로 집중타당성을 평가해도 된다.

26.6.2 판별타당성

판별타당성이란 서로 다른 변수들 간에는 그 측정치에도 분명한 차이가 나야 한다는 것을 의미한다. 여기서 분명한 차이는 상관계수 값을 기준으로 하는데 즉, 한 변수와 다른 변수간의 상관관계는 낮아야 판별타당성을 확보하였다고 할 수 있다. 집중타당성과 마찬가지로 판별타당성 역시 확보하지 못하게 된다면 변수정제의 문제 혹은 모델과 수집한 데이터의 문제일 수 있다. 따라서 그러한 경우에는 변수정제 과정을 다시 시도하거나, 그러한 결과를 그대로 수용할 경우에는 그 이유에 대해서 논문에 언급할 필요가 있다.

판별타당성 검정방법은 각 잠재변수의 AVE값이 전체 변수들의 상관계수의 제곱 값보다 커야만 판별타당성을 확보하였다고 한다.

〈표 26-3〉 판별타당성 검정 방법

해당 잠재변수의 AVE값 > 모든 상관관계 제곱값

<table><tr><td>**26.3**</td><td></td></tr></table>

26.3 연구모델의 검정

연구자가 최초 설정한 연구 모델을 검정하기 위해서는 먼저, 각 개념적 변수별로 확인적 요인분석을 실시하고, 그리고 전체 변수들을 대상으로 확인적 요인분석을 실시하여 단일차원성을 확보한 후, 집중타당성과 판별타당성 검정을 한다. 이러한 과정을 거친 후에 연구모델을 검정하는 것이 논문통계에서는 과학적인 분석방법이라 할 수 있다. 일부 논문에서 확인적 요인분석을 거치지 않고, 제안모델 분석을 하는 경우를 종종 볼 수 있는데 이는 올바른 분석과정이라 할 수 없는 만큼 연구자들의 주의를 요한다.

<그림 26-7>은 연구모형을 AMOS에서 그린 것이다. 잠재변수 간 4개의 경로가 가설 경로가 된다. 업무과정은 4개의 측정변수를 통하여 측정하였고, 신체적 스트레스는 3개, 정서적 스트레스 3개, 직무만족도는 4개의 측정변수를 이용하여 측정하였다. 또한 내생 잠재변수인 신체적 스트레스, 정서적 스트레스, 직무만족도는 잠재변수 오차항(e15~e17)을 설정해야 한다.

이 모델은 외생잠재변수 1개(업무과중), 내생잠재변수 3개(신체적 스트레스, 정서적 스트레스, 직무만족도), 외생과 내생잠재변수 모두 역할을 하는 변수는 2개(신체적 스트레스, 정서적 스트레스)로 구성되어 있고, 측정변수 오차항은 14개, 잠재 변수 오차항은 3개로 구성된 모델이다.

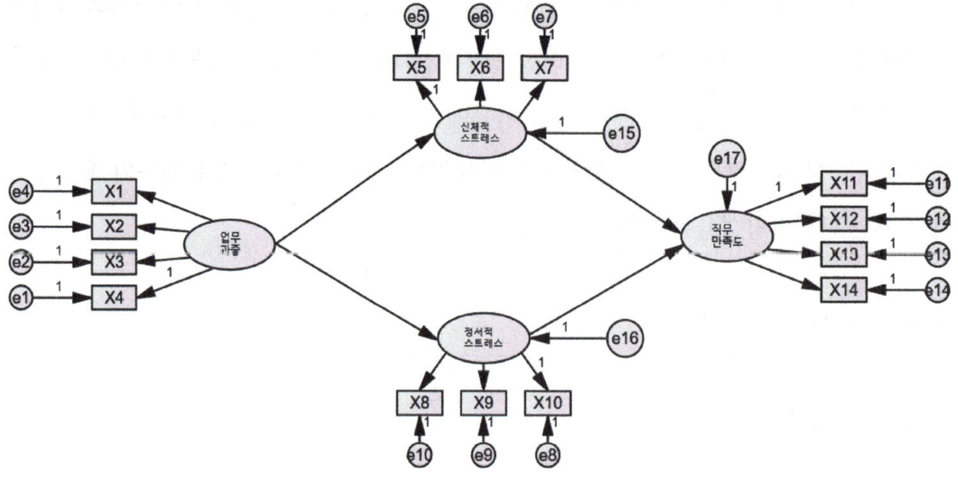

<그림 26-7> 연구모형

26.4　모델의 수정

26.4.1 수정지수(Modification Indices)를 이용한 모델 수정

수정지수는 설정한 모형에서 경로 간 추정이 요구되지 않은 잠재변수와 잠재변수 오차 항, 측정변수와 측정변수 오차항 간의 관계를 공분산으로 추정할 경우, 낮아지는 χ^2의 양을 제공하고 이에 따라 적합도(model fit) 향상을 도모하게 되는 모델 수정 방법이다. 수정지수의 기준치로 $3.84(df = 1, \alpha = .05$에서 χ^2값)를 사용할 수 있고, 보수적으로 10이상을 기준할 수 있다. 최초 AMOS에서는 4로 설정되어 있다.

수정지수를 이용하여 모델 수정을 할 경우, 적합도는 향상되지만 판별타당성을 저해시킬 수 있고, 원 모델의 성격을 변화 될 수 있다는 점을 명심해야 한다. 따라서 수정지수를 이용하여 모델수정 시 많은 수의 공분산을 설정해서는 안 된다. 통계적으로는 몇 개 이상의 공분산을 설정하면 안 된다는 원칙은 없지만, 공분산 수가 많아질수록 최초 설정한 연구모델의 성격이 변화된다는 점을 기억해야 한다.

또한 AMOS 출력결과에서는 변수 들 간 공분산 설정 시 낮아지는 χ^2의 양을 제공하지만, 이를 기준으로 마구잡이로 공분산을 설정해서는 안 된다. <표 26-4>는 수정지수를 이용한 공분산 설정 시 원칙이며, 이를 준수해서 모델 수정을 해야 한다.

〈표 26-4〉 수정지수(M.I.)를 이용한 공분산 설정의 원칙

구 분	내 용
공분산 설정 불가	1. 잠재변수 오차항과 측정변수 오차항 간에는 공분산 설정안됨.
	2. 잠재변수와 측정변수의 오차항 간에는 공분산 설정안됨.
	3. 외생잠재변수의 측정변수 오차항과 내생잠재변수 측정변수 오차항 간에는 공분산 설정 안됨.
공분산 설정 가능	4. 공분산은 외생잠재변수의 측정변수 오차항간 가능하며, 내생잠재변수의 측정변수 오차항간 가능하며, 잠재변수의 오차항간 공분산설정 가능하다.

예를 들어, <그림 26-7> 연구모형의 수정지수(Modification Indices) 값이 <표 26-5>와 같이 나타났다고 가정해 보자. M.I.는 낮아지는 χ^2의 양을 의미하므로, 이 값이 큰 것부터 공분산을 설정해야 한다. Par Change는 Parameter Change의 약어이며, 두 변수 간에 공분

산을 설정했을 경우 대략적인 추정치를 나타낸다.

여기서는 χ^2이 가장 많이 낮아지는 경로는 e1<-->e15이다. 하지만 e1은 측정변수 오차항 이고, e15는 잠재변수 오차항 이므로 서로 간에는 공분산을 설정할 수 없다. 공분산 설정 원칙에 따라 살펴보면, e3<-->e5 간 공분산 설정은 가능하고 χ^2은 최소한 10.779만큼 감소하는 것으로 나타난다.

〈표 26-5〉 수정지수

	M.I.	Par Change
e1 <--> e15	31.506	.255
e2 <--> e16	12.464	.226
e3 <--> e17	6.795	.122
e1 <--> e11	4.331	.137
e3 <--> e5	10.779	.160
e5 <--> e17	4.821	−.142
직무만족도 <--> e8	7.133	.133

전체 변수 대상 단일차원성 검정(측정모델 분석) 시 수정지수의 이용

연구모형을 수정하는 방법으로 수정지수에 대하여 앞에서 설명하였다. 이 수정지수를 이용하여 전체 변수 대상 단일차원성 검정 시 모델 적합도를 향상시킬 수도 있다. 하지만 그 방법이 연구모형에서 수정지수를 이용하는 방법과 약간 다르다. 앞에서 설명하였지만, 수정지수를 이용하여 공분산을 설정하게 되면, 적합도는 향상되지만 원 모델의 성격이 변화 될 수 있고, 또한 단일차원성을 결여시킬 수도 있다고 하였다. 또한 단일차원성 검정 시 오차는 상호 간에 독립적이어야 한다고 설명 하였다. 따라서 연구모형 수정 시에는 오차 간 공분산 설정을 통하여 모델을 수정할 수 있지만, 전체 변수 대상 단일차원성 검정 시에는 이러한 방법으로 모델 적합도 향상을 도모하는 것은 잘못된 방법이라 할 수 있다.

AMOS에서 수정지수 분석결과를 보면, 특정 항목을 다른 여러 항목들과 연결하도록 정보가 나타날 수 있는데(예를 들어, 오차항 e1과 e3, e4, e7, e9 등 공분산 연결 시 χ^2값 감소), 이 경우에는 실제 공분산을 설정하는 것이 아니라 특정 항목인 e1을 삭제하면 다른 항목들 간의 연결 시 감소하는 χ^2값을 한 번에 낮게 만들 수 있다.

26.4.2 경로 제거를 통한 모델 수정(Wald 검정)

이 방법은 최초 연구모형에서 유의하지 않은 경로(가설 기각경로)가 존재할 때 이용이
가능하다. 유의하지 않은 경로를 파악하여 이 중 C.R. 값이 가장 작은 경로를 하나 삭제하
고 분석을 실행한 후, 다시 C.R. 값이 가장 작은 경로를 다시 삭제를 한다. 이러한 방법으
로 모든 경로가 유의하게 될 때까지 삭제를 반복하여 최종적으로 모든 경로가 유의할 때
수정모형으로 결정한다.

일반적으로 최초 연구모형과 수정모형 간의 χ^2을 비교하여 통계적 유의수준에서 더
낮은 χ^2값을 가진 모형을 최종 모형으로 선정한다. <표 26-6>은 유의수준 0.05에서 자유
도에 따른 χ^2값으로 자유도가 1일 때, χ^2은 3.84이다.

예를 들어, 연구모형의 $\chi^2(df=84)$은 159.509이고, 수정모형의 $\chi^2(df=86)$은 167.316
으로 나타났다고 가정하자. 자유도의 차이는 2이며, 유의수준 0.05의 임계치는 <표 26-6>
에서와 같이 5.99이다. 즉, 연구모형과 수정모형의 χ^2 값은 5.99이상 차이가 나야 한다는
것이다. 연구모형과 수정모형의 χ^2차이는 7.797 (167.316-159.509)로 5.99이상 차이가 났
으므로, 연구모형이 수정모형보다 더 우수한 모형이라 할 수 있을 것이다.

〈표 26-6〉 자유도와 χ^2

자유도 (df)	1	2	3	4	5	6	7	8	9
카이제곱 값 (χ^2)	3.84	5.99	7.82	9.49	11.07	12.59	14.07	15.51	16.92

26.4.3 경로 추가를 통한 모델 수정

이 방법은 최초 연구모형에서 설정하지 않은 경로를 추가함으로써 모델을 수정하는 방
법이다. <그림 26-7> 연구모형을 보면, 업무과중과 직무만족도 간의 경로는 최초 연구모
형에서 설정하지 않은 경로이다. 이 경로를 추가하여 분석하는 것이 수정모형이 되고, 분
석 후 <표 26-6>을 참고하여 자유도와 χ^2 차이를 기준하여 연구모형과 수정모형 중 어느
모형이 더 우수한 모형인가를 판단하면 된다.

26.5   구조방정식모델 분석의 실시[논문통계의 이해와 적용]

앞에서 설명한 확인적 요인분석, 집중타당성과 판별타당성, 연구모형 검정을 실제 예를 가지고 설명하면 다음과 같다.

26.5.1 연구모형

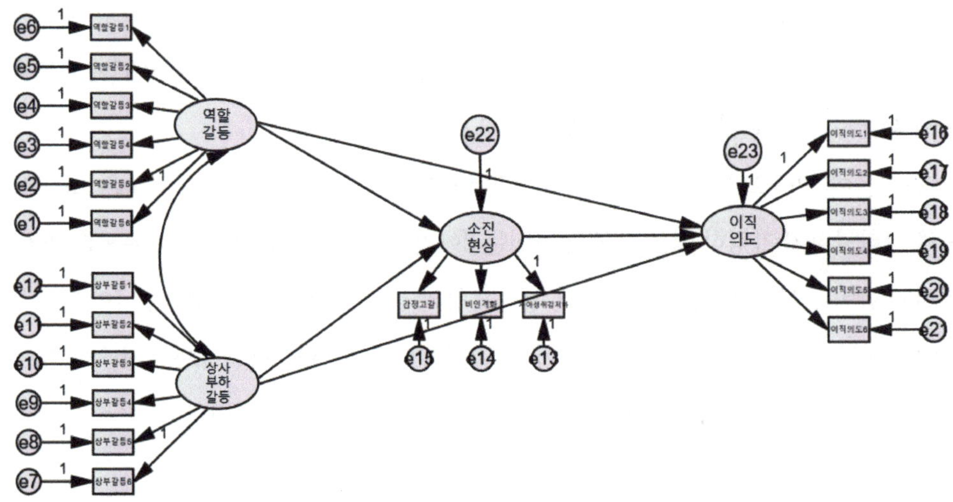

〈그림 26-8〉 연구모형

<그림 26-8>은 지금부터 설명할 연구모형이다. 이 모형은 역할갈등, 상사부하갈등, 소진현상, 이직의도 등 총 4개의 개념적 변수로 구성되어 있으며, 구체적인 변수의 정보는 <표 26-7>과 같이, 역할갈등, 상사부하갈등, 이직의도는 단일요인이며 각 6문항으로 구성되어 있고, 소진현상 변수는 3개의 하위요인(감정고갈, 비인격화, 자아성취감저하) 11문항으로 구성되어 있다.

〈표 26-7〉 측정도구의 정보

변수명		문 항
역할갈등		역할갈등1 ~ 역할갈등6
상사부하갈등		상부갈등1 ~ 상부갈등6
소진현상	감정고갈	소진1 ~ 소진4
	비인격화	소진5 ~ 소진8
	자아성취감저하	소진9 ~ 소진11
이직의도		이직의도1 ~ 이직의도6

〈그림 26-8〉의 연구모형을 검정하기 위해서는 다음의 절차에 의해 분석을 진행하면 된다.

① 각 개념적 변수별 단일차원성 검정을 실시한다. 즉, 역할갈등, 상사부하갈등, 소진현상, 이직의도 변수들 각각 단일차원성 검정을 한다.

② 전체 변수 대상 단일차원성 검정을 실시한다. 역할, 상사부하갈등, 소진현상, 이직의도 변수들 모두 공분산으로 설정하고 단일차원성 검정을 실시한다.

③ 집중타당성과 판별타당성 검정을 실시한다.

④ 연구모형을 검정한다.

26.5.2 각 개념적 변수별 단일차원성 검정

(1) 역할갈등의 단일차원성 검정

역할갈등은 총 6개 문항, 단일요인으로 구성된 변수이다. 이를 단일차원성 검정을 위해 〈그림 26-9〉 왼쪽 모형과 같이 모형을 작성하고 분석한 결과, 〈표 26-8〉의 최초 적합도 검정결과와 같이 나타났다. χ^2=81.583(p=.000)으로 데이터와 모델은 적합하지 않는 것으로 나타났고, GFI=0.904, AGFI=0.776, CFI=0.744, NFI=0.727, RMR=0.082, RMSEA=0.186으로 수용하기 어려운 적합도 수준을 보였다. 따라서 SMC값과 잔차값을 기준으로 2개 문항을 삭제한 결과 최종 적합도는 모든 조건을 만족하는 매우 우수한 적합도 수준으로 나타났다.

① 적합도 검정결과

〈표 26-8〉 역할갈등의 단일차원성 검정결과

변수	구분	문항수	카이제곱 통계량			RMR	GFI	AGFI	CFI	NFI	RMSEA
			x^2	df	p						
역할갈등	최초	6	81.583	9	.000	.082	.904	.776	.744	.727	.186
	최종	4	1.787	2	.409	.018	.996	.981	1.00	.988	.000

② 모형

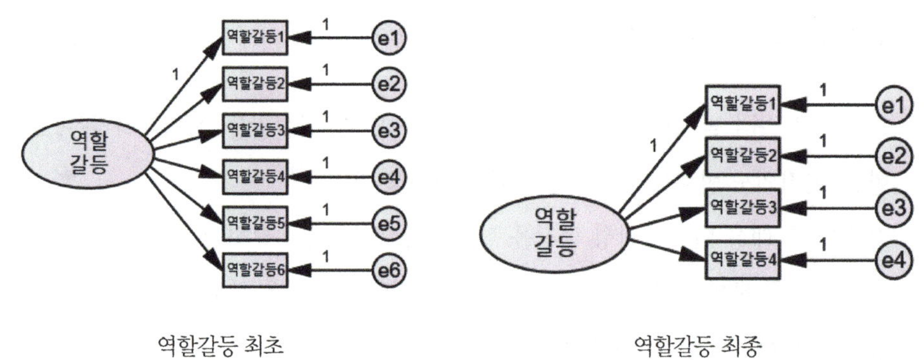

역할갈등 최초　　　　　　　　　　　역할갈등 최종

〈그림 26-9〉 역할갈등의 단일차원성 검정 모형

(2) 상사부하갈등의 단일차원성 검정

　상사부하갈등은 총 6개 문항, 단일요인으로 구성된 변수이다. 이를 단일차원성 검정을 위해 〈그림 26-10〉 왼쪽 모형과 같이 모형을 작성하고 분석한 결과, 〈표 26-9〉의 최초 적합도 검정결과와 같이 나타났다. χ^2=23.152(p=.006)으로 데이터와 모델은 적합하지 않는 것으로 나타났고, GFI=0.966, AGFI=0.920, CFI=0.966, NFI=0.946, RMR=0.028, RMSEA=0.082로 최초 적합도 검정결과에서도 충분히 수용가능한 수준을 보였다. 하지만 하나의 문항에서 SMC값이 0.25이하의 낮은 설명력을 보여 이를 삭제하고 최종 적합도 수준을 도출하였다.

① 적합도 검정결과

〈표 26-9〉 상사부하갈등의 단일차원성 검정결과

변수	구분	문항수	카이제곱 통계량			RMR	GFI	AGFI	CFI	NFI	RMSEA
			x^2	df	p						
상사부하갈등	최초	6	23.152	9	.006	.028	.966	.920	.966	.946	.082
	최종	5	16.459	5	.006	.024	.970	.909	.971	.960	.099

② 모형

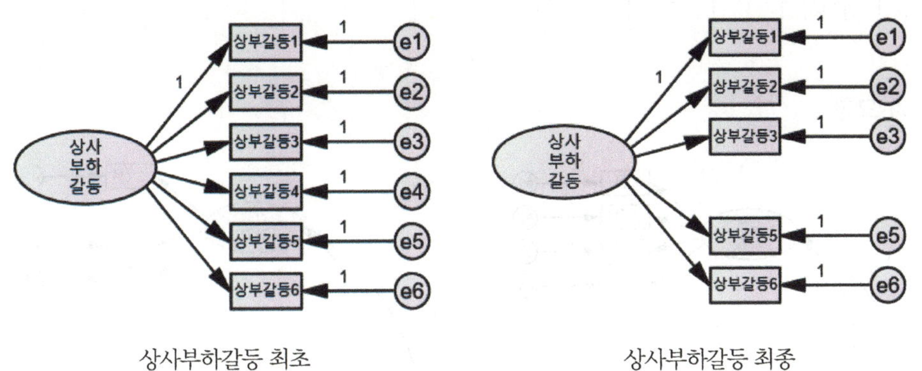

상사부하갈등 최초   상사부하갈등 최종

〈그림 26-10〉 상사부하갈등의 단일차원성 검정 모형

(3) 소진현상의 단일차원성 검정

소진현상은 총 11개 문항, 3개 하위요인으로 구성된 변수이다. 이를 단일차원성 검정을 위해 〈그림 26-11〉 왼쪽 모형과 같이 모형을 작성하고 분석한 결과, 〈표 26-10〉의 최초 적합도 검정결과와 같이 나타났다. χ^2=122.808(p=.000)로 데이터와 모델은 적합하지 않는 것으로 나타났고, GFI=0.918, AGFI=0.868, CFI=0.941, NFI=0.914, RMR=0.062, RMSEA=0.093으로 어느 정도 수용가능한 적합도 수준을 보였다. 하지만 0.25이하의 낮은 SMC값과 높은 잔차값이 나타나, 2개 문항을 삭제하고 다시 분석한 결과 χ^2검정을 제외한 모든 지표에서 조건을 만족하는 매우 우수한 적합도 수준으로 도출되었다.

① 적합도 검정결과

〈표 26-10〉 소진현상의 단일차원성 검정결과

변수		구분	문항수	카이제곱 통계량			RMR	GFI	AGFI	CFI	NFI	RMSEA
				χ^2	df	p						
소진	감정 고갈	최초	11	122.808	41	.000	.062	.918	.868	.941	.914	.093
	비인격화											
	자아성취 감저하	최종	9	58.299	24	.000	.049	.950	.906	.967	.945	.078

② 모형

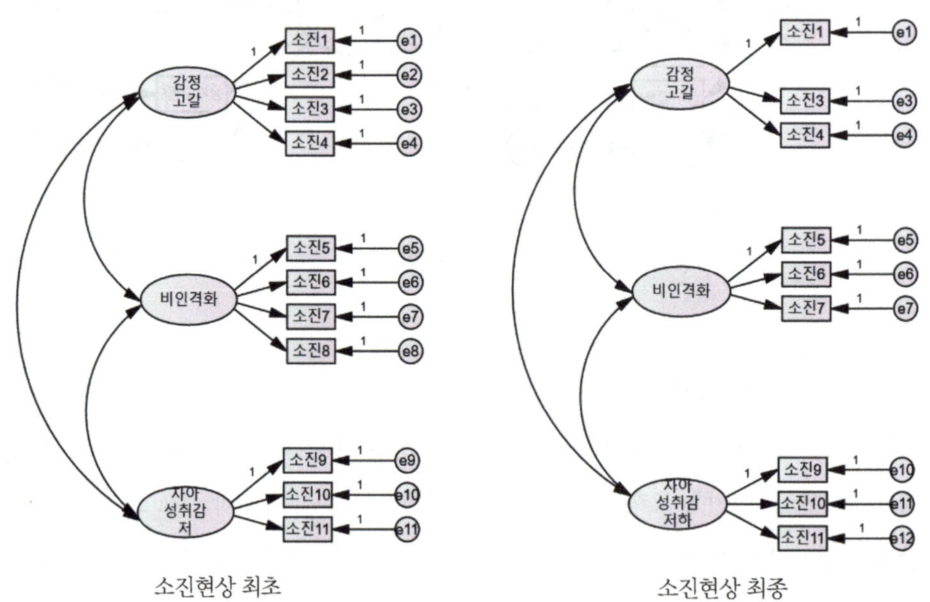

〈그림 26-11〉 소진현상의 단일차원성 검정 모형

(4) 이직의도의 단일차원성 검정

이직의도는 총 6개 문항, 단일요인으로 구성된 변수이다. 이를 단일차원성 검정을 위해 〈그림 26-12〉 왼쪽 모형과 같이 모형을 작성하고 분석한 결과, 〈표 26-11〉의 최초 적합도 검정결과와 같이 나타났다. χ^2=87.165(p=.000)로 데이터와 모델은 적합하지 않는 것으로 나타났고, GFI=0.881, AGFI=0.722, CFI=0.894, NFI=0.884, RMR=0.068, RMSEA=0.193 으로 수용하기 어려운 적합도 수준으로 나타났다. 이에 최초 적합도 검정결과에서 SMC 값과 잔차값을 기준으로 2개 문항을 삭제한 결과 χ^2검정을 제외한 모든 지표에서 조건을 만족하는 매우 우수한 적합도 수준으로 도출되었다.

① 적합도 검정결과

〈표 26-11〉 이직의도의 단일차원성 검정결과

변수	구분	문항수	카이제곱 통계량			RMR	GFI	AGFI	CFI	NFI	RMSEA
			χ^2	df	p						
이직의도	최초	6	87.165	9	.000	.068	.881	.722	.894	.884	.193
	최종	4	7.163	2	.028	.027	.984	.921	.989	.985	.099

② 모형

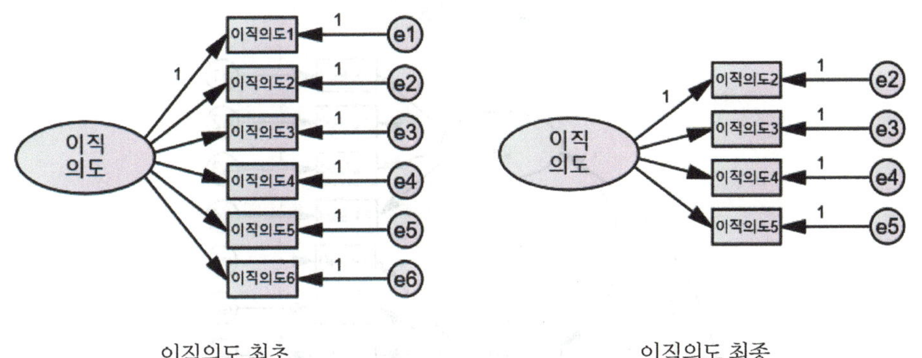

〈그림 26-12〉 이직의도의 단일차원성 검정 모형

(5) 개념적 변수별 단일차원성 검정결과의 제시

<표 26-12>는 각 개념적 변수별 단일차원성 검정결과를 표로 제시한 것이다. 일반적으로 논문에서 제시하는 방법으로, 각각의 변수별 적합도 결과를 최초와 최종으로 구분하여 제시하면 된다.

〈표 26-12〉 개념적 변수별 단일차원성 검정 결과

변수		구분	문항수	x^2	df	p	RMR	GFI	AGFI	CFI	NFI	RMSEA
역할갈등		최초	6	81.583	9	.000	.082	.904	.776	.744	.727	.186
		최종	4	1.787	2	.409	.018	.996	.981	1.00	.988	.000
상사부하갈등		최초	6	23.152	9	.006	.028	.966	.920	.966	.946	.082
		최종	5	16.459	5	.006	.024	.970	.909	.971	.960	.099
소진	감정고갈	최초	11	122.808	41	.000	.062	.918	.868	.941	.914	.093
	비인격화											
	자아성취감저하	최종	9	58.299	24	.000	.049	.950	.906	.967	.945	.078
이직의도		최초	6	87.165	9	.000	.068	.881	.722	.894	.884	.193
		최종	4	7.163	2	.028	.027	.984	.921	.989	.985	.099

26.5.3 전체 변수 대상 단일차원성 검정

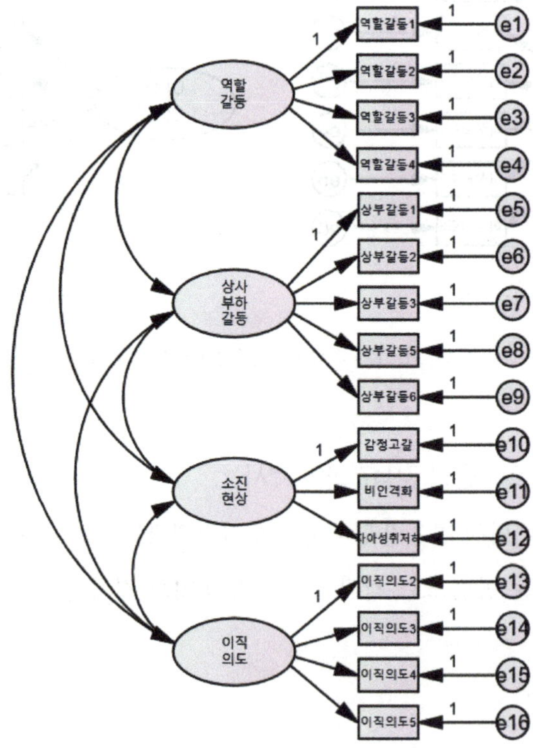

〈그림 26-13〉 전체 변수 대상 단일차원성 검정 모형

연구모형에 사용하는 전체 변수 대상 단일차원성 검정 모형은 <그림 26-13>과 같다. 변수 투입의 경우, 역할갈등, 상사부하갈등, 이직의도 변수는 각 개념적 변수별 단일차원성 검정 이후 남아있는 문항을 측정변수로 투입하였다. 반면, 소진현상의 변수의 경우에는 하위요인들을 측정변수로 투입하는 것으로 연구모델을 최초 설정하였으므로 항목합산(item parceling)을 통하여 변수를 투입하였다.

항목합산(item parceling)이란?

항목합산이란 측정변수의 수(문항 수)가 너무 많아서 구조방정식모델분석이 어려울 때, 이론을 근거로 평균이나 총점 등을 이용하여 합산하는 방법이다.

예를 들어, 소진현상의 경우 총 11개 문항 3개 하위요인으로 구성된 변수인데, 하위요인를 잠재변수로 보고 연구모형을 설정하면 아래의 그림과 같이 잠재변수의 수가 6개로 이전 모형보다 복잡하게 된다. 하위요인을 측정변수로 투입했을 때는 가설 경로가 5개 이었는데, 하위요인을 잠재변수로 보았을 때는 가설 경로가 11개로 늘어나게 된다.

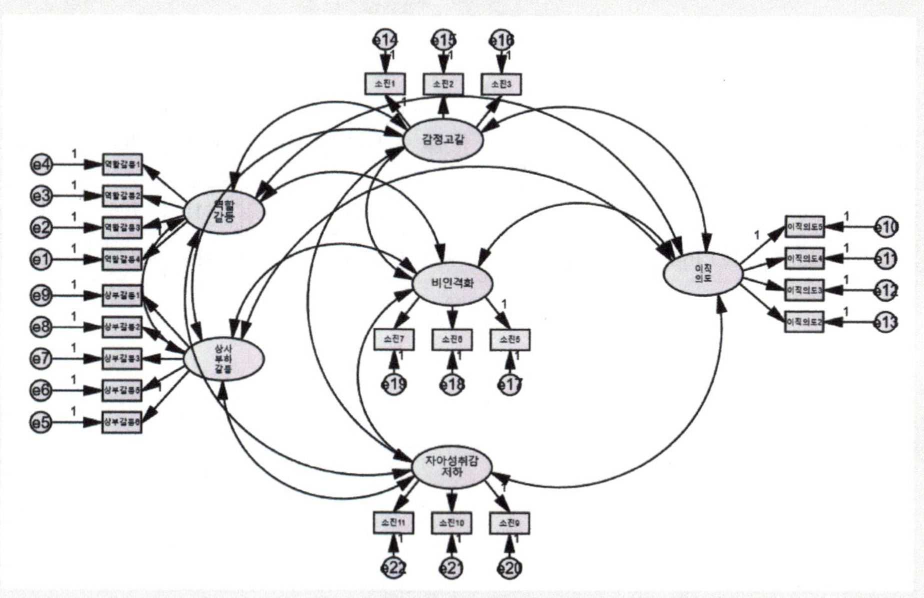

소진의 하위요인들을 잠재변수로 본 모델

이러한 모델을 실제 분석에 이용할 경우. 관측변수 수가 다소 많아서 SEM분석으로 어려울 가능성도 있고, 충분한 표본을 확보해야 한다는 부담감도 있을 수 있다. (구조방정식모델 분석에서 요구되는 표본의 크기는 측정변수 당 10-20배의 표본[3]이 필요하고, 또는 하나의 관측변수에 최소한 15개의 표본[4]이 필요하다.)

하지만 연구자가 소진현상의 하위요인을 잠재변수로 설정하고 분석을 한 결과, 좋은 결과를 얻었다면 이 모형으로 진행하여도 관계 없다. 실제 많은 연구자들은 변수들의 하위요인들을 측정변수로 설정한 모형과 잠재변수로 설정한 모형 모두를 분석하여 더 좋은 결과를 도출한 모형을 최종모형으로 선정하기도 한다.

전체 변수 대상 단일차원성 검정 최초 모형의 측정변수는 <그림 26-13>과 같이 총 16개로 구성되었으며, 적합도 검정결과는 <표 26-13>의 최초 적합도 검정결과와 같이 나타났다. χ^2=359.860(p=.000)로 데이터와 모델은 적합하지 않는 것으로 나타났고, GFI=0.844, AGFI=0.784, CFI=0.841, NFI=0.796, RMR=0.066, RMSEA=0.107로 수용하기 어려운 적합도로 나타났다. 이에 최초 적합도 검정결과에서 SMC값과 잔차값을 기준으로 3개의 측정변수를 삭제한 결과 어느 정도 수용 가능한 적합도 수준으로 나타났다.

① 적합도 검정결과

〈표 26-13〉 전체 변수 대상 단일차원성 검정결과

구분	문항수	카이제곱 통계량			RMR	GFI	AGFI	CFI	NFI	RMSEA
		χ^2	df	p						
최초	16	359.860	98	.000	.066	.844	.784	.841	.796	.107
최종	13	177.164	59	.000	.055	.904	.852	.910	.873	.093

3   Mitchell, R. J.(1993). Path analysis: pollination. In SM Schneider & J. Gurevitch, eds. Design and analysis of ecological experiments, 211-231. NY:Chapman and Hall

4   Stevens, J.(1996). Applied multivariate statistics for the social sciences (3rd Edition). Mahwah, NJ: Lawrence Erlbaum Associates.

② 전체 변수 대상 단일차원성 검정 최종 모형

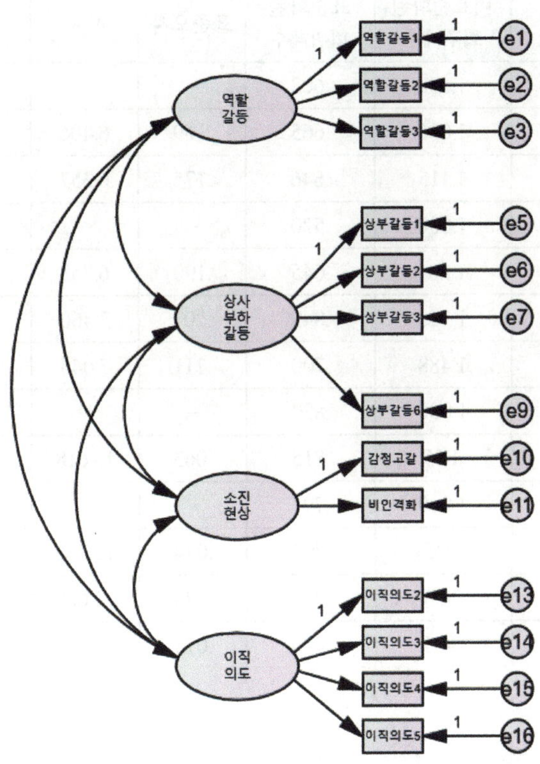

〈그림 26-14〉 전체 변수 대상 단일차원성 검정 최종 모형

③ 분석결과의 제시

<표 26-14>는 전체 변수 대상 단일차원성 검정 결과를 표로 제시한 것이다. 각 측정변수별 비표준화된 회귀계수와 표준화된 회귀계수 값을 제시한다. 측정오차는 다음에 나오는 집중타당성과 판별타당성에 필요한 지표인 만큼 제시해줄 것을 권유한다. 마지막으로 모든 측정변수의 SMC값은 0.25이상임을 알 수 있다.

〈표 26-14〉 전체 변수 대상 단일차원성 검정 결과

측정변수		비표준화된 회귀계수	표준화된 회귀계수	표준오차	C.R	측정오차	SMC
역할 갈등	역할갈등3	1.000	.603	–	–	.572	.364
	역할갈등2	1.085	.665	.169	6.406	.485	.442
	역할갈등1	1.115	.646	.175	6.357	.567	.417
상사 부하 갈등	상부갈등6	1.000	.520	–	–	.445	.271
	상부갈등3	1.281	.645	.190	6.753	.380	.416
	상부갈등2	1.542	.849	.207	7.460	.152	.721
	상부갈등1	1.488	.700	.211	7.044	.381	.490
소진 현상	감정고갈	1.000	.890	–	–	.194	.792
	비인격화	.855	.815	.063	13.618	.273	.664
이직 의도	이직의도2	1.000	.797	–	–	.497	.636
	이직의도3	.945	.794	.074	12.790	.455	.630
	이직의도4	.933	.787	.074	12.669	.463	.620
	이직의도5	.966	.806	.074	13.022	.436	.650

26.5.4 집중타당성 및 판별타당성 검정

(1) 집중타당성 검정결과

집중타당성 평가를 위하여 구성개념 신뢰도 값을 계산한 결과, 역할갈등만 0.692로 0.7에 약간 못 미치고, 나머지 모든 변수들은 0.7이상의 조건을 만족하는 수치로 나타났다. 역할갈등 변수는 기준 값보다 0.008 부족한 수치이기 때문에 문제가 되지 않겠지만, 집중타당성이 또 다른 검증방법인 표준화된 요인적재치<표 26-14 참고>를 기준으로 하였을 때도 모든 문항들이 0.6이상의 매우 높은 실명력을 보이는 것으로 나타났다. 따라서 모든 변수들의 집중타당성은 확보하였다고 할 수 있다.

〈표 26-15〉 집중타당성 검정결과

변수명	계산식	구성개념 신뢰도값
역할 갈등	$$\frac{(.603+.665+.646)^2}{(.603+.665+.646)^2+(.564+.485+.567)}$$	0.692
상사 부하 갈등	$$\frac{(.520+.645+.849+.700)^2}{(.520+.645+.849+.700)^2+(.445+.380+.152+.381)}$$	0.844
소진 현상	$$\frac{(.890+.815)^2}{(.890+.815)^2+(.194+.273)}$$	0.861
이직 의도	$$\frac{(.797+.794+.787+.806)^2}{(.797+.794+.787+.806)^2+(.497+.455+.463+.436)}$$	0.845

(2) 판별타당성 검정결과

판별타당성을 평가하는 방법은 각 잠재변수의 AVE값이 모든 상관관계 제곱 값보다 커야한다. 먼저, <표 26-16>의 상관관계분석결과를 보면, 소진현상 변수와 이직의도 간의 상관계수 값인 0.635로 가장 크다. 이를 제곱하면 0.403이다. 따라서 모든 AVE값이 0.403 보다 커야만 판별타당성은 확보하였다고 할 수 있다. <표 26-17>의 각 변수별 AVE값을 보면 모두 0.403보다 큰 값으로 나타나 판별타당성은 확보하였다고 할 수 있다.

〈표 26-16〉 상관관계분석결과

구분	역할갈등	상부갈등	소진현상	이직의도
역할갈등	1.00			
상부갈등	.333	1.00		
소진현상	.430	.470	1.00	
이직의도	.260	.352	.635	1.00

〈표 26-17〉 판별타당성 검정결과

변수명	계산식	AVE값
역할 갈등	$$\frac{(.603^2 + .665^2 + .646^2)}{(.603^2 + .665^2 + .646^2) + (.572 + .485 + .567)}$$	0.429
상사 부하 갈등	$$\frac{(.520^2 + .645^2 + .849^2 + .700^2)}{(.520^2 + .645^2 + .849^2 + .700^2) + (.445 + .380 + .152 + .381)}$$	0.582
소진 현상	$$\frac{(.890^2 + .815^2)}{(.890^2 + .815^2) + (.194 + .273)}$$	0.757
이직 의도	$$\frac{(.797^2 + .794^2 + .787^2 + .806^2)}{(.797^2 + .794^2 + .787^2 + .806^2) + (.497 + .455 + .463 + .436)}$$	0.577

(3) 집중 및 판별타당성 결과 제시 방법

집중 타당성 및 판별 타당성 검정 결과는 일반적으로 〈표 26-18〉과 같이 상관관계 분석결과 표에서 구성개념 신뢰도 값과 AVE값을 제시하고 해석을 하면 된다.

집중 타당성의 경우 상부갈등, 소진현상, 이직의도는 기준 값인 0.7이상의 값으로 나타났다. 반면 역할갈등은 0.7보다 약간 못미치는 수치를 보였으나 집중타당성의 또 다른 검정방법인 표준화된 회귀계수 값을 기준으로 보았을 때, 모든 변수들이 0.5이상의 높은 설명력을 보였기 때문에 모든 변수들은 집중타당성을 확보하였다고 해석한다.

판별타당성의 경우에는 가장 높은 상관계수 값을 보이는 변수는 소진현상과 이직의도 간 0.635이고, 이의 제곱값은 0.403으로 모든 변수들의 AVE값이 0.403보다 큰 값으로 나타났으므로 판별타당성은 확보하였다고 해석한다.

〈표 26-18〉 집중 타당성 및 판별 타당성 검정 결과

구분	역할갈등	상부갈등	소진현상	이직의도
역할갈등	1.00			
상부갈등	.333	1.00		
소진현상	.430	.470	1.00	
이직의도	.260	.352	.635	1.00
구성개념신뢰도	0.692	0.844	0.861	0.845
AVE	0.429	0.582	0.757	0.577

26.5.5 연구모형의 검정

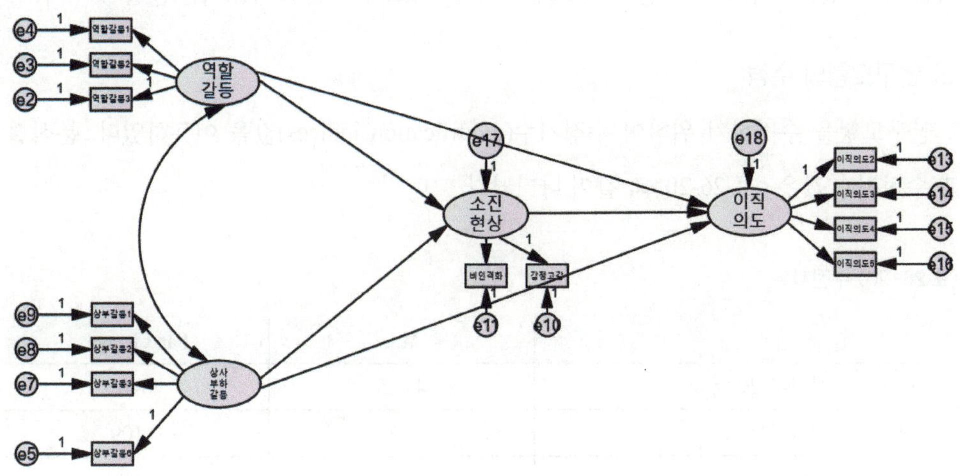

〈그림 26-15〉 연구 모형

(1) 최초 연구모형 검정 결과

　확인적 요인분석과 집중 타당성, 판별 타당성 검정을 통해 모든 조건을 수용하는 것으로 판단하였다면, 연구자가 설정한 연구모형을 검정하면 된다. 연구모형은 〈그림 26-15〉와 같이, 역할갈등에서는 6개 측정변수에서 3개가 삭제되었고, 상사부하갈등은 6개 측정변수에서 2개 삭제, 소진현상은 3개 측정변수 중 1개 삭제, 이직의도는 6개 측정변수에서 2개 삭제하였다.

〈표 26-19〉 연구모형 적합도 검정결과

구분	카이제곱 통계량			RMR	GFI	AGFI	CFI	NFI	RMSEA
	x^2	df	p						
연구 모형	177.164	59	.000	.055	.904	.852	.910	.873	.093

　연구모형의 모델 적합도(model fit) 검정결과 〈표 26-19〉와 같이, χ^2=177.164 (p=.000)로 데이터와 모델은 적합하지 않는 것으로 나타났고, GFI=0.904, AGFI=0.852, CFI=0.910, NFI=0.873, RMR=0.055, RMSEA=0.093으로 어느 정도 수용가능한 적합도 수준인 것으로 나타났다. 연구자는 수용가능한 적합도 수준의 정도를 결정하는데 고민해

야 한다. 물론 일반적으로 위 적합도 수준이라면 수용가능한 수준이라 판단할 수 있다. 하지만 좀 더 높은 적합도 수준을 위해 모델 수정을 시도하는 것도 나쁘지는 않을 것이다.

(2) 연구모형의 수정

연구모형을 수정하기 위하여 수정지수(modification indices)값을 이용하였다. 분석결과 수정지수 값은 <표 26-20>과 같이 나타났다.

〈표 26-20〉 수정지수

	M.I.	Par Change
e15 <--> 상사부하갈등	4.645	.046
e15 <--> 역할갈등	9.178	−.109
e15 <--> e16	9.354	.109
e13 <--> 역할갈등	9.812	.118
e13 <--> e17	4.154	.080
e13 <--> e18	12.485	−.134
e13 <--> e15	8.514	−.110
e10 <--> e16	4.273	−.060
e10 <--> e13	**16.826**	**.126**
e9 <--> e17	4.531	−.071
e9 <--> e18	7.208	−.090
e9 <--> e15	15.591	−.131

수정지수 결과 e10<-->e13 오차를 공분산으로 설정하면 최소한 16.826만큼 카이제곱 값이 감소하고 적합도가 향상된다는 것을 알 수 있다. 따라서 <그림 26-16>과 같이 두 오차항을 공분산으로 설정하고 분석을 실시하였다.

〈표 26-20〉 수정된 연구모형 적합도 검정결과

구분	카이제곱 통계량			RMR	GFI	AGFI	CFI	NFI	RMSEA
	x^2	df	p						
수정된 연구모형	158.642	58	.000	.054	.912	.862	.923	.886	.086

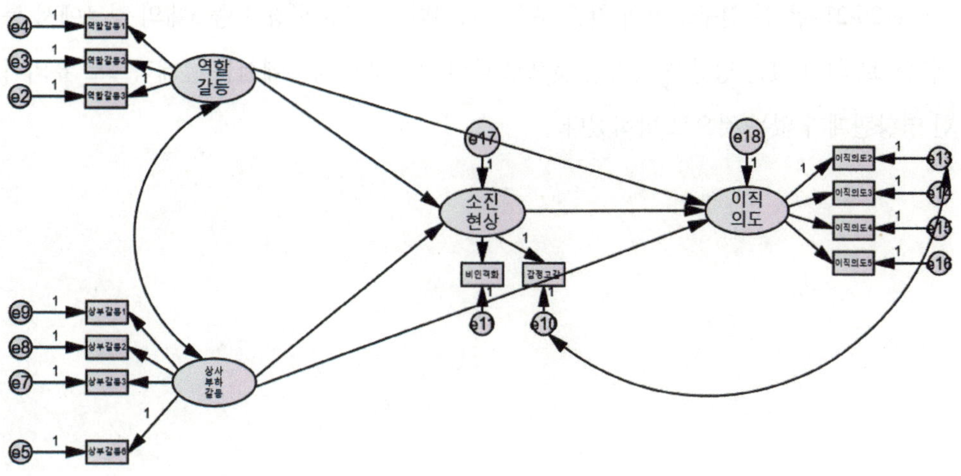

〈그림 26-16〉 수정된 연구 모형

수정된 연구모형의 모델 적합도(model fit) 검정결과 <표 26-20>과 같이, χ^2= 158.642(p=.000)로 데이터와 모델은 적합하지 않는 것으로 나타났고, GFI=0.912, AGFI=0.862, CFI=0.923, NFI=0.886, RMR=0.054, RMSEA=0.086으로 수정 전 연구모형의 적합도와 비교하여 약간 향상 되었다는 것을 알 수 있다. 연구자는 수정 전 연구모델을 최종 모델로 선정해도 되고, 수정된 연구모형을 최종 연구모형을 선정하는 것도 가능할 것이다. 여기서는 설명의 편의상 수정된 연구모형을 최종 모형으로 선정하고 경로 간 검정결과를 확인하였다.

〈표 26-21〉 연구모형 검정 결과

경로(가설)			비표준화된 계수값	표준화된 계수값	C.R.	p값
역할갈등	➡	소진현상	.499	.389	4.176	.000**
상사부하갈등	➡	소진현상	.818	.407	4.494	.000**
소진현상	➡	이직의도	.843	.768	7.265	.000**
역할갈등	➡	이직의도	−.123	−.087	−.989	.323
상사부하갈등	➡	이직의도	.049	.022	.280	.779
제안모델 적합도			χ^2=158.642, df=58, p=.000, GFI=.912, AGFI=.862, CFI=.923, NFI=.886, RMR=.054, RMSEA=.086			

　　<표 26-21>은 본 연구모형의 최종 분석결과이다. 전체 5개 경로 중 3개의 경로에서 통계적으로 의미 있는 영향을 미치는 것으로 나타났고, 2개 경로에서는 통계적으로 유의미한 영향관계가 없는 것으로 밝혀졌다.

구조방정식모델 관련 지식

제 27장에서는 구조방정식모델분석을 이용하여 논문통계 분석 시 알아두면 유익한 5가지 내용을 다룰 것이다.

① 항목합산을 통한 연구모형의 다양화

② 연구모형 검정 전 분석과정 단계

③ 자유도(df)와 모델의 식별

④ 매개효과 검정(sobel test)

⑤ 직접효과, 간접효과, 총효과

27.1 항목합산을 통한 연구모형의 다양화

항목합산이란 측정변수의 수 혹은 하위요인의 수가 너무 많거나 구조방정식모델분석을 실시하기에 어려움이 있을 때, 이론을 근거로 평균이나 총점 등을 이용하여 해당 변수를 계산하는 방법을 의미한다. 변수의 계산은 SPSS프로그램에서 (변환➡변수계산) 실시한다. <표 27-1>의 측정도구를 이용하여 여러 연구 모형들을 검정해보고, 가장 좋은 연구 결과를 도출하는 모형을 최종 모형으로 선정해보자.

〈표 27-1〉 측정도구의 정보

변수명	하위요인	최초 문항 수	확인적요인분석 이후 남은 문항 수[5]
고용불안정성	단일요인	8	5
심리적 계약위반	거래심리적계약위반	5	4
	관계심리적계약위반	4	4
조직몰입	정서몰입	4	2
	유지몰입	5	2

---

[5] 측정도구의 정보에서 확인적 요인분석 이후 남은 문항 수는 고용불안정성과 심리적 계약위반, 조직몰입 등 3개의 변수를 가지고, 각 개념적 변수별 단일차원성 검정 및 전체 변수대상 단일차원성 검정 시 제거하고 남은 문항 수를 의미한다.

27.1.1 연구모형 1의 검정

　연구모형1은 <그림 27-1>과 같으며, 이는 모든 하위요인들을 잠재변수로 설정하고, 측정변수로는 문항이 투입된 모형이다. 총 5개 잠재변수와 17개 측정변수, 총 가설 경로는 8개 경로로 구성되어 있다. 이를 분석한 결과 <표 27-2>와 같이 8개 경로 중 4개의 경로에서 변수들 간에 영향관계가 나타났고, 4개 경로에서는 영향관계가 나타나지 않았다.

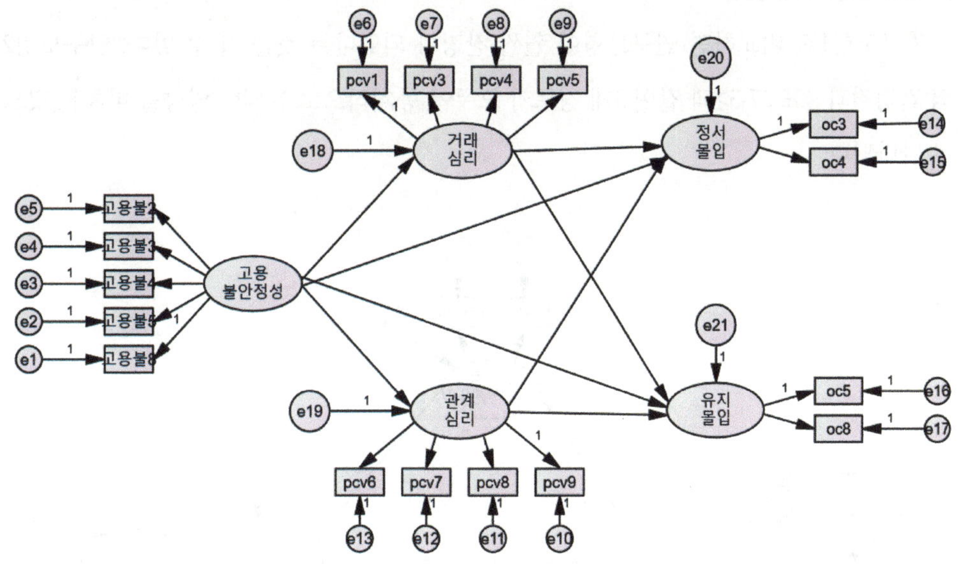

<그림 27-1> 연구모형1

<표 27-2> 연구모형1 검정결과

경로			Estimate	S.E.	C.R.	p
고용불안정성	➡	거래심리	.368	.081	4.530	.000[**]
고용불안정성	➡	관계심리	.463	.103	4.504	.000[**]
거래심리	➡	정서몰입	−.309	.166	−1.863	.062
거래심리	➡	유지몰입	−.251	.190	−1.324	.186
관계심리	➡	정서몰입	−.065	.120	−.542	.588
관계심리	➡	유지몰입	−.179	.139	−1.285	.199
고용불안정성	➡	정서몰입	−.195	.073	−2.687	.007[**]
고용불안정성	➡	유지몰입	−.344	.087	−3.953	.000[**]

[*]p<.05, [**]p<.01

27.1.2 연구모형2의 검정

연구모형2는 <그림 27-2>와 같다. 연구모형2는 고용불안정성 5개 측정변수, 심리적 계약위반 2개 측정변수, 조직몰입 2개 측정변수로 구성되었고, 총 가설 경로는 3개이다. 고용불안정성은 측정변수로 문항이 투입되었고, 심리적 계약위반과 조직몰입변수는 하위요인이 측정변수로 투입되었다. 하위요인을 측정변수로 투입하기 위하여, 항목합산(item parceling)을 이용한다.

연구모형1과 비교하면 연구모형이 훨씬 간명화 되었다는 것을 알 수 있다. 연구모형2의 검정결과 <표 27-3>과 같이 3개 경로가 모두가 통계적으로 유의한 영향을 미치는 것으로 나타났다.

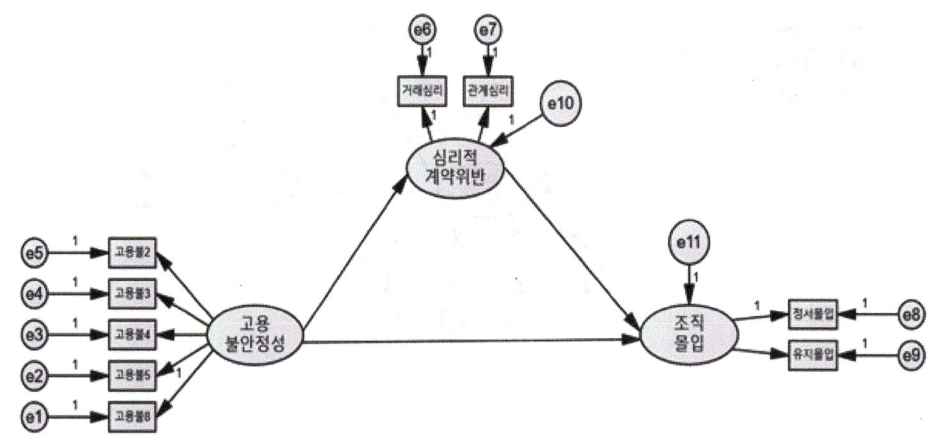

<그림 27-2> 연구모형2

<표 27-3> 연구모형2 검정결과

경로			Estimate	S.E.	C.R.	p
고용불안정성	➡	심리적계약위반	.439	.089	4.937	.000[**]
심리적계약위반	➡	조직몰입	−.440	.074	−5.929	.000[**]
고용불안정성	➡	조직몰입	−.261	.075	−3.473	.000[**]

[*]p<.05, [**]p<.01

27.1.3 연구모형3의 검정

　연구모형3은 <그림 27-3>과 같다. 연구모형3은 고용불안정성 5개 측정변수, 거래심리 4개 측정변수, 관계심리 4개 측정변수, 조직몰입 2개 측정변수로 구성되었고, 총 가설 경로는 5개이다. 고용불안정성, 거래심리, 관계심리는 측정변수로 문항이 투입되었고, 조직몰입은 2개의 하위요인이 측정변수로 투입되었다. 하위요인을 측정변수로 투입하기 위하여, 항목합산(item parceling)을 이용한다.

　연구모형1보다는 모형이 간명화 되었지만, 연구모형2보다는 모형이 복잡해 졌다. 연구모형3의 검정결과 <표 27-4>과 같이 5개 가설 경로 중 3개 경로는 통계적으로 유의한 영향관계가 있는 반면 2개 경로에서는 통계적으로 유의미한 영향관계가 없는 것으로 나타났다.

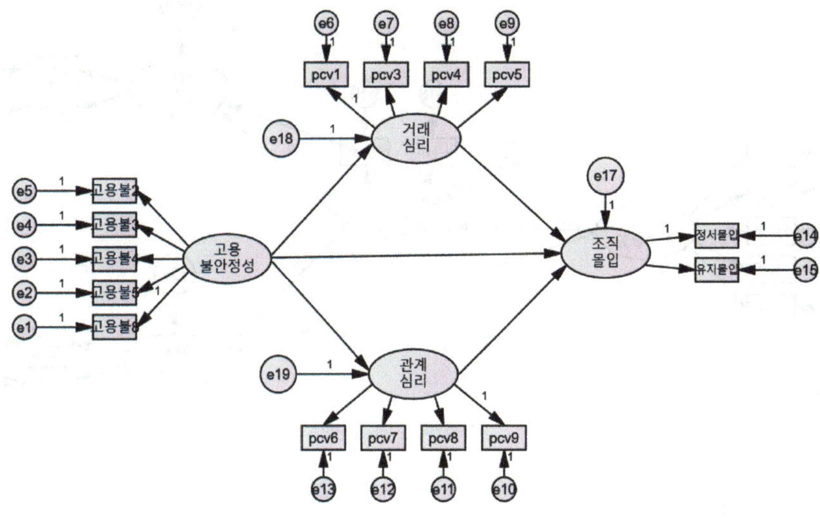

〈그림 27-3〉 연구모형3

〈표 27-4〉 연구모형3 검정결과

경로			Estimate	S.E.	C.R.	p
고용불안정성	➡	거래심리	.370	.082	4.534	.000**
고용불안정성	➡	관계심리	.462	.103	4.501	.000**
거래심리	➡	조직몰입	−.220	.161	−1.362	.173
관계심리	➡	조직몰입	−.186	.119	−1.561	.118
고용불안정성	➡	조직몰입	−.296	.077	−3.859	.000**

*p<.05, **p<.01

27.1.4 연구모형4의 검정

연구모형4는 <그림 27-4>와 같다. 연구모형4는 고용불안정성 5개 측정변수, 심리적계약위반 2개 측정변수, 정서몰입 2개 측정변수, 유지몰입 2개 측정변수로 구성되었고, 총 가설 경로는 5개이다. 고용불안정성, 정서몰입, 유지몰입은 측정변수로 문항이 투입되었고, 심리적 계약위반은 2개의 하위요인이 측정변수로 투입되었다. 하위요인을 측정변수로 투입하기 위하여, 항목합산(item parceling)을 이용한다.

연구모형1보다는 모형이 간명화 되었지만, 연구모형2보다는 모형이 복잡해 졌으며, 연구모형3과는 유사한 형태의 모형이다. 연구모형4의 검정결과 <표 27-5>와 같이 5개 가설 경로 모두가 통계적으로 유의한 영향관계가 나타났다.

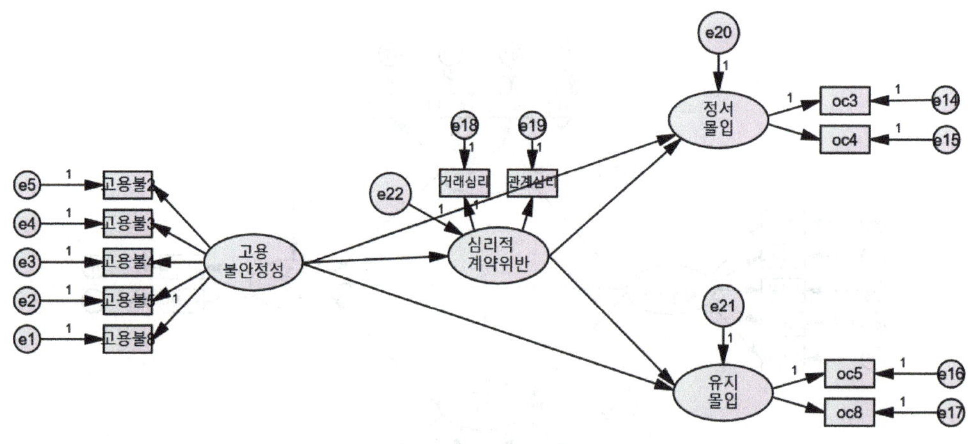

〈그림 27-4〉 연구모형4

〈표 27-5〉 연구모형4 검정결과

경로			Estimate	S.E.	C.R.	p
고용불안정성	➡	심리적계약위반	.444	.090	4.953	.000[**]
심리적계약위반	➡	정서몰입	−.363	.071	−5.130	.000[**]
심리적계약위반	➡	유지몰입	−.477	.079	−6.055	.000[**]
고용불안정성	➡	정서몰입	−.179	.074	−2.421	.015[*]
고용불안정성	➡	유지몰입	−.307	.087	−3.537	.000[**]

[*]p<.05, [**]p<.01

27.1.5 최종 연구모형의 선정

동일한 변수들을 이용하여 4개의 연구모형으로 설정하고 분석한 결과를 살펴보았다. 가설 경로가 통계적으로 유의미한 정도로 모형을 선정한다면, 연구모형2번과 연구모형4번이 모든 경로가 영향관계가 있으므로 이 중 하나가 선택받을 것이다. 연구모형2번은 가설경로가 단 3개 밖에 되지 않아 모형이 너무 간명화 되었다고 판단된다면 모형4번을 선택할 수도 있을 것이다.

결론적으로 구조방정식모델분석을 이용하는 연구자라면 동일한 변수들을 이용하여 여러 연구모형을 설정하고, 이 중 가장 적합한 연구모형을 선택할 수 있어야 할 것이다.

27.2　연구모형 검정을 위한 과학적인 분석과정

26장에서 연구모형 검정 전에 단일차원성 검정을 위해 확인적 요인분석 실시하는 방법에 대해서 아래와 같이 2가지 방법으로 구분하여 설명하였다.

① 각 개념적 변수별 단일차원성 검정을 위한 확인적 요인분석
② 전체 변수의 단일차원성 검정을 위한 확인적 요인분석

②번의 전체 변수의 단일차원성 검정을 위한 확인적 요인분석 경우에는 대부분의 연구에서 연구모형 검정 전에 실시하고 있다. 하지만 ①번의 각 개념적 변수별 단일차원성 검정을 위한 확인적 요인분석 경우에는 연구자에 따라 실시하는 경우도 있고 그렇지 않은 경우도 있다. 따라서 이 부분의 실시 유무에 따라 분석결과가 달라지는지에 대한 규명이 필요할 것이다.

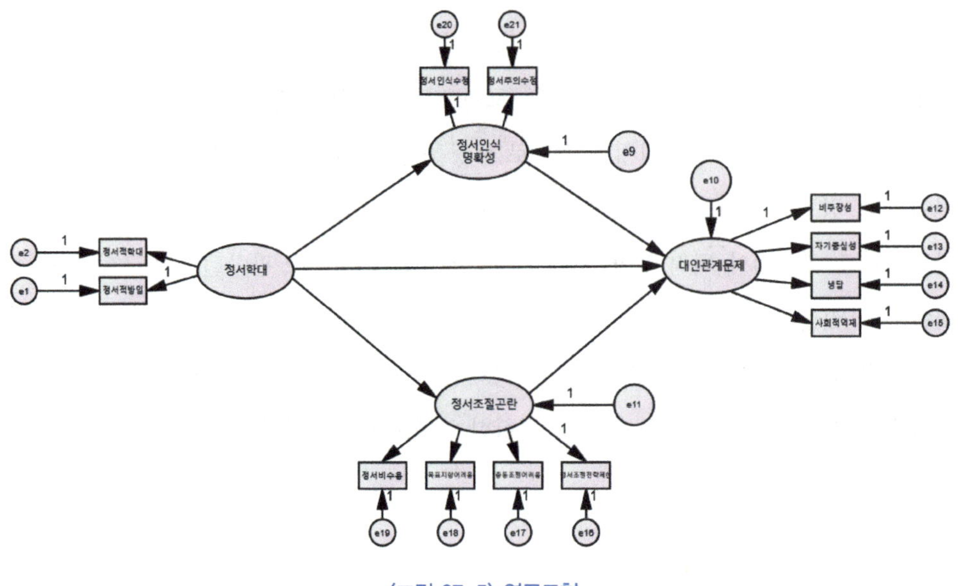

<그림 27-5> 연구모형

　<그림 27-5>의 연구모형은 총 4개의 개념적 변수, 정서학대, 정서인식명확성, 정서조절곤란, 대인관계문제로 구성되어 있으며, 각 변수들의 하위요인들이 측정변수로 투입되어 있다.

　첫 번째 분석은 ①번의 각 개념적 변수별 단일차원성 검정을 위한 확인적 요인분석을 실시하지 않고 이론을 근거로 각 변수별 문항들을 항목합산(item parceling)한 값을 측정변수로 투입하고 분석한 결과 값이 어떻게 나오는지 파악한다.

　두 번째 분석은 전체 변수 중 정서인식명확성 변수만 ①번의 각 개념적 변수별 단일차원성 검정을 위한 확인적 요인분석을 실시할 것이다. 그 후 남은 문항들을 항목합산(item parceling)한 값을 측정변수로 투입했을 때의 분석결과 값을 도출할 것이다.

　첫 번째 분석방법의 결과 값과 두 번째 분석방법에 의한 결과 값의 차이를 살펴보자.

27.2.1 전체 변수의 단일차원성 검정을 위한 확인적 요인분석 결과 비교

　<그림 27-6>은 <그림 27-5>의 전체 변수 단일차원성 검정을 위한 확인적 요인분석 모형이다. 이 중 정서인식명확성 변수만 ①번의 개념적 변수별 단일차원성 검정을 위한 확인적 요인분석을 실시할 것이다.

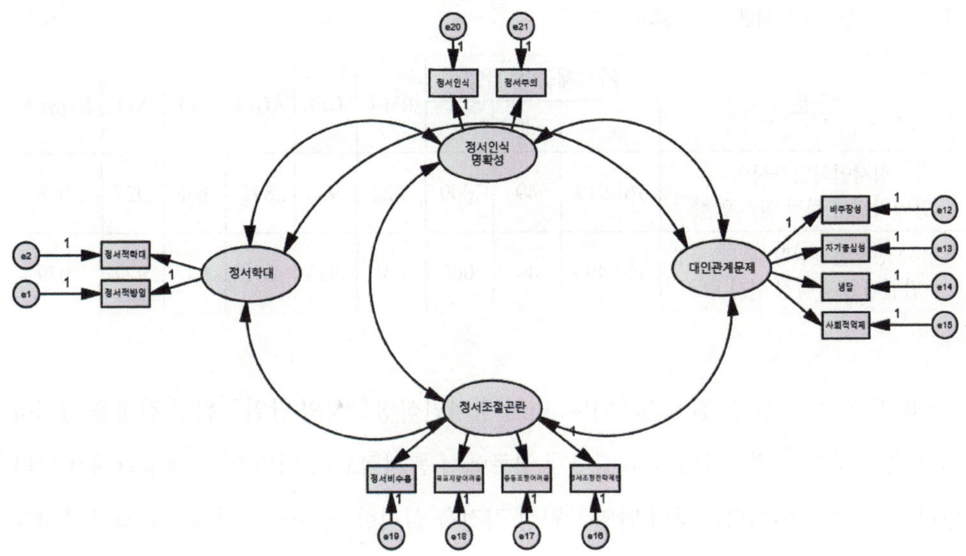

<그림 27-6> 전체 변수의 단일차원성 검정을 위한 확인적 요인분석

<표 27-6> 전체 변수의 단일차원성 검정을 위한 확인적 요인분석 적합도 결과

구분	카이제곱 통계량			RMR	GFI	AGFI	CFI	NFI	RMSEA
	χ^2	df	p						
정서인식명확성의 단일차원성 검정 실시 안함	138.777	48	.000	.019	.940	.902	.958	.938	.071
정서인식명확성의 단일차원성 검정 실시 함	141.733	48	.000	.024	.940	.902	.957	.937	.072

<표 27-6>의 전체 변수의 단일차원성 검정 결과를 비교하면, 정서인식명확성 변수의 단일차원성 검정을 실시하지 않을 때의 모형 적합도와 실시했을 때의 모형 적합도는 거의 차이가 없다는 것을 알 수 있다.

27.2.2 연구모형 검정결과 비교

연구모형 적합도 검정결과 <표 27-7>과 같다. 정서인식명확성의 단일차원성 검정 실시 유무와 관계없이 적합도는 충분히 수용가능한 수준인 것으로 나타나고 있다.

〈표 27-7〉 연구 모형 적합도 검정결과 비교

구분	카이제곱 통계량			RMR	GFI	AGFI	CFI	NFI	RMSEA
	χ^2	df	p						
정서인식명확성의 단일차원성 검정 실시 안함	161.919	49	.000	.022	.933	.893	.948	.927	.078
정서인식명확성의 단일차원성 검정 실시 함	164.493	49	.000	.031	.933	.893	.947	.927	.079

<표 27-8>는 경로 간 검정결과이다. 먼저 정서인식명확성의 단일차원성 검정을 실시하지 않은 경우에는 전체 5개 경로 중 3개 경로에서 통계적으로 의미 있는 영향관계가 나타났다. 반면 정서인식명확성의 단일차원성 검정을 실시한 경우에는 전체 5개 경로 중 4개 경로에서 통계적으로 유의미한 영향을 미치는 것으로 밝혀졌다.

〈표 27-8〉 경로 간 검정결과 비교

경로(가설)		정서인식명확성의 단일차원성 검정 실시 안함		정서인식명확성의 단일차원성 검정 실시 함	
		표준화 회귀계수	C.R. (p)	표준화 회귀계수	C.R. (p)
정서학대 ➡	정서인식 명확성	−.643	−7.323 (.000**)	−.341	−4.147 (.000**)
정서학대 ➡	정서조절 곤란	.731	7.744 (.000**)	.637	7.100 (.000**)
정서인식 명확성 ➡	대인관계 문제	−.121	−1.101 (.271)	−.132	−1.985 (.047*)
정서조절 곤란 ➡	대인관계 문제	−.075	−.573 (.566)	.103	1.138 (.255)
정서학대 ➡	대인관계 문제	.711	3.364 (.000**)	.565	4.412 (.000**)

27.2.3 연구모형 검정을 위한 과학적인 분석과정

많은 논문에서 개별 변수들의 단일차원성 검정을 위한 확인적 요인분석을 실시하기도 하지만 많은 논문에서는 실시하지 않기도 한다. 이 장에서 다룬 주된 내용은 개별 변수들의 단일차원성 검정 실시 유무에 따라 최종 연구모형의 분석결과가 달라 질 수도 있다는 것을 보여주기 위함이다.

따라서 연구모형 검정을 위한 과학적인 분석과정은 다음과 같이 요약 정리할 수 있으며, 저자는 아래와 같은 분석과정을 통해 연구모형을 검정할 것을 권유하는 바이다.

① 연구모형에 사용하는 각 개별변수들의 단일차원성 검정을 위한 확인적 요인분석
② 연구모형에 사용하는 전체 변수들의 단일차원성 검정을 위한 확인적 요인분석
③ 최종 결정된 ②번 모형의 집중타당성 및 판별타당성 검정
④ 연구모형의 검정

위 ①과 ②번 과정에서 충분히 수용가능한 적합도 수준과 집중 및 판별타당성을 확보하였다면 연구모형의 검정결과는 신뢰할 수 있는 결과라 할 수 있다.

27.3 자유도와 모델의 식별

구조방정식모델은 크게 3가지 형태의 모델, ①과소식별모델 ②적정식별모델, ③과대식별모델이다. 모델을 식별하기 위해서는 먼저 자유도($degrees\ of\ freedom$)에 대한 개념을 이해해야 한다. 구조방정식모델 분석에서 자유도란 공분산행렬의 수 즉, 정보의 수와 모델 내 추정할 모수의 수의 차이를 자유도라 한다. 자유도의 계산식은 <공식 27-1>과 같다.

$$자유도 = \frac{p(p+1)}{2} - t$$

p=측정변수의 수, t =추정모수의 총수

<공식 27-1> 자유도 계산식

자유도는 측정변수의 수와 측정변수의 전체 수에 1을 더한 수를 곱하여 2로 나눈 값을 추정모수의 총수로 빼주면 된다. 자유도가 0보다 작은 수로 나타나면 과소식별모델, 자유도가 0이면 적정식별모델(포화모델), 자유도가 1보다 크면 과대식별모델이라 한다.

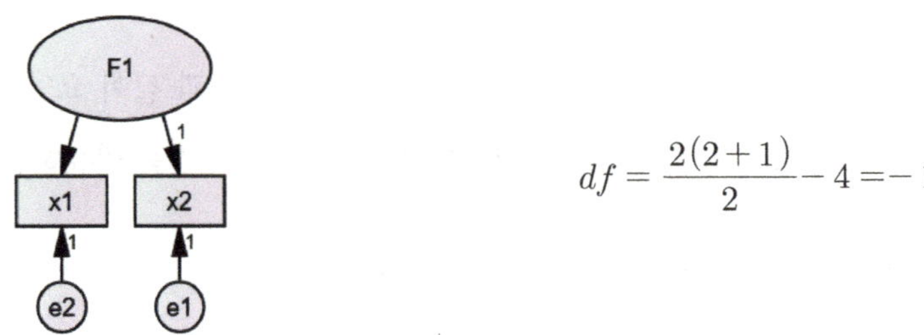

$$df = \frac{2(2+1)}{2} - 4 = -1$$

〈그림 27-7〉 과소식별모델

　　〈그림 27-7〉의 자유도를 계산하면 측정변수의 수는 총 2개로 정보의 수는 3개이고, 추정할 모수의 수는 4개이므로 자유도는 −1로 과소식별모델이 된다.

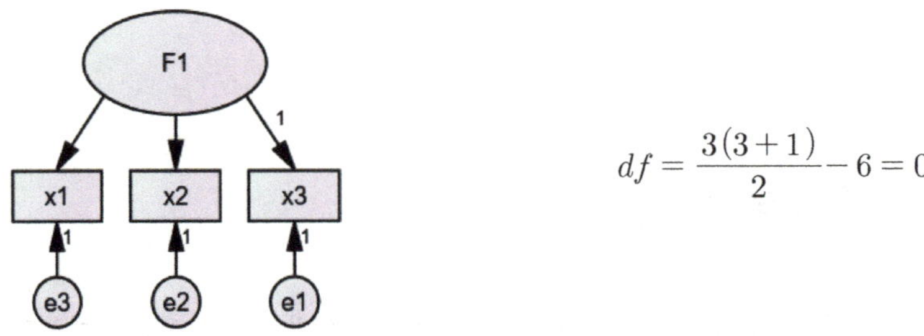

$$df = \frac{3(3+1)}{2} - 6 = 0$$

〈그림 27-8〉 적정식별모델(포화모델)

　　〈그림 27-8〉의 자유도를 계산하면 측정변수의 수는 총 3개로 정보의 수는 6개이고, 추정할 모수의 수 역시 6개이므로 자유도는 0이 되는 적정식별모델(또는 포화모델)이 된다. 앞의 과소식별모델은 적합도 계산이 안되고, 적정식별모델은 적합도가 완벽하지만 이는 실상 의미가 있는 모델이 아니다. 따라서 구조방정식모델분석에서는 과대식별모델부터 의미가 있는 모델이 된다.

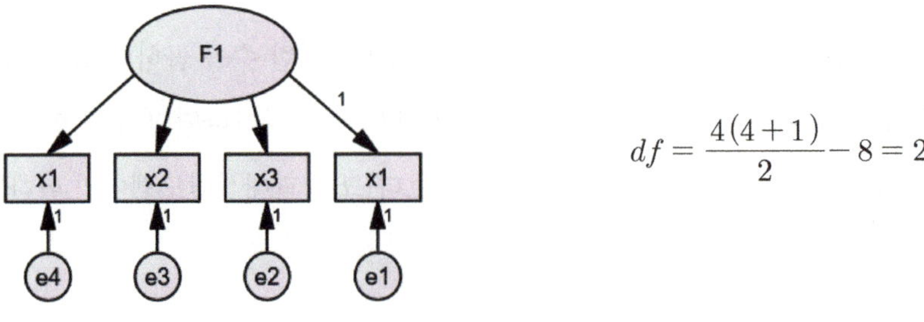

$$df = \frac{4(4+1)}{2} - 8 = 2$$

〈그림 27-9〉 과대식별모델

<그림 27-9>는 과대식별모델로서 이는 주어진 정보의 수가 추정할 모수의 수보다 큰 경우로서 자유도는 0보다 큰 값으로 나온다. 위 그림에서도 주어진 정보의 수는 10(20/2)이며, 추정할 모수의 수는 8이므로 자유도는 2가 된다. 구조방정식모델분석에서는 자유도가 0보다 큰 과대식별모델로 확인적요인분석 및 연구모형을 검정하게 된다.

다변량분석 시 제시되는 자유도($n-1$)와 구조방정식모델분석의 자유도는 다른 계산법에 의해 제공된다. 구조방정식모델분석에서 자유도는 추정모수의 수가 표본의 크기가 아닌 자료행렬 내의 원소의 수이며, 표본의 크기는 표준오차를 추정할 때 사용되며 자유도에는 영향을 미치지 않는다.

또한 자유도의 또 다른 의미는 모델의 간명성으로 해석할 수 있다. 즉, 주어진 총 정보의 수에서 추정할 모수의 수를 뺀 값이기 때문에 자유도가 낮다는 것은 모델이 복잡하지 않다는 것을 의미하고, 자유도 값이 크다($df > 100$)는 것은 모델이 복잡하다는 것을 의미한다.

27.4 매개효과 검정방법(Sobel test)

27.4.1 단일매개효과

단일 매개효과 검정을 위해서는 독립변수(A)가 매개변수(B)에 영향을 미치고, 매개변수(B)가 종속변수(C)에 영향관계가 성립되어야 한다. 또한 독립변수(A)가 종속변수(C)에 영향을 미칠 경우에는 부분매개효과, 영향관계가 없을 경우에는 완전매개효과라 한다.

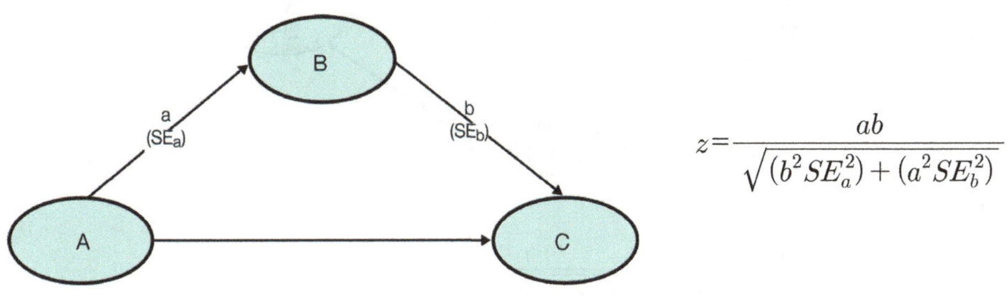

$$z = \frac{ab}{\sqrt{(b^2 SE_a^2) + (a^2 SE_b^2)}}$$

〈그림 27-10〉 단일 매개효과(sobel test) 계산식

구조방정식모델분석에서 매개효과를 검정하는 방법으로 Sobel test를 널리 이용하고 있다. Sobel 검정을 위한 계산식은 독립변수와 매개변수 간의 비표준화된 회귀계수 값과 표준오차 값, 매개변수와 종속변수 간의 비표준화된 회귀계수 값과 표준오차 값을 이용하여 z값을 계산한다. 이 값이 ±1.96이상이면 유의확률(p)은 0.05보다 작은 값으로 나타나고 매개효과가 있다고 해석한다. 또한 독립변수가 종속변수에 영향을 미친다면 부분매개효과, 영향관계가 없다면 완전매개효과라 해석한다.<그림 27-11 참고>

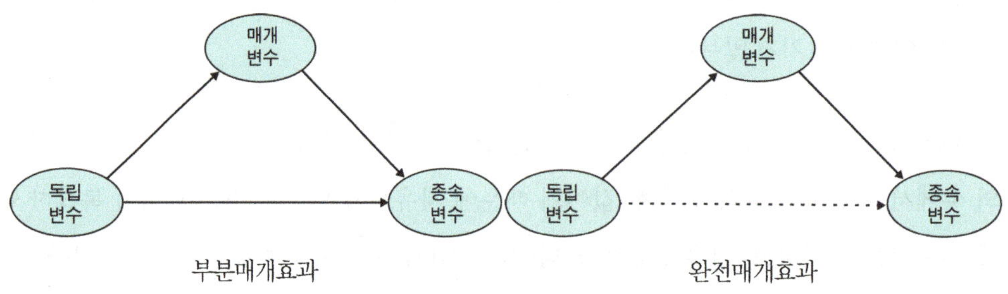

〈그림 27-11〉 부분매개효과 모형과 완전매개효과 모형

27.4.2 복수매개효과

복수매개는 독립변수와 종속변수 사이에 두 개 이상의 매개변수가 존재하며, 매개변수 간에는 영향관계가 성립되지 않게 병렬로 연결된 것을 의미한다. <그림 27-12>는 독립변수와 종속변수 사이에 두 개의 매개변수가 병렬로 연결된 모형이며, 계산식은 아래와 같다.

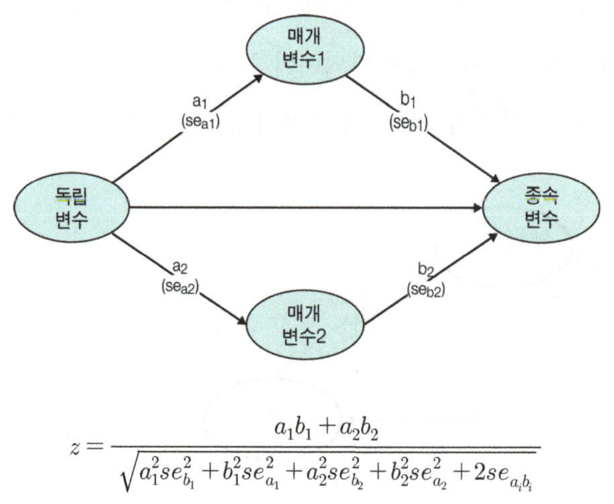

$$z = \frac{a_1 b_1 + a_2 b_2}{\sqrt{a_1^2 se_{b_1}^2 + b_1^2 se_{a_1}^2 + a_2^2 se_{b_2}^2 + b_2^2 se_{a_2}^2 + 2se_{a_i b_i}}}$$

〈그림 27-12〉 복수 매개효과(sobel test) 계산식

27.4.3 다중매개효과

　다중매개는 독립변수와 종속변수 사이에 두 개 이상의 매개변수가 존재하며, 매개변수 간에는 영향관계가 성립되게 직렬로 연결된 것을 의미한다. <그림 27-13>는 독립변수와 종속변수 사이에 두 개의 매개변수가 직렬로 연결된 모형이며, 계산식은 아래와 같다.

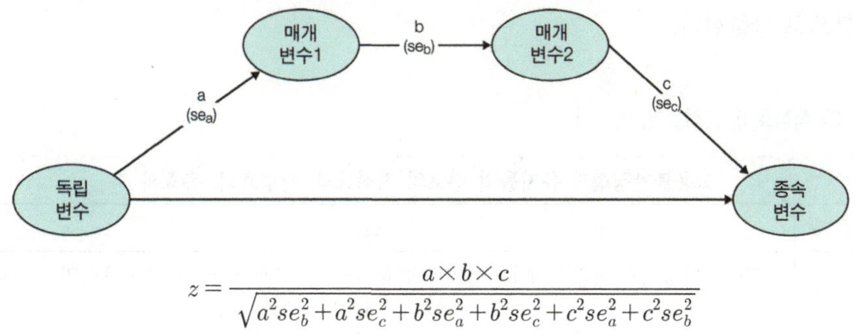

$$z = \frac{a \times b \times c}{\sqrt{a^2 se_b^2 + a^2 se_c^2 + b^2 se_a^2 + b^2 se_c^2 + c^2 se_a^2 + c^2 se_b^2}}$$

〈그림 27-13〉 다중 매개효과(sobel test) 계산식

27.5 **직접효과, 간접효과, 총효과**

27.5.1 직접효과, 간접효과, 총효과의 이해

　구조방정식모델분석 프로그램인 AMOS는 변수들 간의 직접효과, 간접효과, 총효과 값을 제공한다. 이를 설명하기 위한 모델은 <그림 27-14>와 같다.

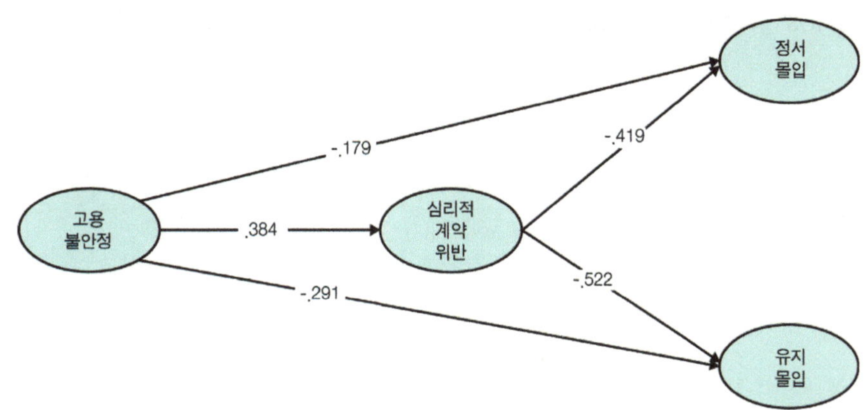

〈그림 27-14〉 직접효과, 간접효과, 총효과의 이해(표준화된 회귀계수값)

<그림 27-14> 모델에서 고용불안정성과 유지몰입 간 경로의 직접효과, 간접효과, 총효과는 <표 27-9>와 같다. 직접효과는 말 그대로 고용불안정성이 유지몰입에 직접적으로 미치는 것을 의미한다. 간접효과는 고용불안정성은 심리적 계약위반을 거쳐 유지몰입에 영향을 미친다는 것으로, 고용불안정성과 심리적 계약위반 간의 경로계수 값과 심리적 계약위반과 유지몰입 간의 경로계수 값의 곱으로 산출한다. 총효과는 직접효과와 간접효과의 합으로 산출한다.

〈표 27-9〉 직접효과, 간접효과, 총효과

고용불안정성과 유지몰입 경로의 직접효과, 간접효과, 총효과	
직접효과	−.291
간접효과	고용불안정성과 심리적계약위반의 직접효과×심리적계약위반과 유지몰입의 직접효과 0.384×(−.522)=−.201
총효과	직접효과+간접효과=총효과 (−.291)+(−.201)=−.492

AMOS프로그램에서 제공하는 표준화된 총효과, 표준화된 직접효과, 표준화된 간접효과의 계수 값을 확인하기 위해서는 아래의 절차를 따른다. 그러면 AMOS 결과창에서 다음과 같이 나타난다.

AMOS 직접효과, 간접효과, 총효과 확인방법

① View-Analysis Properties를 선택한다.
② Output 탭을 선택한다.
③ Standardized estimates와 Indirect, direct & total effect를 선택한다.
④ AMOS 결과창에서 estimate를 선택하면 아래의 결과값들이 나타난다.

Standardized Total Effects (Group number 1 - Default model)

	고용_불안정성	심리적_계약위반	유지_몰입	정서_몰입
심리적_계약위반	.384	.000	.000	.000
유지_몰입	-.491	-.522	.000	.000
정서_몰입	-.340	-.419	.000	.000
관계심리	.318	.828	.000	.000
거래심리	.332	.865	.000	.000
oc8	-.302	-.321	.614	.000
oc5	-.366	-.388	.744	.000
oc4	-.308	-.380	.000	.906
oc3	-.240	-.296	.000	.705
고용불2	.713	.000	.000	.000
고용불3	.826	.000	.000	.000
고용불4	.754	.000	.000	.000
고용불5	.794	.000	.000	.000
고용불8	.575	.000	.000	.000

Standardized Direct Effects (Group number 1 - Default model)

	고용_불안정성	심리적_계약위반	유지_몰입	정서_몰입
심리적_계약위반	.384	.000	.000	.000
유지_몰입	-.291	-.522	.000	.000
정서_몰입	-.179	-.419	.000	.000
관계심리	.000	.828	.000	.000
거래심리	.000	.865	.000	.000
oc8	.000	.000	.614	.000
oc5	.000	.000	.744	.000
oc4	.000	.000	.000	.906
oc3	.000	.000	.000	.705
고용불2	.713	.000	.000	.000
고용불3	.826	.000	.000	.000
고용불4	.754	.000	.000	.000
고용불5	.794	.000	.000	.000
고용불8	.575	.000	.000	.000

Standardized Indirect Effects (Group number 1 - Default model)

	고용_불안정성	심리적_계약위반	유지_몰입	정서_몰입
심리적_계약위반	.000	.000	.000	.000
유지_몰입	-.201	.000	.000	.000
정서_몰입	-.161	.000	.000	.000
관계심리	.318	.000	.000	.000
거래심리	.332	.000	.000	.000
oc8	-.302	-.321	.000	.000
oc5	-.366	-.388	.000	.000
oc4	-.308	-.380	.000	.000
oc3	-.240	-.296	.000	.000
고용불2	.000	.000	.000	.000
고용불3	.000	.000	.000	.000
고용불4	.000	.000	.000	.000
고용불5	.000	.000	.000	.000
고용불8	.000	.000	.000	.000

　　그런데 여기서 제공하는 간접효과의 계수 값만으로는 통계적으로 유의미한 간접효과가 있는지를 판단할 수 없다. 따라서 간접효과의 유의성을 검정을 위해 유의확률(p값)을 조사해야 한다.

27.5.2 간접효과 유의확률(p값) 검정 방법

AMOS 프로그램에서는 간접효과 유의확률을 확인하기 위해서는 부트스트레핑(bootstrapping)을 이용해야 한다. 부트스트레핑은 모집단에서 무작위로 추출한 표본데이터를 모집단의 대체로 취급하고 표준오차를 추정하는 방법이다. 부트스트레핑 추정치와 표준오차를 구하기 위해서는 정해진 수만큼 재표본추출(resampling) 한다.

부트스트레핑 방법을 이용하여 유의확률을 확인하는 이유는 구조방정식모델분석에서 가장 보편적으로 사용하는 모수추정법인 ML(Maximum Likelihood) 또는 GLS(General Least Square)법은 다변량 정규분포를 가정을 기본으로 하고 있다. 그러나 이러한 기본 조건을 만족하는 데이터를 현실에서 구하기는 쉽지 않다. 부트스트레핑 방법은 다변량 정규분포 가정에서 자유롭기 때문에 다변량 정규성을 벗어난 데이터에 잘 활용된다.

AMOS 프로그램에서 Bootstrapping을 이용한 간접효과 유의확률 확인방법

① View-Analysis Properties를 선택한다.
② Bootstrap 탭을 선택한다.
③ Perform bootstrap, Percentile confidence intervals, Bias-corrected confidence intervals, Bootstrap ML을 체크한다.

1. Perform bootstrap: 반복횟수

2. Percentile confidence intervals: 신뢰구간(백분율법)

3. Bias−corrected confidence intervals: 신뢰구간(편향수정 백분율법)

4. Bootstrap ML: 최대우도법에 의한 부트스트랩 실행

AMOS 결과창에서 간접효과 유의확률 확인방법

① Estimats 더블클릭 후 Matrices 더블클릭한다.

② Matrices 하단에 Standardized indirect Effects를 클릭한다.

③ 결과창 하단에 Bias-corrected percentile method를 선택한다.

④ Bias-corrected percentile method를 더블 클릭하면 Two Tailed Significance를 선택하면, 오른쪽 화면에 간접효과 유의확률이 나타난다.

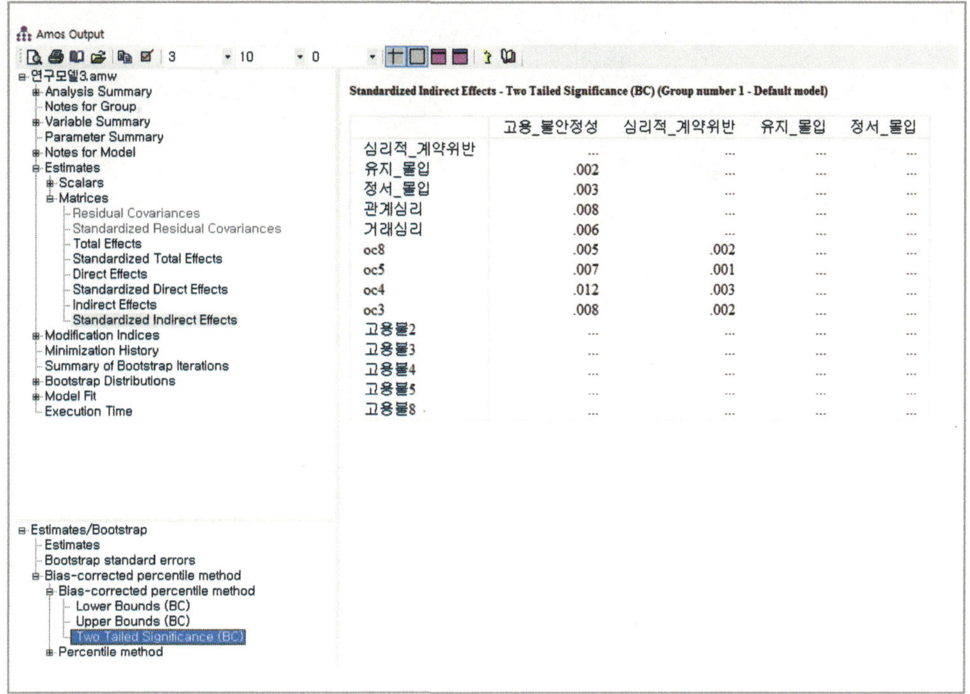

Standardized Indirect Effects - Two Tailed Significance (BC) (Group number 1 - Default model)

	고용_불안정성	심리적_계약위반	유지_몰입	정서_몰입
심리적_계약위반	...	...	...	...
유지_몰입	.002	...	...	...
정서_몰입	.003	...	...	...
관계심리	.008	...	...	...
거래심리	.006	...	...	...
oc8	.005	.002	...	...
oc5	.007	.001	...	...
oc4	.012	.003	...	...
oc3	.008	.002	...	...
고용불2	...	...	...	...
고용불3	...	...	...	...
고용불4	...	...	...	...
고용불5	...	...	...	...
고용불8	...	...	...	...

　　간접효과의 유의확률을 확인하면 다음과 같이 나타났다. 고용불안정성과 유지몰입 간의 간접효과는 유의확률이 0.002, 고용불안정성과 정서몰입 간의 간접효과는 유의확률이 0.003으로 모두 통계적으로 유의미한 간접효과가 있다는 것을 알 수 있다.

조절효과와 다 집단분석

　　조절변수란 독립변수와 종속변수 간의 관계방향 및 강도에 영향을 미치는 변수로서, 조절변수의 수준에 따라 독립변수와 종속변수의 관계는 달라진다. 여기서 조절변수의 수준은 연속형변수와 비연속형변수에 따라 처리 방법이 달라진다. 연속형변수인 경우에는 평균(또는 중앙값)을 중심으로 높고 낮음으로 집단을 구분할 수 있고, 비연속형변수인 경우에는 제시된 변수(ex. ①정규직, ②비정규직) 그대로 사용하면 된다.

　　예를 들어 우울증을 조절변수로 사용한다면 우울증의 수준을 경증우울증과 중증우울증 또는 비우울증과 우울증 등으로 수준을 구분할 수 있고, 식이요법과 콜레스테롤수치 간의 관계에서 체중의 조절효과를 본다면 체중의 수준 즉, 표본의 평균의 중심으로 저체중과 과체중으로 그 수준을 구분할 수 있다.

　　SPSS를 이용한 논문통계에서는 일반적으로 Baron & Kenny의 조절효과 검정을 널리 사용하는데, 이 검정방법은 독립변수와 조절변수의 상호작용항(독립변수×조절변수)을 이용하여 분석을 한다. 이와 관련해서는 본서 제 20장에서 설명하였다.

　　AMOS프로그램을 이용한 구조방정식모델분석에서의 조절효과 검정은, 일반적으로 SPSS에서처럼 상호작용효과를 검정하기 보다는 다집단분석(multi-group analysis)을 통해 분석을 하게 된다. 즉, SPSS프로그램과 AMOS프로그램을 이용한 조절효과 검정은 표현방법은 같아도 분석방법은 다르다.

　　제 28장에서 설명하는 조절효과 검정을 이해하기 위해서는 먼저 다집단 분석 방법에 대해서 알아야 한다. 그런데 다집단 분석을 통해 조절효과 검정을 할 때 학자들마다 논문에 제시하는 수준에는 조금씩 차이가 있다. 따라서 본서에서는 조절효과 검정을 ①단순제시 방법 ②엄격한 제시 방법으로 구분하여 설명할 것이다.

단순 제시방법	① 집단 구분(연속형변수일 경우에는 평균 또는 중앙값을 기준으로 집단을 구분하며, 비연속형변수는 그대로 사용)
	② 모델 구분(제약모델과 비제약모델로 구분)
	③ χ^2차이 검정
엄격한 제시방법	① 다 집단 확인적요인분석(측정동일성 검정)
	② 다 집단 구조방정식모델 분석
	③ 경로 간 영향관계를 집단 간 비교

28.1　조절효과 분석 Ⅰ (단순 제시방법)

28.1.1 연구 상황 및 연구 모형

　　조직 내 종사원들은 일반적으로 조직과의 심리적 계약을 체결하게 된다. 심리적 계약이란 조직과 구성원들 간의 상호교환에 대한 문서화되지 않은 기대로서, 상호 간의 의무에 대한 개인적인 믿음 또는 지각을 의미한다. 선행연구에서 구성원들의 심리적 계약은 시간이 흐를수록 위반을 지각하게 되는데, 이를 심리적 계약위반이라 한다. 이는 거래 심리저계약위반과 관계 심리적계약위반으로 구분할 수 있다. 본 연구 상황은 고용불안정성과 거래·관계 심리적 계약위반, 조직몰입간의 관계에서 직무형태(정규직, 계약직)가 어떠한 조절작용하는지를 규명하는 것이다.

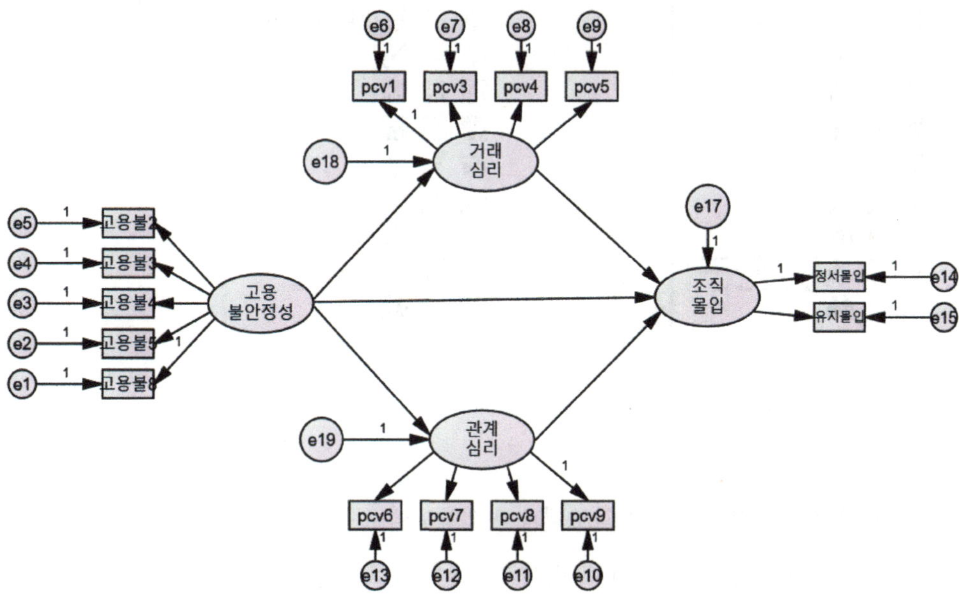

〈그림 28-1〉 조절효과 검정을 위한 연구모형

28.1.2 조절효과 검정을 위한 모델의 구축

(1) 집단 구분

조절변수인 직무형태는 정규직과 계약직으로 구성된 변수이므로, 정규직 모델과 계약직 모델로 집단을 구분해야 한다. 모델을 집단에 따라 구분하는 방법은 아래와 같다.

집단관리창에 있는 Group number 1을 더블클릭한다.

Group number 1을 정규직이라 입력하고, New를 누른 후, 계약직이라 입력하고, Close를 누른다.

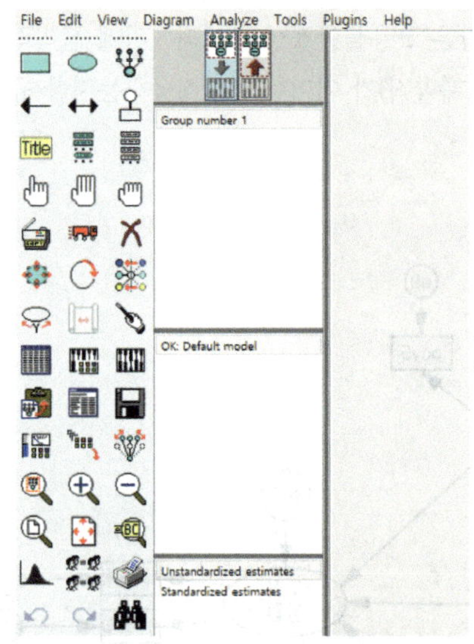

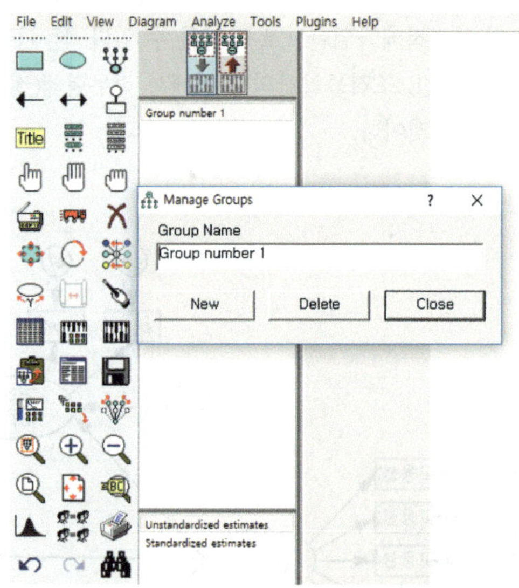

---

(2) 모델 구분

조절효과 검정을 위해서는 제약모델과 비제약모델로 구분해야 한다. 제약모델은 모든 모델의 경로를 제약을 두는 것이고, 비제약모델은 경로에 제약을 두지 않은 모델을 의미한다. 분석 후 비제약모델의 χ^2 값과 제약모델의 χ^2 값을 비교하여, 비제약모델이 더 우수한 모델이어야 한다. 모델을 구분하는 방법은 다음과 같다.

Dafault model를 더블클릭한다.

default model를 제약모델로 입력하고, New를 누른 후, 비제약모델로 입력하고 Close를 선택한다.

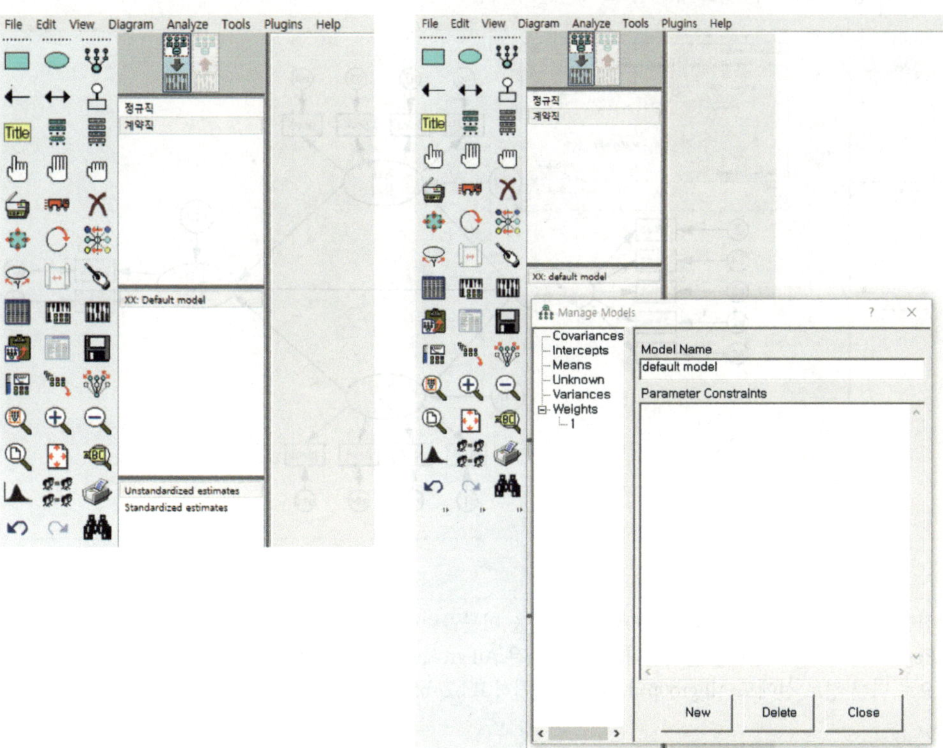

(3) 집단 별 모델의 경로 값 지정

집단을 정규직과 계약직으로 구분하였고, 모델을 제약모델과 비제약모델로 구분하였으며, 집단 별 모델의 경로 값을 지정해야 한다. 총 경로의 수는 5개이므로, 정규직은 a1~a5번으로 지정하고, 계약직은 b1~b5번으로 지정을 하면 된다. 집단 별 경로 값 지정하는 방법은 다음과 같다.

집단관리창에서 정규직을 선택하고, 경로 선을 더블클릭하면 Object Properties 창이 나타난다. 여기서 Regression weight에 a1을 입력한다. 그리고 다른 경로 선을 선택하여 Regression weight에 a2를 입력한다. 이러한 방법으로 모든 경로에 이름(a1~a5)을 부여한다.

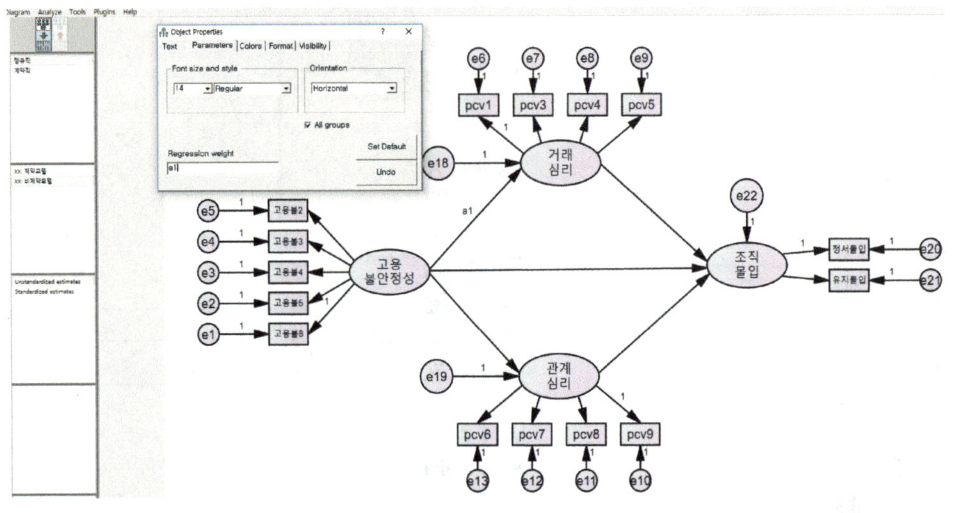

집단관리창에서 계약직을 선택하고, 경로 선을 더블클릭하면 Object Properties 창이 나타난다. 여기서 Regression weight에 b1을 입력한다. 주의할 점은 All groups의 체크를 제거하는 것이다. 이와 동일한 방법으로 다른 경로 선에도 All group의 체크를 제거하고 b2~b5의 이름을 부여한다.

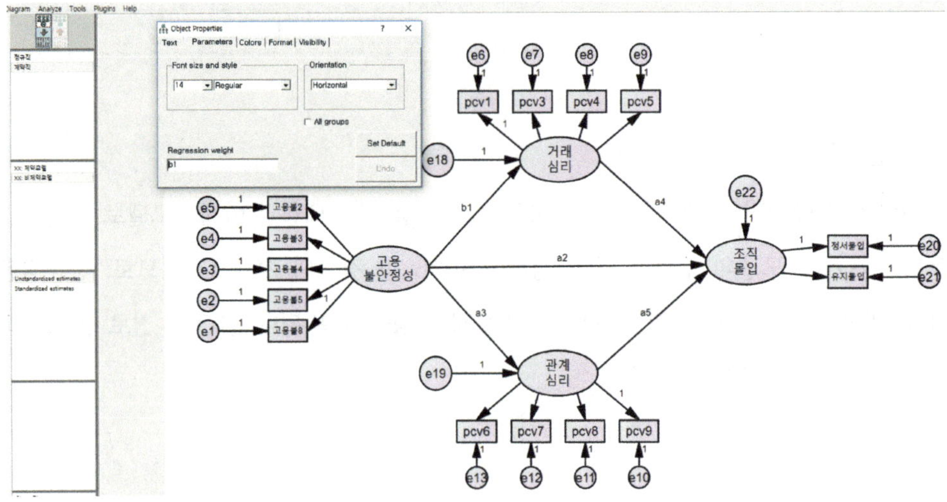

⑷ 제약모델에서 경로 간 제약 설정

제약모델에서는 정규직과 계약직 집단 간 모든 경로는 동일하다고 지정을 해준다. 비제약모델에서는 어떠한 지정도 필요하지 않다. 제약을 하지 않은 비제약모델이 제약모델보다 우수한 모델이어야 한다.

제약모델을 더블클릭하면 Manage Models 창이 나타난다. 여기서 정규직 모델과 계약직 모델의 모든 경로는 동일하다는 제약을 부여한다. 비제약모델은 어떠한 지정도 하지 않아도 된다.

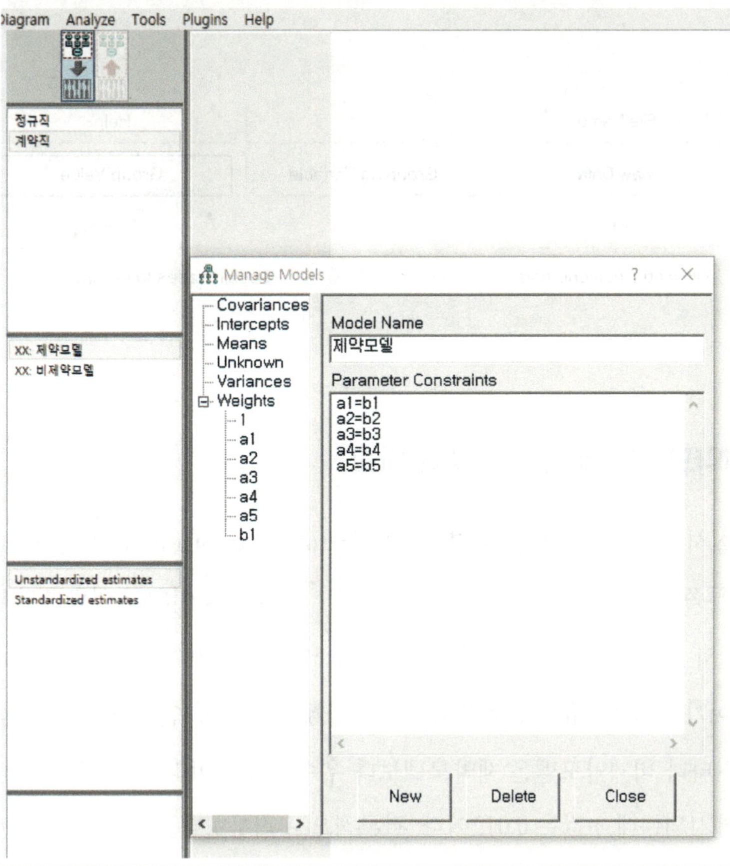

28.1.3 집단 별 데이터 지정

정규직과 계약직의 조절효과를 검정하기 위해서는 정규직에는 정규직(1번으로 코딩) 데이터를 지정하고, 계약직에는 계약직(2번으로 코딩) 데이터를 지정해야 한다. 지정하는 방법은 다음과 같다.

① File Name을 선택하여 raw data(데이타로 저장)를 불러온다.

② Grouping Variable를 누른 후, 직무형태를 선택한다.

③ Group Value를 누른 후, 1(정규직)을 선택한다.

④ 계약직은 위 과정을 동일하게 반복한다.

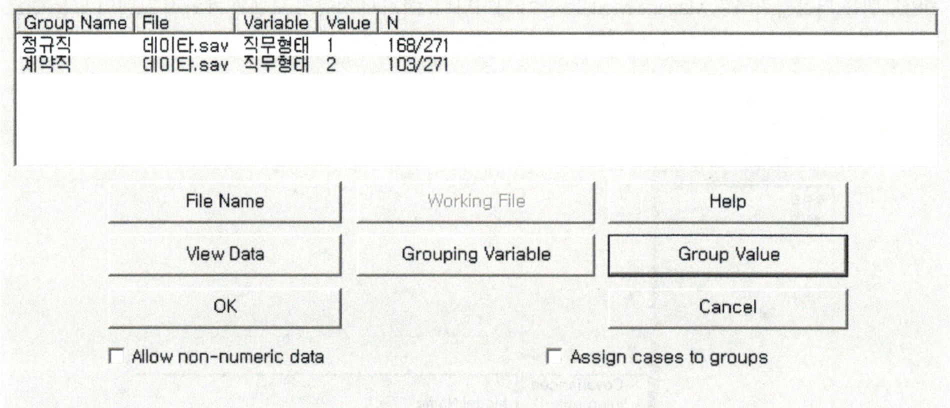

28.1.4 제약모델과 비제약모델의 비교

　분석을 실시한 후 output창을 보면, 모델 비교(model comparison)이 나타난다. 이를 선택하면, 오른쪽 화면에 제약모델과 비제약모델의 χ^2 차이와 이의 유의확률이 나온다.

　제약모델과 비제약모델의 자유도(df)차이는 5이고, χ^2 차이는 14.658로 나타났다. 자유도의 차이가 5일 때, 유의수준 0.05의 χ^2 임계치는 11.07인데, 이 보다 높은 수치인 14.658로 나타나 비제약모델은 제약모델보다 우수한 모델이라 할 수 있다. 이 값은 유의확률로도 제시되는데, p값은 0.012이다. 결론적으로 직무형태는 모든 경로에서 조절효과는 통계적으로 유의적인 것으로 나타났으므로, 정규직과 계약직의 영향관계의 차이를 해석하면 된다.

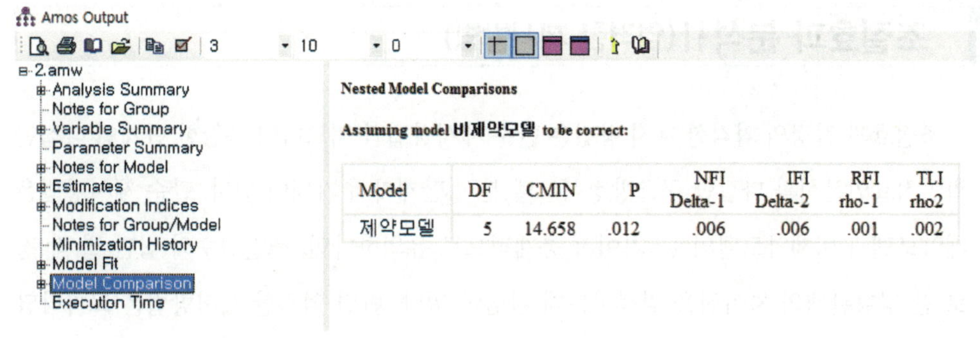

Model	DF	CMIN	P	NFI Delta-1	IFI Delta-2	RFI rho-1	TLI rho2
제약모델	5	14.658	.012	.006	.006	.001	.002

28.1.5 정규직과 계약직의 경로 간 영향관계 차이

비제약모델이 제약모델보다 더 우수한 모델임이 판명되었으므로, 정규직과 계약직의 경로 간 영향관계 차이를 확인하면 된다. 정규직은 전체 5개 경로 중 "거래심리➡조직몰입" 경로를 제외하고, 모든 경로가 영향을 미치는 것으로 나타난 반면, 계약직은 "고용불안정성➡거래심리" 경로만 유의한 영향을 미치는 것으로 나타났다. 이러한 결과를 근거로 연구자는 시사점을 제시하면 된다.

논문에서는 조절효과 검정결과를 <표 28-1>과 같이 제시하면 된다.

⟨표 28-1⟩ 조절효과 검정결과

경로			정규직			계약직		
			표준화된 계수값	C.R.	P	표준화된 계수값	C.R.	P
고용불안정성	➡	거래심리	.367	3.603	.000**	.316	2.657	.008**
고용불안정성	➡	관계심리	.435	4.383	.000**	.176	1.549	.121
거래심리	➡	조직몰입	.028	.138	.890	−.414	−1.365	.172
관계심리	➡	조직몰입	−.507	−2.359	.018*	−.060	−.218	.828
고용불안정성	➡	조직몰입	−.315	−3.218	.001**	−.122	−1.147	.251
제약모델과 비제약모델 차이			$p{=}.012(\triangle df{=}5,\ \triangle\chi^2{=}14.658)$					
모델적합도(제약모델)			$\chi^2{=}410.979(df{=}173,\ p{=}.000)$, RMR=.083, CFI=.895, TLI=.873, RMSEA=.072					
모델적합도(비제약모델)			$\chi^2{=}396.320(df{=}168,\ p{=}.000)$, RMR=.067, CFI=.900, TLI=.875, RMSEA=.071					

$^{*}p{<}.05,\ ^{**}p{<}.01$

28.2　조절효과 분석 II (엄격한 제시방법)

　　조절효과 검정의 엄격한 제시 방법은 단순 제시방법과 비교하여 복잡한 단계인 다집단 확인적요인분석과 다집단 구조방정식모델 분석 단계가 추가되어 있다. 단순 제시방법은 제약모델과 비제약모델의 χ^2 차이가 통계적으로 유의하다면, 조절변수의 집단 별 각 경로 간 영향관계의 차이점을 검정하는데 관심이 있다. 반면 엄격한 제시방법은 교차타당성 검정을 실시하여 동일한 모집단에서 표본을 추출하였다는 것을 증명하고, 구조방정식모델 분석에서는 집단 별 각 경로 간 영향관계의 차이점 뿐 만 아니라 각각의 경로 별로 제약모델과 비제약모델의 차이유무도 확인한다는 점에서 단순 제시방법보다 높은 수준의 분석방법이다.

　　조절효과 분석을 단순 제시방법으로 할 것인가 아니면 엄격한 제시방법으로 할 것 인가는 연구자가 판단할 몫이지만, 원칙적으로는 엄격한 제시방법을 이용하여 제시하는 것이 정확한 제시방법이라 할 수 있다. 하지만 많은 연구에서는 단순 제시방법을 이용하여 제시하기도 한다.

28.2.1　다 집단 확인적요인분석(측정동일성 검정)

　　다 집단 확인적요인분석은 조절변수의 집단(정규직과 계약직) 간 확인적 요인분석을 하는 것이다. 본서의 예제로 예를 들면, 정규직과 계약직 간 확인적요인분석을 실시한다는 것을 의미한다. 다 집단 확인적요인분석을 실시하는 궁극적인 목적은 교차타당성을 검정하기 위함인데, 교차타당성 검정이란 모집단에서 몇 개의 표본을 추출하여도 그 표본들에서 얻은 결과가 동일한지 동일하지 않은지를 검정할 때 이용하는 검정방법이다.

　　구조방정식모델에서 교차타당성 검정은 측정동일성 검정으로 분석한다. 측정동일성이란 다른 모집단에서 획득한 측정모델이 동일한 결과를 보이지는 아닌지를 판단하는 것이다. 이를 위해 다 집단 확인적요인분석을 이용한다. 본서의 예제로 자세하게 설명하면, 정규직과 계약직들이 측정도구인 설문문항에 대해서 동일하게 인식하고 응답했는지를 검정하는 것이 측정동일성에 해당된다고 하겠다.

　　다 집단 확인적요인분석을 실시하는 방법은 다음과 같다.

⑴ 측정동일성 검정을 위한 다 집단 확인적요인분석의 실행

다 집단 확인적요인분석을 실행하기 위해서는 아래와 같은 5단계 검정단계[6]를 거쳐야 한다.

〈표 28-2〉 측정동일성 검정의 실행 순서

구분	내용
1단계	집단 간 제약을 하지 않은 비제약모델
2단계	잠재변수와 측정변수 간의 경로인 요인부하량을 집단 간 동일하게 제약을 한 모델
3단계	잠재변수 간 공분산을 집단 간 동일하게 제약을 한 모델
4단계	2단계와 3단계의 요인부하량과 공분산을 집단 간 동일하게 제약을 한 모델
5단계	4단계의 요인부하량, 공분산과 측정변수의 오차항의 분산을 집단 간 동일하게 제약을 한 모델

측정동일성 검정을 위해 연구자가 직접 1단계에서 5단계까지 모든 경로에 이름을 부여하고 제약을 하는 방법이 있다. 하지만 이는 매우 번거롭고 복잡하므로, 본서에서는 AMOS프로그램을 이용하여 간단하게 분석하는 방법을 소개한다. 단, AMOS 프로그램에서는 3단계의 공분산을 집단 간 동일하게 제약을 한 모델의 결과 값을 제공하지 않으므로, 이는 연구자가 직접 모델에서 제약을 가해야 한다.

6　Myers, M.B., Calantone, R.J., Page, T.J., & Taylor, C.R.(2000). Academic insights: an application of multle-group causal models on assissing cross-cultural measurement equivalence. Jounrnal of international Marketing, 8(4), 108-121.

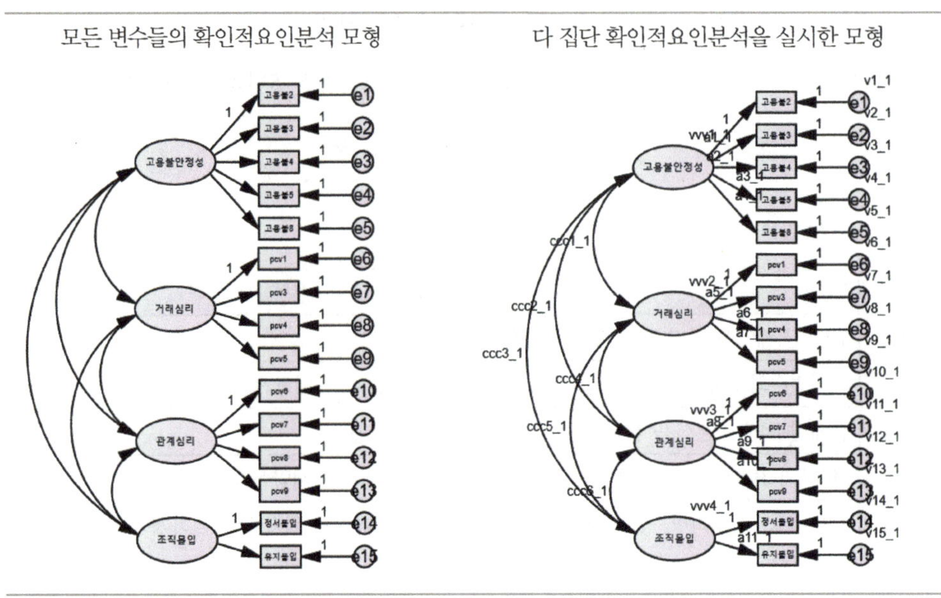

〈그림 28-2〉 측정동일성 검정을 위한 모델 작성

〈그림 28-1〉 연구모형의 모든 변수들 간의 확인적요인분석 모델을 〈그림 28-2〉의 왼쪽 그림과 같이 작성한다. 조절변수인 직무형태는 정규직과 계약직으로 구성된 변수이므로, 정규직 모델과 계약직 모델로 집단을 구분해야 한다. 모델을 집단에 따라 구분하는 방법은 앞의 단순제시방법에서 설명하였다. 집단 구분 후에는 **메뉴에서 "Analyze → Multiple-Group Analysis"**를 누른다.

집단관리창에서 정규직과 계약직으로 집단을 구분한다

분석을 실행한다.

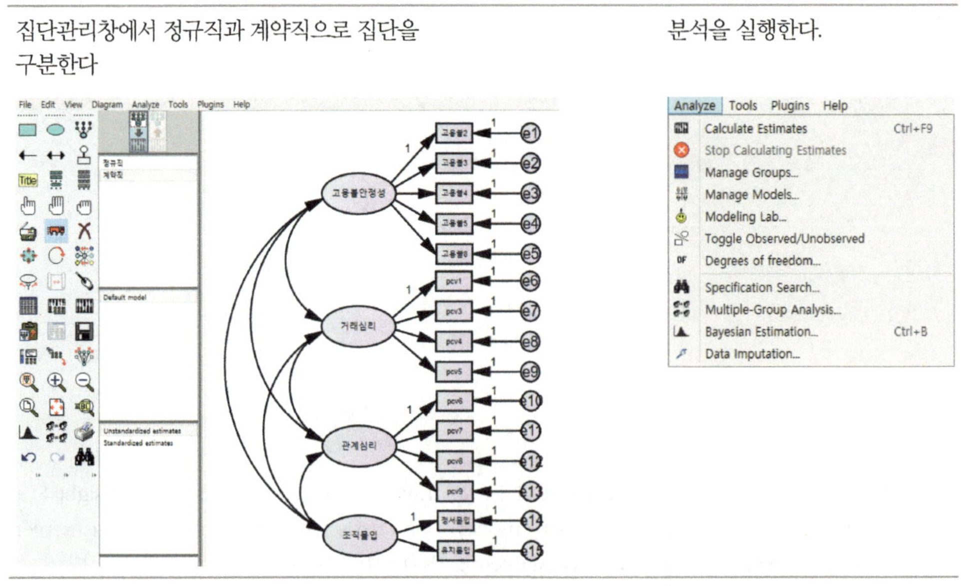

Multiple-Group Analysis 분석을 실행하면, <표 28-3>의 왼쪽 그림과 같이 필요한 모델들이 자동으로 지정된 화면이 나타난다. OK를 누르면 분석이 완료된다. 여기서 글자가 활성화 되어 있는 모델들의 결과 값만 도출된다.

〈표 28-3〉 Multiple—Group Analysis의 설명

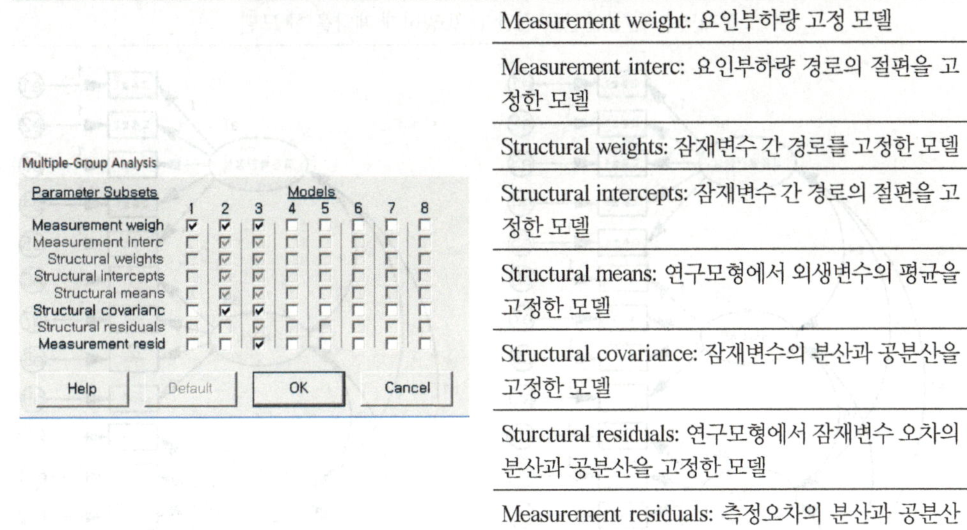

Measurement weight: 요인부하량 고정 모델	
Measurement interc: 요인부하량 경로의 절편을 고정한 모델	
Structural weights: 잠재변수 간 경로를 고정한 모델	
Structural intercepts: 잠재변수 간 경로의 절편을 고정한 모델	
Structural means: 연구모형에서 외생변수의 평균을 고정한 모델	
Structural covariance: 잠재변수의 분산과 공분산을 고정한 모델	
Sturctural residuals: 연구모형에서 잠재변수 오차의 분산과 공분산을 고정한 모델	
Measurement residuals: 측정오차의 분산과 공분산을 고정한 모델	

(2) 다 집단 확인적요인분석의 결과

다 집단 확인적요인분석 결과를 output창에서 확인하면 <표 28-4>와 같이 나타난다. Unconstrained은 <표 28-2>의 측정모델 동일성 검정 실행의 1단계 비제약모델에 해당하고, Measurement weights는 2단계 잠재변수와 측정변수 간이 경로인 요인부하량을 집단 간 동일하게 제약을 한 모델의 결과이고, Structural covariance는 4단계의 요인부하량과 공분산을 집단 간 동일하게 제약을 한 모델의 결과 값이며, Measurement residuals는 5단계의 요인부하량, 공분산, 측정변수의 오차항의 분산을 집단 간 동일하게 제약을 한 모델의 결과 값에 해당한다. Saturated model(포화모델)과 Independence model(null 모형)은 비교를 위해 필요한 모델이며 실상 의미가 있는 모델은 아니다.

　　3단계인 잠재변수 간 공분산을 집단 간 동일하게 제약을 한 모델의 값은 AMOS 프로그램에서 제공하지 않으므로 연구자가 직접 모델을 작성하고 분석을 해야 한다. <그림 28-3>은 측정동일성 검정 3단계 모형을 직접 작성 한 것이며, 그 결과 값은 <표 28-4> 3단계에서 제시하였다.

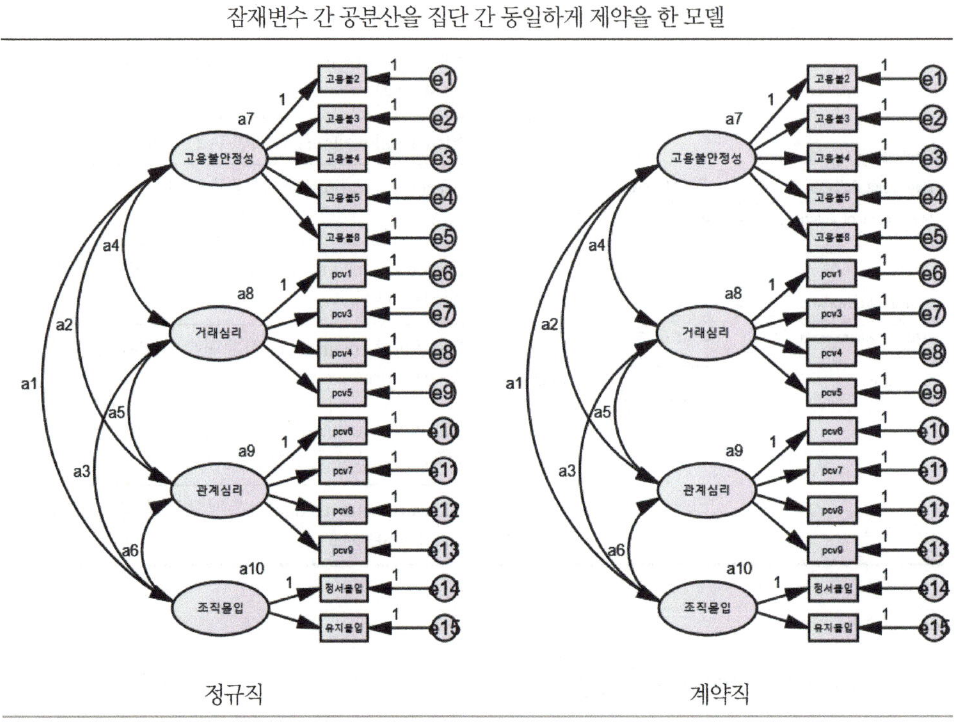

〈그림 28-3〉 측정동일성 검정 3단계 모델

〈표 28-4〉 다 집단 확인적요인분석 결과

Model	NPAR	CMIN	DF	P	CMIN/DF	측정동일성 검정 단계
Unconstrained	72	396.320	168	.000	2.359	1단계
Measurement weights	61	409.634	176	.000	2.406	2단계
–	62	425.821	178	.000	2.392	3단계
Structural covariances	51	453.561	189	.000	2.400	4단계
Measurement residuals	36	510.827	204	.000	2.504	5단계
Saturated model	240	.000	0			해당없음
Independence model	30	2485.404	210	.000	11.835	해당없음

다 집단 확인적요인분석 결과인 <표 28-4>를 해석하면 다음과 같다. 1단계와 2단계의 χ^2차이는 13.314(409.634-396.320)인데 χ^2분포 표에서, 0.05수준의 자유도(df)가 8(176-168)일 때 χ^2값은 15.51이다. 즉, 15.51보다 작은 값으로 나타났다. 이는 측정도구에 대한 요인부하량 동일성에는 문제가 없다는 것을 의미하고, 구체적으로 정규직과 계약직은 설문 조사 시 조사항목들을 동일하게 인식하고 응답을 했다는 것이다. 만약, 1단계와 2단계의 χ^2 차이가 χ^2 분포표의 값보다 더 높은 수치로 차이가 났다면, 정규직과 계약직은 조사항목들을 다르게 인식하고 있다는 것을 의미하므로, 변수들 간의 인과관계를 규명하는 것은 의미가 없게 된다.

1단계와 3단계의 χ^2차이는 29.501(425.82-396.320)이고, χ^2분포표에서 0.05수준에서 자유도(df)가 10(178-168)일 때 χ^2값은 18.31이다. χ^2분포의 18.31보다 더 높은 수치 (29.501)로 나타나 유의한 차이가 있는 것으로 나타났다. 이는 잠재변수 간 공분산을 집단 간 비교한 것인데, 이 부분은 뒤에 나오는 구조방정식모델에서 인과관계를 검정할 경로에 해당되기 때문에 통계적으로 χ^2이 차이가 난다 하더라도 크게 문제가 될 것은 아니다.

1단계와 4단계의 χ^2차이는 57.241, 1단계와 5단계의 χ^2차이는 114.507로 모두 통계적으로 유의한 차이가 있다. 이 부분은 3단계에서 유의한 차이가 있는 상태에서 다른 관계를 제약한 후 분석을 실시했기 때문에 나타난 결과로 판단된다.

28.2.2 다 집단 구조방정식모델분석

(1) 다 집단 구조방정식모델 분석의 실행

다 집단 확인적요인분석 이후에는 다 집단 구조방정식모델 분석을 통해 각 집단 간 경로의 영향관계 유무를 확인해야 한다. 이는 <그림 28-1>의 연구모형으로 다 집단 구조방정식모델 분석을 다음과 같이 실시한다.

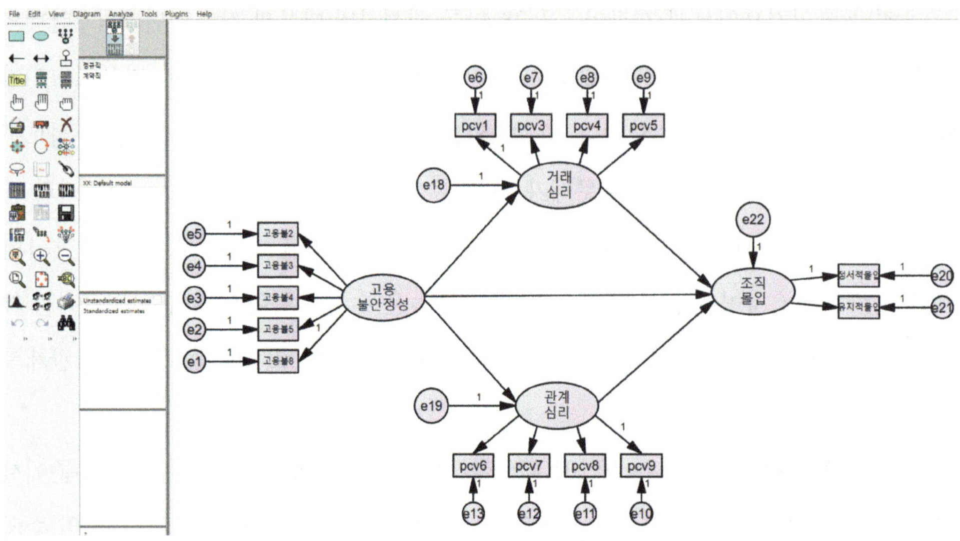

집단관리창에 정규직과 계약직으로 구분한다. 조절효과 단순제시 방법에서처럼 각 경로에 이름을 부여할 필요가 없다. **메뉴에서 View → Analysis Properties → Output에서 Critical ratios for differences를 체크한다. 다시 메뉴에서 Analyze → Multiple-Group Analysis 누르면, 분석결과가 도출된다.**

(2) 조절효과 결과 및 집단별 인과관계 분석결과

다 집단 구조방정식모델 분석을 실시한 후, 먼저 제약모델과 Structural weight의 χ^2 차이를 파악해야 한다. 이는 이는 **View → Text Output에서 Model fit을 선택**하면 <표 28-5>와 같은 결과값을 확인할 수 있다. Unconstrained $\chi^2(df=168)=396.320$, 구조방정식모델의 Structural weights의 $\chi^2(df=184)=441.052$ 값이 얻어졌다. 자유도의 차이는 16, χ^2의 차이는 44.732로 통계적으로 유의한 차이가 있다고 할 수 있다. 따라서 직무형태인 정규직과 계약직은 조절변수로서 효과가 있다고 해석한다.

〈표 28-5〉 조절효과 결과

Model	NPAR	CMIN	DF	P	CMIN/DF
Unconstrained	72	396.320	168	.000	2.359
Measurement weights	61	430.634	179	.000	2.406
Structural weights	56	441.052	184	.000	2.397
Structural covariances	55	449.157	185	.000	2.428

Model	NPAR	CMIN	DF	P	CMIN/DF
Structural residuals	51	453.561	189	.000	2.400
Measurement residuals	36	510.827	204	.000	2.504

그 다음으로 집단별(정규직과 계약직) 각 경로의 인과관계를 검토해야 한다. 이는 **View → Text Output에서 Estimate에서 확인**할 수 있다.

〈표 28-6〉 정규직의 인과관계 결과

경로			비표준화 계수	표준화 계수	S.E.	C.R.	P	Label
고용불안정성	➡	거래심리	.365	.367	.101	3.603	.000**	b1_1
고용불안정성	➡	관계심리	.649	.435	.148	4.383	.000**	b2_1
거래심리	➡	조직몰입	.030	.028	.220	.138	.890	b3_1
관계심리	➡	조직몰입	−.367	−.507	.156	−2.359	.018*	b4_1
고용불안정성	➡	조직몰입	−.340	−.315	.106	−3.218	.001**	b5_1

*$p<0.05$, **$p<.01$

〈표 28-7〉 계약직의 인과관계 결과

경로			비표준화 계수	표준화 계수	S.E.	C.R.	P	Label
고용불안정성	➡	거래심리	.354	.316	.133	2.657	.008**	b1_2
고용불안정성	➡	관계심리	.205	.176	.133	1.549	.121	b2_2
거래심리	➡	조직몰입	−.335	−.414	.245	−1.365	.172	b3_2
관계심리	➡	조직몰입	−.047	−.060	.215	−.218	.828	b4_2
고용불안정성	➡	조직몰입	−.110	−.122	.096	−1.147	.251	b5_2

*$p<0.05$, **$p<.01$

<표 28-6>과 <표 28-7>은 집단별 인과관계 검정결과이다. 이는 조절효과 단순 제시방법의 <표 28-1>과 동일한 결과이다. 하지만 단순 제시방법에서의 해석과 엄격한 제시방법에서의 해석은 전혀 다르게 이루어진다.

⑶ 다 집단 구조방정식모델분석의 인과관계 결과

　<표 28-6>과 <표 28-7>은 정규직과 계약직의 인과관계 결과표이다. 정규직에서 영향관계가 있는 경로와 계약직에서 영향관계가 있는 경로 등을 중심으로 해석한다면, 이는 조절효과 단순제시방법에 의한 것이다.

　다 집단 구조방정식모델분석 결과의 해석을 위해서는 **View → Text Output**에서 **Pairwise Parameter Comparisons**에서 확인할 수 있다. 이는 방대한 양의 정보를 제공하므로, 여기서는 연구모형에서 제시한 5개의 인과관계에 해당하는 값만 추출하여 설명한다.

〈표 28-8〉 다 집단 구조방정식모델 분석의 인과관계 결과

구분	b1_1	b2_1	b3_1	b4_1	b5_1
b1_2	−.067	−1.481	1.261	3.520	4.082
b2_2	−.959	−2.234	.682	2.801	3.219
b3_2	−2.638	−3.434	−1.109	.112	.021
b4_2	−1.736	−2.670	−.251	1.209	1.228
b5_2	−3.404	−4.301	−.587	1.404	1.609

　<표 28-6>과 <표 28-7>의 분석결과에서 "고용불안정성➡거래심리" 경로는 정규직(b1_1)과 계약직(b1_2) 모두 통계적으로 유의한 영향을 미치는 것으로 나타났으며, 이를 <표 28-8>의 결과에서 확인하면 -.067로 이는 통계적으로 유의(±1.96)하지 않다는 것을 의미한다. 즉, "고용불안정성➡거래심리" 경로는 정규직과 계약직 모두 유의한 영향이 있었고, 다 집단 구조방정식모델분석에서도 이 경로는 집단 간에 차이가 없다는 것을 알 수 있다. 이러한 방법으로 5개 경로를 모두 해석하면, "고용불안정성➡관계심리" 경로와 "거래심리➡조직몰입" 경로에서는 단순히 비교에서의 결과와 다 집단 구조방정식모델분석에서의 결과가 일치한다.

　하지만 "관계심리➡조직몰입" 경로와 "고용불안정성➡조직몰입" 경로에는 다른 점을 발견할 수 있다. "관계심리➡조직몰입" 경로는 정규직(p=.018)은 통계적으로 유의한 영향을 미치고 있으며, 계약직(p=.828)은 통계적으로 의미 있는 영향을 미치지 않는 것으로 나타났다. 하지만 <표 28-8>의 다 집단 구조방정식모델분석 결과에서는 그 값이 1.209로, 통계적으로 유의한 차이가 아닌 것으로 나타났다. 다시 말해, "관계심리➡조직몰입" 경로를 조절효과의 단순제시 방법으로 해석하면 정규직과 계약직의 영향관계에는 차이가

으나, 다 집단 구조방정식모델 분석에서는 이 경로는 집단 간에 차이가 없다고 해석해야 한다는 것이다.

마찬가지로 "고용불안정성➡조직몰입" 경로는 정규직(p=.001)은 통계적으로 유의한 영향을 미치고 있으며, 계약직(p=.251)은 통계적으로 의미 있는 영향관계가 없었다. 그러나 <표 28-8>의 다 집단 구조방정식모델분석 결과에서는 그 값이 1.609로, 통계적으로 유의한 차이가 나타나지 않았다. "고용불안정성➡조직몰입" 경로의 경우, 조절효과의 단순 제시 방법으로 해석하면, 정규직과 계약직의 영향관계에는 차이가 있지만, 다 집단 구조방정식모델 분석 결과로 해석하면 이 경로는 집단 간에 차이가 없다고 해석해야 한다는 것이다.

잠재평균분석

　　본서 제 21장에서 t검정을 설명하였다. t검정은 두 집단에 따른 종속변수 간의 평균차이 검정을 의미한다. 그런데 SPSS프로그램을 이용한 t검정은 측정오차를 포함한 변수들 간의 평균차이 검정을 실시하는 것이고, AMOS프로그램을 이용한 잠재변수들 간의 평균차이 검정은 측정오차를 고려한 순수한 잠재변수들 간의 평균차이 검정이라는 데에서 정확도가 높은 것으로 알려져 있다.

　　연구모형을 구조방정식모델 분석을 이용하였다고 해서, 변수들 간의 평균차이검정을 반드시 잠재평균분석으로 해야 하는 것은 아니다. SPSS프로그램을 이용하여 분석할 수 있는 평균차이 검정인 t검정, $ANOVA$분석 등을 이용하여도 된다. 단지 잠재평균분석을 사용하였을 때, 좀 더 정확한 분석결과를 도출 할 수 있다는 것이다.

　　제 29장에서는 잠재평균분석을 하는 방법과 결과해석 방법을 설명하고, t검정과의 결과를 비교해 볼 것이다. 검정할 내용은 "직무형태(정규직과 계약직)에 따라 고용불안정성, 거래심리, 관계심리, 조직몰입 변수들은 평균의 차이가 있을 것이다" 이다.

29.1　동일성 검정

　　잠재평균분석을 위해서는 ①비제약모델, ②요인부하량을 동일하게 제약한 모델, ③측정변수의 절편을 동일하게 제약한 모델들을 자유도(df)에 따른 χ^2차이를 검정해야 한다. 29장에서 잠재평균분석을 설명하기 위한 모델은 <그림 29-1>과 같이 28장에서 사용한 모델과 동일한 모델을 사용한다.

　　동일성 검정을 위해 먼저, 집단관리창을 정규직과 계약직 구분한다(구분하는 방법은 28장 참고).

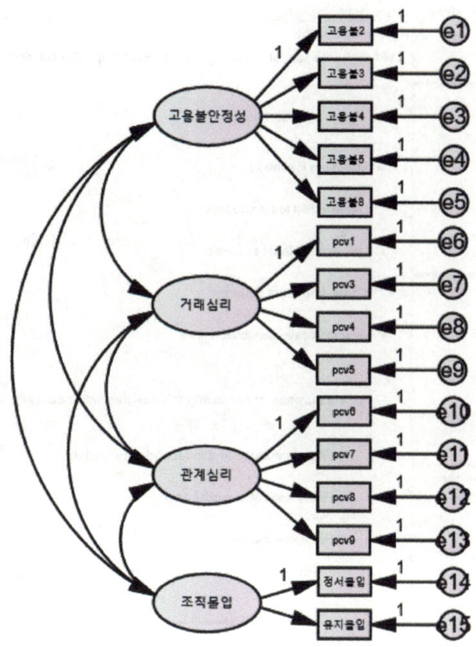

<그림 29-1> 잠재평균분석을 위한 모델

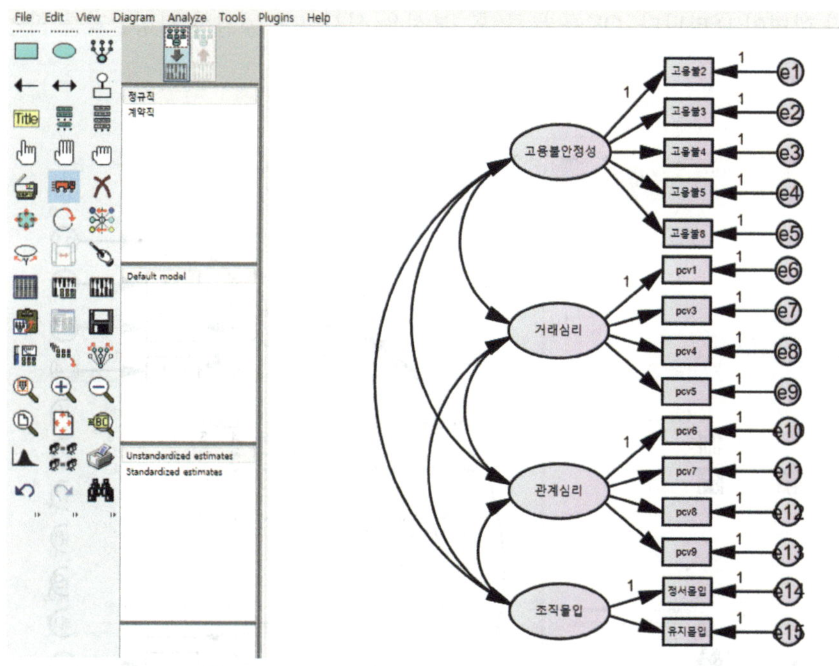

메뉴에서 **View → Analysis Properties**를 선택한 후, **Estimation** 탭에서 **Estimate means and intecepts**를 선택한다. 그러면 모델에서 잠재변수와 오차항에 0이 나타난다.

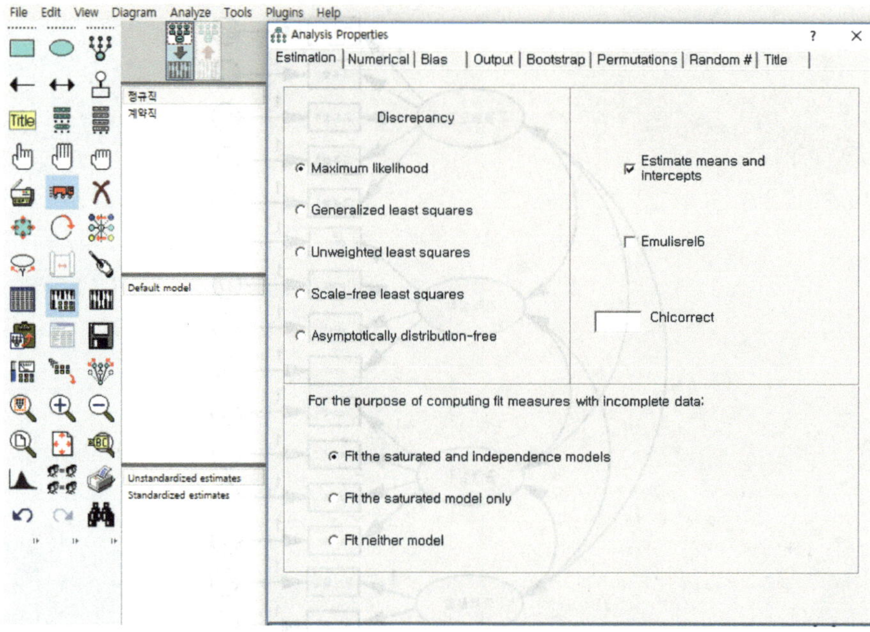

메뉴에서 Analyze → Multiple-Group Analysis을 선택하면, 자동으로 필요한 모델들이 지정된 화면이 나타난다. OK를 누른 후, 분석을 실시하면 동일성 검정결과를 확인할 수 있다.

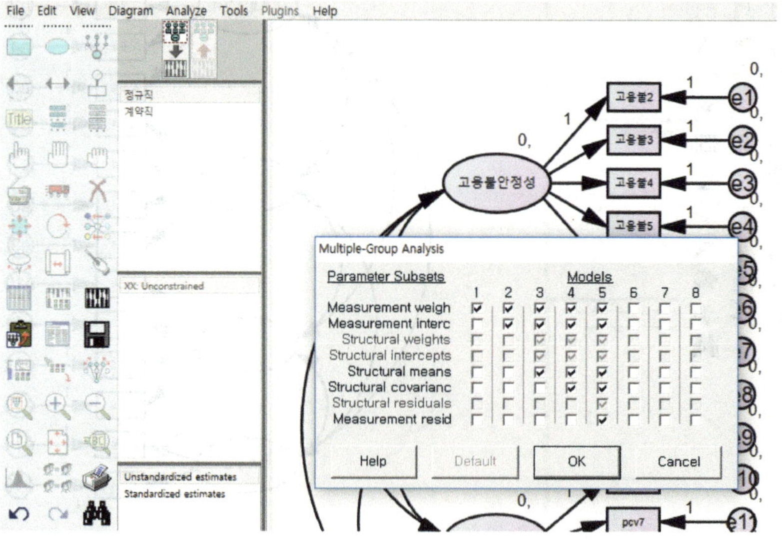

Output창에서 Model Fit를 선택하면, <표 29-1>과 같은 결과 값을 확인할 수 있다. 비제약모델과 요인부하량 제약모델의 자유도(df) 차이는 8, χ^2 차이는 13.314로 χ^2 분포 표에서, 0.05수준의 χ^2값은 15.51이다. 즉, 15.51보다 작은 값으로 나타나 문제가 없다는 것을 알 수 있다.

하지만 요인부하량 제약모델과 절편 제약모델의 χ^2 차이($\triangle\chi^2$=72.577)는 0.05수준에서 자유도 18일 때 χ^2값보다 더 크게 나타났다. 원칙적으로 두 모델 간의 χ^2은 통계적으로 차이가 나지 않아야 하지만 실제 분석에서는 대부분 차이가 나는 경우가 많다. 따라서 이 부분은 다른 적합도 지수로 비교한다. <표 29-1>에서 비제약모델과 요인부하량 제약모델, 측정변수 절편 제약모델 간의 적합도 지수를 비교해보면 큰 차이가 나지 않는다는 것을 알 수 있다. 따라서 동일성 검정 결과는 차이가 나지 않는 것으로 판단하고 잠재평균분석을 실시한다.

〈표 29-1〉 동일성 검정결과

Model	CMIN	DF	P	CMIN/DF	CFI	TLI	RMSEA
Unconstrained (비제약모델)	396.320	168	.000	2.359	.900	.875	.071
Measurement weights (요인부하량 제약모델)	409.634	176	.000	2.406	.889	.870	.072
Measurement intercepts (측정변수 절편 제약모델)	482.211	194	.000	2.486	.873	.863	.074

29.2 　잠재평균분석

잠재평균분석을 하기 위해서는 연구자는 <표 29-2>의 순서대로 요인부하량과 측정변수의 절편을 고정한 모델을 직접 만들어야 한다. 이 절차를 완성하게 되면 <그림 29-2>와 같은 모형이 된다.

〈표 29-2〉 잠재평균분석 절차

구분	내 용
①	메뉴에서 View → Analysis Properties를 선택한 후, Estimation 탭에서 Estimate means and intecepts를 선택한다.
②	요인부하량(잠재변수와 측정변수 간의 경로)에 이름(a1~a11)을 부여한다. 이때 1로 고정된 경로는 이름을 부여하지 않는다. 이름을 부여하는 방법은 해당 경로를 더블클릭하면 Object Properties 창이 나타나는데, 여기서 Parameter의 Regression weight에 이름을 부여하면 된다.
③	측정변수의 절편에 이름(m1~m15)을 부여한다. 측정변수를 더블클릭하면 Object Properties 창이 나타나는데, 여기서 Parameter의 Intercept에 이름을 부여하면 된다. 이때 반드시 ☑All groups에 체크가 되어 있어야 한다.
④	〈그림 29-2〉를 보면, 잠재변수와 측정변수 오차항의 평균은 0으로 나타난다. 연구자는 정규직과 계약직 중 한 집단을 선택하여 잠재변수의 평균 0을 제거해야 한다. 이때 주의할 점은 ☑All groups의 체크 된 것을 없애 주어야 한다는 것이다. 평균 0을 제거하는 방법은, 잠재변수를 더블클릭하면 Object Properties 창이 나타나는데 여기서 Mean에 0을 삭제한다. 또한 ☑All groups의 체크를 없앤다.

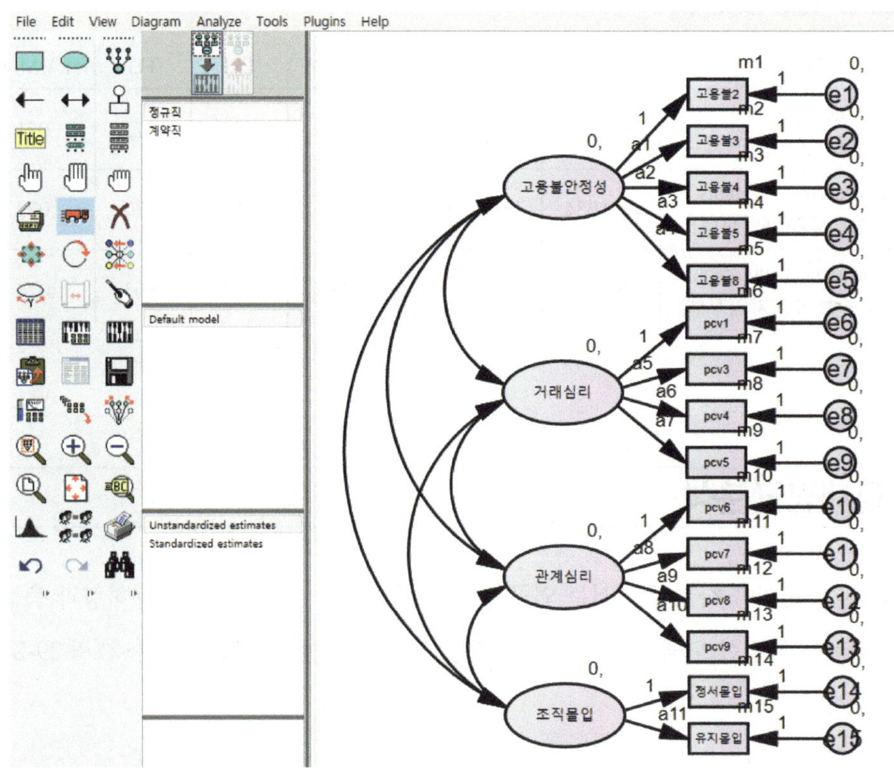

〈그림 29-2〉 잠재평균분석을 위한 완성된 모델

<표 29-2>의 절차를 마친 후 분석(Analyze ➡ Calculate Estimates)을 실시하면 Output창에서 Estimate클릭하면 잠재평균분석 결과 값이 <표 29-3>과 같이 나타난다. 직무형태(정규직과 계약직)에 따라 모든 잠재변수들 간에는 평균의 차이가 나타나지 않았다는 것을 알 수 있다. 즉, 정규직과 계약직은 고용불안정성, 거래심리, 관계심리, 조직몰입을 지각하는 평균의 차이가 없었다는 것이다.

〈표 29-3〉 직무형태에 따른 잠재변수들 간의 평균차이 검정결과

구분	Estimate	S.E.	C.R.	P
고용불안정성	−.148	.092	−1.606	.108
거래심리	−.066	.090	−.733	.464
관계심리	.140	.102	1.382	.167
조직몰입	−.013	.091	−.143	.887

$^*p<.05,\ ^{**}p<.01$

SPSS프로그램을 이용하여 평균차이 검정을 실시하면 다음과 같이 나타난다. 잠재평균분석과 동일하게 모든 변수들에서 평균의 차이가 없는 것으로 나타난다. 하지만 $t-test$와 잠재평균분석의 t값은 다르다는 것을 알 수 있다. 본서의 예제에서는 $t-test$와 잠재평균분석의 결과가 동일하게 나타났지만, 많은 경우에서는 이 둘의 분석결과가 다를 수 있다.

		Levene의 등분산 검정		평균의 동일성에 대한 t−검정		
		F	유의확률	t	자유도	유의확률 (양쪽)
고용불안정	등분산이 가정됨	7.587	.006	−1.835	269	.068
	등분산이 가정되지 않음			−1.958	256.952	.051
거래심리평균	등분산이 가정됨	.843	.359	−.962	269	.337
	등분산이 가정되지 않음			−.973	223.994	.332
관계심리평균	등분산이 가정됨	4.236	.041	1.239	269	.216
	등분산이 가정되지 않음			1.266	230.391	.207
정서몰입	등분산이 가정됨	3.277	.071	.239	269	.811
	등분산이 가정되지 않음			.246	234.995	.806
유지몰입	등분산이 가정됨	1.441	.231	−.295	269	.768
	등분산이 가정되지 않음			−.288	198.213	.774

APPENDIX

카이제곱분포표

```
 |     ---
 |   --   ---
 |  --       ----
 | -        |----
 |-         |::::---
 +----------+-----------
 0          X2
```

DF	X2(.995)	X2(.99)	X2(.975)	X2(.95)	X2(.05)	X2(.025)	X2(.01)	X2(.005)
1	0.000	0.000	0.001	0.004	3.841	5.024	6.635	7.879
2	0.010	0.020	0.051	0.103	5.991	7.378	9.210	10.597
3	0.072	0.115	0.216	0.352	7.815	9.348	11.345	12.838
4	0.207	0.297	0.484	0.711	9.488	11.143	13.277	14.860
5	0.412	0.554	0.831	1.145	11.071	12.833	15.086	16.750
6	0.676	0.872	1.237	1.635	12.592	14.449	16.812	18.548
7	0.989	1.239	1.690	2.167	14.067	16.013	18.475	20.278
8	1.344	1.646	2.180	2.733	15.507	17.535	20.090	21.955
9	1.735	2.088	2.700	3.325	16.919	19.023	21.666	23.589
10	2.156	2.558	3.247	3.940	18.307	20.483	23.209	25.188
11	2.603	3.053	3.816	4.575	19.675	21.920	24.725	26.757
12	3.074	3.571	4.404	5.226	21.026	23.337	26.217	28.300
13	3.565	4.107	5.009	5.892	22.362	24.736	27.688	29.819
14	4.075	4.660	5.629	6.571	23.685	26.119	29.141	31.319
15	4.601	5.229	6.262	7.261	24.996	27.488	30.578	32.801
16	5.142	5.812	6.908	7.962	26.296	28.845	32.000	34.267
17	5.697	6.408	7.564	8.672	27.587	30.191	33.409	35.718
18	6.265	7.015	8.231	9.390	28.869	31.526	34.805	37.156
19	6.844	7.633	8.907	10.117	30.144	32.852	36.191	38.582
20	7.434	8.260	9.591	10.851	31.410	34.170	37.566	39.997
21	8.034	8.897	10.283	11.591	32.671	35.479	38.932	41.401
22	8.643	9.542	10.982	12.338	33.924	36.781	40.289	42.796
23	9.260	10.196	11.689	13.091	35.172	38.076	41.638	44.181
24	9.886	10.856	12.401	13.848	36.415	39.364	42.980	45.559
25	10.520	11.524	13.120	14.611	37.652	40.646	44.314	46.928
26	11.160	12.198	13.844	15.379	38.885	41.923	45.642	48.290
27	11.808	12.879	14.573	16.151	40.113	43.195	46.963	49.645
28	12.461	13.565	15.308	16.928	41.337	44.461	48.278	50.993
29	13.121	14.256	16.047	17.708	42.557	45.722	49.588	52.336
30	13.787	14.953	16.791	18.493	43.773	46.979	50.892	53.672
31	14.458	15.655	17.539	19.281	44.985	48.232	52.191	55.003
32	15.134	16.362	18.291	20.072	46.194	49.480	53.486	56.328
33	15.815	17.074	19.047	20.867	47.400	50.725	54.776	57.648
34	16.501	17.789	19.806	21.664	48.602	51.966	56.061	58.964
35	17.192	18.509	20.569	22.465	49.802	53.203	57.342	60.275
40	20.707	22.164	24.433	26.509	55.758	59.342	63.691	66.766
50	27.991	29.707	32.357	34.764	67.505	71.420	76.154	79.490
60	35.534	37.485	40.482	43.188	79.082	83.298	88.379	91.952
70	43.275	45.442	48.758	51.739	90.531	95.023	100.425	104.215
80	51.172	53.540	57.153	60.391	101.879	106.629	112.329	116.321
90	59.196	61.754	65.647	69.126	113.145	118.136	124.116	128.299
100	67.328	70.065	74.222	77.929	124.342	129.561	135.807	140.169
110	75.550	78.458	82.867	86.792	135.480	140.917	147.414	151.948
120	83.852	86.923	91.573	95.705	146.567	152.211	158.950	163.648

t 분포표

The table gives the values of $t_{\alpha;\nu}$ where
$\Pr(T_\nu > t_{\alpha;\nu}) = \alpha$, with ν degrees of freedom

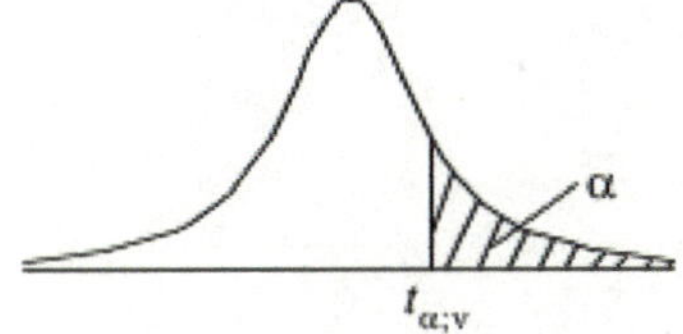

ν \ α	0.1	0.05	0.025	0.01	0.005	0.001	0.0005
1	3.078	6.314	12.076	31.821	63.657	318.310	636.620
2	1.886	2.920	4.303	6.965	9.925	22.326	31.598
3	1.638	2.353	3.182	4.541	5.841	10.213	12.924
4	1.533	2.132	2.776	3.747	4.604	7.173	8.610
5	1.476	2.015	2.571	3.365	4.032	5.893	6.869
6	1.440	1.943	2.447	3.143	3.707	5.208	5.959
7	1.415	1.895	2.365	2.998	3.499	4.785	5.408
8	1.397	1.860	2.306	2.896	3.355	4.501	5.041
9	1.383	1.833	2.262	2.821	3.250	4.297	4.781
10	1.372	1.812	2.228	2.764	3.169	4.144	4.587
11	1.363	1.796	2.201	2.718	3.106	4.025	4.437
12	1.356	1.782	2.179	2.681	3.055	3.930	4.318
13	1.350	1.771	2.160	2.650	3.012	3.852	4.221
14	1.345	1.761	2.145	2.624	2.977	3.787	4.140
15	1.341	1.753	2.131	2.602	2.947	3.733	4.073
16	1.337	1.746	2.120	2.583	2.921	3.686	4.015
17	1.333	1.740	2.110	2.567	2.898	3.646	3.965
18	1.330	1.734	2.101	2.552	2.878	3.610	3.922
19	1.328	1.729	2.093	2.539	2.861	3.579	3.883
20	1.325	1.725	2.086	2.528	2.845	3.552	3.850
21	1.323	1.721	2.080	2.518	2.831	3.527	3.819
22	1.321	1.717	2.074	2.508	2.819	3.505	3.792
23	1.319	1.714	2.069	2.500	2.807	3.485	3.767
24	1.318	1.711	2.064	2.492	2.797	3.467	3.745
25	1.316	1.708	2.060	2.485	2.787	3.450	3.725
26	1.315	1.706	2.056	2.479	2.779	3.435	3.707
27	1.314	1.703	2.052	2.473	2.771	3.421	3.690
28	1.313	1.701	2.048	2.467	2.763	3.408	3.674
29	1.311	1.699	2.045	2.462	2.756	3.396	3.659
30	1.310	1.697	2.042	2.457	2.750	3.385	3.646
40	1.303	1.684	2.021	2.423	2.704	3.307	3.551
60	1.296	1.671	2.000	2.390	2.660	3.232	3.460
120	1.289	1.658	1.980	2.358	2.617	3.160	3.373
∞	1.282	1.645	1.960	2.326	2.576	3.090	3.291

INDEX

송지준 (宋知準)

현(現) 영남사이버대학교 경영학과 교수로 재직 중이며, SPSS/AMOS 논문통계분석연구원 대표원장, 사회과학논문 통계학회 회장을 맡고 있다.

경영학` 박사이며, 논문통계분석연구원과 전국 국 · 공립/사립 대학원에서 논문통계 특강을 정기적으로 실시하고 있고, 국책연구소/강소/대기업 등에서 통계자문을 맡고 있다. 20여 년간 교수로 재직하면서 여러편의 학술논문게재와 저서를 출판하였다.

논문통계관련 대표저서로는 "논문작성에 필요한 SPSS/AMOS 통계분석" 이 있다.

▶ Homepage: www.easyspss.com

송지준 교수의 논문통계의 이해와 적용(SPSS와 AMOS를 활용)

1판 1쇄 발행 2019년 06월 25일
1판 6쇄 발행 2024년 11월 04일
저   자 송지준
발 행 인 이범만
발 행 처 **21세기사** (제406-2004-00015호)

경기도 파주시 산남로 72-16 (10882)
Tel. 031-942-7861   Fax. 031-942-7864
E-mail : 21cbook@naver.com
Home-page : www.21cbook.co.kr
ISBN 978-89-8468-838-4

정가 35,000원